새로운

교육심리학

강명희 · 강봉규

Educational Psychology

태영출판사

머리말

본서는 대학에 있어서 교육심리학이라는 교과서적 성격을 지니고 있으나 현직 교사는 물론 학부모의 교육에 대한 심리학적 이해와 응용을 위한 참고서이기도 하다.

본서는 교육심리학에 관한 개론서이기 때문에 특정의 영역이나 학설에 기울어지거나 개인의 특수한 견해를 강조하는 일 등은 극력 피하고 교육심리학의 제문제를 공정하게 논술하고자 노력하였다. 이러한 입장에서 내용적으로는 교육심리학의 전통적인 4대 기본내용, 즉 학습 · 행동발달 · 행동의 개인차 · 개인차의 측정과 검사 등의 이론을 중점적으로 엮었고 그 밖에 최근에 활발한 연구가 이루어져 그 내용이 점차 중요시되고 있는 학생들의 부적응행동과 이에 대한 상담지도방법에 관한 영역을 더 보태어 꾸며졌다.

간혹 시중에 출간된 다른 교육심리학 책에선 교육평가나 교수 및 학습지도방법에 관한 내용을 다루고 있으나 본서는 이를 교육심리학의 전통적인 내용체계가 아니란 점에서 배제하였으며 본서에 인용되고 있는 여러 가지 연구들은 그 결과의 신뢰성과 타당성 문제를 고려하여 구미학자들의 연구결과에 한하였음을 밝혀

둔다.

또한 본서는 한 학기용의 강의 교재로 알맞게끔 내용분량을 조절하여 꾸며졌다. 시중에 이미 출간되어 있는 대부분의 교육심리학에 관한 책들이 긴 문장으로 서술되어 있어서 독자들의 불편이 큰 점을 고려하여 본서는 핵심적인 내용으로 요약 · 집약화하는 서술방식을 택함으로써 독자들의 학습의 능률을 기하는데 도움이 되도록 노력하였다.

끝으로 어려운 여건에서 본서의 출판을 기꺼이 수락해 주신 태영출판사의 김현태 사장님과 편집과 교정 일을 맡아 주신 오세복 선생님께 깊이 감사를 드리는 바이다.

2013. 01.

저자 씀

차 례

제1장

교육심리학의 영역과 방법

1. 교육심리학의 발달
2. 교육심리학의 연구방법

1. 교육심리학의 발달

1) 교육심리학의 의미

교육심리학은 교육의 과정을 심리학적으로 연구하여 교육실천에 필요한 지식과 기술을 제공하는 학문이다. 즉 교육심리학은 교육과정(educational process)의 심리학적 기초를 밝힘으로써 교육의 과학화와 능률화를 기하고자 함이 그 임무인 것이다.

따라서 교육심리학은 교육실천학적 또는 교육기술학적 기능을 통해 교육방법의 개선과 연구에 큰 영향을 미치게 된다.

2) 교육심리학의 발달과 영역

(1) 교육심리학의 발달계보

W. Wundt(1832~1920)는 심리학에 처음으로 과학적 연구법을 적용하여 심리학을 철학에서 독립시켜 실험심리학의 아버지가 되었지만, 그의 제자 E. Meumann(1862~1915)은 Wundt의 실험심리학적인 방법을 교육에 적용하여 「학습의 절약과 기술」(1903) 및 「실험교육학입문」(전3권, 1907~1908)에서 모든 교육은 아동의 자연, 아동의 발달단계에 합치되어야 함을 주장하였으며 특히 발달의 문제와 개인차의 문제를 중요시하였다. 이들 저서는 본격적인 교육심리학의 성립을 시사하는 선구적인 문헌으로 손꼽히고 있다.

미국에 있어선 Wundt의 문하생인 S. Hall(1844~1924)이 아동연구의 성과를 바탕으로 교육심리학의 주요내용을 구성하여 기능주의 심리학파의 W. James (1842~1910)와 더불어 교육심리학의 발달에 크게 공헌하였다. James의 지도를 받았던 E. L. Thorndike(1874~1949)는 인간성의 탐구에 통계학적 방법을 도입하여 실험적 연구를 시작함으로써 현대의 교육심리학적 체계를 창시한 그의 저서 「교육심리학」(전3권, 1913~1914)은 발달과 학습에 중점을 두고 있다.

그 후 J. B. Watson이나 C. L. Hull 등에 의해 대표되는 행동주의 심리학에 입각한 학습이론이나 K. Lewin을 중심으로 한 형태주의 심리학에 바탕을 둔 학급집단의 연구 등도 오늘날의 교육심리학 발전에 큰 영향을 주고 있다.

또 A. L. Gesell의 발달연구, L. M. Terman의 지능검사 연구, B. F. Skinner의 강화이론이나 프로그램 학습법의 개발 등 역시 그 기여도가 큰 것도 사실이다. 한편, 유럽 지역에 있어서의 W. Stern, K. & Ch. Bühler 부처, H. Werner, J. Piaget 등의 정신발달에 관한 많은 연구나, W. Köhler 등의 형태주의 심리학적 연구의 영향도 무시할 수 없다.

(2) 교육심리학의 영역

Thorndike에서 Skinner에 이르기까지 교육심리학의 내용영역은 대체로 ① 인간의 성장과 발달, ② 학습의 심리, ③ 성격과 지능, ④ 개인차의 측정 등 4대 영역이 중심과제로 손꼽히고 있으며 그 구성은 오늘날 교육심리학의 전체적 경향이라 말할 수 있다.

그러나 최근에 이르러선 전통적인 4대 영역 이외에 교육실천과 관계된 내용, 즉 적응과 생활지도, 장애아의 심리, 학급집단의 심리, 교사의 심리, 교수활동 등도 중요내용으로 강조되고 있다.

2. 교육심리학의 연구방법

교육심리학의 영역내용에는 기초적 · 이론적인 것과 응용적 · 실천적인 것이

내포되어 있기 때문에 이들 내용은 거기에 적응할 수 있는 방법이나 절차가 같을 수가 없다. 예컨대, 단어나 문장의 기억연구에서는 실험심리학적 연구법을 적용할 수 있겠으나 교수-학습과정의 연구에는 일반적인 심리학적 연구법을 단순히 적용해 볼 수는 없는 것이다.

교육심리학의 성격과 역할은 기초적 · 이론적인 학문이라기보다는 응용적 · 기술적 · 실천적 학문이란 점에 그 특징이 있다. 따라서 교육심리학의 연구법은 교육실천자가 교육현장에 당면하는 실천과제를 직접적으로 해결할 수 있는 연구법이 되기를 기대할 수 있다. 이와 같은 의미에서 지금까지 개척된 과학적 연구법과 더불어 특히 실천적 연구법이란 것이 교육심리학 연구의 방법으로서 강조되고 있다.

1) 과학적 연구법

과학적 연구법은 과학 일반에 공통되는 방법론적 원칙을 중시하는 방법으로서 객관성, 검증가능성, 불편성, 수학적 정확성 등을 가능한 높이기 위한 방법이다. 즉 연구자의 주관이나 독자성을 가능한 배제하고, 동일조건하에, 동일대상에, 같은 절차에 따라 적용하면, 같은 결과가 항상 나타난다는 검증 가능성과, 방법 · 절차의 객관성과 보편타당성이 강조되는 방법이다. 여기에는 관찰법, 조사법, 실험법 등이 구별된다.

(1) 관찰법

관찰법이란 시각 · 청각 등의 관찰자의 감각을 통하여 직접적으로 피관찰자나 사물의 특성을 과학적으로 관찰하여 분석하는 방법이라고 말할 수 있다.

관찰법의 특색은, 직접성과 현재성에 있다. 지금 일어나고 있는 사태 또는 피관찰자의 행동이 다른 사람의 개입 없이 관찰자에게 직접 수집되는 과학의 기초적 방법이다.

이 방법은 인위적인 조건을 설정하지 않고 일상적 · 자연적인 상태에서 관찰되는 자연적인 관찰법과 어떤 특정의 조건, 즉 특정의 시간대나 장면을 설정해 놓고 관찰하는 조직적 관찰법으로 나누어진다. 또 관찰자의 참여에 따른 참여관찰법과 비참여관찰법으로도 나누어 볼 수 있다.

관찰된 결과는 이것을 기록할 필요가 있는 바, 그 방법으로는 일화기록(anecdotal record)과 같은 행동묘사법, 또는 행동목록법, 평정척도법 등이 많이 사용되고 있다. 요즈음은 관찰의 객관성을 높이기 위해 VTR이나 사진기, 녹음기 등이 관찰의 보조도구로 이용되기도 한다.

(2) 조사법

조사법이란 문장, 그림, 기호 등의 표현 또는 구두질문에 의해 회답을 얻어내어 자료를 수집하는 연구의 방법이다. 이 방법에는 면접법, 검사 · 테스트법, 질문지법 등이 포함된다. 교육심리학의 연구에서 가장 많이 사용되고 있는 방법이다. 실시절차에서는 개인적 또는 집단적으로 실시하는 경우나 대상자를 직접적으로 조사하는 경우도 있지만 부모로부터 간접적으로 자료를 수집하는 경우도 있다. 또한 조사매체는 우편, 전화 등을 사용하는 경우도 있다. 조사법에 있어서는 조사시의 구두 또는 문장의 표현, 사용되는 어구, 질문의 형식, 회답의 형식 등에 걸쳐 적절한 배려가 요구되며, 그 여하에 따라 조사결과에 차이를 유발할 수도 있다.

조사법의 특수한 형식으로서 투사법, 사회성측정법, 표준화검사 등이 있으며 때로는 대상자의 작품, 자서전, 일기, 생활사기록 등의 자료를 분석 · 조사하는 방법이 사용되기도 한다.

(3) 실험법

실험법이란 연구대상에게 일정한 조건을 가하고 이에 대한 반응을 측정하여 관찰하는 방법을 말한다. 실험법에는 실험실적 실험과 같이 환경조건, 자극조건,

피험자조건을 가능한 통제하고 나타나는 반응(행동)을 관찰 또는 측정을 엄밀히 행하는 방법과, 실험실적 장면보다는 일상적 장면에 유사한 상황하에서 일부분의 조건만을 통제하여 실시하는 방법 등이 있다.

실험법의 연구설계 중 가장 단순한 절차는 어떤 개인 또는 집단에 한하여 어떤 조건을 설정하고, 그 조건하에 생기는 행동을 관찰하는 단일군법(群法)이다. 교육현장에서는 이 절차에 따른 실험적 관찰이 보다 많이 사용되고 있다. 그러나 이 방법은 비교·대조되는 대상을 설정한 바가 없기 때문에 확실한 판단으로 가설을 검증할 수가 없다. 이 이유 때문에 통제군법이 사용된다. 통제군법은 두 개 또는 그 이상의 등질적인 집단을 만들어, 한 집단을 실험군으로 하여 특정의 조건을 가하고 다른 집단은 통제군으로 하여 그 조건을 가하지 않거나 또는 다른 별도의 조건을 가하여 두 집단의 관찰결과를 비교·대조하여 조건의 효과를 분석하는 방법이다. 일란성 쌍생아를 통해 연구하는 쌍생아법은 이 방법의 변형이라 할 수 있다.

또한, 단일군법의 결점을 피하기 위해 교체군법이 사용되기도 한다. 이 방법은 동일의 피험자집단에 어떤 일정기간 동안 한 개의 조건으로 실험을 하고, 다른 기간 동안에는 별도의 조건하에 실험을 하여 그 결과를 상호 비교하는 연구설계이다. 그런데, 이 방법에서는 순서의 효과가 작용하며, 선행실험이 후속실험에 영향을 주기 쉽다. 그래서 수개의 피험자집단에게 순서를 거꾸로 한 교체군법을 행할 필요가 있는 것이다.

교육효과를 검증하기 위한 실험에선, 예상되는 결과가 아동에게 나쁜 영향을 미치기 쉬운 조건을 조작하여 실험하는 일은 허용될 수 없다. 따라서 조건설정은 신중한 사전검토를 필요로 한다. 그리고 일반적으로 실험사태에서는 실험자나 피험자가 다 같이 보다 강한 동기유발에 의한 실험성과가 상승한다는 호손 효과(Hawthorne effect)가 작용하기 쉬워, 특히 교육실험에서는 실험군이 통제군보다도 항상 좋은 성과를 나타내는 경향이 있기 때문에 이 점에 대해서도 고려할 필요가 있다.

2) 실천적 연구법

과학적 연구법은 일반화가 가능한 원리, 원칙, 지식을 추구하여 이를 발견하기 위한 방법이라 한다면, 실천적 연구법은 일반화가 가능한 결과를 얻어 내는 것이 최종의 목적이라 할지라도 그 직접적인 목적은 실천적 교육활동으로서 당면하는 수업이나 생활지도 등에 있어서 교육실천자가 어떤 특정의 집단이나 개인의 문제에 관한 해결책 또는 실천의 반성재료나 자료를 얻어 내기 위한 방법인 것이다.

인간을 연구대상으로 하는 경우, 특히 미성숙자인 어린이들을 대상으로 하는 연구가 많은 교육심리학 연구자는, 연구에 대한 마음가짐이나 윤리성에 대한 신중한 배려가 요구된다. 프로그램 학습을 발전시킨 Skinner는 심리학자의 연구 유형을 두 가지로 나누어, '강한 마음'(tough-minded)과 '부드러운 마음'(tender-minded)의 연구자로 구분하였다. 전자는 현미경하의 미생물의 행동을 조사하는 생물학자와 같이 피험자 밖에 서서 냉정하게 객관적으로 행동을 기술하고 분석하지만 후자와 같은 부드러운 마음의 심리학자는, 연구대상이 자기와 같은 인간 또는 '성장 중에 있는 자', '친구'로서의 시각 속에서 연구과제에 접근해 가는 태도와 방법을 가지게 된다. 즉, 전자는 과학적 연구법을 강조할 것이며, 후자는 실천적 연구법을 강조하게 될 것이다.

(1) Action research

Action research는 학생들의 흥미나 가치, 태도, 지위, 역할 등 실천행위(action)를 연구대상으로 하며, 학교나 학급의 어떤 사태를, 어떤 목적을 향해서 개선하거나 효과적인 실천을 도모하기 위해서 실천결과를 객관적으로 분석 · 연구하는, 연구와 실천을 번갈아가면서 행하는 실천지향적인 연구방법이다.

Action research를 과학적 연구법과 비교하면서 양자의 특징을 요약하면 다음과 같다.

표 1-1 Action research의 특징

	과학적 연구법	Action research
목적	대표된 집단이나 사태를 넘어서서 일반화의 가능성이나 과학적 이론이나 법칙을 발견하는 데 목적이 있다. 실천에 있어서의 개선은 다른 사람이 할 것이라는 기대를 가진다.	보통은 연구집단이나 연구자가 일하고 있는 특별환경에서 연구결과의 응용이나 실제사태의 개선을 목적으로 절실히 필요하다고 느낀 문제를 다루며, 이것은 연구전문가와 비전문가의 협동적 계획 · 수행 · 평가라는 과정을 거친다.
대상	일반화를 위한 기초로서 표집 절차에 신중을 기한다.	표집에 의하여 대표되는 이론적 모집단보다는 연구된 특수대상에게 관심이 있다.
연구 설계	사전에 치밀한 계획을 세우고 세워진 계획에 집착하면서 연구를 한다. 필요에 따라 연구를 반복할 수 있다.	이것은 하나의 발전적 연구계획이다. 즉, 가설과 방법을 현장연구가 진행되는 도중 변경할 수 있다.
절차	통제, 표집, 검증 혹은 실험 절차에 대한 바람직한 기술적 훈련이나 설비가 요구된다.	실제적 문제의 협동적 연구를 위한 배경으로서 집단역동성의 개념으로 훈련됨이 바람직하다.
결과	연구의 질의 판정은 연구대상인 표집 및 사태를 넘어서서 일반화할 수 있는지에 둔다. 이렇게 함으로써 특별분야에 지식을 첨가한다.	연구의 가치는 방법과 결과가 어느 정도 실제사태를 개선할 수 있으며, 사회 및 교육목적 실현에 기여할 수 있는지에 둔다.

(2) 수업분석법

교육활동은 수업으로 이루어지는 활동이 중심이기 때문에 수업의 최적화를 기하기 위한 수업연구가 중요하다. 이를 위해서는 수업실천을 객관적으로 기록 분석하여 수업의 실천과정을 명확히 하고 그 과정의 각각의 구성조건의 개선방법을 찾아내는 일이 필요하다. 이러한 수업분석은 Action research로서 행해지고 있다.

수업분석은 연구방법으로서 일정한 절차가 정해져 있는 것은 아니다. 분석에 임하여 중시되는 분석학적 관점은, 수업목표, 교재, 학습 지도방법 등 연구의 주요관심에 따라 다르게 된다. 수업과정의 분석에 있어서는 교사의 교수행동과 아동의 학습행동, 교사와 아동의 인간관계의 전개, 아동상호간의 활동 등을 분석함으로써 수업의 흐름을 밝힐 수 있다. 이를 위해서는 교육공학기기 등을 활용하여 설정된 행동범주에 따라 이를 분석할 수 있다. 대표적인 연구로서 N. A. Flanders의 교사와 학생의 언어 상호작용 분석법, J. B. Hough와 J. K. Duncan의 수업분석 관찰법 또는 미국의 스탠포드 연구소의 수업관찰 체제연구 등을 들 수 있다.

(3) 임상적 방법

인간의 일반적인 행동경향을 밝히기 위한 목적으로 통계적 연구법이 이용된다. 즉, 인간행동을 대량적으로 관찰 · 측정하여 통계적 처리가 적용되고, 이에 따라 표준적 · 평균인적 사실이 밝혀지면서 개인간 또는 집단간의 차이가 수량적으로 기술된다. 이러한 방법도 교육심리학적 방법으로서 필요한 것이지만, 교육실천의 장에 있어선 한 사람의 사례에 대한 깊고 폭넓은 연구가 이루어져 때로는 공감적으로 이해되기도 하고 나아가서는 임상적인 진단 · 치료의 과정을 밟는 연구법도 필요한 것이다.

임상적 연구법은 개인의 상태나 성질 또는 변화의 과정을 내면적으로 개인에 한정시켜 연구하고자 하는 방법이다. 이를 위해서는 객관적 관찰이나 측정의 방법도 사용될 수 있지만, 피험자가 체험하고 있는 불안감이나 분노감 등의 내면적 세계를 직관하여 이해하는 일은 교육실천에 있어서 중요한 방법이라 하겠다.

피험자의 주관적 세계를 이해하기 위한 임상적 방법으로서는 임상적 검사법이라 일컬어지는 투사법(projective techniques)이 주로 사용되지만 근래에 와서는 실존분석적 방법도 도입되고 있다.

제2장

학　　습

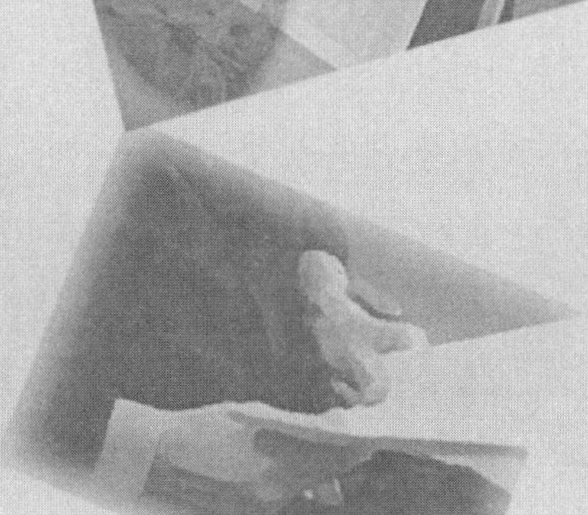

1. 학습이론
2. 기억과 망각
3. 학습의 전이
4. 학습 및 성취동기
5. 학습피로도와 능률
6. 학습의 유형
7. 학습과정과 방법
8. 학습환경으로서의 교실

1. 학습이론

1) 학습과 행동발달

(1) 학습의 개념

학습이란 경험 또는 연습의 결과로 생기는 비교적 영속적 행동의 변화로 정의된다. 이 정의에서 그 주된 개념들은 다음과 같은 세 가지 점이다.

① 학습이란 새로운 행동의 획득이나 획득된 행동의 변화이다.

② 이 획득이나 변화는 경험이나 연습을 통해서 일어나는 변화이며 성장이나 성숙 또는 상해로 인해서 일어나는 변화는 학습으로 간주하지 않는다.

③ 이 획득이나 변화는 비교적 영속적이어야 한다. 즉 학습에서의 변화는 어느 정도 상당한 기간 지속되어야 한다. 그러므로 약물 · 피로 · 순응 또는 유기체의 민감함이나 일시적인 감수성에 의한 변화는 제외된다.

(2) 인간의 행동발달

인간의 행동은 '성숙'과 '학습'이라는 두 개의 기본과정의 산물이다. 성숙은 자연발생적인 발달의 측면이며, 학습은 경험이나 훈련에 의해 새로운 행동을 획득해 나가는 발달의 측면이다.

1 성숙우위설

1950년대 이전까지는 성숙을 발달의 요인으로서 중시하는 성숙우위설이 지배적이었다. 이를 뒷받침해 준 것은 A. L. Gesell과 H. Thompson에 의해 대표되는 쌍생아통제법(co-twin control method)을 사용한 일련의 실험적 연구이다. 이들에 의하면 생후 46주의 일란성 쌍생아의 계단 오르기 연습을 6주간 연속하여 행한 결과보다는 생후 53주부터의 2주간의 훈련을 받은 아이가 보다 효율적으로 빠르게 계단을 올라감으로써 결국 훈련은 적절한 심신의 성숙상태가 준비된 상태, 즉 준비도(readiness)에 도달하지 못한 경우에는 효과를 얻을 수 없다는 점을 주장하면서 인간의 행동발달에 있어서는 성숙이 무엇보다도 제1차적인 요인이 된다고 생각하였다.

실험적 검증의 뒷받침 이래 성숙우위설이 널리 받아들여지면서 유아 · 아동 교육계에서는 이 생각을 배경으로 준비도 중시의 교육관이 지배하게 되었다. 그러나 1950년대 이후부터는 성숙우위의 발달관은 성숙을 기다리는 소극적인 교육관에 지나지 않는다는 비판하에 행동발달에 있어서의 학습이나 경험의 중요성을 지적하는 학습발달설의 출현을 보게 되었다.

2 학습우위설

성숙우위설에 대해, 적절한 환경조건을 제공하면 '발달은 촉진된다'는 성장 · 발달관에 입각해서 영유아기의 힘의 중요성을 강조한 J. M. Hunt와 같은 연구자도 있다. 이러한 생각은 발달촉진설 또는 준비도 촉진의 교육으로 불리우고 있다.

이와 같은 생각은 근래 유아교육에 크게 영향을 미쳐 조기교육 필요성의 이론적 배경이 되고 있다. 한편, 발달과정에는 어떤 자극이나 특정의 경험이 개체의 발달에 결정적인 영향을 미치는 시기가 있는 바, 이를 K. Lorenz는 임계기(critical period)라 호칭하였다. 임계기에 정상적인 발달이 방해되는 경우 그 후의 발달에 있어선 영속적으로 장해가 생긴다는 점에서 영 · 유아기와 같은 시절의 초기 경험의 중요성을 강조하는 연구로서는 새끼 오리에 있어서의 각인(imprinting)현상에 관한 연구로 유명한 1974년도 노벨 행동과학자상 수상자인 K. Lorenz의 연구를 비롯하여 D. O. Hebb, H. W. Nissen 등의 연구가 대표적이다.

3 성숙과 학습의 상호작용

성숙을 무시한 훈련이나 교육이 큰 효과를 나타내리라고는 기대할 수 없지만, 경험이나 학습조건을 질적, 양적으로 충분히 고려한 교수법이나 지도법이라 한다면, 그 발달의 가능성을 최대한으로 신장시킬 수 있을 것이다.

결국, 인간의 발달은 '성숙과 학습의 상호작용'에 의해 진전된다고 말할 수 있다.

그러나 인간의 행동이 복잡해질수록 또는 신체적 활동보다는 정신적 활동 쪽에 성숙요인보다는 학습요인이 더 강하게 작용한다고 말할 수 있다.

2) 자극반응설

(1) 기본적 입장

시행착오설(trial and error theory) 또는 결합설(connectionism)로도 불리우는 E. L. Thorndike의 학설로서 학습을 자극(stimulus)에 대한 반응(response) 관계로 보는 S.R 연합이론을 그 근본적 입장으로 하고 있다.

(2) 실험절차 및 결과

그의 박사 논문이었던 「동물의 지능 : 동물에 있어서의 연합과정의 실험적 연구」(Animal Intelligence : an experimental study of association process in animal)는 심리학에 있어서 최초의 동물실험이다.

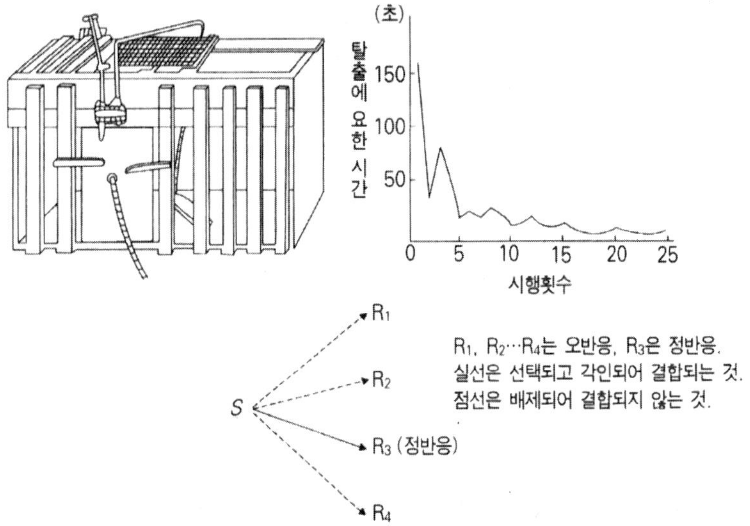

〈그림 2-1〉 고양이용 문제상자와 학습곡선 및 결합현상

그는 문제상자(problem box) 속에 굶주린 고양이를 넣고 숨겨진 기계장치(걸쇠)를 우연이 밟으면 상자의 문이 열리고 상자 밖의 먹이에 이르러 그 먹이를 먹게 하는 행동을 관찰하였다.

이와 같은 동물실험을 통해 그는 학습이란 시행착오의 과정을 통해서 선택되고 결합되는 것이라고 보았다. 특히 동물은 시행착오와 우연적 성공(accidental success)에 의해서 바른 행동이 학습된다.

이 경우 만족스럽고 성공한 행동은 각인(stamped in)되나 불만족스럽거나 실패한 행동은 배제(stamped out)된다고 보고 있다.

이와 같은 절차와 결과는 〈그림 2-1〉과 같다. 즉, 문제 S를 제시하면 고양이는 R_1, R_2, R_3, R_4, …, R_n로 시행하여 그 중 R_3이 바른 방법이라 한다면 이 문제, 즉 자극 S에 대해서, 해결방식으로서의 R_3이 선택되어 각인되어 결합됨으로써 이 경우 학습이 성립된다고 보는 것이다. 이 경우 중심적 학습양식은 시행착오 학습임을 지적하였다.

(3) Thorndike의 학습의 법칙

1 효과의 법칙

그의 초기 이론에 있어서 효과(効果)의 법칙은 동일한 상황에서 이루어지는 많은 반응 중에서 동물에게 만족을 주거나 또는 그 직후에 만족이 따르는 반응은 다른 조건이 동일한 다른 반응보다 더욱더 견고하게 그 상황에 결합한다는 것을 지칭한다. 따라서 그 상황이 다시 일어날 때 그 반응은 다른 반응보다 일어나기 쉽게 된다.

2 연습의 법칙

연습의 법칙에 의하면 자극과 반응의 관계를 반복하면(사용의 법칙) 결합이 견고해지고 반복하지 않으면(불사용의 법칙) 결합은 약화되고 망각된다는 것이다. 그는 결합이 견고해진다는 것은 곧 같은 장면에서 같은 반응이 일어나는 확률이 높은 것을 뜻하고, 그 확률이 높다는 것은 결합 직후에 반응확률이 많거나 일정기간이 경과한 후 반응경향이 유지되는 확률이 많은 그 어느 쪽도 다 포함된다고 말하고 있다.

3 준비성의 법칙

준비성의 법칙이란 효과의 법칙에 대한 생리학적인 기초를 뒷받침하기 위한 부수적인 원리라고 보여지는 것으로 다음과 같은 주장, 즉 '어떤 전도단위(conduction unit), 즉 행동 경향(action tendency)이 준비가 되어 있을 때 그에 대한 전도는 만족스러우며 그 행동을 바꾸는 일은 없다. 그러나 전도의 준비가 되어 있는 전도단위에 있어서는 전도되지 않으면 불만족스러우며 그 특정 불만족 부분과 관련된 어떤 종류의 반응이 일어난다. 어떤 전도단위에 전도의 준비가 되어 있지 않았는데 전도를 강요받을 때는 이러한 전도는 불만족스럽게 경험된다'고 주장하고 있다. 이 준비성의 개념은 성숙수준의 개념이 아니다.

3) 조건반사설

(1) 기본적 입장

고전적 조건화설(classical conditioning theory)로도 불리우는 조건반사설(conditioned response theory)은 소련의 생리학자 I. P. Pavlov의 학설로서 학습을 자극(S)과 반응(R) 사이에 새로운 결합을 형성하는 것으로 보는 입장을 취하고 있다.

(2) 실험절차 및 결과

Pavlov는 〈그림 2-2〉와 같은 장치를 하여 메트로놈을 약 30초 들려주고(조건자극 : conditioned stimulus : cs) 약간의 고기(무조건자극 : unconditioned stimulus : us)를 준다. 이와 같은 방법을 5분 또는 10분 간격으로 6~10회씩 매일 혹은 격일로 반복하면 나중에는 고기를 주지 않고 메트로놈 소리만 들려주어도 침이 나오게 되었다. 우리는 이때 조건반사가 성립되었다고 한다. 고기가 주어짐으로써 분비되는 침을 무조건반사(unconditioned response), 그리고 메트로놈 소리를 듣고 분비되는 침을 조건반사(conditioned response)라 부른다.

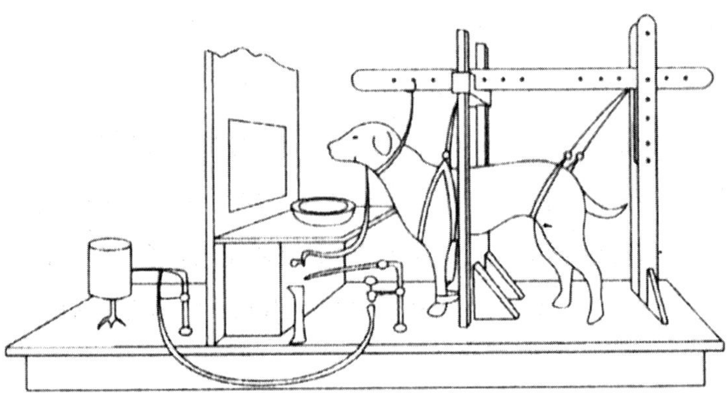

〈그림 2-2〉 조건반사설의 실험장치 예

이 실험에서 독자들이 주목해야 할 점은 CS가 US보다 먼저 주어진다는 것이다. 즉, Pavlov는 음식을 제시하기 전에 불빛을 먼저 주었다. 그가 제기한 의문점 중의 하나는, 이것이 조건형성시키는 데 가장 좋은 순서인가 하는 것이었다. 그와 그의 제자들은 위에 말한 순서가 맞다는 것을 발견하였다. CS가 US 후에 주어지면 조건형성이 되기가 상당히 어렵다. 최근의 연구들은 CS가 US보다 0.5초 가량 먼저 주어졌을 때 조건형성이 가장 잘 이루어진다는 사실을 시사해 주고 있다.

(3) 조건반사의 성립과정

1 소거

조건형성이 한 번 이루어졌다고 해서 조건자극이 계속해서 영원히 작용하는 것은 아니다. 예를 들면 Pavlov는, 비록 불빛을 타액분비를 위한 CS로 만들 수는 있으나 만약 음식 없이 불빛만 몇 번 제시하면 불빛은 그 효과를 잃기 시작한다는 사실을 발견했다. 침의 분비량은 점점 적어져 마침내는 전혀 분비되지 않는다. 이 때가 바로 소거(extinction)가 일어난 때인 것이다.

2 자발적 회복

비록 조건반사가 소거된 것처럼 보이지만, 보통 자발적 회복(spontaneous recovery) 현상도 있다는 사실을 발견했다. 예를 들면, 한 실험에서, 개로 하여금 음식을 보는 것만으로, 즉 CS에 침을 분비하도록 훈련시켰다(전에는 음식이 입 안에 있을 때만 침을 분비하였다). 다음에는, CS만을 3분 간격으로 6번 주었는데, 6번째에는 이미 침을 분비하지 않았다. 따라서 반응은 소거된 것처럼 보였다. 그러나, 실험이 중단된 2시간 후에 CS만을 주었는데도 다시 상당량의 침을 분비하였다. 따라서 이 반응은 자발적으로 회복된 것이다. 만일 CS와 US를 주기적으로 다시 짝지어 주지 않으면서 이 반응을 계속 소거시키기만 한다면 이 자발적 회복 효과도 사라질 것이다.

3 자극일반화

비록 하나의 반사가 단 하나의 자극에만 조건형성될지라도, 그 특정자극만이 그 반사를 유발하는 것은 아니다. 반응은 더 이상의 조건형성을 시키지 않더라도 비슷한 자극들에 대해 일반화(stimulus generalization)되는 것 같다. 예를 들면, 어떤 음조의 종소리에 침을 분비하도록 조건형성된 개는 다른 음조의 종소리에도 또한 반응한다. 유사한 자극이 반응을 생성해 내는 능력은 원래 US와 유사한 정도에 따라 다르다. Pavlov는, 그 자신이 확연(擴延, irradiation)이라고 명명한 기저 생리적 과정 때문에 자극일반화가 일어난다고 믿었다. 최초의 자극은 뇌의 특정 부위를 흥분시키고, 이것은 다시 대뇌의 다른 부위에 확연 또는 확산된다는 것이다.

4 변별

처음의 일반화는 차차 분화과정으로 대치된다. 예를 들면, 만일 다른 음조의 종을 계속 울린다면(음식은 주지 않고), 개는 원래의 CS에 가장 가까운 음조에만 국한하여 좀더 선택적으로 반응하게 된다. 또한, 한 음조의 소리에는 음식을 주고 다른 음조에는 음식을 주지 않음으로써 능동적으로 변별(discrimination)을 일으킬 수도 있다. 이를 자극변별 실험이라 부른다.

(4) 조건반사의 원리

조건자극과 무조건자극 사이에 조건반사가 성립되려면 몇 가지 요건에 맞아야 한다. Pavlov는 이를 조건반사의 원리라 하여 시간의 원리, 강도의 원리, 일관성의 원리를 들고 있다. 시간의 원리란 일반적으로 조건자극이 무조건자극보다 먼저 제시되어야 한다는 원리를 말하며, 강도의 원리란 조건자극의 강도와 감각역과의 관계로서 자극의 강도가 감각역을 넘어야 한다는 원리를 말하며, 일관성의 원리란 강화과정에 있어서 조건자극간의 성질의 문제로서 자극의 일반화나 제지 또는 탈제지현상 등을 미루어보아도 알다시피 동일한 조건자극을 통해 일관성 있게 강화해야 조건반사가 이루어진다는 원리이다.

(5) 고차적 조건형성

Pavlov는 일단 개를 CS에 확고하게 조건형성시키면 이 CS만을 가지고 또다른 중성자극에 연결시켜 조건형성시킬 수 있다는 것을 보여주었다. 예를 들면, 한 실험에서, Pavlov의 제자는 개로 하여금 종소리에 침을 분비하도록 훈련시킨 다음, 종소리만 검은 사각형과 짝을 지어 제시했다. 많은 시행 후에는 검은 사각형만으로도 타액분비 반응을 일으켰다. 이것을 2차 조건형성이라 한다. Pavlov는 3차 조건형성(higher order conditioning)도 어떤 경우에는 가능하다는 사실을 알았으나 그 이상은 하지 못했다.

(6) Watson의 정서의 조건형성설

Pavlov식 원리를 심리학 주류의 일부로 만드는데 가장 큰 공헌을 한 사람은 J. B. Watson이다.

Watson의 주요 관심사 중의 하나는 정서의 조건형성이었다. 그의 주장에 의하면, 출생 직후에는 학습되지 않은 세 가지 정서 반응, 즉 공포, 분노, 사랑만이 있다고 한다. 사실, 정서에 관한 Watson의 대부분의 글들은 매우 단편적이었으며 게다가 비체계적인 내용이었다. 그의 말에 따르면 세 가지의 기본 정서는 다른 여러 자극에도 연합되며, “이러한 반응들과 이것들의 변형들에 덧붙여진 것들이 매우 많다”고 말하였다. 그러나 이 이후의 정서발달이 어떻게 발생하는지에 관해서는 거의 언급하지 않고 있다. Watson의 독특한 점은 그가 한 실험연구인데, 그의 주요 실험은 Albert라고 불리우는 11개월 된 유아의 공포 조건 형성에 대한 것이다.

1 공포 조건형성의 실험

Watson은 Albert가 흰쥐에 대해 공포를 갖도록 조건형성시킬 수 있는지 알아

보고자 했다. 실험의 시초에 Albert는 그러한 공포를 보이지 않았다. 그 후, 네 번에 걸쳐 쥐를 보여주면서 그와 동시에 Albert의 머리 뒤에서 막대기를 세게 두드려 놀라는 반응을 일으켰다. 다섯 번째 시행에서, Albert는 쥐만 보고도 얼굴을 찡그리고 울면서 움츠렸다. 즉, 그는 쥐를 두려워하도록 조건형성된 것이다. 보다 충분하게 하기 위해서 다시 두 번 더 쥐와 큰 소리를 함께 제시하고, 다음 시행에서는 쥐만 제시했더니 Albert는 울면서 되도록 빨리 먼 곳으로 기어가려고 애썼다.

며칠이 지난 후에 Watson은 자극 일반화에 대해 조사했다. 그는 Albert가 여러 사물들을 갖고 놀지만 털이난 것은 모두 무서워하는 것을 발견했다. 즉, Albert는 토끼나 개, 털코드, 면화솜, 산타할아버지 가면 등을 볼 때마다 안달하면서 울었다. 그런데, 전에는 이러한 것들을 무서워해 본 적이 없었다. 따라서 Albert의 공포는 털이 있는 모든 대상에 일반화된 것이다.

2 공포

Watson에 의하면 공포를 느낀 유아는 갑자기 움찔거리거나 깜짝 놀라고, 숨을 가쁘게 쉬며, 주먹을 꽉 쥐고, 눈을 꽉 감거나 뒹굴고, 우는 등의 행동을 한다. 공포를 일으키는 무조건 자극은 단 두 가지 뿐이다. 하나는 갑작스런 소음이고, 다른 하나는 신체를 지탱하는 힘을 상실할 때(아기의 머리가 갑자기 뒤로 젖혀지는 경우처럼)이다. 좀더 나이든 유아들은 낯선 사람, 쥐, 개, 어둠 등과 같은 다양한 종류의 것들도 무서워한다. 그러므로 공포반응을 일으키는 대부분의 자극은 학습된 것임에 틀림없다. 예를 들면, 어린 소년이 뱀을 무서워하는 것은 그가 뱀을 볼 때마다 비명소리에 놀랐기 때문이다. 즉 뱀이 조건 자극이 된 것이다.

3 분노

분노란, 처음에는 학습되지 않은 반응으로서 신체동작을 구속하는 데 대한 반응이다. 예를 들어 만약 2세된 여아를 붙들어서 가고 싶은 곳으로 못가게 하면, 그녀는 소리를 지르고 몸을 경직시키기 시작한다. 길 한가운데서 막대기처럼 뻣뻣하게 주저앉아 버린 채 얼굴이 새파랗게 질릴 때까지 고함지른다. 비록 분노가 처음에는 한 상황—강제로 붙잡혀 있는—에 대한 반응이지만 나중에는 다른 여러 상황에서도 나타난다. 즉, 아동들은 세수를 하라거나, 변기에 앉으라거나, 옷을 벗으라거나, 목욕을 하라는 등의 말을 들을 때에도 화를 내게 된다. 이와 같은 명령들은, 그러한 상황과 신체적 구속 사이에 연합이 되기 때문에 분노를 일으키게 된다. 예를 들면, 옷을 벗으라는 말에 유아는 화를 내는데, 이는 이 명령이 처음에 강제로 붙잡혀 있던 상황과 연합되기 때문이다.

4 사랑

사랑이란, 처음에는 피부를 쓰다듬거나, 간질이거나, 가볍게 흔들거나, 톡톡 건드림으로써 자동적으로 일어나는 반응이다. 이 때 아기는 미소짓거나, 소리내어 웃거나, 즐거운 소리를 내기도 하며, 우리가 보기에 다정하고 유순하며 상냥한 반응들을 한다. 비록 Watson이 Freud의 이론을 빌려온 것은 아니지만, 그런 반응들은 "특히 젖꼭지, 입술 성기와 같은 소위 성감대라고 부를 수 있는 부위를 자극함으로써 유발하기 쉽다."는 것에 주목하였다.

유아는, 처음에는 어떤 특정인에게 애정을 느끼지 않지만 곧 애정을 느끼도록 조건형성된다. 엄마의 얼굴은 흔히 아기 자신을 톡톡 건드려 주거나, 흔들어 주거나, 간지럽혀 주는 행동과 함께 나타남으로, 엄마의 얼굴은 그 자체로서 엄마에 대해 좋은 감정을 일으키는 조건 자극이 되는 것이다. 후에는 어떤 식으로건 엄마와 연합된 사람들이면 모두 이와 같은 반응을 일으키게 된다. 그러므로, 타인에 대한 부드럽거나 긍정적인 감정은 2차 조건형성을 통해 학습되어진다.

4) 조작적 조건형성설

(1) 기본적 입장

도구적 조건화설(instrumental conditioning theory)로도 불리우는 조작적 조건화설

(operant conditioning theory)은, B. F. Skinner의 학설로서 고전적 조건반응이 외적 자극에 의해 유발된 반응이라고 본다면, Skinner의 입장은, 어떤 동물이나 사람은 외적 자극을 받지 않고도 어떤 행동이 자발적으로 의식적으로 일어나게 되는, 즉 의식적으로 어떤 결과를 일으키게 하는 조작적 행동(operant behavior)의 결과에 의해서 학습이 이루어진다는 생각을 기본으로 하고 있다.

(2) 실험절차 및 결과

Skinner는 처음 흰쥐를 Skinner box에 넣어 실험했다. Skinner box는 그가 고안한 실험장치인 〈그림 2-3〉과 같이 방음상자 속에 조명용 전등, 지렛대(bar), 먹이방출구, 먹이접시, 물통 등이 있다. 지렛대를 누르던 자동 먹이접시와 기록계에 전기로 연결되도록 되어 있다. 이 상자 속에 굶주린 쥐를 집어 넣으면, 처음에는 상자 안을 탐색하기만 하다가 우연히 먹이를 떨어뜨리는 지렛대를 눌러 먹이접시에 먹이를 얻을 수 있게 된다.

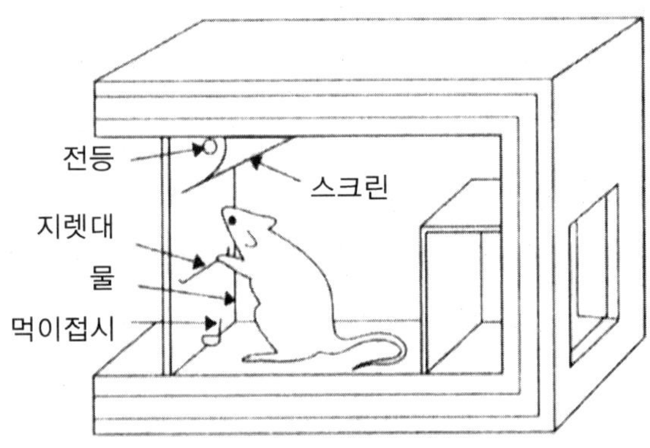

〈그림 2-3〉 Skinner 상자의 실험

이것을 몇 번 되풀이하는 가운데 쥐는 배고플 때마다 지렛대를 누르고, 배부르면 그것을 중지하는 행동을 나타내었다. 결국 쥐는 지렛대(조건자극)를 누르면(조건반응), 먹이(보수)가 나오는 것을 학습한 것이다. 이것은 조건반응이 먹이(강화 : reinforcement, 욕구의 만족)을 얻기 위한 수단 또는 도구가 되었다는 점에서 도구적 조건화라고도 부른다.

이것은 고전적 조건화에 비하여 도구적 조건화는 자발적, 능동적인 반응을 특징으로 하며, Skinner는 전자를 S형 조건화, 후자를 R형 조건화라고 부르고 있다. 또한 전자의 반응양식을 반응적 행동(respondent behavior), 후자를 조작적 행동(operant behavior)으로 부르고 있다. S형은 자극과의 관련이 강조되고 R형은 강화(reinforcement)와 관련되고 있다.

(3) 조작적 행동

Skinner가 연구한 조건형성의 주요 모델은 Pavlov식 조건형성이 아니다. Skinner의 말에 의하면, Pavlov가 연구한 조건형성은 반응적 행동에 관한 것이다. 이러한 행동은 이미 알려진 자극에 의해 자동적으로 유발되는 반응이다. 예를 들면, 음식섭취는 자동적으로 타액분비를 유발하며, 큰 소리의 소음은 자동적으로 놀라는 반응을 유발한다. 대부분의 반응적 행동들은 대개 단순한 반응들이다.

Skinner가 가장 흥미를 느낀 두 번째 부류의 행동은 조작적 행동이라 불리운다. 조작적 행동에서는, Pavlov의 개처럼 동물을 우리 안에서 묶어 놓지 않고 자유롭게 움직이게 하여 환경에 대해 "조작을 하도록"한다.

우리는 과거에 경험한 독서의 결과에 따라 책을 읽을 수도 있고, 읽지 않을 수도 있다. 만약 책을 읽음으로써 좋은 성적과 같은 보상을 받았다면, 우리는 그러한 행동을 할 가능성이 더 커진다. 즉, 행동은 그 행동의 결과에 의해 결정된다.

(4) 조건형성의 원리

1 강화의 원리

Skinner학파 학자들은 많은 실험을 통해, 유아기에서부터 시작하여 인간의 행동은 강화자극에 의해 통제될 수 있다는 것을 보여 주었다. 예를 들면, 유아들은 빨아서 달콤한 액체를 먹게 되면, 달콤하지 않은 액체를 빠는 것보다 빠는 반응률을 증가시킨다. 이와 마찬가지로, 유아의 미소나 발성률도 그 행동에 대해 실험자가 미소를 짓거나, 토닥거려 준다거나, 주의를 기울여 주는 등의 보상과 관련시킴으로써 증가시킬 수 있다.

이와 같은 실험에서, 실험자는 여러 가지 다른 종류의 강화물들을 다루게 된다. 음식이나 고통제거 같은 강화물들은 1차 강화물이며, 이들은 '자연적인' 강화속성을 갖고 있다. 이와는 달리, 성인의 미소나 칭찬 또는 주의를 기울여 주는 것 같은 강화자극을 조건형성된 강화물이라 한다. 이들의 효과는 1차 강화물과의 빈번한 연합에 의해서 나타나는 것이다.

Skinner는 두 가지 형태의 강화, 즉 1차적, 2차적 강화를 인정했다. 1차적 강화가 유기체에 주는 보상적 가치는 학습과는 무관하다. 반대로 2차적 강화 또는 조건강화는 유기체의 과거 조건화 역사 속에서 1차적 강화와 밀접한 관련을 가져야 그 강화의 가치를 갖추게 되는 사건이나 대상이다.

조건강화의 중요한 특징은 하나 이상의 1차적인 강화와 결합될 때 그것이 일반화되는 경향이 있다는 것이다. 일반화된 조건강화 인자는 돈, 인정, 호의, 칭찬, 주목, 사회적 승인, token system 등이다. 반면 조건강화 인자는 인간 행동을 통제하는 데도 매우 유력하다. Skinner는 특히 학습에 있어서는 정적(positive) 강화가 부적(negative) 강화보다 더 효과가 있다고 강조하고 있다.

조작적 행동도 반응적 행동과 마찬가지로 소거되기 쉽다. 예를 들면, 아동들은 "단지 주의를 끌기 위해서" 어떤 짓들을 하기 때문에, 지나치게 울거나 격렬한 투정을 하는 것과 같은 바람직하지 않은 행동들은 그러한 일이 발생할 때마다 주의를 기울여 주지 않고 계속 내버려 둠으로써 소거시킬 수 있다.

한편, 분명히 소거된 것처럼 보이는 조작적 행동도 자발적 회복을 보일 수 있다. 예를 들면, 주의를 기울여 주지 않음으로써 소거되었던 격렬한 투정은 새로운 상황에 놓여지게 되면 다시 또 나타나기 시작한다. 그러므로 이러한 행동은 더 소거되어져야 한다.

2 즉시강화의 원리

Skinner는 강화의 즉각성은 반응에 대해서 즉시 강화해 줄 때 그 반응률이 가장 높아진다는 것을 발견하였다. 예를 들면, 쥐는 지렛대를 누르고 나서 그 즉시 먹이를 받아 먹게 될 때에만 지렛대를 누르는 율이 높아진다. 이 원리는 아동양육에 있어서 중요한 것이다. 예를 들면, 만약 어떤 아버지가 그의 아들이 슬리퍼를 갖다 줄 때마다 즉시 기쁨을 표시하면, 이 아이는 다음날도 그 행동을 반복할 것이다.

그러나, 만약 아버지가 무엇인가에 정신을 빼앗겨서 아들의 행동을 강화하는 것을 한동안 연기했다면, 이 아이의 행동은 증가되지 않을 것이다. 사실, 강화되는 것은 강화받는 순간의 행동이다. 예를 들면, 만약 강화받는 순간에 아들이 벽돌을 쌓고 있었다면, 강화되는 것은 슬리퍼를 가져다 주는 행동이 아니라 벽돌을 쌓는 행동이다.

3 변별자극의 원리

반응에 선행하는 자극은 그 반응에 대한 상당한 통제력을 가질 수도 있다.

예를 들면, Skinner는 비둘기가 목을 뻗칠 때마다 강화를 주었다. 이때 Skinner는, 비둘기가 목을 뻗치도록 한 처음 자극에 대해 전혀 아는 바가 없었다. 그는 단지 비둘기가 그러한 반응을 방출하기를 기다려서 강화를 주었을 뿐이다. 그러나 다음에는, 신호불빛이 켜졌을 때만 그 반응에 대해 강화를 주었다. 몇 번 그렇게 한 후에, 비둘기는 불빛이 꺼졌을 때보다는 켜졌을 때 더 자주 목을 뻗쳤다. 즉, 불빛은 변별자극이 된 것이다. 불빛은 행동에 대한 강화가 주어지는 때를 나타내기 때문에 그 행동을 통제하게 될 것이다.

Skinner는 일상의 행동이 어떻게 변별자극과 결합되는지를 보여주는 많은 예를 들고 있다. 과수원의 경우, 빨갛게 익은 사과는 달고 그렇지 않은 다른 것들은 시다고 할 때, 빨간색은 따서 먹으면 바람직한 결과가 나온다는 것을 알려주는 자극이 된다. 이와 마찬가지로 어떤 사람이 미소지었을 때 그에게 접근하면 긍정적인 반응을 얻게 되리라는 사실을 우리는 알게 된다. 찡그렸을 때 접근하면 거절과 같은 혐오적인 결과를 얻는다. 이것이 사실인 한, 타인의 얼굴표정은 우리가 그에게 접근할 가능성을 통제하는 변별자극이 된다.

4 일반화의 원리

반응적 조건형성에서처럼 조작적 조건형성에도 자극 일반화 과정이 있다. 아버지를 보면 '다다'라고 말하고 엄마나 형제를 보면 그러지 않도록 강화받은 어떤 여아가 있다고 하자. 여기서 아버지는 변별자극인 것이다. 그러나 이 여아가 길거리에서 만난 낯선 어른에게도 '다다'라고 말하는 것은 흔히 있을 수 있는 일이다. 즉 자극이 일반화된 것이다. 이때 부모는 그녀가 제대로 구별하도록 가르쳐야 한다. 부모는 이 여아가 아버지를 보고 '다다'라고 말하면 '옳지'라고 말해 주지만, 다른 어른을 보고 그럴 때는 그렇게 해 주지 않는다.

마찬가지로 반응 일반화도 볼 수 있다. 예를 들면, 말을 할 때 어떤 단어의 복수형을 사용하는 것에 대하여 강화받은 아동들은 강화받은 적이 없는 다른 단어의 복수형도 말하곤 한다. 즉, 강화는 특정 반응뿐 아니라 동일한 일반적 부류의 다른 반응에도 영향을 미친다.

5 행동조성의 원리

조작적 행동은 실무율(all or nothing)적으로 습득되어지는 것은 아니며, 보통 조금씩 점진적으로 학습된다. Skinner는, 비둘기에게 벽면의 한 지점을 쪼도록 학습시키는 것도 점진적으로 조성(shaping)되어져야 한다는 것을 보여주고 있다. 만약 우리가 비둘기를 상자에 넣고 그 지점을 쫄 때까지 기다린다면, 며칠 또는 몇 주일을 기다려야 될지도 모른다. 오랫동안 비둘기는 그 지점 근처에도 가지 않는다. 그러므로, 우리는 비둘기의 행동을 조성해야 한다. 먼저, 비둘기가 그 지점을 향해 돌아설 때 먹이를 준다. 그러면 이 행동의 빈도가 증가한다. 다음에는 그 방향으로 약간 움직일 때까지 먹이 주는 것을 보류한다. 이렇게 하여 비둘기가 벽면 앞에 다가갈 때까지 계속 강화해 준다. 이렇게 되었을 때 우리는 비둘기의 머리 움직임을 강화할 수 있게 되는데, 처음에는 앞으로 움직이기만 해도 먹이를 주다가 결국에 가서는 실제로 그 지점을 쪼았을 때만 강화한다. 이러한 과정을 통하여 우리는 점차 원하는 반응을 조성한다. 조성은 또한 "점진적 접근법"(method of approximations)이라고도 불리우는데, 이는 원하는 반응에 점점 더 접근할 때마다 강화가 주어지기 때문이다.

6 행동연쇄의 원리

비록 행동이 점진적으로 조성된다고는 하지만, 결국은 좀더 길고 통합된 반응 연쇄(response chains)로 발달한다. 예를 들어 야구에서의 타격행동을 보면, 방망이를 들고 올바르게 잡고 발 자세를 취한 후, 공이 제대로 오는 것을 쳐다보고, 방망이를 휘두르고, 베이스로 달려가는 등의 일련의 행동들이 포함된다. Skinner 학파 학자들은 이러한 각 단계를 강화와 자극의 관점에서 보려 했다. 방망이 가까이 가는 것은 그것을 잡는 것으로 강화되고, 이것은 다음 행동, 즉 올바로 잡는 것에 대한 자극이 된다.

일단 손으로 방망이를 잡으면, 올바르게 잡았다는 '느낌'을 갖게 된다. 이 '느낌'이 바로 강화이며 이는 또한 다음 행동, 즉 방망이를 어깨 위로 끌어올리는 행동을 유발한다. 잠시 후에는, 방망이로 공을 바르게 쳤다는 감각이 방망이를 휘두르는 행동을 강화하고 이것이 또한 다음 행동, 즉 베이스로 달려가는 행동을 유발한다. 소년이나 소녀가 좋은 타자가 되면, 이러한 모든 순서는 유연하고 통합된 양식으로 행해진다.

7 강화계획의 원리

Skinner는 우리의 일상 행동이 매번 연속적으로 강화되는 경우는 드물고, 대신 간헐적(intermittently)으로 강화된다는 것을 관찰했다. 우리는 스키를 타러 갈 때마다 항상 스키 타기에 좋은 눈을 발견하는 것은 아니며, 파티에 갈 때마다 항상 재미있는 것도 아니다. 따라서, Skinner는 여러 가지의 간헐적 강화계획의 효과에 대해 연구했다.

① 고정간격(fixed intenal) 계획

유기체는 특정한 시간이 지난 후의 첫 반응에 대해 강화를 받는다. 예를 들면, 비둘기는 원판을 쫀 후에 먹이를 받으나, 그 다음에 쪼는 행동이 강화를 받으려면 3분을 기다려야 하며, 그 다음에 또다시 3분을 기다려야 하는 과정이 계속된다. 이 계획하에서의 반응률은 대체로 낮다.

② 고정비율(fixed ratio) 계획

예를 들어 비둘기는 항상 5번씩의 쪼는 반응 후에야 먹이를 받게 된다. 그러나 이 두 가지 계획 모두에서, 반응은 강화 후에 잠시 뜸해진다. 이것은 마치 비둘기가 다음 강화까지는 아직 멀었다는 것을 알고 있는 것 같이 보인다. 학생들은 흔히 학기 말 리포트를 완전히 쓴 직후에 이런 효과를 경험하게 되는데, 이 때는 또다른 숙제를 시작하는 일이 힘들게 된다.

고정계획에 의해 반응이 뜸해지는 것은 강화를 예상할 수 없는 방식으로 변동시키면 피할 수 있다.

③ 변동간격(variable interral) 계획

평균적으로 볼 때는 일정 시간 후에 강화가 주어지는 것이지만 그 간격은 여러 가지의 간격으로 되어 있어 일정치 않다.

④ 변동비율(variable ratio) 계획

보상을 받기에 필요한 반응의 수를 변동시킨다. ③과 ④의 두 계획을 적용하면, 유기체는 계속적으로 높은 반응률을 보이는데, 특히 변동비율 계획하에서 그렇다. 보상이 언제 주어질지 모르게 때문에 유기체는 계속적으로 반응하게 된다.

Skinner의 가장 중요한 발견들 중의 하나는, 연속적으로 강화된 행동에 비해 간헐적으로 강화된 행동은 더 소거되기 힘들다는 사실이다. 이것은 많은 아동들의 좋지 않은 행동이 왜 제거되기 어려운가에 대한 이유이기도 하다. 예를 들어, 우리는 아동의 칭얼대며 조르는 행동을 항상 묵살할 수 있을는지는 모르나, 만약 가끔 한 번씩 안아주게 되면 이 아이는 계속 그런 행동을 유지하게 된다.

8 벌의 원리

지금까지 우리는 정적 강화(음식이나, 주의를 기울여 주는 것, 칭찬과 같은)를 통하여 행동을 통제하는 방식에 관해 논의해 왔다. 그러나, 부적 강화(negative reinforcement)나 또는 벌(punishment)을 통해서도 행동을 통제할 수 있다. 기법상으로 볼 때, 부적 강화와 벌은 다른 것이다. 부적 강화란 혐오자극을 제거하는 것을 말한다. 이러한 방식으로 인해 기본적으로 강화되는 것은 혐오자극으로부터 도피하려는 경향인데, 이러한 예는 물 속에 뛰어들므로써 친구들로부터의 조롱을 피하는 것을 학습하게 되는 소녀에게서 볼 수 있다.

다른 한편, 벌을 줄 때는 그 행동을 강화하려는 것이 아니라 제거하려는 것이다. Skinner의 생각에 따르면, 벌은 "현대 생활에서 가장 보편적인 통제기법이다. 이러한 유형은 잘 알려져 있다. 만약 어떤 사람이 당신이 원하는 대로 행동하지 않으면, 때려 눕혀라. 아이가 못된 짓을 하면, 두들겨 주어라. 어떤 나라의 국민이 못된 짓을 하면 폭격해 버려라".

그러나 벌이 항상 효과적으로 작용하는 것은 아니다. 초기 실험에서, Skinner는 쥐가 지렛대를 누를 때마다 벌을 주었더니(지렛대가 뒤로 넘어갔다가 쥐의 다리를 세게 때리도록 하였다), 그 반응이 단지 일시적으로 억제된다는 사실을 발견했다. 결국, 벌은 소거보다 결코 더 빨리 제거하지 못했다. 이러한 발견은 일상생활에서도 마찬가지다. 부모가 아이를 때리면 한 동안은 잘하지만, 그 아이의 못된 행동은 후에 다시금 나타난다.

Skinner는 벌주는 것을 반대하는데, 벌이 원치 않는 부작용을 유발하기 때문이다. 예를 들면, 학교에서 꾸지람을 들은 아이는 곧 자신을 억제하거나 갈등을 겪는 것처럼 보인다. 아이는 두려운 결과 때문에 공부하는 것과 공부를 피하려는 것 사이에서 갈피를 못잡는다. 이 아이는 공부를 시작했다가는 그만 두거나, 마음이 산란해지고, 서투른 행동을 하게 될지도 모른다.

Skinner는, 아동을 벌주는 대신에 소거시키려고 노력하는 것이 좋다고 권고한다. "만약 어떤 아동의 행동이 단지 부모를 화나게 함으로써 강화되어 왔다면, 이제 부모가 더 이상 화를 내지 않고 그대로 버려두면, 행동은 사라질 것이다."

5) 통찰설

(1) 기본적 입장

통찰설(Insight theory)은 W. Köhler의 학설로서, M. Wertheimer나 K. Koffka와 같이 형태주의 심리학 또는 현상학적 · 심리학적 입장에서, 학습이란 인지구조(cognitive structure)의 성립 또는 변용으로 보는 견해로써 학습을 대뇌 중추과정으로 추론하며, 항상 분석적인 입장보다 전체적 입장에서 논하고 있는 것이 특징이다. 통찰설은 인지설 형태이론의 하나이다.

(2) 실험절차 및 결과

Köhler의 실험을 대별하면 우회로 실험, 도구사용의 실험, 도구조합 실험, 형태파악 실험 등으로 구분된다.

여기에 몇 가지 실험의 예를 들자, 우리 속에 상자가 하나 있고 천장에는 유인원의 먹이인 바나나가 끈에 매달려 있다. 과제는 상자를 먹이 밑에 옮기고 그 상자 위에 올라가 뛰어올라야 손에 바나나를 넣게 되어 있다. 이 실험에서 술탄(sultan : Köhler가 실험한 침팬지들 중의 가장 영리한 원숭이)만이 자력으로 그 과제를 해결했고 나머지 여섯 마리는 서로 도움(직접모방은 아님)으로 해서 해결하였다.

다음으로 상자를 쌓아올린 과제로서 이는 문제해결 방식 중에 두 번째의 상자를 첫 상자 위에 쌓아올리는 것과 안정된 구축, 즉 중력관계를 이해해야 한다는 두 가지 문제를 포함한다. 먹이를 얻기 위해서는 한 상자 위에 또 다른 한 상자라는 관계를 통찰해야 한다는 것이다.

또 한 실험은 두 개의 막대를 연결하여 우리 밖에 떨어져 있는 먹이를 끌어당기는 과제이다. 그 막대를 바나나가 있는 우리 밖으로 던지는 것과 같은 실패가 있기는 하였으나 한번 성공하면 재빨리 막대를 찾고 그것을 사용한다. 그 중 가장 영리한 술탄은 두 개의 막대 중 그 어느 것도 먹이에 닿지 않자 낚싯대가 연결된 것을 보고 다소 우연적인 것 같이 보이면서도 실제로 생각에 의해 한 막대를 다른 막대 끝에 꽂는 것을 몇 번이고 반복할 수가 있었다.

(3) 통찰학습

침팬지는 대상물과의 놀이를 통해 경험을 얻고, 이것들을 바탕으로 하여 우리 밖에 놓여져 있는 바나나를 끌어 들여오는 데 막대기를 연장으로써 이용할 수 있음을 곧 바로 통찰했던 것이다. 침팬지는 두 개의 막대기를 서로 끼어 넣은 것이나 혹은 상자들을 차례로 포개어 놓은 것도 학습하여, 우리 천정에 높게 매달아둔 바나나를 따냈던 것인데, 이것은 그렇게 하지 않으면 도달될 수 없었던 그런 일이다.

몇 마리의 원숭이는 상자들과 먹이에 대해 추정되는 듯한 시선을 몇 번 보내고서 그런 행위를 실현했던 것이며(자극 출현에 있어서의 시간적 근접성의 인식=동시성) 마치 그들에게 '감탄체험(Aha-Erlebnisse)'의 의미로 해결책이 머리에 떠올랐던 것처럼 곧바로 목표 도달에의 수단인 시행에 착수했던 것이다.

또한 통찰은 수단과 목적간의 관련성을 이해하는 것으로 해석되고 있다. 이런 식으로 실현된 통찰학습으로 해서 학습자는 조건형성 학습에 비해 다음과 같은 이점을 얻고 있다.

① 첫 번째로, 다소 짧은 시간 동안만 지각하고 나면 상황을 통찰하고 직관할 수 있어 시행과 착오는 쓸모없는 것이된다.

② 두 번째로, 통찰학습은 연습이 크게 절약되는 이점을 지니고 있다. 통찰적으로 학습한 것은 그것을 지적으로 간파하고 있어 훨씬 더 용이하게 재생할 수 있기 때문에, 벼락 공부로 얻어야 할 필요가 없다.

③ 세 번째로, 통찰로 가능했던 해결책은 새롭게 변화된 상황에서도 다시 응용

될 수가 있다(전이성). 즉, 학습된 것은 일정한 행위진행일 뿐만 아니라, 예컨대 수단과 행위 목표화의 관련성을 시사해 주고 있는 인지적 구조이기도 하다.

6) 장설

(1) 기본적 입장

형태심리학자들은 사물을 지각하는 데 있어 사물은 어떠한 부분으로 보는 것이 아니라 다른 모든 부분에 영향을 주는 역동적인 상호관계로 파악하여야 함을 강조한다. 따라서 형태심리학자들에게 있어 장(場)이란 한 개인이 속한 상황 전체 또는 개인에게 인지된 모든 환경을 의미한다.

장이론(Field theory)의 대표적인 이론가에서 K. Lewin을 들 수 있다. 물론 심리학에 물리학의 장이론을 도입한 것은 Wertheimer이지만 형태심리학의 창설에 기여한 Lewin의 초기의 연구는 형태심리학적 원리에 입각한 기억의 역학적 연구와 동기에 관한 연구가 주축을 이루었다. 그러나 그 후 독자적 영역을 개척하여 위상심리학(topological psychology)을 발전시켰다.

Lewin은 심리학적 장이란 물리학적 · 생리학적 기술과는 다른 심리학적 기술 개념으로써 상호종속적인 것으로 생각되는 공존적 사실들의 전체라고 정의하였다. 장이론의 기본적 입장은 다음과 같다.

① 행동은 그 행동이 일어날 당시에 존재하는 장의 함수〈B=f(P · E)〉이다.
② 분석은 전체로서의 상황에서 시작되어야 하며 구성요소는 거기에서 제외되어야 한다.

(2) 인지구조의 변화

그는 인간이란 심리적 환경에 둘러싸인 생활공간(life space) 속에 있고 그 속에 있는 인간은 지각적 운동영역(perceptual-motor region)과 내적 개인적 영역(inner- personal region)으로 분화된다고 설명하고 있다. 이와 같은 그의 입장으로 볼 때 학습이란 자극 대 반응 관계라기보다 인지대상인 지각의 장과 내적 개인적 영역의 관계로 이해하려는, 즉 인지구조의 성립 또는 인지구조의 변화를 학습으로 정의하고 있다.

이와 같은 학습은 생활공간에 있어서의 영역의 분화와 많은 하위구조로서의 분절을 포함하며 이 분절상호간에 기능적 연관이 생겨서 어떻게 목표에 용이하게 도달하는가를 이해하게 되는 인지구조의 변화가 학습이라고 보았다. 즉 미분화적인 생활공간들이 경험 내지 지식의 획득에 의하여 점차로 체제화되고 막역하던 영역들이 뚜렷이 분화되어 장의 인지구조나 시간적 전망 그리고 현실수준 등이 정립됨으로써 인지구조의 성립이나 변용이 이루어진다고 한다.

1 학습과정

학습은 학습자가 심리적 환경 속에서 자신의 요구와 대상과의 관계에 비추어 환경을 어떻게 지각하느냐 하는 지각장면의 구성과정에 의존한다. 이러한 구성과정은 다음의 세 단계로 이루어져 있으며, 개인의 인지구조는 이러한 단계의 과정을 거듭함으로써 더욱 고차원적으로 변화하게 된다.

① 분화의 단계

학습자가 지각장면을 처음 학습할 때 그 장면을 각각 세분화하여 지각하는 단계이다.

② 종합의 단계

학습의 첫 단계에서 분화된 영역들을 통일된 하나의 생활공간으로 종합하는 단계이다.

③ 재구조화의 단계

종합의 단계에서 종합된 사실들을 근거로 하여 또 다른 사실들과 새로운 관계를 인식하게 되는 단계이다.

Lewin의 관점에서 볼 때 학습이란 인지구조의 변화로서 이는 학습자 자신의 내면적인 힘에 의해 그 방향이 결정지어진다. 이런 점에서 자극 - 반응설과는 달리 학습자는 인지구조를 변화시켜 가는 능동적인 주체가 된다.

2 학습동기

Lewin은 이 때 학습자의 동기를 중요한 것으로 강조하였다. 벡터(vector)의 개념으로써 설명된다. 예를 들어, 목이 마른 사람이 물이 있는 쪽으로 가도록 하는 것은 물의 유인가 때문이다. 이 때의 물은 목마른 사람을 끌어당기는 유인가를 가지고 있다. Lewin은 학습에 이 같은 유인가의 원리를 적용할 것을 강조하면서 유인가에는 '정적 유인가(positive valence)'와 '부적 유인가(nagative valence)'가 있다고 하였다. 물이나 음식처럼 가까이 끌어당기는 힘을 가진 유인가는 정적 유인가이며 자극적인 충격이나 냄새와 같이 오히려 멀어지도록 하는 유인가는 부적 유인가이다. 그러나 음식물 또는 자극적인 냄새가 누구에게나 그리고 언제든지 정적 유인가 또는 부적 유인가로서 작용하는 것은 아니다. 예를 들어, 배가 부르면 정적 유인가이던 음식도 싫증이 나며 따라서 부적 유인가이든 본드 냄새도 충동적 환각을 느끼고자 하는 사람에게는 정적 유인가가 되기도 한다. 따라서 유인가의 방향과 정도는 각 개인의 주관적 심리상태와 심리적 환경과의 관계에 의존하는 것이다.

7) 기호형태설

(1) 기본적 입장

E. C. Tolman의 기호형태설(sign-gestalt theory)은 여러 가지 명칭으로 불리고 있다. 목적적 행동주의(purposive behaviorism), 기호(記號)-학습설(sign-learning)이라 불

리기도 하고 또 Tolman 스스로 기호-형태설, 기호-의미체설(sign-significate theory) 또는 기대설(expectancy theory)이라 부르기도 하였다.

Tolman은 신행동주의 심리학자이면서도 학습의 이론에 있어서는 인지적 측면과 거시적 행동(molar behavior)을 강조하므로 인지론의 입장에 선다.

인간의 행동은 항상 목적지향적인 것이므로 어떠한 행동도 생활체가 무엇을 하려고 하는가, 무엇에 종사하고 있는가, 어디에 도달하려고 하는가, 무엇으로부터 피하려고 하는가 하는 목적에 비추어 전체적 행동으로서 기술되어야 한다고 주장한다.

(2) 인지도

Thorndike, Pavlov, Watson 그리고 Skinner와 같은 행동주의자에게 있어 단순한 형태의 학습은 자극과 반응의 단순한 결합으로, 복잡한 학습은 복잡한 S-R의 관계로 학습되어진다고 할 수 있다. 그러나 Tolman은 형태주의 이론에 입각해서 학습이란 환경 내에 있는 유기체의 인지구조의 변화가 무엇 때문에 일어나는지를 발견하는 과정으로 보았다.

Tolman은 유기체가 환경 내에서 자기가 활동하는데 이용할 수 있는 일종의 그림 형태의 지식 체계를 발달시킨다고 보고 이것을 인지도(cognitive map)라 하였다. 그는 다른 행동주의자들과는 달리 유기체가 목표에 도달하기 위해 반응 하나 하나 또는 개개의 길을 보는 것이 아니라 전체적인 상황에 대한 인지도를 발달시켜 가장 짧은 길이나 가장 힘이 적게 드는 길을 선택한다는 것이다. 이것을 '최소 노력의 원리(principle of the least effort)'라 하였다. 어떤 훈련을 받은 유기체가 그 다음 훈련받지 않은 다른 길로 목표에 도달할 수 있는데 이 때 유기체가 최초로 선택하는 길은 최소한의 노력을 필요로 하는 것이라고 하였다.

(3) 기대이론

유기체는 인지도를 어떻게 형성하며 발달시켜 나가는가? 이 물음에 대한 답으로서 Tolman은 '기대(expectation)'라는 개념을 사용하였다. 기대란 어떤 변화가 무엇 때문에 일어난다고 하는 것에 대한 예감이다. 처음의 잠정적인 기대는 '가설(hypotheses)'이며, 이는 경험에 의해 확인된다. 이 때 확인된 가설은 인지 속에 남아 있게 되며 이러한 과정을 통해 인지도가 형성되어 발달된다는 것이다. 이렇게 확인되어진 기대는 '신념'이라고 하는 개념으로 발달되어 가는데 이 과정을 통하여 유기체는 자기가 어떤 방식으로 행동하면 어떤 결과가 따를 것이라는 것을 알게 된다. 즉 어떤 기호(자극)는 어떤 또 다른 기호를 가져오게 될 것인지를 알게 된다. 이와 같은 점에서 보면 '기대의 확인'은 행동주의자들의 강화(보상)라는 개념과 유사하다.

그러나 Tolman에 있어서 강화란 행동을 수행하도록 하는 변인(수행변인)이지 행동주의자들이 학습을 설명할 때 주요한 개념으로 사용하는 학습변인은 아니다. 즉, 강화란 수행변인에 지나지 않음을 강조하면서 강화란 학습에는 그리 중요한 영향을 주지 못한다는 점을 지적하였다. 그러면 학습과 수행은 어떻게 다른가? Tolman에게 있어 수행은 학습한 것을 행동으로 전환시키는 것이다. 배워서 아는 것 자체를 학습이라 한다면 그것을 실행에 옮기는 것이 수행이다. 따라서 어떤 행동이 변화되기 위해서는 학습이 이루어져야 하나 학습된 것이 모두 수행되는 것은 아니다.

8) 관찰 · 모방학습설

(1) 기본적 입장

Skinner이론에서 보면, 학습은 흔히 유기체가 배우기 위해서는 행동해야만 하는 점진적인 과정으로 보인다. 유기체는 반응을 방출하며, 이 반응은 점차로 그 반응의 결과에 의해 조성되어진다. 그러나 A. Bandura는, 사회적 상황 속에 있는 사람들은 단순히 다른 사람들의 행동을 관찰함으로써 훨씬 더 빨리 학습한다고 주장한다(사회학습이론). 예를 들면, 아동들이 새 노래를 배우거나 그들의 부모를 흉내낸 소꿉놀이를 할 때, 이들은 종종 새로운 행동의 긴 계열을 즉각적으로 재현한다. 그들은 단지 관찰만으로 새로운 행동의 큰 부분들을 순식간에 획득하는 것처럼 보인다.

관찰은 또한 새로운 행동이 가져올 가능한 결과도 알려 준다. 즉, 우리는 다른 사람들이 새로운 행동을 시도할 때 어떤 결과가 나타나는지를 보게 된다. Bandura는 이러한 과정을 '대리적 강화'라고 부른다. 대리적 강화 역시 하나의 인지적 과정이다. 우리는 자신이 어떤 직접적인 행동을 하지 않고도 우리 자신의 행동의 결과에 대해 예상할 수 있다.

우리는 많은 종류의 모델을 통하여—살아 있는 모델뿐 아니라 텔레비전을 보거나, 책에서 읽는 것과 같은 상징적 모델을 통하여—학습한다. 상징적 모델의 또 다른 형태는 언어적 지시인데, 예를 들어 운전교습소에서 강사가 우리에게 운전하는 행동을 묘사할 때와 같은 경우다. 이런 경우, 우리는 시범과 더불어 언어적 묘사에 의해 알아야 할 대부분의 것들을 배운다. 이것은 참 다행스러운 일이다. 왜냐하면, 만일 전적으로 우리 자신의 행동에 의해서만 운전을 배워야 한다면, 우리들 중 살아 남는 사람은 거의 없을 것이기 때문이다.

(2) 관찰학습의 4부분 모형

1 주의과정

무엇보다 먼저 모델에 주의를 기울이지 않는다면 모델을 모방할 수 없다. 모델들은 특색이 있으며 성공이나 명성, 세력 그리고 다른 매력적인 특성을 갖추고 있기 때문에 흔히 우리의 주의를 끈다. 특히 텔레비전은 매력 있는 특성들을 갖춘 모델을 성공적으로 제시하여 우리의 생활에 큰 영향을 준다. 주의는 또한 관찰자의 욕구와 흥미 같은 심리적 특성들에 의해 좌우된다. 그러나 이러한 변인에 대해서는 별로 알려진 것이 없다.

2 파지과정

흔히는 모델을 관찰한 후 어느 정도의 시간이 지난 다음에 그 모델을 모방하기 때문에, 모델의 행동을 상징적인 형태로 기억하는 어떤 방식을 가져야만 한다. Bandura는 이러한 상징적 과정을 자극연합(stimulus contigency), 즉 동시에 발생하는 자극들 사이의 연합이라는 용어로 설명했다. 예를 들면, 한 남자가 새로운 도구인 드릴을 사용하고 있다고 가정해 보자. 우리는 그가 어떻게 끝을 조이고 어떻게 꽂는가 하는 등을 볼 수 있다. 이런 과정이 지난 후에는, 단지 드릴만을 보고도 연합된 많은 이미지가 떠오르게 되며, 이러한 것들이 우리의 행동을 이끈다.

위에 예에서, 자극들은 모두 시각적이다. 그러나 Bandura의 말에 의하면, 우리는 보통 이러한 자극들을 언어적 부호와 연합시킴으로써 사물들을 기억한다고 한다.

5세 정도나 그 이하의 어린 유아들은, 아직 단어로 사고하는 데에 익숙치 못하므로 아마도 시각적 영상에 매우 많이 의존해야 할 것이다. 이 점이 그들의 모방능력을 제한시킨다. 따라서 이들에게 언어적 부호를 사용하도록 가르침으로써—그들이 모델을 보고 있는 동안에 모델의 행동을 언어적으로 묘사하도록 요구함으로써—모방을 증진시킬 수 있다.

3 운동 재생과정

행동을 정확하게 재생(reproduction)하려면, 필요한 운동기술을 갖추어야만 한다. 예를 들면, 한 소년이 아버지가 톱을 사용하는 것을 지켜 볼 수는 있으나, 신체의 힘과 민첩성이 부족하기 때문에 제대로 모방할 수 가 없다. 관찰을 통해서는 단지 새로운 반응 패턴(예, 어떻게 나무를 올려 세우고, 어디에 톱을 대는지 등)은 알 수 있게 되지만 새로운 신체적 능력(예, 힘으로 나무를 자르는 것)을 얻지는 못한다. 이러한 신체적 능력에는 신체적 성장과 연습이 있어야 한다.

Bandura는 그 이전의 인지학습 이론가들처럼 새로운 반응의 획득과 수행을 구별하였다. 사람은 하나의 모델을 관찰하여 새로운 지식을 획득할 수는 있으나, 그 반응들을 수행할 수도 있고 혹은 수행하지 않을 수도 있다. 예를 들면, 한 소년이 이웃 사람이 어떤 비속한 말을 사용하는 것을 듣고서, 그러한 새로운 단어들을 배울 수는 있으나 그 단어들을 재생하지는 않을 수도 있다.

4 강화과정

수행은 강화와 동기적 변인들에 의해 좌우된다. 즉, 보상을 얻게 될 것 같으면 우리는 실제로 타인을 모방할 것이다. 부분적으로는 과거에 받은 직접적인 강화도 중요하다. 위의 예에서, 만일 그 소년이 과거에 욕설을 하는 것에 대해 존경과 찬사를 받은 적이 있다면, 그는 그 이웃 사람을 모방하려 할 것이다. 반면에, 그러한 행동에 대해 벌을 받았다면, 그 이웃 사람을 모방하는 것을 주저할 것이다.

수행은 또한 대리적 강화—모델에게 발생한 결과를 보는 것—에 의해서도 영향을 받는다. 만일 그 이웃 사람이 욕설을 했을 때 이에 대해 칭찬받는 것을 본다면, 소년은 그를 모방할 것이다. 만일 그 이웃 사람이 벌받는 것을 본다면, 소년은 모방하려 하지 않을 것이다.

마지막으로, 수행은 자기 강화—우리가 우리 자신의 행동에 대해 내리는 평가—에 의해서도 어느 정도 좌우된다.

이상과 같이 모델을 성공적으로 모방하기 위해서는, ① 모델에 주의를 기울여야 하고, ② 본 것을 상징적인 형태로 저장하는 어떤 방식을 갖추어야 하며, ③ 그 행동을 재생하기 위해 필요한 운동기술을 갖추어야 한다. 이러한 조건들이 갖추어지면, 모델을 어떻게 모방하는지를 알게 될 것이다. 그러나 아직 모방하지 않을 수도 있다. 실제의 수행은, ④ 강화 가능성에 따라 좌우되는데, 그 중의 많은 부분이 대리적 강화이다.

사실, 이 네 가지 요소가 완전히 분리된 것은 아니다. 특히 강화 과정은 주의를 기울이는데 영향을 준다. 예를 들면, 우리는 흔히 강력하고 유능하며 권위 있는 모델에게 주의를 기울인다. 왜냐하면, 열등한 모델보다는 그러한 모델을 모방하는 것이 보다 긍정적인 결과를 가져온다.

(3) 공격성의 조건형성

Bandura의 4부분 모형(4-part model)은 모방학습에 대한 정교한 분석을 제공한다. Bandura의 주요 관심은 사회화 과정—사회가 그 구성원들을 용인되는 방식으로 행동하도록 유도하는 과정—에 있다.

Bandura는 다른 행동뿐 아니라 공격성의 사회화도 부분적으로는 조작적 조건형성의 문제라고 믿는다. 예를 들면, 부모나 다른 사회화 주관자는 아동이 사회적으로 적합한 방식(예, 게임이나 사냥에서)으로 공격성을 표현할 때는 보상을 주고, 사회적으로 용인될 수 없는 방식(예, 나이 어린 아이를 때릴 때)으로 공격성을 표현할 때는 벌을 준다.

그러나 사회화 주관자는 또한 다양한 종류의 모델을 제시함으로써 아동들에게 많은 것을 가르치기도 한다. 아동들은 공격적인 모델을 관찰하고, 그 모델이 언제 강화받는지를 주시하며, 이에 따라서 모방한다. Bandura는 몇 가지 실험에서 이러한 과정을 조사해 왔으며, 이 실험들 중의 하나는 현재 하나의 고전으로서 간주되고 있다.

이 연구에서 Bandura는 4세가 된 아동들에게 각각 한 남자 모델이 약간 새로운 공격적 행동을 하고 있는 영화를 보여 주었다. 이 모델은 인형을 넘어뜨리고 그 위에 타고 앉아 "코 한방 먹어라, 퍽!" "누워 있어!" 등과 같이 소리치는 등 내용이 똑같은 영화를 보게 되지만 마지막 부분이 다르게 끝나는 것들이었다.

공격성-보상 조건에서는, 영화 끝장면에 가서 모델이 칭찬을 받고 선물도 받았다. 즉, 다른 어른이 나타나 모델을 '강한 챔피언'이라 불렀고 그에게 초콜릿과 음료수 등을 주었다.

공격성-벌 조건에서는, 모델을 '깡패'라고 욕하고 때려 주어 겁을 먹도록 하였다. 세 번째의 아무결과도 없는 조건에서는, 모델의 공격적 행동에 대하여 상이나 벌 중 아무것도 주지 않았다. 영화가 끝난 후에, 각 아동은 즉시 인형과 다른 장난감들이 있는 방으로 안내되었다. 실험자는 일방경을 통하여 아동이 얼마나 자주 모델이 했던 공격적인 행동을 모방하는지 관찰하였다.

그 결과는, 모델이 벌받는 것을 본 아동들은 다른 두 집단의 아동보다 훨씬 덜 모방하였다는 것을 보여 주었다. 이렇듯 대리적 벌은 공격적인 반응의 모방을 감소시켰다. 공격성-보상 집단과 아무 결과도 없는 집단간에는 차이가 없었다.

이러한 결과는 공격성과 같이 전형적으로 금지되는 행동에 있어서 자주 발견된다. "이번에는 나쁜 결과가 나오지 않았다."는 것을 관찰하게 되면, 이는 대리적 보상만큼이나 쉽게 모방을 촉진시킨다.

이 실험에는 또한 첫번 실험과 똑같이 중요한 두 번째 부분이 있다. 실험자는 아동이 있는 방에 들어가서, 각 아동에게 영화에서 본 것을 추가해서 재현한다면 주스와 예쁜 그림딱지를 주겠다고 말했다. 이러한 유인물은 완전히 세 집단간의 차이를 없애 버렸다. 모든 아동들은—모델이 벌 받는 것을 본 아동들을 포함하여—똑같은 정도로 모델을 모방했다. 따라서 대리적 벌은 단지 새로운 반응의 수행을 방해했을 따름이지 그 획득을 방해한 것은 아니다. 공격성-벌 조건에 있던 아동들은 새로운 반응들을 학습하였으나, 새로운 유인물이 도입될 때까지는 그 반응들을 재생하려 하지 않았다.

2. 기억과 망각

1) 기억의 개념과 구조

가장 원시적인 학습방법은 기억이라 할 수 있다. 즉 경험흔적을 얼마만큼 체내에 남겨서 파지(把持)시키는가, 그리고 그것을 어떻게 효과적으로 재생할 수 있는가 하는 문제는 특히 교사나 학생들에게 가장 큰 관심거리기도 하다.

(1) 기억의 개념

학습이 성립되려면 어떤 방식으로든 과거의 경험의 효과가 어떤 기간 파지(把持, retention)되어야 한다. 이 파지의 과정을 기억이라 부르며, 기억과 학습은 불가분의 관계에 있다.

기억에는 다음과 같은 세 가지 과정이 있다.

기억재료(자극) → 기명 → 파지 → 상기 ┬ 재생
└ 재인

1 기명(記銘, memorizing)

기명은 자극을 지각하거나 인상 또는 정보를 받아들여 정리하는 과정이다. 이 기명에 영향을 주는 요인으로서는, 지능, 연령, 신체 건강조건, 의지, 흥미, 준비도 등 학습자 요인과 유의미도, 계열성, 구조 등 재료요인, 전습법, 분습법 등 기술적 요인 등이 작용한다.

2 파지

기명한 내용을 그 후 일정기간 동안 '기억 흔적(痕跡)'으로서 보존하는 단계이다. 그러나 기명된 내용은 언제나 파지되는 것이 아니라 시간의 경과와 더불어 감소되기 마련이다. 파지력을 높이기 위한 조건으로서는 의미있는 기명, 목적의식, 반복암송, 집중법보다 분산법 등이 고려된다.

3 상기(想起, recall)

기명하여 피지하고 있는 내용을 생각해 내는 단계이다. 이것은 재생(再生, reproduction)에 의한 경우와, 재인(再認, recognition)에 의하는 경우가 있다. 재생은 파지되어 있는 내용을 아무런 절차도 필요 없이 순수하게 생각해 내는 일이며, 재인은 파지되어 있는 내용을 어떤 절차의 도움을 빌려 생각해 내는 일이다.

R. C. Atkinson과 R. M. Shiffrin은 기억을 정보처리의 시스템으로 보는 입장에서 기억체제를 감각기명장치(sensory register), 단기기억장치(short-tern storage) 및 장기기억장치(long-term storage)로 구분하고 기억이란 감각기명장치에 정보가 들어와서부터 재생될 때까지 일어나는 일련의 정신조작 또는 정보처리과정, 즉 정보를

약호화(encoding)하고, 이를 저장(storage)하며 반응을 위해 인출(retrieval)하는 과정으로 해석하고 있다.

(2) 기억의 구조

1 구조론적 입장

감각기관에 수용된 정보는 우선 감각기억장치에 저장된다. 그러나 이에 저장된 정보는 주의를 기울이지 않는 한 급속히 소멸된다. 그러나 주의가 집중된 정보는 다시 단기기억장치에 저장된다. 단기기억에서 암송(rehearsal)되지 않은 정보는 다른 정보에 의해 치환(displacement)되어 망각되나 암송과정을 거치게 되면 그 정보의 저장이 지속되거나 반영구적인 장기기억에 전이된다. 장기기억장치의 수용능력은 무제한이나, 정보상호간의 간섭에 의해서 망각이 일어난다고 보고 있다.

단기기억과 장기기억의 중요한 차이점은 정보처리가 단기기억에서는 주로 음운적(acoustic)인데 비해서, 장기기억에서는 의미적(semantic) 부호화가 이루어진다는 점이다.

2 과정론적 입장

기억의 과정론을 중시하는 이론가들은 기명의 다양성과 깊이에 주안을 두고 정보처리 방식을 강조하며 지각이론에 비추어 기억의 과정을 설명하고 있다. 지각적 분석은 여러 가지 수준에 걸친 정보처리과정을 포함하며 자극정보의 구조적, 물리적 속성이 분석되는 초기단계로부터 의미적 속성의 분석에 주안을 두는 깊이 있는 수준에 이르게 된다는 것이다.

기억흔적이란 이들 지각적 분석과정의 부산물로서 그 지속성은 이들 분석수준의 깊이에 의존한다는 것이다. 따라서 피상적, 구조적 수준에서 처리된 정보는 쉽게 망각되나 의미적 수준에서 처리된 정보는 그 지속기간이 길다는 것이다.

2) 정보처리 체계

(1) 정보처리 체계의 구성 요소

모든 사람은 동일한 기본적인 정보처리 체계(information processing system ; IPS)를 갖는다. 정보처리 체계의 근간이 되는 구성 요소는 다음과 같다.

[1] 단기감각 저장(short-term sensory store ; STSS)

외부세계로부터 들어오는 정보는 우리의 감각수용기에 와서 부딪친다. 그것은 제일 먼저 의식적인 정신작용을 수행할 때의 메모용지와 같은 것으로 생각할 수 있다.

감각기억장치에 저장된 정보는 곧 소멸되나 일부의 정보는 유별(類別)되고 단기기억에로 전이된다. 단기기억은, 파지기간이 감각기억보다도 길지만, 감각기억과 같이 그 파지용량은 한정되어 있다. 전화부에서 번호를 찾아 곧 다이얼을 돌린 후에는 그 번호가 생각나지 않는 등은 이 기억의 좋은 예이다.

[2] 단기기억(short-term momory : STM)

① 정보의 전이

기억장치에 저장된 정보가 다른 기억장치에 복사되는 것을 전이라고 하며 감각기억에서 단기기억에로의 전이(轉移)는 자극분석 기제에 의해 자극의 구성을 추출하거나 주사(scanning)한 후 장기기억 정보에 비추어 명령하고 이를 다시 단기기억으로 보내는 과정이 포함된다.

STSS에 있는 정보가 사라지기 전에 그 정보에 주의집중이 이루어진다면, 그 정보의 일부는 STM에 전이될 수 있다. 이 저장에서는, 시각적으로 제시된 글자를 소리로 변화시키는 것과 같이, 원래의 감각정보를 다른 형태로 바꿀 수 있다. 정보군(群) 형성(chunking)기법으로 STM의 힘을 증가시킬 수는 있지만 STM의 파지용량은 대략 7개의 항목으로 제한되어 있다(제한용량). 기존의 항목이 새로 들어오는 항목에 의해 밀려나거나 능동적으로 반복 암송되지 못할 때, 기존의 항목들은 STM으로부터 사라진다. STM은 의식적 기억으로 생각되어질 수 있다.

정보처리모형

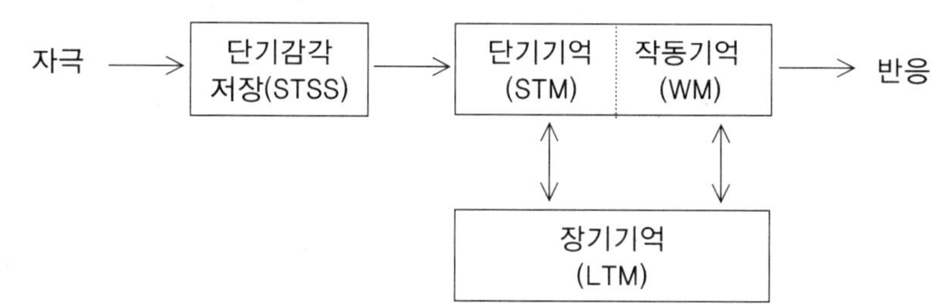

	단기감각 저장	단기기억-작동기억	장기기억
용량	대량 또는 무제한	대략 7 chunk로 기억	무제한
양상	정확한 감각	echo	조직화 및 유의미성
지속	순간적(시각 정보인 경우 0.5초)	일시적(리허설이 없는 경우 1.8초)	영구적
소멸	시간에 따라 소멸	치환, 또는 리허설 실패	인출 실패, 혹은 간섭

② 정보의 기명

단기기억에서도 시 · 청각적 속성뿐 아니라 의미적 속성까지를 포함한 다양한 속성이 처리되고 표상되는 것으로 보인다. 인간은 이 시스템에서는 일반적으로 소량의 정보밖에 파지되지 않는다. 그러나 각 항목을 관계지어(부호화) 기명하면, 기억의 용량이 증대된다. 또 반복연습하면 파지기간을 연장하는 것이 가능하다. 이것은 '반복연습의 효과'이다. 그러나 반복연습이 없는 경우에는 이 시스템에서 저장되는 정보는 보통 20초 안에 소실되고 만다. 즉 파지기간이 0.5초~20초 정도이다.

③ 정보의 저장

단기기억은 그 정보의 수용능력이 크게 제한되어 있다. 그러나 우리는 일상생활에서 많은 단어나 숫자의 정보단위를 기억할 수 있으며, 이는 하위수준의 정보단위를 상위수준의 정보로 조작하고 재부호화하는 군단위(chuck)의 과정에 의해서 가능하게 된다. 군단위의 중요 속성은 첫째, 군단위는 기능적인 단위로 몇 개의 문항이 하나의 군단위를 이루게 되면 그 구성요소들이 거의 동시에 회상되며 둘째로, 군단위는 여러 가지 유형의 정보속성, 즉 언어적, 음운적, 시간적 속성으로 바탕으로 이루어진다는 것이다.

④ 작동 기억

많은 이론가들은 단기기억에다 작동기억 또는 중기기억이라는 것을 부가시킨다. 이 기억은 단기기억과 같이 제한된 용량을 가지며 원래의 감각과는 다른 형태로 정보를 저장하며 과부하(overloading) 또는 리허설의 실패에 의해 망각된다.

3 장기기억(long-term momory : LTM)

장기기억은 단기기억에서 파지된 정보가 장기기억으로 수송되어 와서 저장되는 시스템을 말한다. 기억이 장기간에 걸쳐 파지되는 것은 장기기억에 의한 것으로서, 그 용량은 대단히 커서 1000조(兆) 정도의 항목을 수용할 수 있는 정도이다.

① 정보의 전이

장기기억에로의 정보의 전이는 부호화와 암송기제에 의해 이루어진다. 부호화란 단일 문항의 암송을 의미하고 암송은 기억을 위해 효과적인 기억방식, 시각심상, 반복 등을 형성하는 과정을 뜻한다.

② 정보의 약호화

약호화의 과정은 정보를 유별하고 표상하는 과정이다. 정보가 어떻게 표상되는가에 따라 그 정보의 인출의 용이성과 망각의 가능성이 결정된다. 정보를 유별하고 표상하는 과정은 연상적 군집화(associative clustering), 유목별 군집화(categorical clustering) 등과 시간성, 공간성, 빈도, 감각성, 의미성 등 다양한 차원과 융통성을 가지며 약호화의 내용이 곧 파지의 내용을 결정한다.

③ 약호화의 과정

㉠ 기존지식을 바탕으로 연상을 한다. ㉡ 정보의 인출과정에서 검색해야 할 기억영역을 줄여준다. ㉢ 정보의 저장량을 증가시킨다. 이와 같은 약호화는 인간이 저장가능성을 높여주는 기능을 갖게 하면 자극정보의 기계적인 반복, 암송, 기억술 등의 기제를 사용하여 정보들을 약호화하고 조직하게 된다.

④ 정보의 저장

장기기억에서 정보의 저장은 저장될 정보의 내용 그 자체가 곧 정보의 저장위치 결정에 필요한 정보까지 포함하고 있으며 동일한 정보는 항상 동일한 위치에 저장된다.

⑤ 정보의 인출

흔히 정보의 저장과 인출의 과정을 구분하는 수가 많으나 실제로는 이들은 하나의 연속적인 과정이다.

기억내용은 지각적 분석과 약호화에 따라 결정되고 저장된 내용이 곧 그 저장내용의 효율적인 접근에 필요한 인출단서를 결정한다고 보고 있다. 즉 정보의 성공적인 인출은 약호화과정에 포함되어 있던 정보단서가 있는가의 여부에 의존한다. 피동적이고 자동적인 과정으로 인출되는 경우도 많으나 정보의 인출은 그 인출과정에서 정보의 조직과 구성이 활발히 일어나는 능동적 재구성의 과정도 많다.

(2) 정보처리 체계상의 개인차

모든 사람은 동일한 일반적인 정보처리 체계, 즉 단기감각 저장, 단기기억, 장기기억, 정보를 단기감각 저장에서 단기기억으로 가게 하는 주의집중 과정,

정보를 단기기억에 유지시키기 위한 리허설 및 정보군 형성과정, 정보를 단기기억에서 장기기억으로 가게 하는 약호화과정 및 장기기억에서 표적을 찾기 위한 탐색과정을 가지고 있다. 그러나 사람들은 각 기억저장 및 통제과정의 크기 및 특성에 있어서 개인차가 심하다. 예를 들어 어떤 사람은 다른 사람보다 장기기억에서 더 빨리 탐색하며, 어떤 사람은 단기기억에서 일시에 더 많은 정보를 파지할 수 있으며, 또 다른 사람은 정보가 소멸되기 전에 정보를 단기기억으로 가게 하는 주의집중 책략이 다른 사람보다 더 나을 수 있다.

읽기와 관련된 정보처리 체계의 중요한 구성 요소는 단기기억 파지용량이다. 단기기억에 동시에 파지될 수 있는 양은 어느 정도인가? 만일 어떤 사람이 여러 개의 단어들을 순서를 흩뜨리지 않고 동시에 파지할 수 있다면, 읽기의 과제는 그만큼 쉬운 것이 될 것이다. 비록 미소한 용량의 차이라 하더라도 각 주기마다 단기기억에 들어오는 단어들의 비율을 생각하면 전체적으로 엄청난 차이가 생길 수 있다. 단기기억의 파지용량의 차이는 길고 복잡한 문장인 경우 특히 중요한 것이 된다.

3) 망각

(1) 망각의 과정

망각(forgetting)이란 파지된 정보가 시간의 경과와 더불어 감소되거나 소실되는 현상을 말한다. 파지와 망각은 같은 과정의 다른 측면이라 하겠다.

1 망각곡선-파지곡선

H. Ebbinghaus는 피험자에게 XAD, QEX와 같은 무의미 철자를 다수 학습시켜, 그 후의 시간경과에 따른 망각량의 추이를 재학습에 요하는 시간의 절약률(파지량/망각량)로 나타낸 바, 그 결과는 〈표 2-1〉과 〈그림 2-4〉와 같으며 이를 Ebbinghaus의 망각곡선(또는 파지곡선)으로 불리운다. 이를 보면 최초의 1시간에

망각률이 가장 높아, 56%를 잊어버리고, 44% 밖에 보존되지 않는다. 일반적으로 단시간 내에 망각률이 높고 그 후에는 일정한 파지량의 수준에 가까워지면서 안정된다.

표 2-1 망각률

경과시간	파지율	망각률
0.33	58.2	41.8
1	44.2	55.8
8.8	35.8	64.2
24	33.7	66.3
24×2	27.8	72.2
24×6	25.4	74.6
24×31	21.1	78.9

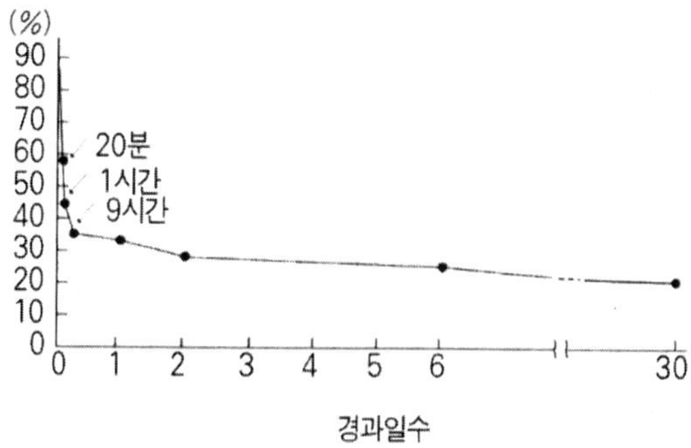

〈그림 2-4〉 H. Ebbinghaus의 망각곡선

2 회상

파지곡선에 있어선 기억초기에는 급격한 하강을 나타내나 거꾸로 학습 직후보다도 상승을 나타내는 경우가 있다. 이 현상을 파지개선 현상, 즉 회상(reminiscence)이라 한다. 이것은 학습 직후보다도 일정시간을 경과한 후 쪽의 파지량이 높은 현상을 나타내는 것인 바, 이에는 학습 후 며칠 내에 일어나는 경우와 학습 후 10분쯤의 단시간 내에 일어나는 경우가 있다〈그림 2-5〉는 L. B. Ward가 12개의 무의미 철자계열을 7개까지 바르게 답할 수 있을 때까지 학습을 시켜 20분 사이에 여러 가지 시간 간격에 따라 파지량을 측정한 결과로서 회상작용(reminiscence)이 계열의 끝보다는 전반부에서 크게 나타난다는 것을 발견하였다.

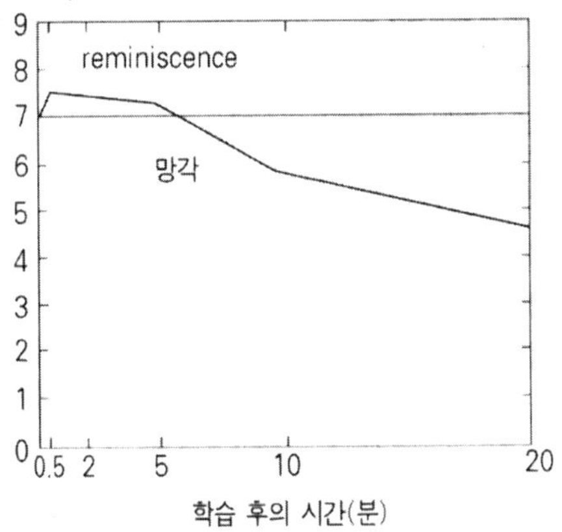

〈그림 2-5〉 암기 후의 회상곡선

3 과잉학습시의 망각곡선

〈그림 2-6〉은 W. C. Krueger가 과잉학습의 효과를 검토하기 위해 피험자들이 기억재료를 완전히 외운 시점에서 세 집단, 즉 원학습 소요시간과 같은 시간을 추가하여 학습시킨(100% 과잉학습) 집단, 원학습 시간의 반을 더 추가시킨(50% 과잉학습) 집단, 그리고 시간의 추가가 없었던(0% 과잉학습) 집단의 파지율을 비교한 결과로서, 100% 과잉학습 집단의 파지율이 가장 높고, 과잉학습이 없었던 집단이 가장 떨어지고 있다. 이것은 과잉학습이 기억의 흔적을 강화하고 있다는 점을 시사하는 결과이다. 그러나 어느 집단에 있어서도 망각은 일어나고 있다.

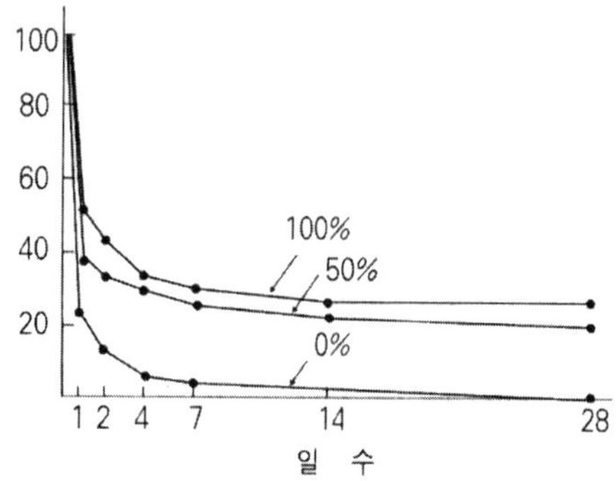

〈그림 2-6〉 망각에 미치는 과잉학습의 효과

(2) 망각의 원인

1 불사용설(소멸설)

학습시에 어떤 자극이 주어지면, 어떤 종류의 생리학적인 기억흔적이 대뇌피질부의 기억중추에 형성된단. 그러나 이 흔적은 재활성화, 즉 연습 또는 사용되지 않고 그대로 두면 소멸되고 만다는 원인론이 불사용설이다. 일반적으로 망각은 암송이 억제되면 불가피하게 일어나는 수동적인 과정이며 부호나 인출(setrieval) 과정에서가 아니라 저장과정에서 일어난다고 보고 있다. 이에 대해서 단기기억에 있어서는 순향간섭에 의한 망각이 많고 이는 저장과정에서가 아니라 인출과정에서 망각된다고 주장하는 입장도 있다.

2 간섭설

J. G. Jenkins와 K. M. Dallenbach는 무의미 철자를 기억시킨 뒤 잠을 자게 한 경우와 잠자지 않았던 경우의 망각의 정도를 비교하였다(그림 2-7). 그 결과 수면을 취한 쪽이 각성시보다 망각이 적다는 사실이 밝혀졌다. 이러한 사실에서, 단지 시간의 경과에 따라 망각이 일어나는 것이 아니라 학습 후의 어떤 정신활동이 파지에 간섭을 미친 것으로 생각하게 된 것이다.

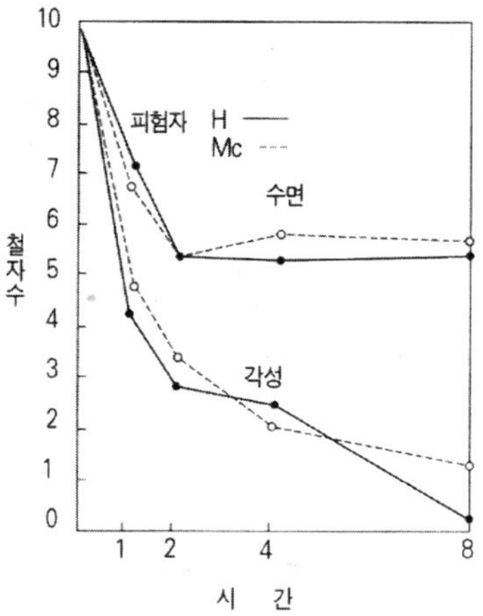

〈그림 2-7〉 학습 후의 수면과 각성이 파지에 미치는 효과

이러한 간섭에 의한 망각은 그것이 학습 후의 활동에 의한 간섭이면, 이 방해적 억제작용을 역향제지(逆向制止, retroactive inhibition), 학습 전의 활동에 의한 간섭, 즉 전 학습이 후 학습에 방해적 억제작용을 하는 것을 순향제지(順向制止, proactive inhibition)라고 부른다.

이와 같은 간섭은 학습재료의 유의미도가 낮은 경우나, 학습재료간의 유사성이 높은 경우에 일어나기 쉽다.

3 재체제화설

F. Bartlett는 시간의 경과와 더불어 기억이 부정확하게 되는 것은 학습된 내용 중 전체적 윤곽이나 일반적인 의미만이 기억에 남고, 세부적인 부분은 차차 희미해지게 되는 바, 이를 메꾸기 위해 세부적인 부분의 기억이 전체적인 구조나 일반적인 의미와 합치되게끔 변용되기 때문이라고 말하고 있다. 이 과정을 재체제화라고 한다.

F. Wulf는 이러한 재체제화 과정에는 안정화의 방향으로 변용되는 수준화(leveling), 특정부분이 타 부분에 비해 강조되는 강조화(sharpening), 그리고 기지의 사실과 유사한 것으로 기명되는 유동화(類同化, assimilation) 등의 세 가지 형이 있음

을 지적하고 있다.

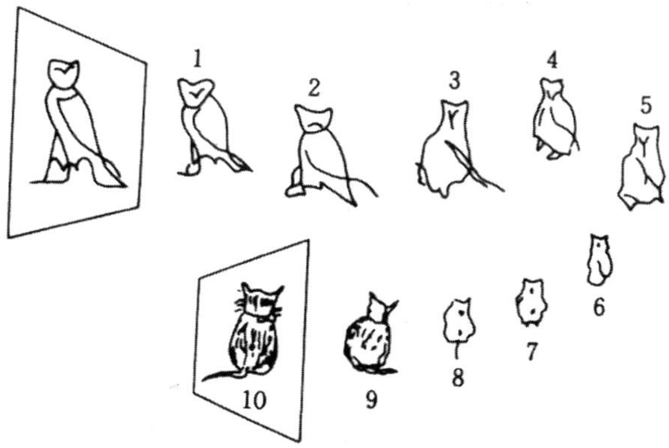

〈그림 2-8〉 재생도형의 변용과정

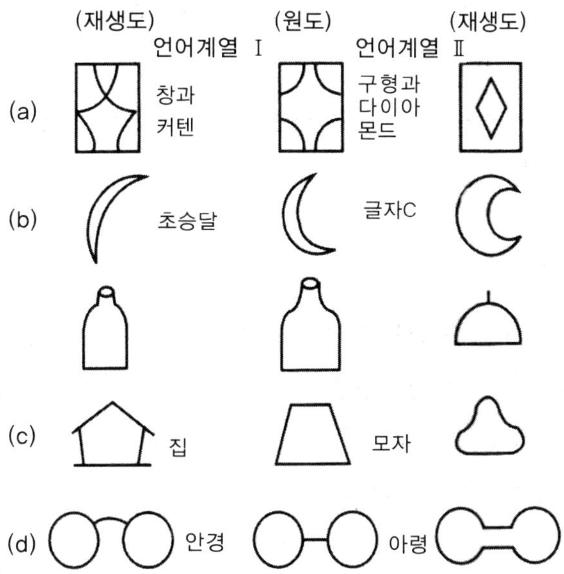

〈그림 2-9〉 재생도형의 유동화

4 동기유발설

망각은 학습자의 동기유발이나 정서 등 학습의 자아관여도에 의한 영향을 받는다는 사실을 B. Zeigarnik는 미완료과제와 완료과제의 파지를 비교하는 실험에서 밝히고 있다. 이 실험에서는 18~22개의 간단한 작업을 연속적으로 시켜 그 반수는 완료시키고 다른 반수는 중간에 중지시켰다. 2~3시간 후, 피험자들에게 그들이 행했던 작업의 이름을 가능한 한 많이 재생시켰던 바, 미완료작업의 이름이 완료작업의 이름보다 훨씬 많이 재생되었다. 그 이유로서는, 미완료작업은 중도에 중지당했기 때문에 생긴 피험자들의 긴장감이 과제의 재생을 잘 하려고 작용하게 한다는 것이다. 이를 Zeigarnik효과라고 부른다.

5 억압설

자아 위협적인 경험(불쾌감) 등이 기억내용을 억압한다는 원인론이다. S. Freud는 자아를 위협하는 사상(事象)에 대한 기억이나 충동은 일부러 생각하지 않으려고 또한 잊어버리려고 애쓴 나머지, 이러한 기억이나 충동을 무의식의 세계에 억압하는 경향이 있다는 것이다. 결국 기억나지 않는 내용도 단지 의식에는 떠오르지 않고 있지만, 무의식의 세계에는 존재하고 있다는 것이다. 이것이 억압설(repression theory)이다.

(3) 파지율 증진법

일반적인 기억증진 방법을 제시하면 다음과 같다.

1 분산법의 활용

분산법과 집중법 중 확실히 분산법이 파지를 더 잘 돕는다. 시험 직전에 하루 혹은 이틀을 집중하기보다는 일정한 시간계획에 따라 한 학기 규칙적인 간격을 두고 공부하는 것이 좋다. 최초의 학습이 있은 후 즉시 복습하고 요구되는 파지기간 동안에 시간 간격을 넓혀 가며 재학습하는 것이 가장 효과적인 방법이다. 이는 기억된 내용이 조직화될 수 있는 시간의 간격이 필요하고 피로에 의한 기명

효과의 감소 등도 해결된다.

2 정보의 의미화

이는 기억해야 할 정보를 그 정보와 관련되어 있는 의미와 관련지어 기억하는 방법이다. 예컨대, 이삿집센터의 전화번호는 2424, 복덕방의 전화번호는 4989, 서울역 안내전화는 그 번호가 칙칙폭폭 7788 임을 기억하고 있다. 이는 전화번호를 그 정보가 갖는 의미를 숫자화한 것이다. 이런 경우 전화번호를 기억하는 것보다는 의미만을 파악하고 있다면 그 재생은 훨씬 용이하고 빨리 이루어진다.

3 철저한 학습

충분하고 철저한 학습은 망각을 예방한다. 누구나 시험에 만점을 얻을 만큼 학습할 수 있다. 그렇게 하기 위해서는 여러 가지 조건이 있겠으나 그 조건 중의 하나는 만점을 얻을 수 있을 만큼 연습을 계속해야 하고 반복암송을 해야 한다는 것이다. 물론 의미있게 기명한다는 것은 연습의 양을 줄일 수 있는 조건이 된다. 연습의 원리는 Thorndike의 연습의 법칙이나 조건형성설에 있어서의 분화의 원리와 관계되는 것으로 기명과 파지에도 이 원리들은 적용된다. 불충분한 기명은 재생시에 일반화 현상이 일어나 변별장애를 가져온다.

4 즉시복습

복습의 시기는 최초 학습에 가까울수록 기명과 파지에 효과적이다. 그날 학교에서 배운 내용은 며칠 후에 복습하는 것보다 그날 중으로 복습해 두는 것이 기명이나 파지를 돕는다. 어떤 시간에 들은 강의 내용을 그 시간에 인접된 휴식시간에 자기체계에 맞도록 머리 속에 재생해 보는 것이 며칠이나 몇 달 후에 몇 시간 복습하는 것보다 파지를 도울 때가 많다. 이는 곧 소멸이나 간섭을 예방하고 기명내용을 쉽게 고착시킬 수 있기 때문이다.

5 의미의 자료화

의미있게 기억함은 파지력을 높인다. 의미자료는 무의미자료보다 망각률이 낮다. 학습자료를 충분한 이해도 없이 무턱대고 기억을 한다는 것은 마치 무의미 철자를 기억하는 것처럼 망각을 촉진시키는 것과 같다. 어떤 자료를 의미있게 학습한다는 것은 지식을 의미화하여 축소시킬 수 있도록 선택해서 기억하는 것으로 완전기명에 가까운 상태를 말한다. 이렇게 하여 강력하게 기명되었을 때 자연히 파지력이나 재생력도 따라서 높아진다. 특히 의미있게 자료를 기명하면 그 의미와 유사하거나 반대되는 개념이 있을 때 쉽게 연상되므로 연출의 단서가 된다.

6 기타

① 원학습(original learning)의 강력한 기억흔적을 위해 학습내용을 암송, 즉 여러 번 반복하도록 한다.

② 불사용에 의한 망각의 방지를 위해 복습을 자주시키되 학습 직후에 시키는 것이 좋다.

③ 기억정보의 재조직과 왜곡현상을 방지하기 위해 정보의 의미를 강조한다.

④ 억압현상이 나타나지 않도록 가능한 한 학습장면을 즐겁고 유쾌하게 한다.

⑤ 기존학습의 간섭현상을 최소한으로 줄이기 위해 학습 초에 완전학습이 되도록 한다.

3. 학습의 전이

1) 전이의 개념

한 학습의 결과가 다른 학습에 영향을 주는 현상을 전이(transfer)라고 한다.

한 학습의 효과가 다른 학습에 미치는 전이의 효과는, 전혀 다른 두 가지의 성질이 있다. 예컨대 영어를 잘 알고 있는 사람이 불어를 새로 공부할 때는 영어를 모르는 사람이 불어를 공부하기보다는 힘이 덜 들고, 반대로 영어도 알듯말듯한 사람이 불어를 공부할 때는 영어를 전혀 모르는 사람보다 힘이 더 들고 시간도 더 걸리는 수가 있다. 전자를 우리는 적극적 전이(positive transfer), 후자를 소극적 전이 또는 부적 전이(negative transfer)라고 부른다. 이 소극적 전이란 바로 제지(inhibition) 현상이다.

2) 전이의 이론

(1) 동일요소론

동일요소설에 속하는 이론 중에 가장 고전적인 이론은, R. S. Woodworth와의 공동연구에 의한 E. L. Thorndike의 전이설이다. 그는 한 학습의 효과가 다음 학습을 촉진시키는 경우는 두 학습과제간에 동일요소가 존재해야 한다는 견해이다. R. W. Bruce는 자극과 반응의 유사성이 각각 어떻게 전이하는가를 밝히기 위해서 무의미 음절로 된 자극어와 반응어를 짝지운 쌍연합(paired association) 항목표를 자료로 삼아 각각 자극어와 반응어간에 유사성이 있고 없는 네 가지 조건하에서 실험하였던 바, 새로운 자극이 전 자극과 유사하고 반응이 동일하면 전이가 크게 일어나며 자극의 유사도가 높을수록 전이가 크며, 비슷하거나 동일한 자극이 유사하지 않거나 반대되는 반응을 일으킬 때는 소극적 전이가 일어난다는 사실을 알게 되었다고 한다.

(2) 일반화설

일반화설은 동일원리설이라고도 불리어지는 것으로서 가장 유명한 것은 C. H. Judd의 수중(水中) 12인치의 깊이에 있는 표적 맞추기 실험이다. 이 이론은 일정한 학습장면에서의 경험을 조직적으로 개괄화 또는 일반화해서 다른 장면에 적용했을 때 전이가 일어난다는 것, 즉 두 학습내용간에 원리가 같을 때 전이가 일어난다는 이론이다.

(3) 형태이조설

형태이조설은 주로 형태심리학자들의 전이설로서 어떤 장면 또는 학습자료의 역학적 관계가 발견되거나 이해될 때 그것이 다른 장면이나 학습자료에 전이된다는 주장이다. 즉, 제1학습과 제2학습간에 전이가 일어나는 학습상황에는 무엇인가 공통성이 존재하는데 그 공통성은 두 학습자료의 단편적인 요소가 아니라 형태, 또는 그 자료 내의 관계성에 공통성이 있어야 한다는 것이고 기억된 내용보다는 이해된 내용이 보다 쉽게 전이된다는 주장이다.

(4) 학습방식의 학습설

H. F. Harlow는 원숭이의 변별학습에 있어서 문제를 수많이 되풀이하는 가운데 아직 미경험의 문제에 직면해서도, 급속히 정착한 반응률이 높아지는 사실을 발견하였다. 그는 이것을 "공부하는 방식의 학습"(learning how to learn)의 성립에 의한 것으로 해석하고, 이 과정을 learning set의 형성과정이라 불렀다. 즉, 한 개의 learning set가 형성되면, 같은 구조를 지닌 문제장면에 대해서는 전이가 쉽게 일어난다는 것이다. 이것은 학습의 정도가 낮으면 전이가 일어나기 어렵고, 높으면 전이가 일어나기 쉽다는 학습수준에 의한 설명(학습수준설)과도 관계가 깊다.

(5) 형식도야설

훈련의 전이 효과를 크게 중시한 것은 형식도야설이다. 이 이론은 정신을 의지, 기억, 주의, 판단, 추리 등의 제 능력으로 구성되어 있는 것으로 보는 능력심리학에 기초를 두고 있다. 20세기 초기까지 교육계를 지배했던 대표적인 생각이다. 즉 기억, 추리, 주의 등 몇 가지 기본적인 능력을 집중적으로 단련해 두면 사소한 학습은 쉽게 이루어져 여러 가지 문제를 효과적으로 대처할 수 있게 된다는 생각이다. 결국, 교육은 기본적 능력의 전이에 의한 것으로 생각한 입장이다. 그러나 그 후 이러한 전이는 항상 일어나는 것은 아니라는 연구도 이루어져 왔다.

3) 전이의 유형

(1) 특수적 전이와 비특수적 전이

특수적 전이는 선행학습에서 습득된 특정의 자극에 대한 특정의 반응만이 그 자극에 유사한 다른 자극에 대해서도 전이가 일어나는 것을 말한다.

동일요소설은 이 점에 착안한 것이다. 비특수적 전이는 선행의 학습과제가 갖고 있는 일반적 원리나 개념의 전이 또는 공부하는 방식의 학습과 같은 폭넓은 전이의 총칭이다. 일반화설이나 공부하는 방식의 학습설은 이 면을 강조하고 있다.

(2) 수평전이와 수직전이

수평전이란 어떤 장면에서의 학습이 복잡함이 같은 다른 장면에서의 학습에 전이되는 것을 말하는 바, 이것은 다시 '옆으로의 전이'(lateral transfer)와 '앞으로의 전이'(sequential transfer)로 나누어진다. 예컨대, 교실에서 나무토막으로 12 - 5 = 7을 학습한 아동이 달걀 꾸러미에서 5개를 빼면 7개가 남는다는 것을 이해하게 되는 경우가 "옆으로의 전이"이며, 덧셈에서의 이해가 후의 곱셈의 이해를 쉽게 하고 다시 나아가 나눗셈의 이해를 촉진시키는 경우가 "앞으로의 전이"이다.

한편, 수직전이는 어떤 장면에서 학습한 것이 그 후 보다 고차적이고 복잡한 학습에 전이되는 경우다. 예컨대, 가 · 감 · 승 · 제의 계산을 이해함에 따라 언어적으로 표현된 응용문제의 해결이 촉진되는 것과 같은 것이다.

4) 전이에 영향을 주는 제변인

(1) 학습의 정도

선행학습 정도가 뒤따르는 후행학습의 전이에 크게 영향을 미친다. 즉 선행학습이 충분히 이루어질수록 그것에 뒤따르는 학습에 크게 전이된다.

(2) 학습자의 지적 능력

학습자의 지적 능력, 즉 지능이 높을수록 적극적인 전이가 잘 일어나고 지능이 낮을수록 전이되지 않거나 소극적 전이가 일어난다.

(3) 학습자료의 유사도

학습자료가 유사할 때 두 학습간에는 전이가 일어난다. 그리고 그 전이의 정도는 유사도가 높을수록 전이도 높다.

(4) 학습방법

학습방법의 전이도 학습자료의 전이에 못지않게 중요한 역할을 한다.

(5) 반응의 유사도

어떤 자극에 대한 반응이 같거나 유사할 때는 다른 자극이라도 그 자극간에는 전이가 일어난다. 즉, 학습자료가 다르더라도 결과가 같으면 그 학습자료간에는 전이가 일어난다.

4. 학습 및 성취동기

1) 학습동기의 기능

(1) 동기유발

학습에 의욕이 없으면 학습활동은 일어나지 않는다. 설사 학습활동에 종사한다 할지라도 좋은 성과는 나타나지 않는다. 동기유발이 필요한 것이다. 학습동기란 학습활동을 촉발시켜 어떤 목표를 향한 행동을 방향짓게 하는 내적인 힘이다. 이 동기를 조작하여 행동을 일으키는 내부적 과정이 동기유발(motivation)이다. 따라서 동기유발이란 감정의 환기와 예기적 목표반응 등에 의해 특정지워지는 개체 내의 에너지로의 변화로 정의된다. 이 정의에는 다음의 세 가지 중요한 동기유발의 기본적 요소가 포함된다. 즉 ① 동기유발은 반드시 개체 내의 에너지의 변화로 시작된다. ② 동기유발이 일어나는 경우에는 반드시 어떠한 감정이 수반된다. ③ 동기유발이 나타난 경우에는 예기적인 목표지향 반응이 생긴다.

또 개체가 갖는 욕구(또는 요구, need) 등과 같이 행동을 불러일으키는 내적 상태를 동인(動因, drive)이라 부른다. 일반적으로 동기유발이 성립되기 위해서는 개체 측에서 동기가 일어나고(동인이 있고), 환경 측에 목표 또는 유인(誘引, incentive), 동인을 가감시키는 것이 존재하고 있을 필요가 있다.

C. T. Morgan과 R. A. King 등은 이와 같은 동기지움이 개체의 행동에 네 가지 기능, 즉 시발적 · 지향적(志向的) · 지속적 · 강화적 기능을 나타낸다고 한다.

(2) 동기의 유형

1 생득성 동기

생득성 동기는 선천적인 것으로, 주로 생명의 유지나 '종(種)'의 보존에 관한 것이다. 개체는 homeostasis와 같은 내부의 생리적 상태의 균형을 유지하려고 하는 경향이 있다. 이와 같은 신체 내분의 조정에 기인된 동기를 특히 생리적 동기라고 부르며, 갈(渴)동기와 공복동기 등이 그 예이다. 그 밖에 활동동기, 호기(好奇)동기, 접촉동기, 성(性)동기 등도 생득성 동기로 간주된다.

2 학습성 동기

개체의 생명유지와는 직접 관계가 없는 동기에 의해서 지배되는 행동도 적지 않다. 이것은 태어난 후 학습된 동기로서 학습성 동기, 획득성 동기 또는 2차적 동기 등으로 불리운다. 기본적인 학습성 동기로서는 성취동기, 집단소속동기, 자기존중동기, 불안회피동기, 친화(親和)동기 등을 들 수 있다.

(3) 동기의 계층성

인간은 여러 가지 동기를 갖고 이다. 어떤 동기는 다른 동기가 충족된 후에야 발동한다. "의식주가 족해야 예절을 안다"는 말처럼 생존에 필요한 동기가 충족된 후에야, 사회생활에 적응하려는 동기가 생기는 것이다. 이 경우 전자를 기본적 동기, 후자를 고차적 동기라 말한다. A. H. Maslow는 동기는 기본적인 것부터 시작하며 보다 고차적인 것으로 계층구조를 갖고 있다고 말한다. 이는 〈그림 2-10〉과 같다.

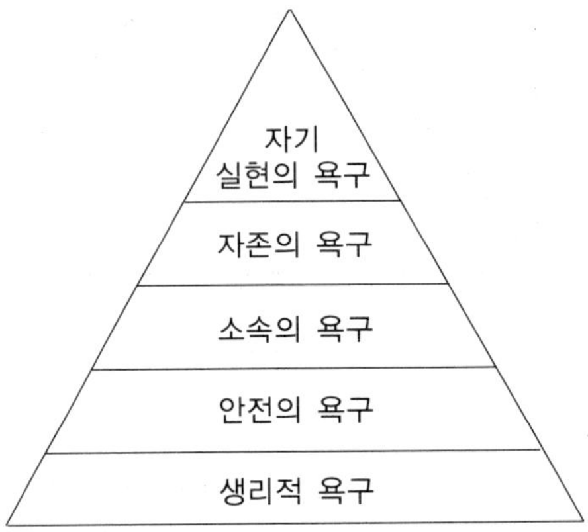

〈그림 2-10〉 Maslow의 욕구(동기) 계층구조

예컨대, 학교에서 공부를 열심히 해 수재라는 명성을 얻고자 하는 '자존의 욕구'는 그보다 하위에 속하는 욕구(학급의 친구들로부터 인정을 받고자 하는 '소속의 욕구')가 충족되었을 때 처음으로 나타난다.

따라서 학습지도시에는 먼저 해당요구나 행동이 충분히 그 기능을 다하기 위한 전제가 되는 하위의 제 욕구가 충족되어 있는가 여부를 확인하고 지도할 필요가 있다.

(4) 학습활동과 동기지움

일반적으로 동기지움이 강하면 학습활동은 높아진다. 그러나 동기지움이 지나치게 강한 경우에는 거꾸로 활동은 저하된다. 이것은 "Yerkes와 Dodson의 법칙"으로 불리우는 현상으로서 학습활동에는 동기지움의 최적수준이 있음을 시사하고 있다. 이 최적수준은 학습내용의 곤란도에 따라 다르며, 곤란한 과제일수록 동기지움이 높으며 학습활동은 빨리 저하된다(그림 2-11 참조). 따라서 이와 같은 경우에는 동기지움의 자기 억제가 필요하다.

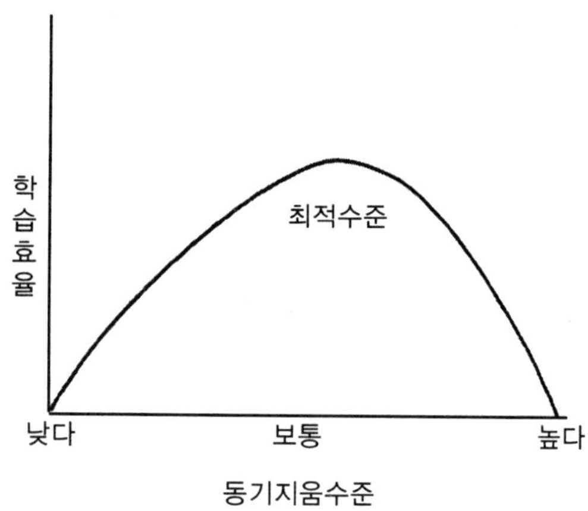

〈그림 2-11〉 R. M. Yerkes와 J. D. Dodson의 동기지움 수준과 학습실험

2) 성취동기의 기능

(1) 성취동기의 개념

인간은 정도의 차가 있지만 무엇인가 성취 · 달성하고자 하는 동기를 갖고 있다. 학습활동에 있어서는 이 성취동기의 고저가 큰 영향을 미치고 있다.

성취동기(achievement motive)란 일반적으로 사회가 인정하는 목표를 향해 높은 수준의 성과를 나타내려고 노력하는 욕구인 것이다.

성취동기가 높은 학생은 일반적으로 과업지향적이고 미래지향적이며 책임감이 높고 노력적이며 모험심이 많고 학업성취도가 높다

일반적으로 성취동기가 높을수록 학습동기도 높다고 알려져 있다.

1 성취동기의 구조

J. W. Atkinson에 의하면, 성취동기에는 두 개의 동기가 관여하고 있다. 목표달성에 대해서 성공하고 싶다는 입장에서 해보려는 접근 경향과 실패하고 싶지 않다는 입장에서 해보지 않으려는 회피경향 등이 있다. 이를 두 개의 동기간의 상대적인 강도가 개인차를 유발하게 되는 것이다. 성공 지향적으로 동기화된 사람은 실현 가능성이 있는 적당하게 높은 목표를 정하는 경향이 있으며, 따라서 성공할 확률도 크다. 그러나 실패회피 지향적으로 동기화된 사람은 아주 낮거나 그렇지 않으면 터무니 없이 높은 비현실적 목표를 정하는 경향이 있다.

일반적으로 성취동기가 높은 사람들이 더욱 성공적인 하나의 이유는 자신들이 가지고 있는 능력과 기회에 대하여 현실적으로 대처한다는 데에 있다. 또한 그들은 성공의 확률이 높고 적당한 대우가 주어지는 직업을 택한다. 반면, 성취동기가 낮은 사람들은 쉽고 보수가 적은 직업을 택하거나 자신의 능력에 맞지 않는 높은 수준의 직업을 가지려는 허황된 시도를 하는 경향이 있다.

성취동기라는 것은 시간이 흘러도 대체로 변함없이 지속되는 것 같지만 사실은

여러 가지 요인에 따라 변한다. 이러한 요인 중의 하나는 개인이 성공 가능성을 어떻게 인지하는가 하는 것이며, 두 번째 요인으로는 얼마나 성공하기를 열망하는가에 달려 있다. 세 번째 요인으로는 자신의 성취에 대한 책임감, 네 번째의 요인은 주어진 유인자극으로부터 만족을 얻으려는 개인 의욕의 정도이다. 가끔 다섯 번째 요인이 제시되기도 하는데 그것은 목표를 달성하는데 필요한 수단 또는 방법에 얼마나 익숙한가 하는 것이다.

2 성취동기의 측정

Atkinson은 성취달성 지향의 크기(TA)는 달성하고자 하는 동기의 크기(Ms), 실패를 회피하고자 하는 동기의 크기(Mf), 학습자에게 인지된 과제의 주관적 난이도, 즉 성공에의 주관적 확률(Ps)의 세 가지 요인에 의해서 결정된다고 생각하며 다음과 같은 모델을 가정하고 있다.

$$T_A = (M_s - M_f)[P_s \times (1 - P_s)]$$

이것은 M_s와 M_f의 크기에 관계없이, P_s=0.50 일 때 T_A는 최대가 된다.

즉, 성공 · 실패의 확률이 반반일 때 문제해결을 시도하고자 하는 기분이 가장 강해지고, 성공확률이 높거나 낮거나 하면 해 보겠다는 기분은 그렇게 일어나지 않는다는 사실을 의미하고 있다.

(2) 성패의 원인귀속과 학습활동

학습에 있어서의 성취동기는 과거의 성적(결과)을 어떻게 받아들이느냐의 원인귀속(原因歸屬)에 크게 의존된다. 즉 성공이나 실패에 대해서, 원인의 소재를 인식하는 일은 그 후의 동기유발에 커다란 영향을 미치게 된다. 어떤 실패의 원인이 외적 요인보다는 내적 요인에 귀속되는 경우에는 재차 도전하고 싶은 의욕이 생기기 쉬운 것이다.

1 성공 · 실패의 원인

시험의 성공 · 실패의 원인은 B. Weiner에 의하면 세 가지 차원으로 분류된다. 제1의 차원은, 원인의 소재가 개인의 내부에 있는가, 아니면 외부에 있는가의 구분이다. 제2의 차원은, 안정성의 차원으로서 원인이 변동하지 않는 것(안정), 또는 변동하는 것(불안정)의 구분이다. 제3의 차원은 원인이 통제되느냐, 안 되느냐의 구분이다.

2 원인귀속의 유형

원인귀속의 구분을 성취동기와의 관계를 보면, 원인 소재의 차원은, 자신감 · 긍지 · 수치감 등의 자존감정과 관련되고 있다.

① 성공 · 실패를 능력이나 노력 등의 내적 원인에 귀속시키는 사람은 성공하면 긍지를 느끼지만, 실패하면 수치를 느끼게 될 것이다.

② 과제나 운 또는 타인의 영향 등 외적 요인으로 귀속시키는 사람은 성공하면, '좋았다'라고 감격하지만, 실패하면 '제기랄'하고 분노를 나타낼 것이다. 안정성의 차원은 장래의 기대에 관계한다.

③ 성공(실패)을 능력이나 과제의 난이도 등의 안정성에 귀속시키는 사람은, 유사과제에 직면하는 경우 다시 성공(실패)한다고 기대하게 될 것이다.

④ 기분이나 운 등의 불안정성에 귀속시키는 사람은 다음 번에는 전번과는 다른 결과를 얻을 것이라고 기대하게 된다.

(3) 부모의 성취압력

D. C. McClelland에 의하면 성취동기는 자녀의 독립적 발달을 강조하고 있는 가정에서 발달하기 쉽고, 반면 낮은 성취동기는 아동의 부모에게 보다 의존적인 가정과 관계가 있다고 한다.

어린이의 성취노력과 가장 밀접한 관계가 있는 부모행동의 요소는 아동이 어떤 과제를 숙달하는 데 있어서 독립성을 조장하고 의존성을 배제하는 것을 말한다.

부모로부터 일찍이 성취압력을 받은 아동의 교육적 포부에 관계되는 과정을 철저히 연구한 Atkinson과 Kahl은 연구결과를 다음과 같이 기술하고 있다.

우월성(getting ahead)에 대해 가치를 부여하고 있는 부모들은 아동이 학교공부를 시작할 때부터 압력을 사용하기 시작했다. 이런 부모들은 높은 석차를 받도록 격려했고, 학교에서 생긴 일에 관심을 두었고, 아들에게 좋다고 생각되는 여러 가지 직업을 암시했다. 이런 아동들은 압력을 받지 않은 아동과는 현저하게 다른 조망을 가지고 고등학교에 들어갔다. 열심히 노력하는 아동은 보다 특수한 취업 목표를 갖는 경향이 있고 학교에서 보다 열심히 공부했고, 미래에 대해 보다 많이 생각했고, 지위에 대해 보다 민감했고, 대학생활을 영위하고 나중에 상류계층에 도달할 수 있다고 믿었다.

이와 같이 초기 성취노력의 예언변인으로서 자녀에 대한 부모의 성취압력은 학업성취에 미치는 가장 중요한 변임임과 동시에 성취동기의 기능을 극대화시키는 계기가 된다고 하겠다.

(4) 포부수준

학습자가 어떤 특수한 학습과제에 당면했을 때 어느 정도의 성취를 하겠느냐를 결정하는 것, 즉 구체적 과제에서의 구체적 성취도 또는 목표수준을 포부수준(抱負水準 : Level of Aspiration : LOA)이라고 한다. 포부수준에 관한 연구는 성취상황에서의, 즉 상황적 동기의 수준과 그 동기수준이 실제 성취수준과의 관계를 밝혀 줄 뿐만 아니라 여러 과제에서의 성공-실패경험이 학습상황과 기타 성취상황에 일반화하는 경향을 가지고 있다는 점에서 중요한 교육적 의의를 가진다.

여러 연구에 의하면 ① 과거에 성공경험이 많은 학생들은 어떤 과제에 당면했을 때 그들의 기대수준을 현실적으로 높이는 경향이 있으며, ② 장기간의 실패경험을 맛본 학생들은 그들의 기대수준을 낮춤으로써 마치 자기는 도저히 성공할 수 없다는 기대를 함으로써 실패만을 피하려는 경향이 있으며, ③ 어떤 학생들은 마치 성공하겠다는 희망만이 성공을 가져다 주는 듯이 그들의 기대를 비현실적으로 높게 가지는 듯하다.

3) 동기유발의 방법

(1) 외적 동기유발

외적 동기유발(extrinsic motivation)이란 교사나 학부모가 학습자의 내적 동기유발(intrinsic motivation)의 수단으로 생각될 수 있는 것으로 학습자가 학습에 대해서 흥미나 관심을 나타내지 않는 경우에 필요로 하는 동기유발이다.

1 상찬(賞讚)의 방법

이것은 교육장면에서 전통적으로 가장 많이 사용되는 외적 동기유발의 방법이다. E. B. Hurlock은 4학년과 6학년의 남녀 아동의 가산(加算) 작업에 있어서 상찬군(群), 비난군, 무시군 및 통제군의 네 가지 등질집단으로 나누어 통제군은 다른 방에서 나머지 3군은 같은 방에서, 매일 15분씩 작업을 시켰다. 그 결과(그림 2-12 참조), 어느 학년에서나 상찬과 비난에 의해서 초기에는 성적이 향상되었으나 중기 이후부터는 상찬군은 성적이 계속 향상되는데 비해 비난(질책, 叱責)군은 오히려 성적이 저하되고 있다. 또 상찬군에서는 능력이 낮은 자일수록 큰 진보를 나타냈으며, 남녀 다같이 상찬이 비난보다 더 효과적이었지만, 남자는 비난인 경우, 여자는 상찬의 경우에 특히 진보가 있었다고 한다. 따라서 이런 종류의 동기유발을 이용하는 경우에는 연령, 능력, 성격, 성차 등의 요인을 고려하는 일이 중요하다.

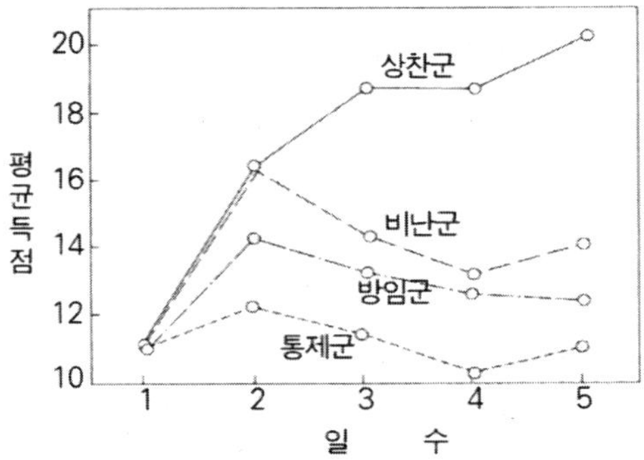

〈그림 2-12〉 수학학습에 있어서 상찬, 질책의 효과

2 경쟁과 협동의 방법

개인간 경쟁, 개인 내 경쟁, 집단간 경쟁, 집단 내 경쟁 등 많은 경쟁조건도 동기유발을 높이는 요인인 것이다. 특히 개인간 경쟁이라는 개인적 동기의 경우에 동기유발의 효과가 크다. 반면, 개인간 경쟁은 과도한 경쟁의식에 빠지거나, 승리 자체가 목표가 된다든지 하면, 그 피해는 무시할 수 없다. 한편, 집단간 경쟁의 경우에는 개개 학습자의 이기심을 배제하고 협력의 정신을 기를 수 있다는 특징이 있다.

3 학습결과에 대한 정보제공

학습결과의 정오(正誤)나 진보 정도를 피드백시켜 알려주는 것은 동기유발을 높일 뿐만 아니라, 정반응을 촉진시키고 틀리는 반응을 억제시키는 효과를 지니고 있다. 특히 상찬이나 비난을 수반시키면 보다 큰 효과가 기대된다.

4 성취감의 자극

성취감은 개인의 요구수준(level of aspiration)에 따라 다르지만 실패를 회피하고자 하는 동기는 누구를 막론하고 같은 것이다. 즉, 성공에 대한 매력은 큰 것이어서, 한 번 성공을 맛본 경험은 다음 학습에 대한 동기유발을 높이게 되는 것이다.

따라서 교사나 부모는 학습자의 능력에 알맞은 과제를 줌으로써 적절한 성공감을 체험하게끔 노력하는 일이 중요하다. N. H. H. Anderson과 H. F. Brandt의 연구결과에 의하면 대체로 성적이 하위집단에 속하는 자들일수록 자기의 능력수준보다 더 높은 요구수준을 설정하는 수가 많아, 성공감을 경험하는 수가 능력이 높은 집단에 비해 상대적으로 적다는 것을 시사하고 있다.

5 학습목표의 인식

목표를 뚜렷하게 인식시켜 주는 것은 학습동기를 유발시키는 데 크게 도움이 된다. 앞에서 밝힌 바와 같이, 학습동기는 학습목표와 결부된 동기이니만큼 학습

목표를 학생들에게 실감있게 인식시키는 것이 무엇보다 앞서야 한다. 특히 학습 목표는 구체적이고 실제적인 것으로 제시되어야 그 목표에 개인의 욕구를 투사시키기가 쉽다.

6 학습자의 흥미 존중

개인의 흥미와 적성에 부합된 학습과제일수록 학습 동기유발에 도움이 된다. 흥미란 어떤 특정대상이나 활동을 보다 구체적으로 부각시켜 적극적으로 선택하고 추구하는 정태(情態)를 말한다. 흥미의 대상은 연령이나 교양수준에 따라 변화한다. 또한 흥미는 선택된 대상에 강한 동기를 유발케 하는 동인으로 작용하므로 흥미나 적성에 부합된 학습과제일수록 강한 학습동기가 유발되며 이 동기는 내적 동기로서 흥미가 변화하지 않는 한 강하게 작용한다.

7 부분해답의 제시

부분해답의 학습 동기유발에 도움이 된다. K. Bigge는 적절한 시기에 하는 부분해답은 학습 동기유발에 도움을 준다고 했다. 예컨대 수수께끼를 내었을 때 가장 강한 동기를 경험한다. 그러나 그 문제를 완전히 풀어 주거나 푼 다음에는 긴장감이 사라지고 흥미가 없어진다. 교사들은 각 단원이나 교시마다 문제를 완전히 해결하여 완결지우는 것이 좋은 교사라고 생각할지 모른다. 정말 전문적인 교사는 매월 학생들에게 답이 주어지지 않은 문제를 학생들에게 던져 놓은 식으로 학습동기의 지속 방법을 쓰고 있다.

(2) 학습자의 내적 동기유발

이는 학습자 스스로 자발적으로 유발된 학습동기를 뜻한다.

1 호기동기(好奇動機, 認知的 動機)

호기동기가 생기는 경우는, 환경이 신기하고, 놀랍고, 복잡하고 모순 등의 특성을 갖추고 있는 경우다. 이들 특성은 다 같이 주관적으로 불확정성을 유발시키고 이에 의한 불쾌상태를 해소시키기 위해 탐색행동, 조작행동이 동기화되는 것이다.

학습자는 기존지식이나 개념과 거리가 먼 정보에 접할수록 호기동기가 높아진다.

2 탐색동기, 조작동기

학습자가 스스로 능동적으로 호기동기를 높이려는 상태를 만드는 동기유발을 의미한다. 이들 동기를 높이기 위해서는 학습자의 학습활동을 풍부하게 만들기 위한 환경을 정비하는 일이 필요하다.

3 자기 원인성 동기

R. DeCharms는 상이나 벌의 지배에서 탈피하여 자유롭게 되는 자기 원인성 감각에 입각한 동기유발이론을 제창하고 있다. 그 골자는 ① 자기 주변상황을 바르게 지각하고, ② 자기에게 실현 가능한 이상적 목표를 세우며, ③ 그 달성에 필요한 수단과 계획을 세우고, ④ 자기의 하는 일에 스스로 책임을 지며, ⑤ 적극적 의욕과 긍정적 자아개념 또는 자신감을 갖는 등으로 동기유발되는(자기변혁적인) 인간이 되기 위해서 노력하는 것이다. 이러한 자기 원인성 동기는 가장 자발성이 강한 학습동기로 작용한다는 점에서 중요시된다.

4) 자아개념

(1) 자아개념의 정의

자아개념(self concept)이란 자기 자신에 대해 가지는 생각 · 감정 · 태도 등 자기 지각의 총체이다. 즉, 자아개념은 나는 누구인지, 나는 어떤 능력을 가지고 있으며, 나의 장 · 단점은 무엇인지, 가정이나 학교 및 사회에서의 나의 위치와 가치는 무엇인지 등에 대한 자기 지각의 전체적 총체이다. 즉, 자아개념이란 한 개인이 자기의 행동, 능력, 신체 및 한 인간으로서의 자기 가치에 관련하여 지니고 있는 태도, 판단 및 가치의 전체 집합체로서 자기 자신을 어떻게 평가하고 지각하느냐 하는 것이라고 정의된다.

C. R. Rogers에 의하면 자아는 개인의 현상적 혹은 지각적 장(phenomenal or perceptual field)의 분화된 부분이며 현재 자기가 어떤 인간인가에 대한 개인의 개념을 나타낸다. 자아개념은 그 자신의 자아상이다. 특히 이에 포함되는 것은 존재(현재의 나)의 인식과 기능(내가 할 수 있는 것)의 인식이다. 자아개념은 자기의 현재 모습에 대한 지각뿐만 아니라 자기가 되어야 한다고 또 되고자 생각하는 것까지도 포함한다. 자아의 이러한 후자의 구성요소가 이상적 자아이다. 이상적 자아는 개인이 갖추고자 하는 자아개념을 뜻한다.

자아의 구조는 결과적으로 환경과의 상호작용을 통해 형성되고 특히 그 환경이란 중요한 사람(예컨대, 부모형제, 친척)으로 구성된다. 다시 말하면 아동이 사회적으로 민감하게 될수록 그리고 그의 인지적 · 지각적인 능력이 성숙해감에 따라 인간의 자아개념은 점차적으로 분화되고 복잡해진다. 대체로 인간의 자아개념의 내용은 사회적 산물이다.

(2) 자아개념과 경험 사이의 불일치 문제

인간이 느끼는 불안과 위협은 인간이 그의 경험과 자아개념 사이의 부조화를 인식할 때 생긴다. 자아개념과 부조화를 갖는 경험은 위협으로 지각된다. 이 경험은 개인의 성격이 더 이상 통일된 전체가 아니기 때문에 의식되지 않게 된다. 따라서 개인이 그 자신을 정직한 사람으로 인식하고 부정직한 행위를 할 경우 그는 위협의 상태에 있게 된다. 부조화의 상황에서 개인이 하는 반응은 긴장과 내적 혼란과 같은 것이다.

따라서 불안이란 자아구조와 위협적인 경험간의 갈등이 의식되어 체계화된 자아구조가 분해될 위험이 있음을 알려주는 위협에 대한 정서적 반응이다.

개인이 결코 위협을 받지 않는 한 그는 개방적으로 경험하려 하고 방어성을 나타낼 필요가 없다. 그러나 경험이 자아개념과 부조화하거나 불일치하게 지각되거나 무의식적으로 차별화될 때 위협이 존재하게 되고 방어기제적 반응이 수반된다.

(3) 부정적인 자아개념의 역기능

Rogers는 인간의 모든 행동을 지각의 함수로 보고 있다. 따라서 부적응행동이란 개인의 경험에 대한 지각이 왜곡된 결과라 할 수 있다. 따라서 왜곡된 부정적인 자아개념은 부적응행동의 유발요인이 되기 쉽다.

(4) 자아개념과 학업성취

B. S. Bloom에 의하면 지능이 같은 두 학생이 어떤 과제에 당면했을 때, 긍정적인 자아개념을 가지고 있는 학생과 부정적인 자아개념을 가지고 있는 학생의 과제 수행 결과는 차이가 크다고 한다. 이것은 긍정적 자아개념이 안전감과 자존감을 유지하게 하고 효과적으로 사회접촉을 할 수 있게 하는데 반해, 부정적 자아개념은 불안정해지고 자존감을 상실하게 하고 사회적 접촉을 방해하기 때문이다. 그러므로 교육에서 긍정적 자아개념이 어떻게 형성 · 발달되어가는가 하는 것은 주요한 관심사이다.

학업성취에서 계속적인 성공 또는 실패경험은 학문적 자아개념 형성에 누가적 영향을 미친다. 학업성취의 성공과 실패경험이 자아개념에 미치는 영향은 학년이 올라갈수록 더 커서, 학업성취가 우수한 학생은 학문적 자아개념이 점점 높아지는데 비해 학업성취가 낮은 학생은 자아개념이 점점 낮아지는 경향이 있다.

5. 학습피로도와 능률

1) 학습피로도

(1) 학습피로의 개념과 원인

1 학습 피로의 개념

학습이나 작업이 오랫동안 계속되면 능률이 양적으로나 질적으로나 저하되는 사실은 잘 알려져 있다. 이러한 능률의 일시적 저하현상을 피로라고 말할 수 있다. 좀 더 구체적으로 정의하면 다음과 같다.

첫째, 피로도는 어떤 시점에서 연속적으로 특정의 학습을 행함에 있어서 그 이상 행함이 불가능할 때까지 달성된 학습량 또는 작업량이다(exhaustion에 의한 정의).

둘째, 피로도는 어떤 시점에서 행해진 같은 양의 학습량(작업량)을 같은 조건으로 달성할 수 있을 때까지 회복하는 데 필요한 휴식시간의 역수(逆數)이다(recovery에 의한 정의).

2 학습 피로의 원인

① 학습자의 주관적 조건

학습동기의 결핍, 가정 내의 불화, 걱정거리, 과대한 책임, 정서적 불안정성, 교사와 교우와의 인간관계 등이다.

② 학습자의 객관적 조건

학습에 대한 기초실력 부족, 수면부족, 휴식시간 부족, 눈 긴장, 체력부족, 질병

(결핵 · 빈혈 · 심장 · 간장 · 신장질환 · 기타), 생리적 주기 등을 들 수 있다.

③ 학습과제의 조건

학습내용의 곤란도, 복잡성, 범위, 주의집중의 크기, 소요되는 학습시간의 길이, 위험도 등을 들 수 있다.

④ 교실환경 조건

조도(照度), 소음, 온도, 습도, 환기, 채광, 걸상 책상의 구조와 크기 등 물리적 환경조건을 들 수 있다.

3 피로의 측정지표

① 피로의 생리학적 측정지표

에너지 대사량, 호흡량, 맥박수, 발한, 고열현상, 요성분의 변화, 혈액 성분의 변화 등을 들 수 있다.

② 피로의 주관적 측면의 측정지표

전신적 권태감, 두통, 시력감퇴, 청력감퇴 등 신체적 피로감, 우울감정의 불안정, 의욕저하 등 정신적 피로감, 사고의 혼란이나 주의집중 불능 등, 학습의 양적 · 질적 저하 등을 들 수 있다.

2) 학습자의 심적 포화

(1) 포화의 개념

흥미가 없는 학습활동을 계속해 나가면(최초에는 흥미를 가졌다 하더라도) 나중에는 그만 싫증이 나서 그 학습을 계속할 수 없게 되는 일이 있다. 이와 같은 정신상태를 포화(飽和, satiation)라고 한다. 피로가 생리적 · 조직적 원인에 의한 것이라면 포화는 어디까지나 정신적인 개념이다.

피로해진 경우에는 그 학습에 싫증이 나는 수가 많기 때문에 피로와 심적 포화는 동시에 수반되는 수가 많다. 그러나 즐거운 놀이에 열중할 때에는 피로할지라도 포화는 수반되지 않는 경우도 있고, 반대로 흥미없는 숙제를 하게 되었을 때 포화는 생기지만 피로하지 않는 경우도 있다. 따라서 피로와 포화는 명백히 구분되어야 하는 것이다. 그리고 피로나 포화는 학습이나 작업의 능률을 악화시켜 저하시킨다는 점에서는 일치하고 있다.

(2) 심적 포화의 주관적 측정지표

① 흥미를 상실하고 단조감(單調感, monotory)에 빠진다.

② 피로의 회복에는 휴식이 불가결하지만, 포화의 완화에는 휴식보다 학습의 전환이 요구된다.

③ 학습 경과시간을 과대평가하게 된다.

④ 담화, 재잘거림, 타인과의 접촉을 구한다(피로시에는 말이 없는 점과 대조적이다).

⑤ 학습이나 작업의 질적 저하현상이 자주 나타난다.

⑥ 불안, 동요 등 불쾌감정이 일어나며 정서적 폭발(A. Kassten의 심적 포화현상 연구는 하나의 고전적 연구로 유명)이 생긴다.

3) 연속적인 학습과 능률

긴 시간 동안 학습을 계속하게 되면 그 능률은 어느 정도까지 저하되는가를 밝히는 일은 학습지도상 극히 중요하다.

학습활동과 같이 복잡한 정신작업은 동시에 다른 요인이 복합적으로 많이 작용하기 때문에 연구하기가 매우 어렵다고 하겠다. A. T. Poffenberger는 13명의 피험자에게 두 자리수의 덧셈, 문장완성, 구성물의 판단, 지능검사 등 네 가지 작업을 5시간 반 행하게 하며, 그 능률과 작업에 대한 느낌을, 극히 즐겁다, 매우 즐겁다, 약간 즐겁다, 보통, 약간 피곤하다. 매우 피곤하다, 극히 피곤하다 등

7단계로 나누어 일정한 작업시간마다 보고하게끔 하였다.

그 결과는 〈그림 2-13〉에 나타난 바와 같이 피로감은 어느 작업에서나 점차 증가하고 있지만, 실제학습의 능률은 반드시 감퇴되지는 않음을 보여주고 있다. 단지 간단한 덧셈 작업에서만 피로감에 대응하여 능률이 감퇴되고 있는 경향을 나타내고 있지만 그 감소도 그렇게 크지는 않다. 정신작업은 육체적 작업만큼 시간의 경과에 따른 능률의 저하는 적다고 하겠다.

따라서 교실에서의 학습은 학생의 동기유발이 잘 되어 있다면, 오후라도 그 능률이 오전 중과 별 차이가 없을 것이다. 필요한 것은 교과과정이나 교수법에 변화를 불러일으켜 단조로움에서 오는 심적 포화나 흥미의 상실 등 학습의 능률을 저해하는 요인을 배제하는 일이다.

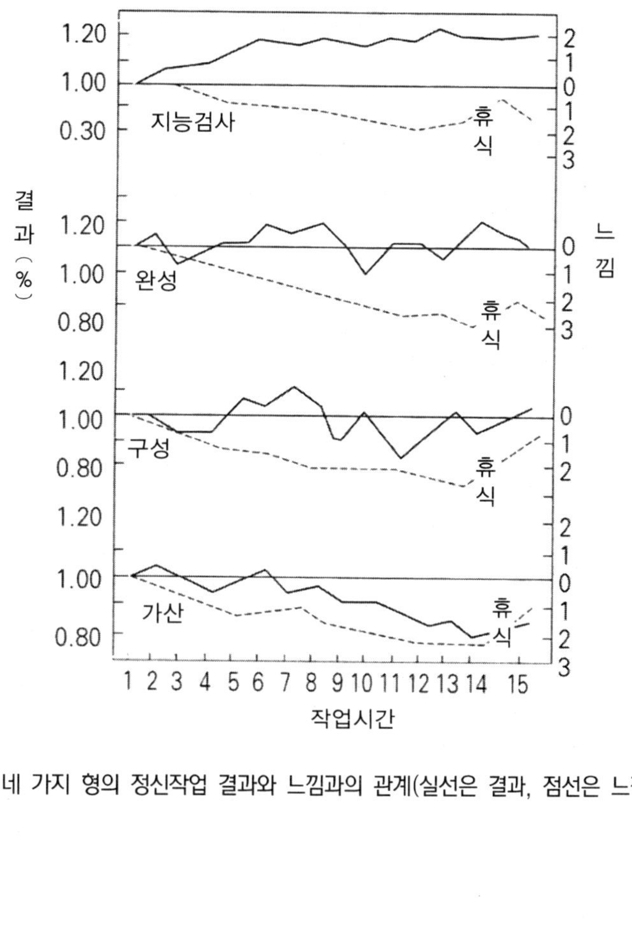

〈그림 2-13〉 네 가지 형의 정신작업 결과와 느낌과의 관계(실선은 결과, 점선은 느낌의 기록)

6. 학습의 유형

1) 학습 수준별 유형

R. M. Gagné는 학습유형을 여덟 가지 수준으로 나누고 이를 가장 단순한 원초적인 학습형태로부터 가장 복잡한 문제해결 학습에 이르기까지 단계적으로 구분하였다.

(1) 신호학습(signal learning)

어떤 신호에 의한 자극에 대해서 반사적 반응을 함으로써 이루어지는 학습이다. 이 때의 반응은 비자의적인 것이다.

(2) 자극-반응학습(stimulus-response learning)

어떤 자극에 대하여 자의적인 반응을 나타냄으로써 이루어지는 학습이다.

(3) 연쇄학습(chaining)

자극과 반응의 연결이 둘 또는 그 이상이 연결되어 습득되는 학습이다.

(4) 언어연상학습(verbal association)

일종의 연쇄학습으로서 언어에 있어서 단일음절에서부터 10~20음절까지의 연결로써 이루어지기도 하며 의미로 연결되기도 하는 학습이다. 즉, 이미 배운 언어를 선택하여 머리 속에서 이루어지는 것이다.

(5) 다변별 학습(multiple discrimination)

이미 획득한 것 또는 저장(파지)된 내용이라 할지라도 다음에 오는 다른 학습내용에 의해서 약화되거나 망각되기도 하지만 한편 변별력(변별기준)이 형성되는 학습이다. 개인이 n개의 각각 다른 자극에 대하여 같은 수효의 반응을 보이는 것이다. 그 경우의 각 자극은 정도의 차이는 있으나 비슷한 형태의 것이 많다.

(6) 개념학습(concept learning)

형태가 서로 크게 다른 일련의 자극에 대하여 공통된 반응을 보이는 능력을 습득하는 학습이다. 사물이나 사건 등의 전체를 식별하는 반응을 보이게 된다. 이 학습에는 언어가 동원된다. 외부의 환경을 자신에게 내면화시키는 것으로서 인간은 상징적, 추상적으로 무한한 사고를 전개해 나갈 수 있게 된다.

(7) 원리학습(principle learning)

두 개 혹은 그 이상의 개념의 연쇄 또는 개념들간의 관계성의 연결에 의해 이루어지는 학습이다. 종합화, 일반화, 단순화하여 이해에 도움을 줄 수 있는 길을 찾아가는 학습이다.

(8) 문제해결 학습(problem solving)

습득한 원리들을 환경에 처해 있는 현실적 문제에 적용시키는 학습이다. 즉, 낡은 원리들을 새로운 것으로 결합시킴으로써 문제해결을 시도해 나가는 학습활동이다.

2) 학습 영역별 유형

(1) 감각운동 학습

[1] 감각운동 학습의 특성

감각운동 학습은 철봉, 체조 등의 운동기능이나 피아노나 자동차 운전기능 등과 같이 동작의 반복에 의해 반응계의 협응관계가 변화하는 과정이다.

기능(技能, skill)은, 서로 협응하게끔 조직된 운동의 계열을 뜻하며, 고도의 기능행동에는 단순한 요소에서 구성되는 복잡한 반응계가 수많이 포함되어 있다. 따라서 감각운동 학습에 있어서는 말초계보다는 오히려 중추 신경계가 더 중요하다.

[2] 감각운동 학습의 과정

W. L. Bryan과 N. Harter는 무선전신에 필요로 하는 송신과 수신의 기능을 초보자에게 7개월간에 걸쳐서 연습시켜 그 과정을 학습곡선으로 나타내고 있다(그림 2-14 참조). 그들은 연습에 따라 송신이나 수신이 차차 진보하고 있지만 진보의 도중에 때때로 진보가 정체되고 있어서 소위 고원(高原, plateau) 현상으로 불리우는 기간이 있었음을 명백히 지적하고 있다.

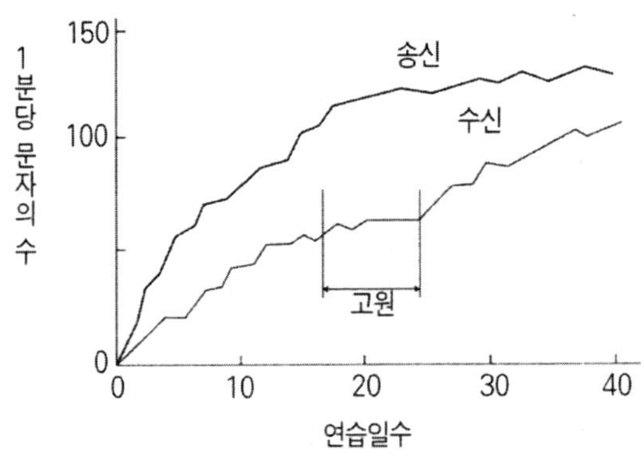

〈그림 2-14〉 전신작업의 학습곡선

이 고원 현상은 문장의 수신의 경우에 현저하나, 문자나 단어의 경우에는 나타나지 않았다. 이러한 점을 그들은, 저차원의 습관이 보다 고차원의 습관 가운데에 통합되어 이해되는 경우에 고원이 생긴다는 '습관계층설'에 입각해서 설명하고 있다.

A는 거의 진보 없는 시기, B는 급속히 진보한 시기, C는 학습속도가 감소한 시기, D는 고원, E는 다시 천천히 진보하는 시기, F는 다시 진보가 늦어져 한계에 도달한 시기이다.

〈그림 2-15〉는 비교적 장기간의 연습에서 보이는 전형적인 학습곡선으로서, 학습의 진보에는 6단계의 과정이 있음을 시사하는 F. J. McDonald의 연구 결과이다.

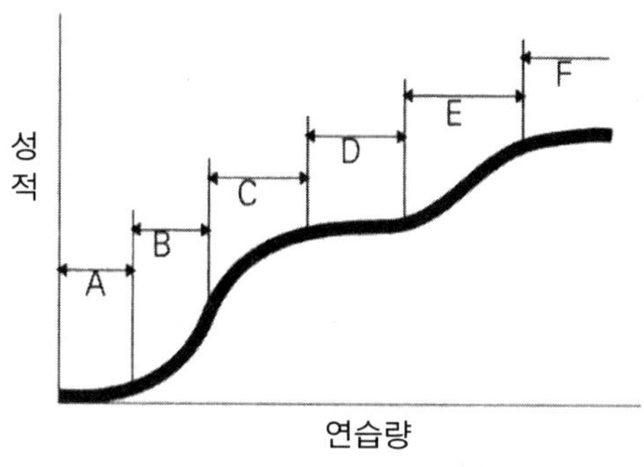

〈그림 2-15〉 전형적인 학습곡선

3 감각운동 학습에 미치는 요인

이러한 감각운동 학습에 있어서는 '연습의 반복'이 불가결의 조건이다. 그러나 연습을 반복하는데도 불구하고 진보가 나타나지 않거나, 역으로 부적절한 동작이 몸에 배는 수도 있다. 학습의 효율성에 영향을 주는 요인은 다음과 같다.

① 집중법과 분산법

일반적으로 휴식없이 연습을 반복하는 집중법(集中法, massed method)보다 휴식을 적당히 취해 가면서 연습을 조금씩 반복해 가는 분산법(分散法, distributed method) 쪽이 효율적이다. 그것은 피로와 같은 반응성 금지는, 반복하면 증대되지만, 휴식을 취하면 해소되는 경향이 있기 때문이다. 그러나 항상 분산법이 효과적인 것은 아니며, 그 학습에 포함되는 동작 성질이나 학습자의 능력 등의 조건에 따라 집중법을 쓰는 쪽이 적절한 경우도 있다.

② 전습법과 분습법

기능을 한꺼번에 연습하는 전습법(全習法, whole method)이 유리한가, 아니면 몇 개의 부분으로 나누어서 부분단위로 연습하는 분습법(分習法, part method)이 유리한가의 문제도 기능의 종류나 학습자의 능력 등의 조건에 따라서 다르다.

일반적으로 학습자의 능력 범위 내에서는 전습법이나 가능한 큰 단위의 분습법으로 학습하는 쪽이 유리하며, 특히 어려운 기능의 경우 또는 학습자의 능력이 낮은 경우에는 작은 분습법이 적절하다.

③ KR과 피드백

바른 동작의 학습을 촉진시키고 틀린 동작의 학습을 방지하여 연습의 효율을 높이기 위해서는, 반응 후에 그 결과에 대한 피드백을 주는 일도 효과적이다. 이것은 KR(Knowledge of result) 또는 결과의 지식으로 불리우는데, 가능한 행동 후 즉시 주는 쪽이 효과가 크다고 알려지고 있다. 혼자 연습하는 쪽에 자기류의 나쁜 버릇이 들기 쉬운 것은 이런 KR이 결핍되어 있는 점이 원인의 하나가 된다. 나쁜 버릇을 제거하기 위해서는 틀린 점을 집중적으로 반복연습하는 것이 유효하다. 이것을 '부(負)의 연습'이라 부른다.

④ 시범과 해설

학습의 효율을 높이기 위해서는 연습 전에 동작을 시범을 통해 관찰시켜 그의 전체적 구조나 특징 등을 적절히 알려주는 것도 한 가지 방법인 것이다.

반면, 특히 복잡한 기능학습의 경우에는 시범 전후에 해설을 통해 그 기능 구조의 개요나 관찰의 착안점 등을 요령 있게 지적해 주는 것도 큰 도움이 된다.

(2) 언어학습

1 언어학습의 특성

인간의 상징행동은 주로 언어와 수에 의한 것이어서, 추상적인 사고나 추리는 언어사용을 학습함으로써 처음으로 가능해진다. 언어학습의 매커니즘을 연구하기 위해서는 여러 가지 언어재료를 사용하여 실험적으로 행해지는 수가 많다.

이러한 언어재료에는 유의미도, 연상가, 심상가(心像價), 사용빈도 등 학습의 속도를 규정하는 몇 가지 요인이 작용하고 있다. 즉 유의미도가 높은 재료나 이미지를 유발하기 쉬운 재료 등은 학습의 진행이 빠르게 된다. 이러한 유의미도나 심상가 등은 개인적인 경험요인과 깊은 관련성이 있기 때문에, 이러한 조건을 일정하게 통제하기 위해 언어학습의 연구에 있어서는 무작위로 문자를 조합한 무의미 철자가 사용되는 수가 많다.

2 언어학습의 유형

① 자유재생학습

언어학습 중에서 가장 단순한 방법이며, 피험자에게 어떤 특별한 통제를 가함이 없이 상호무관한 단어들을 가지고 일련의 리스트를 한 번에 한 개씩 제시하여, 리스트 가운데 있는 말을 될 수 있는 한 많이 재생시키는 방법이다.

이 때 일반적으로 언어재료의 제시순서(위치)에 의한 회상률에 차이가 생길 수 있다.

② 대연상학습

낱말 카드를 가지고 외국어를 학습하는 경우와 유사한 방법이다. 처음에 외국어의 단어를 보고 대응하는 한국어를 연상하게 하고 다음에 카드를 통해 정답을 확인하는 방법이다. 이 경우, 외국어의 단어가 자극단어이고 한국어 단어가 반응단어이다. 보통 대연상학습(對聯想學習, paired-association learning)의 절차에 있어서는,

처음에 자극단어만이 제시되고 다음에 이 단어는 반응단어와 대응시켜 제시된다. 한 번에 1대 1로 제시해서 전 리스트를 끝내면 다시 제시순서를 바꾸어 되풀이한다. 이와 같은 절차를 거쳐서 다음 번의 시행 때에는, 자극단어를 제시했을 때, '자극-반응'의 단어대응을 보여주기 전에 피험자가 대응하는 반응단어를 재생 예언하게 한다.

③ 계열학습

대연상학습의 경우에는, 단어의 제시순서가 시행시마다 다르다. 이에 대해서 계열학습(serial learning)에서는 단어의 제시순서는 항상 일정하며, 제시된 하나의 단어에서 다음에 오는 단어를 미리 예언하는 방법이다. 따라서 각 단어는 순서대로 반응단어가 되기도 하고 자극단어가 되기도 한다.

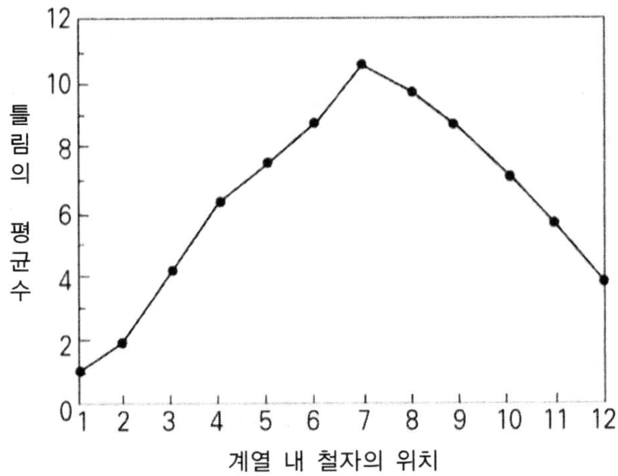

〈그림 2-16〉 무의미 철자 리스트의 계열위치 효과

이 점은 자극단어와 반응단어의 기능이 나누어져 있었던 대연상학습과는 다른 점이다. 이런 종류의 학습에서도 자유 재생학습과 똑같이 리스트의 처음과 끝부분의 회상률이 특히 높으며 중간부분에서 틀리는 수가 많다는 계열위치 효과가 나타나고 있다. 그러나. C. I. Hovland의 실험에서는 자유재생의 경우에 후반부

쪽의 회생률이 높음에 대해 계열학습의 경우에는 오히려 전반부 쪽이 높다(그림 2-16 참조)는 점을 시사하고 있다.

(3) 사고학습

1 사고학습의 특성

사고학습은 논리적 사고, 비판적 사고 또는 문제해결력의 형성 · 변용의 과정으로서 지적 · 통합적 학습 또는 창조적 학습으로서의 특성을 갖는다.

2 개념학습

개념학습은 서로 틀리는 관념이나 사물을 하나의 공통된 특징을 기준으로 분류하는 학습이다. 즉, 여러 가지 사례를 경험하는 가운데 그들 사이에 있는 공통의 특징을 찾아 그것을 하나의 분류기준으로 삼아 정리하는 일이다. 그러나 학습되는 개념은 단 한 개의 속성(단순개념)에 의해서만 규정된다고는 볼 수 없으며, 현실적으로는 복수적인 속성이 어떤 규칙에 따라 관련이 이루어지면서 하나의 체계를 이루는 경우가 많다. 그리고 그 규칙에도 단순한 것에서 복잡한 것에 이르기까지 여러 가지가 있지만, 기본적인 규칙으로서는 '결합개념', '관계개념', '이접(離接)개념' 등이 있다.

3 문제해결학습

문제란 어떤 바람직한 목표 상태와 현실의 상태간에 거리가 있어서 곧바로는 목표에 도달할 수 없는 사태를 의미하며, 문제해결이란 이러한 거리를 메꾸고자 하는 방법의 발견을 의미한다.

전형적인 문제해결 과정은 다음과 같은 다섯 단계를 거치게 된다.

① 문제의식의 발생

어떤 사상(事象)을 관찰했을 때 그들 사상간의 관계에 모순을 느끼거나 자기가 갖고 있는 지식으로는 이해되지 않는 점을 알게 될 때 문제의식이 발생한다.

② 문제점의 파악

문제의식이 발생하면, 다음 단계에는 무엇이 문제인가, 어디에 문제가 있는가를 명확히 파악하지 않으면 안 된다.

③ 해결법(가설)의 착상

문제점이 파악되면, 다음 단계에서는 그 문제를 해결하기 위한 해결법이 착상되고, 이 착상은 직관적으로 이루어지는 수가 많으나 그 때까지는 몇 번의 시행착오를 되풀이한다.

④ 가설의 검증

문헌을 조사하거나 사실을 음미함에 따라 가설의 검증 · 평가가 이루어진다. 가설의 부적절함이 발견될 때에는 가설을 수정하거나 새로운 가설의 착상을 필요로 한다. 만약 해결방안이 여러 개 있을 때에는 해결이 가능한 방법을 하나하나씩 검증해 나가는 방식을 algorithm이라 부른다. 이에 대해서, 한정된 어느 방법만을 탐색하는 방식은 heuristic으로 불리운다. 후자의 방식은 문제사태가 잘 파악되는 경우에는 해결에 요하는 노력과 시간을 절약하게 하는 이점이 있다.

⑤ 일반화

문제해결에 의해 발견된 법칙이나 개념을 일반화하여 보다 고차적 문제장면에 적용하거나 응용할 수 있게끔 깊은 이해가 필요하다.

위의 5단계 중 가설을 착상하는 단계는 문제해결의 중심적 단계이며 학습자에게는 가장 어려운 단계이다. 가설을 착상하는 단계에서는 크게 나누어 재생적 사고와 생산적(창조적)사고 등의 두 종류의 사고가 이용된다. 전자는 과거에 경험한 유사한 문제를 생각해 내어, 그것을 해결하는 데 유효했던 방법을 그대로 적용하는 경우의 사고이다. 그러나 과거경험에 입각한 재생적 사고는 자칫하면 고정관념에 빠져 사고의 유연성을 제한하는 기능적 고정성 때문에 문제해결에 소극적

효과를 초래하기 쉽다. 이 경우에는 옆에서 적절한 힌트를 줌으로써 고정관념에서 벗어나게 해 줄 수 있어야 한다.

그리고 문제해결의 과정에 미치는 하나의 요인으로서 '사고과정의 언어화'를 지적할 수 있다. 즉, R. M. Gagné의 연구에 의하면, 사고의 과정을 정리하여 언어화가 이루어지면 언어화가 이루어지지 않았을 때보다 문제해결이 보다 잘 촉진된다는 점을 강조하고 있다. 언어화란 가설의 설정과 그 설정 이유를 소리내어 말하는 것이다.

(4) 태도학습

1 태도학습의 특성

태도학습은 개인의 가치관이나 태도형성 또는 태도변용의 과정이다. 태도의 학습은, 소속집단의 규범에 적응하려는 행동양식이나 태도를 학습하는 등 주로 사회생활 가운데 전개되는 하나의 사회적 학습인 것이다. 여기에는 여러 가지 측면이 있지만 '모방학습'과 '관찰학습'이 그 전형적인 예이다.

2 모방학습

N. E. Miller와 J. I. Dollard는 S-R학습이론의 입장에서, 쥐와 어린이를 통한 실험을 통해, 종래 생득적인 것으로 생각되었던 모방이 실은 학습의 소산이며 또한 그것은 일반화할 수 있음을 체계적으로 입증하였다. 그들은 아버지의 선물을 기다리는 두 사람의 형제의 행동의 예에서, 모방학습(imitative learning)은 동인(動因, drive), 실마리(端緖, cue), 반응, 보수(강화)의 네 가지 요인에 의해 성립된다고 주장하고 있다. 즉, 형제가 다 같이, 선물을 갖고 싶다(동인)고 생각하고 있다. 아버지의 구두 발자국 소리(실마리)를 듣고 형이 현관으로 달려간다(반응), 동생도 형의 빠른 발걸음(실마리)에 따라 같이 달려간다(반응), 두 사람 모두 선물을 받고 먹는다(보상)의 네 가지 조건이 충족되어야 할 필요가 있다는 것이다. 이와 같이 조건이 구비되면 다음 날부터 형이 아버지를 마중하거나 현관으로 달려가면, 동생도 이어서 달려가게 된다(모방학습)는 것이다.

이 경우, 모방자의 실마리는 리더의 반응에 의존하며, 모방자의 반응은 일치하고 있어, Miller는 이것을 일치 의존적 행동(matched-dependent behavior)이라 불렀다. 모방자가 리더의 실마리를 자기의 실마리로서 받아들여 반응하면, 이것은 곧 독립적 학습인 것이다.

3 관찰학습

위와 같은 Miller가 말하는 동안, 실마리, 반응, 보수의 기본적 절차를 학습자 스스로 경험을 하지 않더라도 학습이 성립된다는 관찰 학습효과를 A. Bandura가 발표하였다. 그는 유아가 어른 모델이 공격적 행동을 관찰하는 것만으로, 그 후 유아의 공격적 행동이 증가하는 사실을 발견한 것이다.

Bandura는 모방, 사회적 촉진, 동일시 등의 제 현상을 통합적으로 파악하기 위해, modeling이라는 용어를 빌려 그 modeling 효과로서 관찰학습 효과, 제지효과의 탈제지효과, 반응촉진효과, 환경자극 고양효과, 각성효과 등을 들고 있다.

7. 학습과정과 방법

1) 학습과정과 지도의 원리

(1) 학습과정의 최적화

1 학습과정의 요소

학습과정은 교수과정과 같은 과정이다. 즉 교사의 지도활동과 학습자의 학습활동이라는 두 개의 측면을 포함하면서, 교재를 통해 학습자가 교사가 의도하고자 하는 목표에 향해서 반응을 개선해 나가는 과정인 것이다. 따라서 이 과정에는 학습자 · 교사 · 교재의 세 가지 요소가 있다. 그리고 최근에 와서는 제4의 요소로서 TV, 라디오, VTR, OHP, Power Point, 영화 등 학습활동을 보조하는 교수-학습매체가 이용되는 수가 많다.

2 학습과정 · 교수과정의 최적화

학습과정 · 교수과정에 있어서는, 이들 요소가 하나의 시스템으로서 유기적 관련을 맺고 전개된다. 즉 여러 요소가 상호작용을 되풀이하면서 학습활동에 영향을 주는 것이다. 따라서 교사가 최대한의 학습효과를 기대하려면, 이들 요소간의 관계를 잘 파악하여 가장 효율적인 조건을 설정하려는 노력이나 배려가 필요하다. 이것이 곧 학습과정 · 교수과정의 최적화(最適化, optimization)이다.

3 적성 처치 상조작용(ATI)

학습자는, 성격 · 흥미 · 능력 · 태도 · 인지형 등 여러 가지 면에서 개인차가 심하며 그 특이성이 각기 다르다. L. J. Cronbach는, 어떤 교수법(treatment)이 최적의 효과를 나타낼 것인가 하는 문제는 학습자의 적성에 따라 다르다고 생각하고, 이를 적성처치 상호작용(ATI : aptitude treatment interaction)이라고 불렀다.

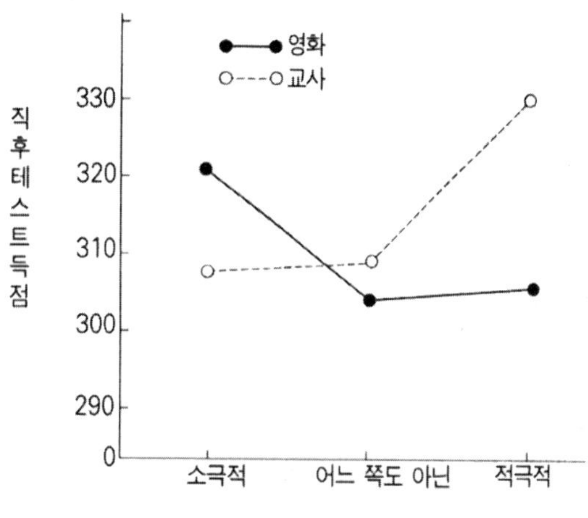

〈그림 2-17〉 적극성 요인과 교수법간의 일차 상호작용

R. E. Snow는 성격과 교수법과의 관계에서 대인관계에 적극성이 낮은 학습자에게는 영화에 의한 학습 쪽이 교사의 지도에 의한 학습보다 더 효과적이었으나, 대인관계에 적극적인 학습자에게는 교사와 지도에 의한 집단이 더 유효하였음을 밝히고 있다(그림 2-17 참조).

이 밖에 학습자의 적성뿐만 아니라 과제의 성질도 변수로 작용하여 교수법과 상호작용(2차적 상호작용)한다는 것을 시사하는 G. K. Tallmadag와 J. W. Shear 등의 연구도 있다(그림 2-18 참조).

이러한 ATI는 특정의 지도방법의 적절성을 일반적으로 검토하는 것만이 아니라, 개개의 학습자에게 적절한 지도법을 탐색하고자 하는 노력이 필요함을 시사한다.

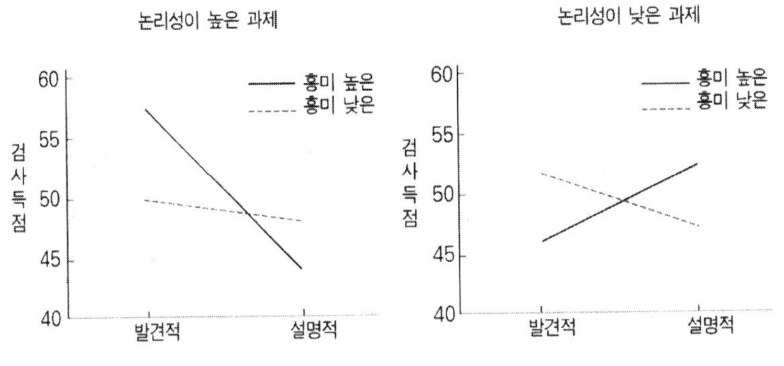

〈그림 2-18〉 학습자의 과학적 흥미와 과제성질의 변수와 교수법과의 2차 상호작용

(2) 학습지도의 방법적 원리

학습지도에 있어서 가장 큰 문제는 학습효과의 효율화 문제이다. 여기에 기여하는 기본적 방법원리는 다음과 같다.

[1] 자발성의 원리

자기 활동의 원리라고도 불리우는 이 원리는 학습자의 자발성이나 직접 경험을 중요시하며, 스스로 활동하고 체험을 통해서 활동하지 않으면 안 된다는 원리이다. 학습자의 자발성은 내적 동기유발의 원천이기도 하다.

2 흥미의 원리

흥미는 학습의 동기유발과 관계가 깊으며 심적 포화현상과도 관계가 깊어 학습능률을 좌우하는 중요한 요인인 것이다. 따라서 흥미있는 내용의 제공이나 흥미있게 가르치는 등 학습활동을 흥미있게 전개하는 지도원리는 학습지도에 있어서 가장 기본적인 방법이라 하겠다.

3 개별화의 원리

최근 이 원리가 특히 강조되고 있는 배경에는, 어떤한 학습방법도 학습자 개개인의 적성에 따라 그 학습효과나 학습능률이 같을 수가 없다는 생각이 크게 작용하고 있다. 특히 일제학습(一齊學習)을 중심으로 하는 학교교육하에 있어서의 학습부진아 문제는 현재 커다란 사회문제가 되고 있다.

이러한 상황에서 학습자의 기초적 학력이나 적성에 합치되는 개별학습이 크게 기대되기에 이른 것이다. 즉, 개인차 존중의 정신이 고려된 방법원리인 것이다.

2) 학습지도의 현대화

(1) 학습지도의 현대화와 교육공학

종래 교육의 현대화를 말하는 경우에는, 20세기 중엽부터 급속히 진전된 과학기술의 혁신적 성과를 교육에 도입하여 교육의 효율화를 촉진시키는 것을 의미하였으며 특히 교육매체의 연구에 관심이 집중되었다. 한편 교육의 현대화를 말하는 경우에 매체보다는 오히려 학습내용의 연구에 역점이 주어졌으며, J. S. Bruner를 대표로 한 Woods Hall 회의의 보고서와 같은 신커리큘럼의 개발이나 개선을 의미하고 있었다. 그러나 오늘날은 이 양자를 교육의 현대화로 종합적으로 생각하며 교육내용의 개발 · 정선에서 교육기기(機器)의 이용에 이르기까지 교육방법의 개선에 영향을 주는 교육개혁 운동을 의미하는 용어로 사용되고 있다. 이것은 또한 폭넓은 개념으로서의 교육공학(教育工學)을 탄생시켰다.

(2) 교육공학의 발전

교육공학은 오늘날 광범위한 내용을 포함하는 개념으로써 사용되고 있다.

교육공학에 있어서는 ① 교육의 목표나 내용 등의 교육정보, ② 교재나 연구와 같은 교육기기 등의 교육매체, ③ 지도법이나 교수법 등의 교육방법, ④ 학습자를 둘러싼 교육환경, ⑤ 집단편성 등 학습자의 인간관계 등을 분석 · 제어(制御)하여 교육효과를 극대화함이 기대되고 있다.

(3) 학습과정의 교육공학적 접근

1 시청각교육

시청각교육(audio-visual education)의 최대의 특징은, 중세 이래의 언어 중심주의적 교육에 대해서 구체적 · 직접적인 경험을 학습자에게 제공하고자 하는 점이다.

시청각교육이란 "개념형성을 위해서 그 기초가 되는 풍부한 경험을 제공하는 것"으로 정의한 E. Dale의 생각이 여태껏 널리 채용되어 왔으나, 오늘날에 있어선 미국교육학회의 시청각연구회(NEA-DAVI)에서 내린 "교육공학적 정의"(시청각 커뮤니케이션이란 교육의 이론과 실천의 한 부분으로서, 주로 학습과정을 제어하는 각종 메시지의 디자인 및 이용에 관한 것이다.…이들 임무에는 교수 시스템을 구성하는 제요소와, 교수 시스템 전체에 걸친 기획 · 제작 · 선택 · 관리 · 활용이 포함된다. 그 실천성의 목적은, 학습자의 모든 가능성을 발달시키는 데 도움이 되는 커뮤니케이션의 여러 가지 방법과 미디어를 효율적으로 활용하는 데 있다)가 크게 받아들여지고 있다.

2 Teaching machine

Teaching machine은 학습자의 능력에 따라서 학습이 진행되고, 응답내용의 바르고 · 틀림을 즉시 학습자에게 알려 주면서 공부하게 하는 기계이다. 이것은 프로그램학습(뒤에 설명)과 떼어서 생각할 수 없다.

Teaching machine이 최초로 개발된 것은 1920년대에 S. L. Pressey에 의해서이다. 그러나 실용화가 된 것은 1950년대에 B. F. Skinner의 학습이론에 입각한 기계가 고안된 뒤부터이다.

3 CAI

CAI(컴퓨터 보조수업, computer-associated instruction)는 첨단기술인 컴퓨터를 이용하여 다양한 학습자에게 다양하게 대처해 나가면서, 학습의 효율을 높이고자 마련된 것이다. 그래서 CAI도 점차 프로그램 학습의 발전과 그 길을 같이 하고 있으며 Teaching machine의 발전과도 관계가 깊다. 이러한 시도에는 실제로는 IPI(individually prescribed instruction), PEP(personalized educational programs), CAM(comprehensive achievement monitoring) 등 여러 가지 있으며 실용화되고 있는 것도 많다.

3) 학습방법의 최신모형

(1) 프로그램 학습

1 프로그램 학습의 개념

학습의 개별화의 원리에 철저하면서 개별학습의 한 형태인 프로그램 학습(programmed learning)은 B. F. Skinner가 최초로 제창한 학습법이다. 이것은 하나의 일정한 프로그램에 따라서 학습자의 능력수준에 맞춰서 한 걸음 한 걸음 착실히 일정한 학습목표를 향해서 도달시키고자 함을 의도한 학습법이다. 따라서 프로그램은 Teaching machine이나 CAI 등과 관계가 깊다.

2 프로그램 학습의 기본원리

Skinner는 도구적 조건화설에서의 shaping의 기법을 발전시켜 다음과 같은 6개의 원리를 찾아내고 있다.

① small step의 원리

학습목표에 이르는 과제를 가능한 세분화하여 제시하고 단계(frame)별로 확실히 해결하게 한다.

② 즉시 확인의 원리

학습자의 응답에 대한 정오(正誤)의 피드백을 즉시 제공한다.

③ 적극적 반응의 원리

문제에 대한 응답을 '쓴다', '버튼을 누른다' 등의 행동을 통해 적극적, 자발적으로 응답하게 한다.

④ 자기 속도의 원리

학습자가 자기 능력수준에 맞추어서 개별적으로 학습해 나간다.

⑤ 학습자 교정의 원리

학습자의 학습결과에 따라 프로그램을 수정한다.

⑥ fainting의 원리

초기에는 풍부한 단서(cueing)를 주어서 해답을 용이하게 하지만, 학습의 진전에 따라 점차 실마리를 제시한다.

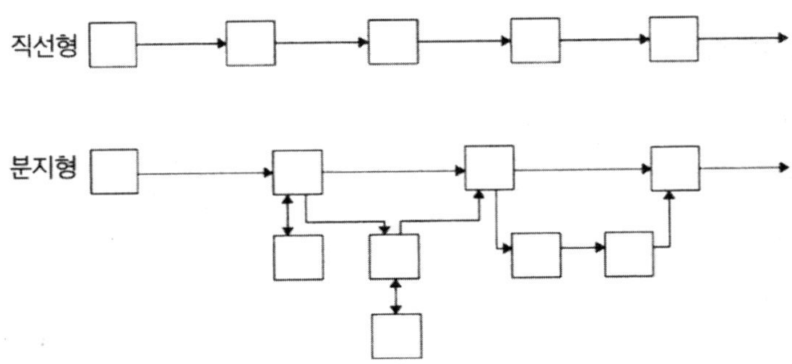

〈그림 2-19〉 프로그램 유형

3 프로그램 학습의 종류

프로그램 학습은 직선(linear)형과 분지(分枝, branching)형으로 대별된다.

① 직선형 프로그램

이것은 Skinner가 고안한 것으로 문자 그대로 일직선으로 나아감을 원칙으로 한다. 따라서 오답에 대해서는 전 단계에 되돌아가서 재학습하는 수밖에 없으며, 별로 계열의 프로그램은 마련되어 있지 않다.

② 분지형 프로그램 학습

이것은 N. A. Crowder에 의해 고안된 것으로 학습자는 반드시 같은 단계를 밟아 가지는 않는다(그림 2-19 참조), 학습자의 응답에 따라, 도중에 뛰어넘을 수도 있고, 오답의 경우에는 복습 프로그램이나 기초 프로그램 등으로 나누어(분지) 학습을 진행해 나가는 것이다.

4 프로그램 학습의 단점

학습자의 자유로운 독창적인 사고의 발달을 억제하여, 수동적인 태도의 형성을 촉진하는 등의 비판이 일고 있다.

(2) 발견학습

1 발견학습의 개념

J. S. Bruner는 교사가 교재를 제시해 준다든지, 학습내용을 직접 설명해 주는 방법보다는 사상(事象)의 배후에 있는 법칙을 학습자 스스로 직관적으로 발견시키는 방법이 더 효과적일 것이라고 생각하였다. 이것이 '발견학습'(discovery learning)으로 불리어진 것이다. 일반적으로 발견학습이란, 학습자에게 어려운 과제를 주어, 스스로의 힘으로 그 해결방법을 발전시킴으로써 발견의 기쁨을 맛보게 하고,

다시 새로운 문제에 대한 발견 의욕을 갖게 하여 발견하는 능력을 향상시키고자 하는 방법이라고 생각되고 있다.

2 발견학습의 구성요소

발견학습은 다음과 같은 4대 요소가 강조된다.

① 학습경향성(학습의욕)

학습 경향성이란 학습하고자 하는 의욕 또는 경향으로 준비성 또는 출발점 행동과 유사한 개념이다.

② 지식의 구조화

지식은 기본적인 체계, 경제성, 응용성 등에 의해 구조화된다.

③ 학습계열성

계열성이란 학습과제를 순서대로 조직, 제시하는 원칙으로, 자동적, 영상적, 상징적 표현의 순서에 따라야 한다.

④ 강화

학습활동이 어떤 결과를 가져왔는가를 알려주고 그 결과에 대해 강화를 실시한다.

3 발견학습의 특징

① '기본구조'에 대한 철저한 학습을 강조한다.

② 학습효과의 전이를 중시한다.

③ 학습의 결과보다 과정과 방법을 중요시한다.

④ 학습자의 주체적인 학습이 강조된다.

4 발견학습의 장 · 단점

Bruner는 발견학습의 이점으로서 ① 학습자의 고등정신기능을 높인다. ② 학습자의 내재적 동기유발을 높인다. ③ 학습자에게 발견의 기술을 가르쳐 발견하는 태도가 몸에 배게 한다. ④ 획득된 지식이나 기능의 파지 및 전이를 도운다 등을 들고 있다. 또 불리한 점으로서 ① 시간이 많이 소요되어 욕구불만이 생길 수 있고, ② 항상 바람직한 결과에 도달한다고는 볼 수 없어서, '실패'의 학습이 되는 수도 있다는 점을 들고 있다. 이 방법은 중학교 이하의 아동교육에 사용되는 것이 적당하다.

8. 학습환경으로서의 교실

1) 교실 집단의 성격과 기능

(1) 교실 집단의 성격

교실은 학교교육의 기본단위로서 교사의 수업활동과 학생들의 학습활동이 전개되는 중요한 장소이자 중심장소이다.

교실은 교육의 최일선이며 전인도야의 장소란 점에서 교실환경은 가정환경 못지않게 그 교육적 기능이 얼마나 중요한 것임을 새삼 논할 필요도 없는 것이다.

교실은 학교조직 가운데 교육기능의 실현을 위해 편성된 기본적인 단위인 학습자의 집단이다. 교실의 집단으로서의 독자성은 공식적 집단과 비공식적 집단으로서의 양면성을 아울러 갖고 있는 점이다.

교실 집단은 의도적 · 인위적으로 형성된 공식 집단으로서의 특성을 갖고 있다.

첫째, 교실 교육목표의 실현이라는 명확한 목적을 갖고 있고 둘째, 같은 또래의 아동 · 학생을 성원으로 하여 구성되고 셋째, 교사라고 하는 성인 지도자에 의해 지도된다는 성격을 지니고 있다.

또한, 인위적 집단이란 점은 반드시 서로 마음이 통하는 친구끼리의 모임이 아니라는 점이다. 따라서 학급편성 시초에는 집단으로서의 상호작용이 적고, 성원간의 간접적인 접촉이라는 2차적 집단의 특징이 강하다. 그러나 시간의 경과와 교사의 적절한 지도에 의해서 성원간의 상호작용이 활발하게 이루어지게 되면, 교실 내에는 자연 발생적인 동료집단이 형성되고, 거기서는 친밀한 인간관계가 전개되게끔 되어 1차 집단의 특성을 완전히 갖게 된다. 또한 교실 집단으로서의 응집성, 규범, 사기, 지도성 등의 집단기능도 명확하게 되기에 이른다.

이와 같이 교실 집단은 기본적으로는 공식적 집단이지만 그 가운데 비공식적인 1차적 집단으로서의 성격을 형성해 가는 것이며, 또한 집단의 행동규범은 항상 일치한다고 볼 수 없고, 모순과 대립을 어떻게 발전적으로 통합시켜 가느냐 하는 것이 교실지도의 중심적인 과제이다.

(2) 교실 집단의 기능

1 욕구 충족의 기능

교실 집단은 아동 · 학생들의 집단 소속의 욕구, 사회적 승인의 욕구, 친화(親和)의 욕구, 자존의 욕구 등을 충족시켜 주며 안정감을 갖게 한다. 또한 자기의 능력 · 재능을 최대한으로 발휘하거나 개발하고 싶은 자기 실현의 욕구를 충족시켜 주는 장소이기도 하다.

2 사회화의 기능

교실 집단은 이런저런 상호작용을 통해 변화 · 발달한다. 그 과정에 있어서, 성원의 행동의 기준이 되는 집단규범이 형성되고 성원으로서의 아동 · 학생의 행동을 규제하거나 방향짓게 한다. 또 자기의 의견태도가 정확한지, 자기의 능력이 어느 수준에 있는지 등의 정보를 얻기 위해 다른 사람의 의견 태도와 능력을 기준으로 하여 비교하는 과정이 생기게 마련이다.

L. Festinger는 이것을 사회적 비교과정(social comparison process)이라고 부르고 있다. 이와 같이 아동 · 학생은 사회적 규범 · 역할 및 대인관계의 학습과 사회적 태도 · 기능 · 가치관의 학습을 통해 사회적인 발달이 이루어져 가게 되는 것이라 하겠다.

3 강화의 기능

아동 · 학생이 혼자서 과제를 수행할 때보다는 교실 친구들이 옆에 있거나 관찰하고 있을 때에 학습효과가 더 오를 수가 있다. 물론, 친구들의 존재형태나 과제의 특성, 수행자의 성격에 따라서 결과는 다르지만, 이와 같은 현상은 사회적 촉진(social facilitation)으로 불리어지는 바, 집단의 중요한 기능으로 평가되고 있다. 또 교실에서의 활동에 대한 교사나 친구들로부터 주어지는 사회적 상찬, 사회적 비판은 해당 학습자의 동기유발과 강화에 큰 효과를 미친다. 이 사회적 상찬이나 비판은 그것을 직접 받는 개인에게 유효할 뿐만 아니라 그 장면을 관찰한 아동 · 학생에게도 유효하게 작용하게 된다(modeling). 이와 같이 교실 집단은 아동 · 학생의 학습활동 전반에 걸쳐서 동기유발 · 강화에 효과적인 장(場)으로서 기능한다.

2) 교실 집단의 구조적 특성

(1) 교실의 조직풍토

교실을 방문해 본 사람이라면 누구든지 각 교실에 대한 첫인상이 다르다는 것을 느끼게 된다. 이처럼 개개인의 자기 고유의 성격을 가지고 있는 것과 마찬가지로 교실조직 자체가 가지고 있는 특성을 '교실의 조직풍토'(organizational climate of classroom)라고 한다. 성격이 조직 구성원 개인에게 관련된 것이라면, 조직풍토는 조직 자체에 관련된 것이다.

1 개방적 풍토(open-climate)

개방적 풍토는 아동 · 학생들의 사기가 높고 교사가 직접적인 지도 · 감독을 하지 않더라도 아동 · 학생들로 하여금 과업지향적으로 행동하도록 동기화시켜 주는 분위기가 지배하지만, 학업면에서의 생산성은 낮다. 그리고 교실원 상호간의 친밀성과 존경심은 보통수준이다.

2 폐쇄적 풍토(closed climate)

폐쇄적 풍토는 아동 · 학생들의 활동을 교사가 감정적으로 통제하여 아동 · 학생들 상호간에 자유로운 의사소통의 기회가 단절되어 있는 풍토이다. 이러한 분위기의 교실에서는 아동 · 학생들이 주어진 과업에 대해서 최선을 다하지 않고 아무것에도 얽매이려 하지 않는 자유방임식 욕구가 가장 높으며 자기 일에서 성취감을 별로 느끼지 못하고 사회적 욕구를 만족할 수 없다. 또한 상호작용도 활발하지 못하고 이기적이고 다투는 경우가 많다.

3 자율적 풍토

자율적 풍토(autonomous climate)에서는 교사가 아동 · 학생들에게 그들 자신의 상호 활동구조를 마련하도록 분위기를 조성해 주고 그들이 사회적 욕구충족을 얻기 위한 방법을 모색하도록 해 주는 자유보장 풍토인 것이다.

이 풍토에서는 학습동기가 높고 협동과 질서가 잘 유지되며 교사에게서 보다는 친구들로부터 인정을 받고자 하는 욕구가 강하고 교사가 있건 없건 간에 행동이나 태도에 있어서 자율성과 일관성을 나타내고 있다.

4 통제적 풍토(controlled climate)

이는 성적 향상을 애쓰고 교실을 깨끗이 청소함은 물론 교실원들이 어떤 사건을 유발한 가능성을 완전히 배제하는 등 아동 · 학생들의 욕구는 무시하고 오직 교사로서의 과업수행을 지나치게 중시하는 풍토이다. 따라서 교사의 행동은 위압적이고, 지배적이며, 교실 내에서 융통성은 거의 용납되지 않는다. 아동 · 학생들은 친구보다는 교사에게서 인정을 받으려는 욕구가 강하고 경쟁의식이 강하며 교사가 지켜 볼 때에는 열심히 공부하거나 청소하지만, 교사가 자리를 비웠을 경우에는 능률이 오르지 않고 혼란이 크다.

(2) 교실 집단 구조의 유형

1 통일결합형

이 형태의 구조는 한 사람 또는 두서너 명의 지도자에 의해서 교실 집단 전체가 통합되어 있는 형이다. 이런 형은 적어도 중학교 이상에서만 나타난다. 이 조직의 특성은 응집성이 강하고 학생 상호작용이 활발하다는 점이다.

2 분단결합형

하위집단이 상호결합한 형으로서, 중심이 되는 아동 · 학생은 각 분단에 배분되어 있고, 모든 성원이 어느 한 분단에 소속되어 있다. 대체로 초등학교 고학년 이상에서, 반편성이 개방적으로 이루어지는 경우에 나타나는 형태이다.

3 분단분리형

하위집단이 분리된다든지 또는 폐쇄적으로 상호간에 배타적이거나 대립되어 있는 형이다. 교사가 분단별간의 경쟁을 자극하거나 불공평한 취급을 할 때 나타나기 쉽다. 이 구조의 특성은 파상조직과 붕당조직이 나타난다는 점이다.

4 일부집중형

선택이 일부 아동 · 학생에게 집중되는 형이다. 이 형에 아동 · 학생간의 상호 선택수가 매우 적으며 하위집단이 분리되거나 고립자가 많다는 점이 하나의 특성이다. 초등학교 저학년에서 많이 볼 수 있는 구조이다.

5 다수분리형

교실성원간의 상호 선택관계나 그들의 협조 연결관계 등은 적으며 고립자가 많다. 새로이 학급이 편성된 시초에 나타나는 수가 많다.

3) 교실환경의 사회적 특성

교실환경은 교실성원인 아동 · 학생과 담임교사를 기본요소로 하는 인적(人的) · 사회적 환경으로도 볼 수 있다. 학습자 상호간의 인간관계나 교사와의 관계, 교사의 지도과정, 집단의 구조, 분위기 등은 학습자의 학습행동이나 교실적응, 성적 및 인간발달에 있어서 큰 영향을 미치는 것이다.

(1) Trickett의 교실환경 유형 분류

E. J. Trickett는 사회조직의 관점에서 교실환경을 다음의 9개의 차원에서 분류하고 있다.

- **관여**(關與, involvement)—학습자가 교실활동에 흥미를 갖는 정도나 토론에 참가하는 정도
- **친화**(親和, affiliation)—학습자의 교우, 상호작용의 정도
- **교사의 지지**(teacher support)—학습자에 대한 교사의 원조, 흥미, 신뢰 등
- **과제지향성**(課題志向性, orientation)—활동적이고 공부를 중요시하는 정도
- **경쟁**(competition)—학습자간의 경쟁의 강조
- **질서와 조직**(order and organization)—질서 있는 행동과 교실활동 등의 조직의 강조
- **규칙의 정확성**(rule clarity)—명확한 규칙의 확립, 준수의 강조
- **교사에 의한 통제**(teacher control)—교사가 규칙을 감소하는 정도, 규칙위반에

대한 벌의 정도

· **혁신**(innovation)—교실활동의 계획에 대한 학습자의 기여도, 새롭게 변화를 기하는 활동이 교사에 의해 계획되는 정도

이상과 같은 차원에 입각해서 Trickett는 교실환경 척도(CES)를 구성하고 있는데, 이 척도를 사용하여 교실환경을 측정하고 학습자의 학습동기나 학업성적 등과의 관련을 검토해 보려는 연구가 시도되고 있다.

(2) Moose의 교실환경의 생태분석

R. H. Moose는 Trickett의 CES를 이용하여 고등학교 19개 학급의 자료를 바탕으로, 학급자의 결석률이나 학업성적과의 관계를 분석하였다. 그 결과 학기말 성적이 높았던 학급은 '관여', '친화', '교사의 지지' 및 '규칙의 명확성' 등의 각 차원에서 학생들에게 높게 평정되었고, '교사에 의한 통제'의 차원에서는 낮게 평정되고 있었다.

또 '경쟁의 차원'이나 '교사에 의한 통제'의 차원에서, 그 경향이 높게 인지되어 있던 학급에서는 학습자의 결석률이 높았었다.

〈그림 2-20〉은 학습자가 지각한 현실의 교육환경과 이상적인 교실환경을 비교한 Moose의 연구결과이다. 학습자는 현실 이상으로 '관여', '친화', '교사의 지지', '질서와 조직' 및 '혁신'을 바라고 있음을 알 수 있다.

한편, Moose는 특히 '과제지향성'이나 '경쟁', '질서와 조직', '교사에 의한 통제' 등의 영역에 있어서는 학습자가 이상적으로 생각하는 정도에 큰 차이가 나타나 개개의 학습자가 바라는 교실환경의 유형이 다르다는 사실에 근거하고 있음을 시사해 준다.

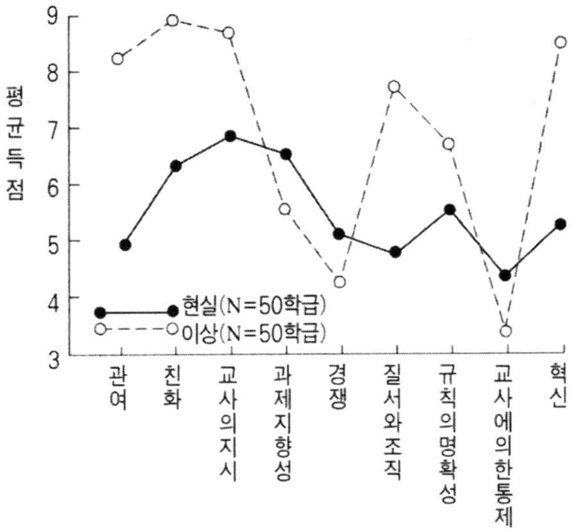

〈그림 2-20〉 현실과 이상의 학급환경에 관한 학생의 인지

4) 교실 내의 인간관계

(1) 학생 상호 간의 대인관계

교실 집단은 제도적으로 만들어진 공식적 집단이지만, 차츰 성원간에 호의적 또는 비호의적 감정이 생겨나 비공식적 집단을 성립해 간다. 이른바 우인관계이다.

1 교실 내 인간관계의 발달

① 고립탐색기

횡적 차원에서는 각자가 적당한 대인관계를 맺고자 집단 내의 탐색이 이루어지는 고립의 시기이며, 종적 차원에서는 교사라고 하는 통솔자에 각자가 의존하여 그 권위에 완전히 동일화하는 시기이다. 교실 또는 심리적 집단으로서 미완성의 단계라 하겠다.

② 수평적 분화기

교실 내의 물리적 · 생리적 조건에 의해서 결합되는 시기이다. '동급생'이라는 집단의식이 강해져서 횡적인 대인관계가 분화하게 된다.

③ 수직적 분화기

수평적 분화의 시기에서는 '동급생', '동일집단의 성원'이란 수준에서 각자의 지위가 비교적 균등했었으나, 주먹이 세다든지, 성적이 뛰어나다든지 등의 여러 가지 이유로 인해 우세한 성원과 복종적 성원으로 나누어지게 된다. 이것이 수직적 분화의 단계이다.

④ 부분집단 형성기

교사에 대한 교실성원의 의존성이 감소되면서 끼리끼리의 부분집단이 많이 생겨나고 우리라는 감정이 충만되어 고립자는 매우 적어진다. 도당(gang)과 같은 통솔자의 복종관계가 발생하게 된다.

⑤ 집단통합기

부분집단은 큰 집단에 흡수되어 교실 전체의 통솔자와 부분집단의 통솔 등이 나타나고 집단이 한층 조직화되며, 성원은 상호 의존적으로 된다. 또한 집단 소속감이 강화되고, 집단활동에의 참여기회의 균등화가 이루어지게 된다.

2 교실 내 우인관계 성립의 규정요인

일반적으로 물리적인 접근—예컨대, 집이 가깝고, 좌석이 가까운—에 의한 우인관계는 저학년이 많고 학년이 올라감에 따라 성격적 요인에 의한 우인관계가 증가되는 것으로 알려져 있다.

교실 집단 내의 대인관계를 해치는 요인으로서 가장 큰 요인은 난폭성과 이기적인 태도이다. 이것은 교실 내에서 배척을 받는 직접적인 계기가 된다.

교실원 상호간에 호의적 감정을 불러일으키기 위해서는 상호작용의 기회를 많이 제공하고 상호간의 이해를 증진시키는 일이 중요하다.

3 지위 · 역할의 분화

성원간의 상호작용이 어느 정도 진행되면 지도성을 발휘하는 성원이 나타나게 되고 인기자와 배척받는 자가 명확히 들어나게 된다. 이것은 교실집단 내에서의 지위의 분화인 것이다. 아동 · 학생의 지도성은 세 가지 요건에 입각하는 수가 있는 바 첫째는, 능력이나 인품, 성적의 우수성 등 개인의 자질 요건에 입각한 지도성, 둘째는, 골목대장과 같이 힘과 주먹에 입각한 것, 셋째는 반장이나 교실 임원과 같은 역할담당에 의해 생긴 권위에 입각한 것 등이다.

최근의 연구는 지도성이란, 집단의 목표나 상황, 또는 이들과 관련된 추종자의 요구에 의해서 규정된다는 입장을 취하고 있다. F. E. Fiedler의 contingency model이 그 예이다. 그는 집단 상황의 지도자로서의 인기가 중간 정도인 경우에는 인간관계 지향적인 지도자가, 그리고 인기도가 극단으로 높거나 낮을 때에는 과제 지향적 지도자가 집단의 생산성을 높이게 됨을 밝히게 된 것이다.

또, 집단에는 과제 달성기능과 집단 유지기능의 두 가지가 있는 바, 전자에 충실한 지도성을 도구적 지도자(instrumental leader), 후자는 표현적 지도자(expressive leader)로 불리운다.

일반적으로 교실 내의 지위가 높은 자는 적극적 성격, 통솔력, 공부에 열심, 활발성, 용기, 친절성, 우정, 명랑성, 단정한 복장, 좋은 인상, 정서적 안정감, 자신감 등이 그 특성으로 지적되어 있고, 지위가 낮을수록 정서적 불안정 · 불만족의 집단생활을 하고 있다. 특히 집단 내 지위가 가장 낮은 '고립아'는 열등감, 학습의욕의 감퇴, 소극적 태도, 자기 도피적 또는 공격적 행동 등을 나타내는 수가 많다.

(2) 교사와 학생간의 관계

1 교사의 태도와 교실 분위기

교사는 학생에 대해서 대단히 강력한 지도성을 갖고 있지만 교사의 지도성은 다음의 세 가지 기초를 갖는다. 즉, ① 교사의 권위(권위란 타인에게 영향을 미치는 것과 같은 결정을 하는 능력이다), ② 교사의 권력(권력이란 타인의 욕구를 충족시켜 주거나 저해할 수 있는 능력이다), ③ 교사의 영향력 등이다.

교사가 지도성을 어떻게 행사하는가에 따라 교실의 분위기는 크게 달라진다. 이것을 실험적으로 밝힌 유명한 연구가 K. Lewin의 지도하에 R. Lippit와 R. K. White가 연구한 교실 내의 사회적 풍토에 관한 것이다.

즉, 10세의 남자 아동 5명씩으로 이루어진 네 집단에 각각 성인의 지도자 1명씩을 배치하여 지도성 유형을 전제적, 민주적, 방임적 세 가지 종류로 조작하였다. 각 유형별 지도자의 행동은 다음과 같다.

① 전제적 지도성

지도자가 모든 방침과 절차를 결정하고 그 때마다 성원에 지시하였으며, 상찬이나 비판은 지도자의 주관적인 입장에서 개개인별로 행하였다.

② 민주적 지도성

방침이나 절차는 모든 성원의 토론에 의해 결정되고 지도자는 시사나 조언을 주기만 하였다. 그리고 상찬이나 비판은 객관적 사실에 입각해서 집단 전체에 대해서 행하였다.

③ 방임적 지도성

지도자는 작업의 재료를 주고, 요청하면 정보를 제공해 주지만 그 외에는 집단에게 완전히 맡겼다. 지도자는 토론이나 작업에는 참가하지 않고 성원의 활동에 대한 코멘트만 하고 상찬은 베풀지 않았다.

각 집단은 매주 한번씩 모아 작업을 했으나, 민주적 지도성하에서는 성원간의 우호성이나 집단에의 참가도가 높고, 활동의 조직성도 높았다. 그리고 생산성도 뛰어났다. 이에 대해 전제적 지도성하에 있어서는, 집단 중심적 행동이나 조직적 행동은 적고 지도자에 대한 불만이 높았다. 또 방임적 지도성하에 있어서는 조직적 행동이나 집단 중심적 행동은 적고 지도자에 대한 호감도 낮았다.

한편, 교실 내에 교사와 특정의 아동간에 깊은 애정관계가 엿보이게 되면 아동들간에 불공평감이 지배하게 되고 질투나 적대감을 갖기 쉬울 정도로, 교실 내의 인간관계는 교사와 아동의 종적 관계와 친구간의 횡적 관계와의 역동적 관계라 하겠다.

2 학생의 교사에 대한 감정적 태도

교사에 대한 아동들이 감정적 태도에 있어서, 교사에 대한 존경, 친화, 신뢰, 복종 등의 감정은 상호간에 미분화되어 있으나 혐오, 반항, 경시, 공포, 불만 등 교사에 대한 소원감, 거리감 등은 잘 분화된 별개의 감정으로 나타나는 수가 많다. 그리고 신뢰, 복종의 감정은 학년을 통해서 별로 변화가 없으나 존경, 친화의 감정 등은 발달적 변화가 심하다고 연구되고 있다. 대체로 아동 중에도 저학년까지는 교사에 대한 친애적 감정이 높아 교사에 대한 절대시 또는 우상시하는 감정이 높았으나 고학년 또는 중학생이 되면서부터는 이러한 감정이 감퇴되고 신뢰감 대신에 교사에 대한 불만이나 반항 등의 소원, 적대의 감정을 품게 되는 수가 많다.

3 교사의 학생에 대한 인지양식

E. K. Wickman은 교사가 학생의 어떤 행동을 문제행동으로 중요시하느냐를 검토하여, 그것을 정신의학자에 대한 문제행동의 인지(認知) 양식과를 비교한 바 〈표 2-2〉와 같은 결과를 얻었다.

표 2-2 교사와 정신의학자에 의한 문제행동의 중대성의 인지

	가장 중대함	⟵	⟶	가장 중대하지 않음
교사의 평정	부도덕 · 부정적 권위에 대한 위반 〉	교실의 규율 위반, 학업에의 태만 〉	적대적 성격과 행동 특성 〉	퇴영적 성격과 행동특성

정신의학자의 평정	퇴영적인 성격과 행동특성	〉	부정적, 잔혹성	〉	부도덕, 학업상 요구위반, 적대적 행동특성	〉	권위에 대한 위반, 교실에의 규율 위반

즉, 교사는 대체로 도덕, 학업에 대한 태도, 사회적 행위에 있어서 교사가 갖고 있는 규준에 위반되는 행동 및 직접적으로 학교의 규율을 위반하는 행동을 문제행동으로 중시한다. 또 정신의학자는 학교생활에 방해가 되는 성격적 부적응의 의미를 나타내는 정서적 문제를 중시함에 대해서 교사는 이를 경시하는 인지양식을 나타내는 경향을 시사받을 수 있다.

4 교사의 기대효과

교사가 학생에 대한 기대를 가질 때 그 학생은 교사의 기대에 부합되는 행동을 무의식 중에 열심히 나타내려는 영향을 R. Rosenthal은 교사기대효과(teacher expectancy effect)라고 불렀다. 보통 연령이 어린 저학년에서 그 효과가 크다. 그 이유는 ① 저학년에선 성적이 확립되어 있지 않고, ② 교사의 비의도적인 사회적 영향을 받기 쉽다는 점 등이 고찰되고 있다. 이와 같은 기대효과는 Pigmalion 효과(Pigmalion effect)라고도 부르는데, 그 교육적 의미가 매우 크다.

기대에는 plus 기대와 minus 기대가 있는 바, 이 중 minus 기대가 미치는 교육의 역기능은 특히 교사와 학생의 인간관계를 파괴시키는 계기가 된다는 점에서 특별한 주의가 요구된다.

교사의 기대효과와 유사한 개념으로서 R. Merton은 자기충족적 예언(self-fulfilling prophecy)이란 말을 쓰고 있다. 즉, 사회적 사상(事象)에 대한 예언이 그 사상에 영향을 미쳐 예언된 사상이 일어날 확률을 증가시킨다는 기대효과를 의미한다.

(3) 교사의 영향과정

교사는 학생에 대해서는 학습지도나 생활지도의 장에서 지도자로서의 공적인 역할을 갖고 있음과 더불어 교사의 가치관이나 태도는 아동들에게 큰 영향력을 갖고 있다.

그 영향과정은 〈표 2-3〉에 나타낸 바와 같이 세 개의 과정을 들 수 있다.

표 2-3 교사의 학생에 대한 영향과정

영향과정		행동의 측면	영향의 내용	
			표층적 수준	심층적 수준
I	교수 훈련	인지적	지식 · 기술	태도
II	교화 감화	정의적	흥미 · 관심 · 취미	신념 · 가치관 · 도덕 · 신앙
III	공감 암시 모방	정의적	예의범절 · 습관 · 동작 · 복장	태도

즉, 영향과정 I은 계획적, 조직적으로 영향을 미치는 공적인 제도이다. II의 교화나 감화는 교재를 매개로 한 간접적인 영향만은 아니고 긴 시간, 가치관 등이 형성될 때까지 영향을 주고 있어서 무엇보다도 중요한 것이다. 또한 교사는 아동 · 학생에 있어서는 성숙한 어른으로서의 몸가짐이 그들의 거울이 된다는 점에서 III의 영향과정도 많은 영향을 주고 있다.

제 3 장

발달이론

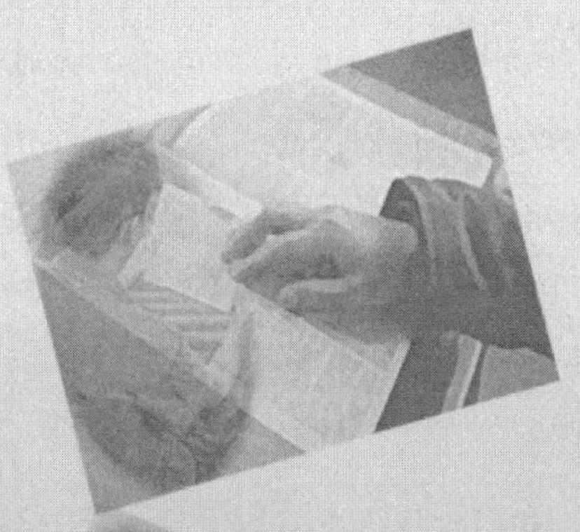

1. 발달의 개념과 규정요인
2. 발달의 원리
3. 발달단계와 과업

1. 발달의 개념과 규정요인

1) 발달의 개념

(1) Koffka의 정의

K. Koffka는 저서인 「정신발달」(The Growth of the Mind)에서 발달에는 학습(learning)과 성장(growth)의 두 가지 형이 있음을 지적하고 "생활체나 그 기관이 양적으로 증대하고, 구조적으로 정밀화되고, 기능적으로 유능화되는" 현상을 발달이라고 정의하고 있다.

(2) Hurlock의 정의

E. B. Hurlock는 그의 저서인 「아동발달」(Child Development)에서, 발달에 대해서, 크기의 변화(changes in size), 비율의 변화(changes in proportion), 새로운 특징의 획득(acquisition of new features), 낡은 특징의 소실(disappearence of feature) 등으로 나누고 이들이 서로 작용해서 일어나는 과정을 발달이라고 하였다.

2) 발달의 규정요인

(1) 유전적 · 생리적 요인

1 생득설

유전설을 생득설(nativism) 또는 선천설이라고 부르는데, 발달을 규정하는 원동력은 개체 내에 있다고 보는 입장이다. 즉 생득설은 유전론을 발달의 본질의 설명에 이용하고 있다. 이 설에 의하면 모든 인간의 심적 특성은 부모로부터 유전되고 있다는 것이다. 이런 입장에서 연구자들은 보통 가계연구나 쌍생아 연구를 통해 유전의 힘을 입증하고 있다.

① Goddard의 Kallikak 가계 연구

H. H. Goddard는 "The Kallikak family"란 연구에서 생득설의 입장을 취하고 있다. Martin Kallikak는 맨 처음 저능한 여자(a feeble-minded girl)와 결혼하였고 그 후 정상적 부인과 재혼하였었는데, 정상부인과 사이에 태어난 496명의 자손 중 2명을 제외하고 나머지 자손이 모두 정상이었으며 변호사, 의사, 공무원, 교수, 대학총장 등 명사가 많았으나, 저능한 여자와의 사이에서 난 아이들 및 그 자손 488명 중에는 정상인 자가 겨우 46명, 저능한 여자가 143명, 사생아가 36명, 매음 여인이 33명, 알코올 중독자가 24명, 간질자가 3명, 요절자가 82명 등 그야말로 비참한 모습을 보여 주었다.

② Galton의 우수가계 연구

F. Galton의 "Hereditary genius"란 연구보고서에 의하면 영국의 저명인사 332가족(父 : 89명, 형제 : 114명, 자 : 129명)을 대상으로 한 연구에서 우연히 성공할 수 있는 기대 수보다 이들은 1200배 이상의 더 많은 성공률이나 우수성을 보여 주고 있다는 점에서 저명인사의 가계는 유전되고 있다고 결론짓고 있다.

③ Holzinger의 쌍생아 연구

K. J. Holzinger는 H. H. Newman 및 F. N. Freeman과의 공동연구인 "Twins : a study of heredity and environment."에서 일란성 쌍생아는 이란성 쌍생아에 비해 심신양면에 있어서 더 유사하다는 점을 밝히고 있다.

그리고 신체적 · 정신적 양특질에 대한 K. J. Holzinger 등의 연구결과를 열거하면 〈표 3-1〉과 같다.

표 3-1 쌍생아 형제의 심신의 유사도(상관계수)

심신의 특질	일란성	이란성
신장	.93	.65
체중	.92	.63
두부의 중량	.91	.58
지능연령	.86	.60
지능지수	.88	.63
학력검사	.89	.70
정서감사	.56	.37
운동속도검사	.69	.38

2 생리적 요인

① 내분비선 기능

내분비선은 발달과정에 영향을 미치는 중요한 생물학적 조직의 하나이다. 내분비선은 분비물을 혈관에 보급하는 관은 없으나, 직접 혈액 속으로 들어가게 되어 있다. 내분비선에서 분비되는 화학물질을 호르몬(hormon)이라 한다. 이 물질은 신체발달과 기능에 큰 영향을 미치고 있다.

내분비선은 본디 조정작용을 한다. 이 분비물은 발달뿐 아니라 여러 가지 생리적 작용을 일으키게 하고, 활동을 중지시키기도 하며, 촉진 또는 지연시키는 역할도 하고 있다. 각 개인의 신체적 성숙 여부는 여러 내분비선의 결합에 의하여 결정된다.

평형상태를 유지하기 위하여 여러 내분비선은 서로 복잡한 조정을 하고 있다. 한 계통의 내분비선의 작용이 지연되면 다른 계통의 내분비선은 기능을 촉진시키기 위하여 호르몬을 분비시키고, 또 과다한 것이 있으면 기능을 지연시키기 위한 호르몬을 분비시킨다. 한 계통의 내분비선을 제거한다든지 여기에 상해가 있으면 전 계통에 이상이 온다.

ⓘ **뇌하수체** : 뇌하수체는 대뇌의 하부에 위치하고 있어 신체적 발달에 직접 관련되는 주요한 내분비선이다. 뇌하수체는 성장과 유지에 관련하여 여러 가지

기능을 하는 호르몬을 분비시킨다. 뇌하수체 성장 호르몬은 아동기의 정상적인 신체 발달에 절대 필요한 것이다. 이 호르몬은 골격, 근육, 여러 내장기관의 성장을 조종하는 기능을 하고 있다. 이 호르몬을 분비하는 내분비선의 기능에 이상이 있으면 난쟁이, 거인, 말단거대증과 같은 신체적 기형으로 나타난다.

한편 뇌하수체 호르몬의 과잉분비는 적극성과 공격성을 증대시키며 과소분비는 그 반대현상을 나타낸다.

ⅱ **갑상선** : 갑상선에서 분비되는 Thyroxine은 신체의 신진대사 기능을 조정하고 성장과 일반적 활동성을 통제하는 기능을 나타내며, 부갑상선 내분비 기능의 감퇴는 흥분성과 신경질 경향 및 거부 경향(negativism)을 높이며 과잉분비는 권태, 근육이완 및 흥미의 결여현상이 나타난다고 한다.

뇌하수체와 밀접히 관련하여 갑상선은 신진대사에 영향을 주며, 신체적 성장을 조절하고 있다. 갑상선이 과도하게 분비되면 일반활동성이 높아지고, 적게 분비되면 운동이 완만하게 된다. 갑상선은 신경계통의 구조와 기능, 특히 지능발달에 커다란 영향을 미치고 있다.

ⅲ **부신선** : 발달에서 가장 중요한 것은 부신피질의 기능으로 여기에서는 성숙에 영향을 주는 여러 가지 호르몬을 분비하고 있다. 그 중에서도 안드로겐(androgen)이라는 호르몬은 성인의 성적 특성의 발달을 조정하고 있다. 청년기 직전에 분비되기 시작하는 부신피질의 이와 같은 호르몬은 변성, 발모와 관계되고, 특히 청년기에 현저히 나타난다. 부신 호르몬은 역시 여드름이 나오는 것과 관계가 깊다. 부신 호르몬은 이 시기에 활발히 그 기능을 하기 시작하는 성선의 안드로겐과 함께 그와 같은 변화를 일으키게 한다.

부신피질의 기능이 지나치면 남성으로서의 특징이 더욱 뚜렷해지며, 신체적 활동이 증가된다. 남성화증이라고 하는 증세는 여성에게도 나타나는데, 수염이 나는 여성이 그러한 예로서, 부신피질의 기능의 과다에서 오는 결과로 알려지고 있다.

ⅳ **성선** : 성선은 남성이나 여성에 있어서 두 가지 목적을 가지고 있다. 그 첫째는 신체발달과 행동에 영향을 주는 성호르몬을 분비하는 것이고, 둘째는

생식세포(정자, 난자)를 생산하는 일이다. 이와 같은 기능은 남성은 고환에서, 여성은 난소에서 이루어지고 있다.

고환에서 분비되는 남성 호르몬을 정소 안드로겐(androgen)이라 하는데, 이 호르몬의 작용으로 청년기 남성의 특징의 발달에 큰 영향을 미치고 있다. 이 호르몬은 남성 생식기관의 성숙을 촉진시킬 뿐 아니라, 성욕과 정력적이며 공격적인 행동을 일으키는 기능을 하고 있다.

여성은 두 가지 호르몬을 분비하는데, 그 첫째가 에스트로겐(estrogen)이라고 하는 것으로, 생식기관과 임신에 관련되는 부위의 발달을 촉지시키는 것이다. 둘째로는 프로게스테론(progesterone)이라는 것으로, 태아의 생명을 지탱하는 자궁의 조직을 준비시키는 것이다.

② 신경계 기능

자율신경계의 반응의 회복이 현저하게 늦은 사람은 정서적 불안정이나 신경질 경향이 높아진다고 하며, 자율신경계에 대한 중추신경계의 통제를 절단하면 경우에 따라서는 보다 적응된 행동을 하는 수도 있으나 활동성이 증가나 무관심, 적극성의 결여 같은 퍼스낼리티의 변화를 초래하게 된다. 또 대뇌피부질부에 손상이 오면 그 부위에 해당되는 감각이나 지적 기능이 약화되며 운동기능을 비롯한 그 밖의 인성장애를 가져오게 된다.

최근 Lobotomy(전두엽백질 절단)에 의한 절단술의 발달은 각종 정신질환자의 치료를 위한 수술이 성행하고 있으며 그 결과 불안이 제거되고 마음이 편안해지는 반면 믿음성과 사고성이 약화되는 경향이 나타나고 있다. 이러한 결과로 인해 대뇌피질부의 전두엽은 자기통제력, 신중성, 활동성과 관계가 깊으며 원시적 충동이나 감정적 반응은 간뇌 특히 시상하부(hypothalamus)와 깊은 관계가 있는 것으로 밝혀지고 있다. 또한 시상하부의 통제를 받는 부교감신경계의 긴장도가 높은 사람은 정서적인 흥분성과 활동성이 약한 반면 인내심이 강하고 쉽게 피로하지 않으나 교감신경계의 긴장도가 높은 사람은 이와 반대이다.

(2) 환경적인 요인

1 경험설

경험설(empirism)은 개인의 발달이란 외부에서 주어진 감화 영향에 의한다고 주장하는 입장이다. 원래, 이 설은 인식론으로서 J. Locke에 의해 주창되어 발전되어 온 것이지만 발달론적으로 환경론을 채용하고 있다. 즉, 생득설이 주장하는 것처럼 발달의 기능성은 개체의 내부에 있다고 하더라도, 환경을 달리하면 많고 적건간에 발달 모습이 다르게 나타나는 사실이 존재하기 때문에 개인의 발달은 여태까지 받은 모든 외적 영향의 결과라고 주장한다. 늑대소녀(1920) Amla와 Kamala의 예와 Aveyron의 야생아(1795, Itard의 연구) 또는 맹모삼천지설은 경험설에 입각한 주장이기도 하다.

이 밖에 B. Bernstein의 사회계층에 따르는 지적 발달의 차이에 관한 연구나, L. Bender의 모성실조가 정신질환의 병인적 요인이 된다는 연구 또는 교사의 신경질적인 성격이나 정서적 불안정의 경향이 학생들의 학업성취는 물론 그들의 퍼스낼리티에 부정적인 영향을 미친다는 M. L. Cogan이나 H. B. Leed 등의 연구 등도 경험설에 바탕을 둔 연구라 하겠다.

특히 소련의 새 유전학자 T. D. Lysenko는 환경조건을 변화시킴으로써 품종을 개량하는 연구를 통해 환경만능론을 주창하기에 이르렀으며 K. Lewin의 장설에 입각한 B=f(P · E) 이론 또한 환경론적 요인의 절대성을 강조하는 입장이기도 하다. 환경적 요인 중 학교환경, 사회환경 등은 생략하고 가정환경 요인만을 다음에서 언급하기로 한다.

2 가정환경 요인

① 기초적 환경

인간형성이라는 관점에서 가정환경은 학교환경이나 사회환경에 비하여 보다 강한 영향력을 지니는 기초적 환경이다. 이 진술을 뒷받침할 수 있는 논거는 주로 두 가지 근거에서 찾을 수 있다. 하나는 인간형성의 기초작업이 대부분

취학전의 가정에서 이루어진다는 근거이며, 다른 하나는 취학전의 발달이 다른 시기에 비하여 가장 왕성하게 이루어지기 때문에 가정환경의 영향을 가장 크게 받는다는 근거에서이다.

인간형성의 기초작업이 대부분 취학전에 이루어진다는 것은 그렇게 새로운 것은 아니다. 인생의 기본구조가 6세 이전에 형성된다는 것은 이미 S. Freud가 지적하고 있는 것이며, 태도와 가치관의 형성도 1차적으로 부모를 동일시의 모형으로 하여 이루어진다는 것도 널리 알려져 있는 일이다. 인간의 정의적 특성뿐만 아니라 지적 특성도 상당한 정도가 취학전에 성취된다는 것이 여러 증거에 의하여 주장되고 있다.

환경의 작용이 모든 연령시기에 동일하게 주어지지 않는다는 것은 너무나 명백한 것이다. 작용의 항상성을 인정할 수는 없는 것이다. 따라서 특정한 연령시기에 있어서의 환경의 작용은 다른 연령시기에 비하여 보다 강력하게 행사된다는 것을 짐작할 수 있다. 인간의 지적 · 인성적 발달의 대부분이 역시 취학전 시기에 왕성하게 이루어진다는 점에서 가정환경은 인간형성에 있어서 다른 환경보다도 보다 크게 작용하는 기초적 환경이라 할 수 있다.

② 모성실조 현상의 역기능

가정환경을 물리적 측면과 심리적 측면으로 양분하는 것이 일반적인 분류방법이긴 하나 심리적 측면에 해당하는 변인과 물리적 측면의 일부 변인을 구조환경(structure environment)으로 개념화할 수 있다. 구조환경이란 개인에게 작용하는 외적 조건과 자극이 일정한 규칙에 의하여 조직되어 체계화되어 있는 구조적 상태를 의미한다. 이와 더불어 순전히 심리적 환경이라고 볼 수 있는 과정환경(process environment)을 생각할 수 있으며, 그것은 외적 자극과 조건 및 조직화된 체제가 개인과의 상호작용하에서 일어나는 분위기 또는 풍토라고 규정할 수 있다. 이러한 과정환경에 있어서 가장 큰 역기능을 나타내는 것은 모성실조(母性失調)현상이다.

이 분야의 고전적인 연구로서 J. Bowlby의 연구를 들 수 있는데 그는 44명의 청소년 비행범에 대한 임상적인 조사에 의하여 그 중 14명은 애정결핍아로 진단하였는데 그들의 생육사를 조사한 결과 그 중의 12명은 아동초기에 모성으로부터 분리된 경험이 있다는 것이 나타났다. 더욱이 그는 모성실조의 경험은 애정결핍을 일으키고 그것은 결과적으로 청소년 범죄로 발전될 가능성이 농후하다는 주장을 하고 있다.

모성실조가 현저하게 영향주는 것은 지금까지의 증거로 보아 감정통제력의 결핍, 공격적 행동의 무분별한 표현, 죄의식의 결여 또는 초자아의 미발달, 인내심 또는 불쾌자극에 대한 참을성의 부족, 대인관계 부적응 등으로 요약된다.

(3) 유전과 환경의 관계

1 Stern의 폭주설

유전 대 환경의 대립을 극복하려는 시도는 W. Stern에 의하여 이루어졌는데, 그의 폭주설(輻輳說, convergence theory)은 대략 다음과 같다.

"정신적 발달은 단순히 출생하면서부터의 성질이 서서히 나타나는 것만도 아니며, 또 외계로부터의 영향을 받아들여 이에 대한 반응을 함으로써만도 아니다. 즉, 이것은 내부적 소질과 외부적 환경인 양자의 영향이 폭주(수레바퀴가 움직이는)하여 이루어진다는 것"이다.

2 Woodworth의 면적설

R. S. Woodworth는 「Dynamic Psychology」에서 유전을 사각형의 밑변으로 보고, 환경을 그 높이로 보아 한 개인의 발달이란 결국 그 밑변과 높이로 이루어지는 사각형의 면적이라고 보았으며, 밑변이 없어도 사각형을 이루지 못하며, 높이가 없어도 역시 마찬가지여서, 환경과 유전 중에서 어느 것이 보다 중요하다고 할 성질의 것이 아니라고 말하였다. 이 관계를 도표로 그리면 〈그림 3-1〉과 같다.

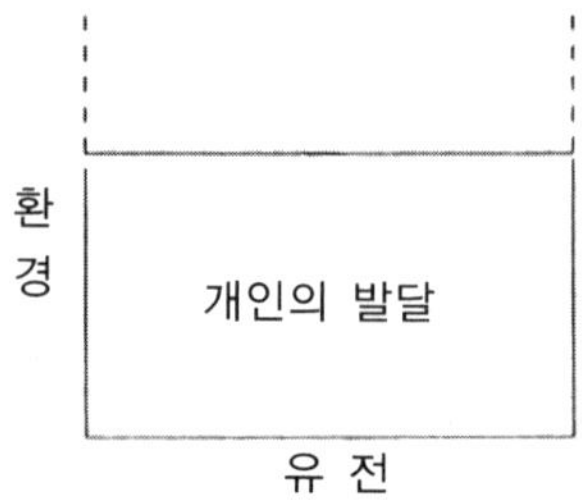

〈그림 3-1〉 유전과 환경

따라서 일정한 밑변(유전)을 가지고 나온 우리는 높이(환경)를 되도록 높게 함으로써 이 사각형(발달하는 개인)의 면적을 크게 할 수 있을 것이다. 유전은 매우 좋으나 환경이 안 좋은 사람의 발달과, 유전은 그다지 좋지 못하나 환경이 매우 좋은 사람의 발달과를 비교하여 보면 여러 가지 경우가 성립될 수 있는 것이다. 이것을 도표로 그리면 〈그림 3-2〉 및 〈그림 3-3〉과 같이 될 것이다.

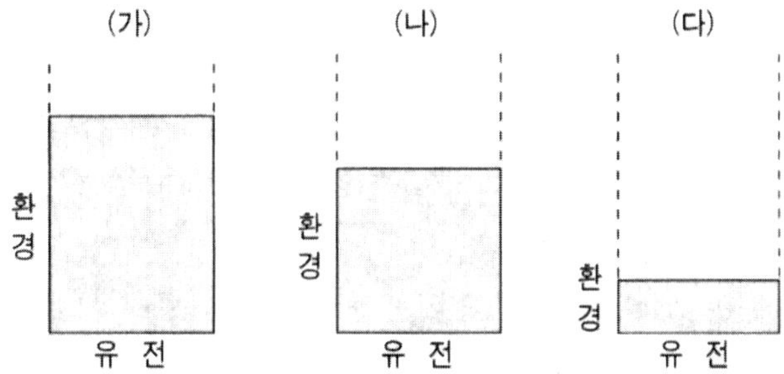

〈그림 3-2〉 같은 유전에 다른 환경

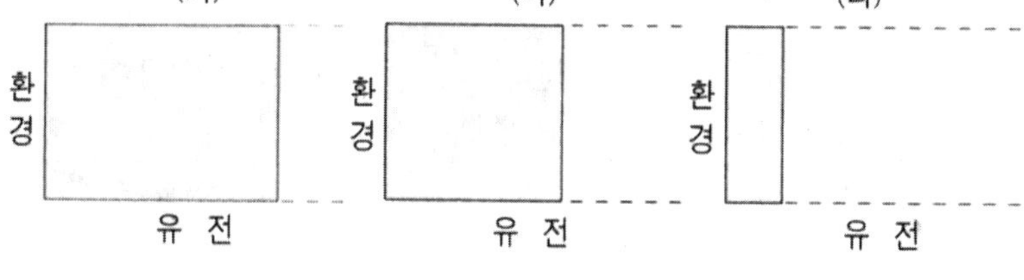

〈그림 3-3〉 같은 환경에 다른 유전

3 Jensen의 상호작용설

A. R. Jensen은 그의 저서 「IQ : 유전과 교육」에서 발달을 규정하는 이론으로서 유전과 환경의 대표적인 상호작용설인 환경역치설(environmental threshold value theory)을 들고 있다.

그에 의하면 심신의 기능이 발달함에 있어서 환경은 역치적 요인으로 작용한다고 한다. 즉, 어떤 유전적 소질이 특성으로서 현실화되기 위해서는 필요한 환경적 요인의 질과 양이 각각 특성에 따라 다르며, 각각 고유한 일정한 수준(환경역치)이 따로 있다고 본다. 소질이 있더라도 환경적 조건이 충분하지 못하고 역치 이하이면 그 특성의 발현은 방해받지만, 역치를 넘어서면 현실화되어 간다는 것이다.

〈그림 3-4〉에서, 특성 A(신장)는 유전에 의한 규정이 강하며, 극도로 부적절한 환경적 조건이 아닌 한 소질은 그 가능성을 완전히 현실화할 수 있다. 이에 대해 특성 D(외국어 발음 구별 등)는 환경의 강한 규정하에 있으며 특별훈련이나 풍부한 환경조건하에서만 가능성이 실현된다. 또 특성 B는 지능검사 성적이 좋은 예이며 특성 C는 환경적 조건이 전체에 걸쳐 영향을 주는 것으로서 학업성적이 그 예이다.

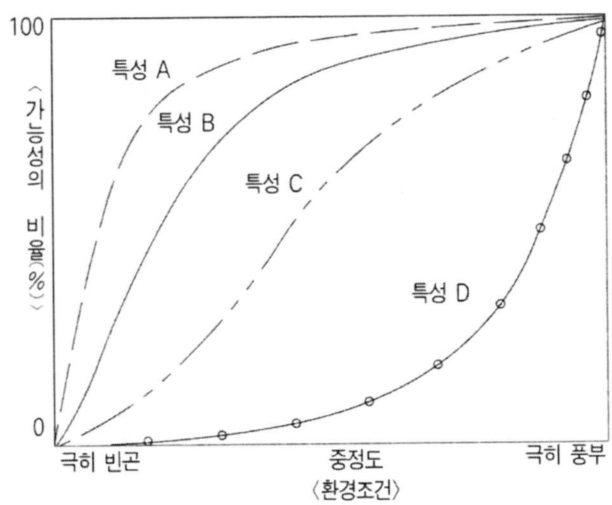

〈그림 3-4〉 유전적 기능성이 현실화하는 정도와 환경의 질과의 관계

2. 발달의 원리

1) 발달의 형

동물이나 인간을 막론하고 모든 동물은 그 종 특유의 발달의 형에 따라서 발달한다. 태생기에 있어서는 월별로 어떤 특성이 나타나는 발달의 계열이 있다. 이와 같은 질서적인 발달의 형은 출생 후에 있어서도 인정된다. 그러나 태생기보다는 출생 후 개인의 발달의 속도에 변동이 많이 일어난다.

일정한 나이에 이른 아동의 발달적인 연구에 의하면, 행동발달까지도 한 개의 형에 따르고 있음을 알 수 있으며, 이 형은 경험에 의한 영향을 거의 받지 않음을 시사하고 있다.

출생 전후의 신체적 발달에는 규칙적이며 예견적인 형이 있다는 많은 실증적인 자료를 찾아볼 수 있다. 즉 신체발달은 머리부분에서 발달하기 시작하여 다리부분으로 전개함이나, 중추신경부터 발달하기 시작하여 말초신경 부분으로 전개되는 형을 찾아볼 수 있다.

위에서 언급된 발달의 형에 있어서 "기본적인 발달의 형"만을 일컬어 발달의 원리라고 부르게 된다.

2) 발달의 기본원리

(1) 일반적 유사성의 원리

모든 인간은 유사한 발달의 형에 입각해서 다음 단계로 옮겨 간다. 가령, 유아는 걷기에 앞서서, 똑바로 서게 되며, 네모를 그리기 이전에 원을 그리게 된다. 이 순서가 거꾸로 되는 일은 결코 없다. 그리고 일반적인 형은 발달의 속도에 따른 개인차 현상은 나타나지 않는다. 조산아는 1년쯤은 발달이 늦은 것처럼 보이지만, 일단, 만기산아의 기준에 도달한 뒤에는, 만기산아와 똑같은 형에 따라 발달의 속도도 거의 같게 발달된다.

조산아가 출생 전이나 출산 중에 손상을 받은 경우에 한해서 발달의 정상적 계열은 변화되기 쉬우나, 그렇지 않은 경우에는, 지적으로 뛰어난 아이나 열등한 아이라도 보통의 아이들과 같은 발달의 계열에 따라 발달이 이루어진다. 그러나 지적으로 뛰어난 아이는 지적으로 열등한 아이에 비하여 발달의 속도가 빠르다.

(2) 연속성의 원리

발달은 수태의 순간부터 죽을 때까지 연속적인 과정이다. 또, 어떤 때에는 완만하게 어떤 때에는 급속도로 이루어지고 있다.

발달이 연속적이기 때문에, 어떤 단계에서 일어난 현상은 다음의 단계에 영향을 줄 수 있다고 말할 수 있게 된다.

발달단계 사이에는 단절이나 비약은 있을 수 없다. 심신의 발달변화는 돌발적으로 생기는 것이 아니고 어떤 준비기간을 거친 결과로서 나타나는 것이다.

발달은 연속적이지만 반드시 그 속도는 같지가 않다. 발달에는 이와 같은 유동성이 있어서 급속히 진행되는 시기와 비교적 완만한 시기가 있다. 이를 잘 시사해 주는 것이 〈그림 3-5〉와 같은 R. E. Scammon의 발달곡선이다.

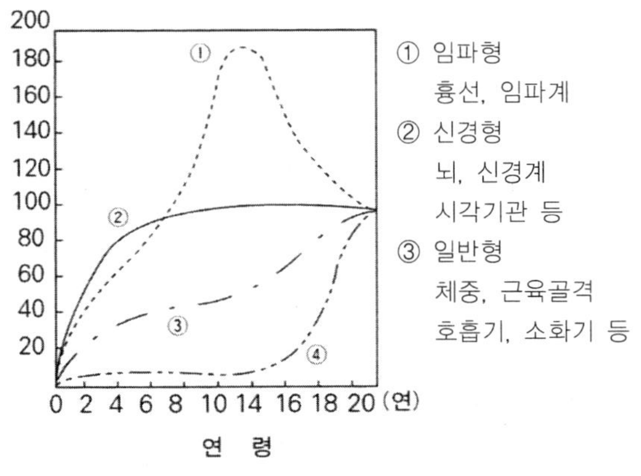

〈그림 3-5〉 신체 발육곡선(20세의 중량을 100으로 한 중량비)

(3) 분화 통합성의 원리

운동반응의 경우처럼, 정신적인 반응의 경우에도 일반적인 활동이 특수적인 활동에 선행한다. 출산 전에는 태아는 신체 전체를 움직일 수는 있어도 특수한 반응은 할 수가 없다.

출생 후의 초기에 있어서도 마찬가지이다. 유아는 손을 뻗치는 특수한 반응을 할 수 있기 전에 팔을 흔드는 일반적인 운동이 관찰된다. 즉 미분화된 전신운동(mass action)으로부터 특수한 부분의 특수운동(specific action)으로 분화되어지는 것이다.

이와 같이 미성숙한 구조로부터 특정한 구조와 기능을 가진 새로운 기관이 발생하는 과정을 발생학(embryology)의 입장에선 분화(differentiation)라고 한다. 행동의 발달에 있어서 처음은 내부적인 분절의 빈약한 전신운동(mass action)으로부터 보다 명백하고 세련된 행동으로 분화하여 간다.

독일의 심리학자인 H. Werner도 정신발달의 본질은 정신현상과 기능이 점차로 분화하고 중심적 통합을 하는 것이라고 하였다. 즉 이 분화와 중심적 통합은 복합적인 것으로부터 단편적인 것으로, 융합적인 것으로부터 분절적인 것으로, 불명료한 것으로부터 명료한 것으로, 불확정한 것으로부터 확정적인 것으로 진행하는 과정이라 보았다.

(4) 발달속도차의 원리

발달속도에는 개인차가 있다. 성숙에 달하는 연령수준에는 개인차가 작용한다. 즉 다른 아이들에 비해 성숙이 빠른 아이들이 있는가 하면, 한 아동 내에서도 어떤 특징은 다른 부분보다 더빨리 성숙하는 경우가 있다. 그뿐 아니라 한 아이의 한 가지 특징도 다른 속도로 성숙하는 경우가 많다.

대부분의 신체적 · 정신적 특성의 발달은 연속적이지만, 어떤 수준에 도달하기 위해서는 발달의 속도가 서로 다르다. 심장, 간장, 소화기간의 성장은 아동기에는 느리지만, 청년기 초기에는 급속도로 이루어진다.

개개의 신체적, 정신적 특성의 발달속도에 변동이 생기면 많은 적응상의 문제가 생긴다. 지적인 발달이 신체적, 사회적, 정서적 발달에 비하여 조숙한, 즉 소위 "지적으로는 뛰어나지만 다른 면에 있어선 미숙한" 아이는, 동일 연령층의 아이들이나 나이 많은 아이들과 원만한 관계를 이룩하기가 곤란한 경우가 많다.

(5) 상관성의 원리

어떤 특성이 성숙하는 단계에선, 다른 특성이 성숙하는 단계에 영향을 미친다. A. L. Gesell은 발달의 상관성의 중요함을 강조하고 있는데, 그에 의하면 "성장의 소산은 직물에 있어서 날실과 씨실의 관계와 같다."

신체적 발달과 정신적 발달간의 상관은 특히 뚜렷하다. 신체의 형태는 취학 준비도에 관계가 있지만, 이것은 정신적 발달과 신체적 발달 간에 상관이 있기 때문이다.

성적 성숙과 흥미 또는 행동의 유형간에도 명확한 관계가 있다. 그 결과, 조숙한 자는 동일 연령층의 미숙자에 비하여 신체적인 면 뿐만 아니라 정신적 발달과 행동적 발달의 면에 있어서도 다른 점이 많다.

천재아를 중년까지 추적 연구한 L. M. Terman의 결론에 의하면 바람직한 특성은 동시에 생기는 경향이 있다. 지능과 신체의 건강도 또는 정서적 안정성 사이에는 부적(負的) 상관은 없다. 또한 개체는 일정한 환경 속에서 성장하고 발달하는 것이어서 그 발달은 환경의 변화와 불가분의 관계에 있다. 예를 들면 집안에서만 키운 아이는 사회성이 발달하지 못하는 경향이 있다.

(6) 방향, 순서, 계열성의 원리

발달에는 일정한 순서가 있다. 즉 모든 어린이는 앉기 시작한 후에 설 수 있으며, 동사를 써서 말하기 전에 명사를 사용하여 말한다. 원을 그리다가 점차 사각형을 그릴 수 있게 된다. 즉 시간의 흐름과 같이 발달은 거꾸로 될 수 없는 과정인 것이다.

발달이 진행되는 순서 또는 방향에는 세 가지 기본적인 법칙이 있다.

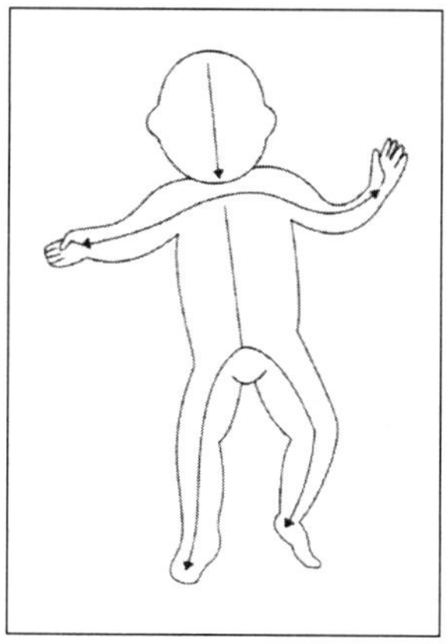

〈그림 3-6〉 발달의 방향의 원리

첫째, 두미(頭尾)의 방향(cephalo-caudal direction : head-foot)으로서, 예를 들어 태아는 아래부분보다 먼저 머리의 발달이 진행되며 또한 팔이 손보다 먼저 발달한다. 즉 〈그림 3-6〉과 같이 머리부분에서 아래 부분으로 발달이 진행되어 감을 말한다.

둘째, 근처-원처의 방향(proximal-distal direction) 또는 중추에서 말초의 방향으로 이동하는 것으로 신경계통에 있어서도, 예를 들면 대뇌 등이 먼저 발달하고 점차로 말초신경이 늦게 발달하는 것이다.

셋째, 전신운동에서 특수운동(mass-specific direction)의 방향으로서 큰 근육에서부터 작은 근육으로 발달해 가는 것이다. 어린이에게 처음으로 나타나는 반응은 대부분 전신반응이며 신체의 큰 부분을 움직이는 전체적 · 미분화적인 운동인 것이다.

(7) 성숙과 학습의 상호작용성의 원리

출생 후의 성숙과 학습은 밀접한 관계를 가지고 있다. 한쪽이 다른 한쪽에 영향을 주고 있다. 성장과 운동(기술) 사이에는 높은 상관관계가 있음은, 신체의 전체적인 발달에 따라서 성장되어온 신체 각 부분을 원만하게 사용할 수 있는 능력이 생겼음을 시사하는 것이다. 이와 같이 발달은 유전적 소질만으로 이루어지는 것이 아니고 이런 소질과 환경의 사회적 · 문화적인 요인간의 상호작용에 좌우되는 것이다.

즉 발달단계의 특징은 성숙과 학습이라는 두 가지 요인간의 상호작용의 결과로 형성된다. 여기서, 성숙이란 말은 성장의 결과로 나타나는 변화를 지칭하는 것이며, 학습은 주로 후천적 경험의 결과로 나타나는 변화를 뜻한다.

(8) 가소성의 원리

인간은 근본적으로 미완성적 존재로서 풍부한 가소성(plasticity)을 가졌다. 인간은 자연의 모태에서 출생한 대로는 미완성의 존재이고, 문화의 모태 안에서 완성되어 간다.

A. Portmann은 신생아의 생물학적인 초기 양상을 연구하고 "인간은 동물에 비하면 미완성의 존재로서 태어난다"고 하였다.

다른 동물들은 그들이 살아야 할 자연환경에 꼭 맞도록 육체적 기관들과 기능들이 특수하게 전문화 내지 완성되어 나타나기 때문에 환경에 대한 반응으로서의 행동의 도식도 기계적으로 결정되어 있다. 그래서 다른 동물들은 본능에 따라서 기계적으로 움직이면서 살아갈 수 있는 반면에 인간은 미약한 본능만을 가졌으며 문화적인 규범에 따라서 능동적으로 선택할 수밖에 없다. 따라서 인간은 스스로의 힘으로 자기의 발달 목표를 설정하고 그 성취를 위해 노력하며 조정할 수 있는 유일한 존재이다.

이렇게 함으로써 각 유기체의 구조와 기능은 최고의 가능성을 향해 성장과 발달을 계속한다.

인간발달은 이 가소성을 어떻게 발휘하는가에 따라서 그 수준과 질이 좌우된다.

3. 발달단계와 과업

1) 발달의 단계

앞에서 진술한 바와 같이 인간의 행동발달은 연속적이지만 거기엔 리듬이나 파동성이 존재한다. 이러한 양적 · 질적 변화의 여러 가지 특징을 잡아서 발달과정을 구분한 것이 발달단계이다. 발달단계의 구분은 많은 연구자에 의해 시도되고 있지만 발달의 어느 측면에 역점을 두는가, 무엇을 기준으로 하는가에 따라서 다음의 네 가지로 대별된다(표 3-2 참조).

표 3-2 주요 발달단계의 구분

<table>
<tr><th colspan="2">기준 유형 \ 연령수</th><th>정</th><th colspan="9">0 1 2 3 4 5 6 7 8 9 10 11 12 13 14 15 16 17 18 19 20 21 22 23 24 25</th></tr>
<tr><td rowspan="2">사회적 관습 · 제도</td><td>(교육제도)</td><td colspan="3"></td><td>유치원 시대</td><td colspan="2">초등학교 시대</td><td>중학교 시대</td><td>고교 시대</td><td>대학 시대</td><td></td></tr>
<tr><td>(일반적)</td><td>태아기</td><td>신생아기</td><td>영아기</td><td>유 아 기</td><td colspan="2">아동(학동)기</td><td colspan="3">청 년 기</td><td>성인기</td></tr>
<tr><td rowspan="2">신체적 발달</td><td rowspan="2">Stratz</td><td rowspan="2"></td><td rowspan="2" colspan="2">유아기</td><td rowspan="2">제1충실기</td><td rowspan="2">제1 신장기</td><td>남</td><td>제2충실기</td><td>제2신장기</td><td>제3충실기</td><td>성숙기</td></tr>
<tr><td>여</td><td>제2충실기</td><td>제2신장기</td><td>제3충실기</td><td>성숙기</td></tr>
<tr><td rowspan="2">정신기능의 발달</td><td rowspan="2">Piaget</td><td rowspan="2"></td><td rowspan="2" colspan="2">감각운동적 지능기</td><td colspan="2">전조작적 사고기</td><td rowspan="2">구체적 · 조작적 사고기</td><td rowspan="2" colspan="4">형식적 · 조작적 사고기</td></tr>
<tr><td>전개념적 사고기</td><td>직관적 사고기</td></tr>
<tr><td rowspan="2">정신구조의 변화</td><td>Bühler</td><td></td><td colspan="2">객관</td><td>객관→주관</td><td>주관→객관</td><td>객관→주관</td><td colspan="4">주관→객관</td></tr>
<tr><td>Freud</td><td></td><td colspan="2">구강기</td><td>항문기</td><td>남근기</td><td>잠복기</td><td colspan="4">생식기</td></tr>
</table>

(1) 사회적 관습이나 제도에 의한 구분

대부분의 사회에서는 그 사회 특유의 문화나 관습에 의해서 승인되고 있는 발달단계의 구분이 있다. 예컨대 '학교 교육제도'에 의한 구분이 대표적인 예이다. 또한 〈표 3-2〉의 '일반적' 구분은 교육적 입장을 가미한 총합적 구분으로서 교육심리학에 있어서의 기본적인 발달단계 구분으로 사용되는 수가 많다.

(2) 신체적 발달에 의한 구분

이것은 신체나 체중의 증가, 골격의 발육상태, 성적 성숙 등 신체적인 발달에 역점을 두고 구분한 것이다. 잘 알려진 예로서는 C. H. Stratz의 구분이 있다. 그는 인간의 성장과정에 있어서 체중의 증가가 심한 충실기와 신장의 자람이 심한 신장기가 교체함에 역점을 두고 구분을 하였다.

(3) 특수한 정신기능의 발달에 의한 구분

이것은 개개인의 기능의 변화가 아니라, 정신구조 전체의 변화에 입각한 구분이다. 개체와 환경과의 상호작용 방식의 변화를 중심으로 구분하는 것이어서 발달심리학에서는 가장 많은 관심을 쏟고 있으며, 이와 같은 구분을 시도한 연구자가 많다. 예컨대, C. H. Bühler는 자아의 주관화와 객관화의 시기가 교체한다는 생각에서, S. Freud는 libido의 발달에 입각해서, E. H. Erikson은 자아발달의 관점에서 발달구분을 시도하고 있음이 대표적인 예이다.

2) 발달단계이론

(1) Freud의 발달단계설

1 심리성욕 단계

성격발달에 관한 S. Freud 이론은 두 가지 조건을 전제로 하고 있다. 첫째는 성인의 성격은 유아기의 여러 가지 경험에 의해 형성된다는 것이다. 두 번째는 성에너지(libido)의 상당량은 출생시에 이미 나타나며 이것은 일련의 심리성욕(psychosexual) 단계를 거쳐서 발달해 가는데 이 단계는 개체의 본능적 과정에 그 뿌리를 박고 있다는 것이다.

Freud는 네 가지 보편적 심리성욕 발달단계가 있고 이것이 성격형성에 결정적 영향을 준다고 가정하였는데, 즉 구강기, 항문기, 남근기 그리고 생식기이다. 잠복기는 정상적으로 6~7세와 사춘기 초반 사이에 나타나며 이 단계는 발달의 일반적 모형에 포함시키기는 하였지만, 기술적으로 보자면 단계는 아니라고 Freud는 말하였다. 발달의 첫 세 단계는 출생시부터 5세 사이에 일어나고 이것은 전 생식기라고 부르는데 그 이유는 성기 부위가 성격형성에 중요한 역할을 담당하지 않기 때문이다. 네 번째 단계는 사춘기의 초기에 나타난다. 각 단계는 자극을 주면 리비도적인 에너지(libidinal energy)를 방출하게끔 하는 그러한 신체부위에 따라 명명한 것이다.

2 구강기

심리성욕 발달기의 하나인 구강기는 생후 1년 동안 발달하는데 이 시기에 유아는 그의 생존을 전적으로 타인에게 의존하며 본능적인 만족을 얻는 유일한 수단이 바로 구강이다. 이 시기에 구강은 특히 생물학적인 충동과 동시에 유쾌한 감각을 해소시키는 신체의 일부가 된다. 유아는 젖을 빨므로써 영양을 공급받으며, 배고픔의 충동을 만족시키며, 동시에 입을 움직여 기쁨을 얻는다. 이러한 이유 때문에, 구강부는—입술, 혀와 기타 연관된 구조들—유아의 활동과 관심의 초점이 된다.

이러한 구강부는 그들이 사회적 환경 또는 물리적 환경과 접촉하는 일차적인 수단이 되며 대부분의 성적 에너지를 포함하고 있다. 사실상, Freud는 구강은 일생을 통해서 중요한 성감대로 존재하게 된다고 믿었다. 성인에게 있어서도 이러한 행동의 흔적이 남아 있는데, 예를 들어서 껌을 씹는 행위, 손톱을 물어뜯는 행위, 키스, 과식 등에서 나타나며, Freud 학파는 이러한 사실들이 리비도가 구강부위에 부착되어 있다는 증거가 된다고 주장한다.

① 구강 수동적 성격

Freud는 유아에게 너무 과도하거나 혹은 불충분한 양의 자극이 주어지면 구강 수동적(oral-passive) 성격 형태가 된다고 주장하였다. 이러한 성격의 소유자는 세상일에 낙관적이며 타인과 신뢰의존적(trusting dependent) 관계를 가지며, 타인이 자신의 '어머니'가 되어 주기를 바라며, 모든 것을 희생하더라도 인정을 받으려고 한다. 이러한 사람이 심리적으로 적응해 가는 양식은 수동적이고 미숙하며, 과도한 의타심과 잘 속는 등의 특징을 갖게 된다.

② 구강 공격적 성격

생애 첫해의 마지막 후반기에 구강기의 이차 단계가 시작된다. 즉, 구강 공격적(oral sadistic) 단계이다. 유아에게 이가 생기기 시작하면 물어뜯거나 씹음으로써 어머니의 부재나 만족의 지연으로 생긴 불만을 표현한다. 이런 유아는 침뱉기와 같은 공격적인 행동을 취하여 구강의 만족을 성취한다. 성인이 갖는 구강 가학적 단계에의 고착은 논쟁적이고, 신랄하게 비꼬며, 주위의 사물들에 대해서 비꼬는 양상으로 나타나며 또 이러한 성격을 가진 사람은 자신에 필요할 때까지 타인을 이용하거나 지배한다.

3 항문기

2세에서 3세 사이에서는 리비도 에너지의 초점이 구강해서 항문으로 옮겨간다. 유아는 대변의 배출과 보유에서 상당한 만족을 얻으며 점차로 대장운동을 지연시켜서 이러한 만족을 증진시키는 방법을 알게 된다(즉, 대장이나 항문괄약근에 압력을 가해서). 이러한 대장이나 방광의 조절은 신경근육학적인 성장의 결과이나 Freud는 부모에 의해 시행되는 대·소변가리기 훈련은 나중의 성격발달에 특수한 효과를 나타낸다고 주장하였다. 대·소변가리기의 시작과 함께 아이들은 이드(id)의 요구(즉각적인 배변에서 오는 기쁨)와 부모에 의해서 부과되는 사회적인 제지(배출 욕구에 대한 자기 조절)를 분간하는 것을 배워야 한다. 사실상 Ferud는 이러한 자기 통제와 지배는 항문기에서 출발한다고 주장하였다.

① 항문적 보유 성격

Freud는 부모가 대·소변가리기에서 필연적으로 생기는 욕구불만을 다루는 두 가지 방법이 있음을 발견하였다. 만약에 부모가 거칠거나 강압적이면, 아이들은 대변을 참게 되어 변비가 되며 이러한 억제 경향이 심해지면 다른 행동에까지 일반화되어 항문적 보유(anal-retentive) 성격이 된다. 성인에게 이런 성격이 나타나면 고집이 세고 인색하며 복종적이고, 시간을 엄수하며, 지나치게 청결하거나 혹은 지나치게 불결한 경향이 있다. 이것은 또 혼란과 모호함을 참거나 명확한 구분을 할 수 없는 것 등과 같은 '추방(expulsion)'의 원형이 된다.

② 항문적 공격 성격

반대로 만약 부모가 아이를 달래서 정기적으로 대장운동을 하게 하고 대변을 한 후 칭찬을 해 주며 목욕을 시키는 경우, 아동은 이런 행동에 즐거움을 느끼고 후에 항문적 공격(anal-aggressive) 성격을 갖게 된다. 이 단계에 고착되면 잔인하고 파괴적이며, 난폭하고 적개심을 나타낸다. 이러한 사람은 애인과의 관계에서 상대방을 근본적으로 소유의 대상으로 간주하는 경향이 있다.

4 남근기

4세에서 5세 사이에는 아동의 리비도적인 관심은 새로운 성감대인 생식기로 옮겨 간다. 이 남근 심리성욕 발달기의 아동들은 자신의 성기를 자세히 관찰하고,

자위행위를 하며, 출생과 성에 대한 관심을 나타내는 것을 관찰할 수 있다. 비록 아동의 성인의 성욕에 대한 인식이 대체로 부정확하고, 모호하며 또한 아직 정립되지 않았지만 Freud는 대부분의 어린이들은 그들의 부모가 생각하는 것보다 더욱 명확히 성관계를 알고 있다고 믿는다. 그들은 부모들의 성교를 목격할 수도 있고, 또는 부모의 대화나 다른 어린이들의 이야기를 통해 그런 원초적인 관계를 상상할 수도 있을 것이다. 또 Freud는 대개의 어린이가 성교를 어머니에 대한 아버지의 공격으로 보고 있다고 생각했다. Freud의 이 단계에 대한 설명은 많은 오해와 논쟁의 근원이 되고 있음을 강조할 필요가 있다. 더구나 대부분의 부모들은 4세 어린이가 성에 대해서 알고 있다는 것을 수긍하지 않는다.

① 오이디푸스 콤플렉스

남근기의 두드러진 갈등은 Freud가 명명한 오이디푸스 콤플렉스(Oedipus complex : 여자애들에게 있어서는 일렉트라 콤플렉스 : Electra complex)이다. Freud는 이 콤플렉스의 설명을 소포클레스가 쓴 그리스의 비극인 오이디푸스 왕에서 빌려 왔는데 이 비극에서는 테베의 왕인 오이디푸스가 그의 아버지를 살해하고 그의 어머니와 간음하게 된다. 오이디푸스가 그의 죄를 깨닫고는 자신의 눈을 찔러 멀게 함으로써 자신을 벌하게 된다. Freud는 오이디푸스 콤플렉스의 이야기는 그리스 신화이긴 하지만 이 비극은 인간의 가장 큰 정신적 갈등을 상징적으로 표현한 것이라고 보고 있다. 사실상, 이 신화는 아동이 이성의 부모를 소유하고 싶은 욕망과 동시에 동성의 부모를 적대시하려는 무의식을 표현한다. 그러나 남자애들은 실제로는 아버지를 살해하지도, 어머니와 간음하지도 않지만, Freud는 어린애들의 무의식 속에는 이 두 가지를 하고 싶은 욕망이 있다고 믿었다. 또한 Freud는 이러한 오이디푸스적 갈등의 뒷받침을 원시사회에서의 근친간의 결혼이나 씨족 내의 어떤 의식에서 찾고 있다.

② 거세불안

남아들은 아버지와 자기를 비교할 때 어렴풋이 열등감을 느낀다(누구의 성기가 더 큰가?) 또 자신의 어머니에 대한 로맨틱한 감정을 아버지가 인정하거나, 가만히 놔두려 하지 않을 것이라고 생각한다. 이러한 경쟁심이 어린이로 하여금 아버지가 자기를 해칠 것 같다는 공포심을 갖게 한다. 더욱 자세히 말하면, 아이는 그의 아버지가 자신의 성기를 잘라 버리려 한다고 믿게 된다. 이러한 아버지의 보복에 대한 두려움을 거세불안(castration anxiety)이라고 하는데, 이 때문에 어린이는 어머니와 성적 관계를 갖고 싶어하는 욕망을 포기하게 된다.

③ 일렉트라 콤플렉스

Freud의 이론에서 남아의 오이디푸스 갈등에 해당하는 여아의 것은 일렉트라 콤플렉스(Electra complex)이다. 남아처럼 여아의 최초의 사랑의 대상도 어머니이다. 그러나 여아가 남근기로 접어들면서, 자신은 아버지나 남자 형제처럼 음경이 없다는 것을 깨닫게 된다. 여아가 이런 해부학적 발견을 함과 동시에 그녀는 음경을 갖고 싶어하게 된다. Freud는 이를 '남근선망'(penis envy)이라고 했는데 이는 어떤 면에서 보면 정신적으로 남아의 거세공포와 맞먹는 것이라고 할 수 있다. Freud가 여성해방론자들의 비난의 대상이 됨은 당연하다.

④ 고착현상

남근기에 고착된 성인 남자는 대부분 경솔하며, 과장되고, 야심적이다. 남근기형은 성공하려고 아주 노력하여(노력은 이성의 부모에 대한 승리를 의미한다) 항상 그들의 강함과 남자다움을 나타내려고 노력한다. 이러한 남성들은 남들에게 자신이 "진정한 남자"임을 확신시키려고 한다. Freud는 여성이 남근기에 고착된 경우 성관계에 있어서는 순진하고 결백해 보이지만, 난잡하고 유혹적이며 경박한 기질을 갖는다고 언급했다. 또 어떤 여성들은 이런 기질 대신 아주 자기 주장적이어서 남성을 능가하고자 노력한다고 Freud는 보았다. 그는 미해결된 오이디푸스 문제는 나중에 신경증의 근원이 된다고 생각하였으며, 특히 남성의 성적 무기력과 여성의 불감증의 근원이 된다고 주장하였다.

5 잠복기

6세부터 9세 사이에 해당하는 시기의 아동은 비교적 성적인 수면상태에 속하게 된다. 이 시기에 리비도는 승화되어 무성적 활동인, 지적인 관심, 운동, 그리고 친구간의 우정으로 전환된다. 이러한 잠복기는 마지막 심리성욕 단계에서 일어나게 될 중요한 성장을 준비하는 시기로 보여진다. Freud에 의하면, 이러한 성적 관심의 저하는 순전히 생리학적인 현상이라고 간주된다. 잠복기에는 이렇듯 새로운 성감대가 나타나지 않고, 성적 본능이 수면 상태에 있기 때문에 심리성욕 단계라고 불리울 자격이 없다. Freud는 이 잠복기에서 일어나는 발달 과정에 관해서는 별로 관심을 쏟지 않았는 바, 이 시기가 이전 단계를 모두 합한 시간만큼의 아동의 긴 생애기간임에도 불구하고 이 시기에 없었다는 것은 이상한 일이다. 아동들에게 이 시기가 일종의 휴식기인 것처럼 성격이론가들도 잠깐 휴식한 것 같다.

6 생식기

사춘기의 발달과 함께 이성에 대한 관심과 인식이 증가되며, 성적 그리고 공격적 충동이 다시 나타난다. 생식기(사춘기로부터 죽을 때까지)의 첫 단계는 유기체의 생화학적(biochemical)이며 심리학적인 변화에 의해서 초래된다. 즉, 생식기관이 성숙하고, 내분비기관이 호르몬을 분비함으로써 2차 성특징이 나타난다(남자에게는 턱수염이 나고, 여자들은 가슴이 발달). 이러한 변화들은 청년기의 흥분 상태와 성적인 활동의 증가에 영향을 미친다. 즉, 생식기는 성적인 충동의 가장 완전한 만족을 추구하려는 특징이 있다.

Freud학파의 관점에서 본다면, 모든 인간은 사춘기 초기에 '동성애(homosexual)'의 시기를 거치게 된다. 새로이 분출된 성 에너지는 동성의 사람에게로 향하는데(선생님이나 이웃사람 또는 친구) 오이디푸스 갈등의 해결에서와 같은 방법으로 일어난다. 이 시기의 명백한 동성애 행위가 결코 모든 사람이 경험하는 것은 아니지만 아동기에는 동성인 친구와 다니기를 더 좋아한다고 Freud는 믿었다. 그러나 점차적으로 성적 에너지의 대상이 이성으로 옮겨 가게 되고, 구애가 시작된다. 청년 초기에는 홀딱 반하는 경향이 강해 쉽게 결혼 상대를 선택하게 되며 가정을 꾸미게 한다.

생식기적 성격을 통해 정신분석학 이론에서는 이상적 성격 유형을 설명한다. 이런 성격의 사람은 사회-성적(social-sexual) 인간관계가 원만하고 책임감이 잘 발달되었기 때문에 이성과의 사랑이 만족스럽다.

이상의 단계별 성격발달의 특징을 요약하면 〈표 3-3〉과 같다.

표 3-3 Freud의 인성발달단계

단계(연령)	쾌감의 부위 및 원천	인성발달
구강기 (oral stage)	입술 : 젖빨기, 먹는 것, 손가락빨기, 치아발생 후 씹는 것	· 구강 수동적 공격 · 구강 공격적 · 가학적 성격
항문기 (anal stage)	항문근육 : 대변의 배설과 보류	· 항문 보유적 성격 · 항문 공격적 성격
남근기 (phallic stage)	생식기의 자극	· 오이디푸스 콤플렉스 · 일렉트라 콤플렉스 · 초자아(양심) 발달
잠복기 (latency stage)	성적 흥미와 관심이 일시적으로 억압됨, 외계에서 쾌락 추구	사회성의 발달과 일상생활에 적응하기 위한 지식, 기능을 습득하는 데 열중
생식기 (genital stage)	생식기관의 성숙	· 이성적 관계가 원만 · 책임감 발달 · 이타적인 태도발달 · 이상적 성격발달

(2) Erikson의 발달단계설

E. H. Erikson은 Freud의 정신분석을 발전시켜 identity를 중심으로 한 자아발달이론을 전개하였다. 그는 성숙의 점성원칙(漸成原則, epigenetic principle)에 의해서 인생주기(life cycle)를 8개의 발달단계로 나누고, 각 단계에는 사회환경이 각 개인

에게 어떠한 정신적인 요구를 나타낸다고 가정하고 있다. 이러한 사회의 요구에 적응하기 위해서 개인 내에 생기는 심리적 긴장상태가 심리 · 사회적(psycho-social) 위기이다.

개인이 다음 단계에 발달해 가려면 이러한 위기를 잘 극복해 나가야 한다는 것이다. 각 발달단계에 있어선 이와 같은 위기를 긍정적으로 달한 경우와 부정적으로 달한 경우로 대응시켜 다음과 같이 나타내고 있다.

1 영아기('신뢰' 대 '불신' : 희망)

한 살까지를 말한다. 기본적 신뢰감이 불신감보다 더 많이 체험되지 않으면 장차 타인과 원만하며 지속적인 인간관계를 수립할 수 없게 된다. 기본 신뢰감 발달에 심한 결함을 나타내는 행동적 결과는 아기의 경우는 급성우울증이고, 어른은 편집증(paranoia)이다. 신뢰 대 불신의 갈등을 성공적으로 해결하여 얻어진 심리 · 사회적 능력 또는 덕목(virtures)을 Erikson은 '희망'이라고 본다.

2 유아기 초기('자율성' 대 '수치와 의심' : 의지)

2~3세에 해당한다. 배설훈련을 통해서 자기의 행동을 통제할 것을 배워가지만, 실패할 때에는 자기의 능력에 의혹을 품거나 수치심을 갖게 된다. 무관심한 부모하에서 자란 아동일수록 자율성 발달을 침해당하기 쉽다. 그 결과 자기 부적절감, 무기력, 자기 의심(self-doubt)의 심리 · 사회적 태도가 생긴다. 어른이 되면 강박적 행동, 피해망상에 사로잡힌 편집증이 나타나기 쉽다.

3 유아기('주도성' 대 '죄악감' : 목적)

유희 연령인 학령 전 아동이 마지막으로 경험하는 심리 · 사회적 갈등이다. 사회생활을 확대해 가면서 놀이나 학습을 통해 자발적인 행동이나 양심이 발달되는데, 실패하게 되면 죄의식을 갖게 된다. 지속적인 죄의식은 소극성, 불감증으로 발전된다.

4 학동기('근면성' 대 '열등감' : 능력)

약 6세부터 11세까지의 학동기이다. 아동이 학교에 다니면서 문화적 유산을 이해하기 시작할 때 근면성(sense of industry)이 발달한다. 이 때 아동의 자아 정체감(self-identity)은 "열심히 공부해서 훌륭한 사람이 되자"가 된다. 근면성이란 인간관계적 능력감, 즉 자신감을 나타낸다.

5 청년기('자아 정체감' 대 '자아 정체감의 혼란' : 충성)

12~13세부터 20세까지이다. 아동기부터 싹이 튼 자아 정체감을 통합 · 재편성하여 새로운 주체적인 자아 정체감을 확립하는 시기이다. 실패하면 자아 정체감의 혼란이 생긴다. 정체감 위기는 직업을 선택하지 못하거나 무력감, 허무감, 소외감, 부족감을 경험한다. 성실성 · 충성심은 자아 정체감의 적절한 해결을 통해 나타난다.

6 성인기초기('친밀' 대 '고독' : 사랑)

20세부터 40세까지이다. 친구나 이상 등의 타인과의 관계에서 우정, 사랑, 성적 친밀성이 과제가 된다. 실패하면 고독에 빠진다. 즉 이 시기의 자아 정체감은 다른 사람과 연합시키는 능력이다. 친밀감은 성공적인 결혼의 필수요소이다. 친밀한 인간관계를 맺을 수 없으면 사회적 공허감이나 소외감을 느끼게 된다.

7 성인기('생식성' 대 '정체' : 배려)

40세부터 65세까지이다. 생식성(generativity)이란 자기 세대를 대치하는 후세대를 키우고 지도하는 후세대에 대한 배려를 뜻한다. 좋은 예는 생산 양육과 자손의 성취에 대한 개인의 만족감이다. 생식에 실패한 사람은 자기 도취(self-absorption) 상태에 빠진 사람으로서 "중년기의 위기", 즉 절망과 인생이 무의미해지는 느낌이다.

8 성숙기('자아통합' 대 '절망' : 지혜)

점성설 도식의 마지막인 이 단계는 인간이 자신의 거의 완성적 노력과 성취에 대해서 반성하는 시기이다. 새로운 심리사회의 위기의 출현보다는 오히려 자아발달의 지금까지의 전 단계의 종합 · 통합, 그리고 평가로 나타난다. 자아통합은 모든 관점에서 자신의 인생을 돌이켜 보면서 겸허하게 그러나 확고하게 "나는 만족스럽다"라고 확신하는 지혜나 능력에서 생긴다. 반면 자아통합의 결여나 상실은, 되돌릴 수 없는 실패, 희망했었던 것에 대한 끊임없는 미련으로 나타나며 인생이란 다시 살 수 없다는 후회 속에 절망한다. 이상의 단계별 성격 발달의 특징을 청년기까지만 요약하면 〈표 3-4〉와 같다.

표 3-4 Erikson의 성결발달단계

신뢰감 대 불신감	출생 후 1년	경험의 일관성, 계속성, 동일성이 신뢰감을 형성한다. 부적절하고, 일관성이 없고, 부정적인 보살핌은 불신감을 불러일으킨다.
자율성 대 수치 및 의심	2~3년	자기 자신의 속도와 방법으로 기능을 발휘할 수 있는 기회가 주어질 때 자율성이 나타난다. 과보호나 도움이 결핍될 때에는 자신과 환경을 통제하는 능력에 대해 의혹이 생기게 된다.
주도성 대 죄악감	4~5년	활동에 참여할 수 있는 자유와 또한 질문에 대한 부모가 대답을 충실히 해 주면 주도성이 나타난다. 활동을 제한하고, 질문을 귀찮은 것으로 여기면 죄악감이 형성된다.
근면성 대 열등감	6~11년	일을 하고 물건을 만들도록 허락하고, 일의 성취에 대해서 칭찬을 해 주면 근면성이 나타난다. 활동을 제한하고 일의 결과에 대해 비판만 한다면 열등감이 생기게 된다.
자아정체감 대 역할혼미	12~18년	서로 다른 상황에서나, 서로 다른 사람들에 대한 반응에 있어서도 자신의 성격의 동일성과 계속성을 인정받음으로써 정체감이 생겨난다. 성역할과 직업선택에서 안정성을 확립할 수 없으면 역할혼미에 빠지게 된다.

(3) Piaget의 발달단계설

J. Piaget는 Freud처럼 성 본능의 발달이나 정서적 · 동기적 과정의 발달을 연구하지 않고 오직 인지발달의 연구에만 몰두하였다. 그러나 그의 이론도 역시 발달과정을 어떤 격식에 맞추어 형식적으로 분명하게 구분짓는 것이어서 형식론(formal theory)적 입장을 취하고 있다는 데서 Freud와 흡사하다. 발달을 몇 단계로 구분지어 논했다는 점과, 비록 그것이 지적인 측면에 한정되고 있기는 하나, 인간 발달을 세밀히 탐구했다는 점에서 관심의 대상이 되고 있다.

Piaget는 신생아가 이 세상에 태어나 생존을 영위하려면 환경에 적응해야 하는데 이러한 적응체제를 schema라고 칭하고, 인간발달이란 바로 이 schema의 변화의 과정이라고 말하고 있다.

이 과정은 또한 동화(assimilation)와 조절(accomodation)이라는 두 가지의 보충적 과정을 통해서 이루어진다고 했는데 발달단계를 다음과 같이 구분하고 있다.

1 감각운동기

출생에서 2세까지를 감각운동기라 하는데 이 시기의 유아는 거의 외부자극과 그에 대응하는 아주 단순한 schema만을 갖는다.

이 시기에서는 유아들이 언어나 어떤 상징을 제대로 사용하지 못하고 있기 때문에 이 단계의 행동은 언어 이전 단계(preverbal stage)의 행동으로 보고 있다. Piaget는 이 시기를 다시 6단계로 나누고 있다.

① 반사기(0~1개월)

이 시기는 선천적으로 반사작용을 하는 시기이다. 이 때에는 주로 영아가 젖꼭지를 빠는 것과 같은 타고난 반사활동을 한다.

② 1차적 순환반응기(1~3개월)

이 시기는 젖빨기 운동, 주먹 펴고 쥐기의 반복운동 등 의도성이나 목적성이 없는 단순행동을 재미로 반복하는 것이 특징이다. 따라서 이 시기에는 반사작용과 반응의 협응(coordination)이 이루어진다.

③ 2차적 순환반응기(3~6개월)

이 시기에는 유익하고 흥미있는 결과를 가져오는 반응을 반복하게 된다. 즉, 영아들이 자기 행동의 결과를 예견하게 되고 흥미있는 결과가 나타나는 반응을 의도적으로 반복할 수 있게 된다.

④ 2차적 반응협응기(6~10개월)

이 시기의 영아들은 간단한 문제를 해결하기 시작한다. 즉, 장애물 제거나 물건을 이용할 수 있게 된다.

⑤ 3차적 순환반응기(10~18개월)

이 시기엔 활발한 시행착오적 경향을 나타내기 시작한다.

⑥ 정신적 결합기(18~24개월)

이 시기엔 상상력과 관념적 작용을 통해 목표를 달성할 수 있도록 새로운 수단을 안출하는 시기로서 탐색적 사고의 출발이라고 볼 수 있다.

2 전조작적 사고기

전조작적 사고기(2~7세) 동안의 아동은 근본적으로 감각운동적 양식(model)으로 기능을 수행할 수 있는 사람으로부터 개념적-상징적 양식으로 기능을 수행할 수 있는 사람으로 진화한다. 그러므로, 아동은 사건을 점점 내적으로 표상할 수 있게 되며, 행동을 지향하는 데 있어서 직접적인 감각운동 활동에 의존하는 바가 적어진다. 그러나 이 시기에 전조작적 사고기라고 부르는 이유는 어린이가 정신적 표상에 의한 사고가 가능하기는 하나 아직 개념적 조작능력이 충분히 발달하지 못했기 때문이다.

이 단계의 사고 특징은 자기중심성, 중심화, 비가역성, 비전환성 등이며 이들로 인하여 논리성이 결여된 사고를 하게 되는 것이다.

① 중심화는 시각적 자극이 있을 때 아동은 그것의 한정된 지각측면에 주의를 고정시키거나 중심화하는 경향을 갖는다. 결국 중심화가 계속되는 한 어린이는 어떠한 사건의 피상적인 측면만을 동화하는 경향성을 갖는다.

② 비가역성이란 일단 변형된 상태가 반대 절차를 밟으면 다시 원래 상태로 되돌아갈 수 있다는 것을 알지 못하는 것을 뜻한다.

③ 비전환성은 어린이가 계속적으로 변화하는 계열적 상태를 관찰하는데 있어서 한 상태가 다른 상태로 변하는 변환보다는 계속적이고 계열적인 상태들의 요소들에만 집중한다. 변환의 과정에 주의를 집중하는 것이 아니라, 변환이 일어나는 순간적인 상태에만 주의를 모으기 때문에 전체 과정을 통합하지 못한다.

이와 같이 전조작적 사고기의 어린이들은 사물을 외관적, 현상적, 표면적 특성에 의해 눈에 보이는 그대로 받아들이는 경향이 있다. 사회적 인지도 이와 유사하게 피상적인 경향이 있다.

3 구체적 조작기

이 시기(7~11세)의 schema는 어느 정도의 논리적 조작을 할 수 있을 정도로 발달한다. 그러므로 개념단계라고 할 수 있다. 그러나 아직도 구체적인 사항에 한해서만 논리적 조작이 가능하다. 이 시기에는 자기 중심성에서 탈피할 만큼 지능이 발달한다. 따라서 전 단계의 유아들이 사물의 절대적인 속성에 얽매여 사물간의 관계성을 이해할 수 없는데 비해 구체적 조작기의 아동들은 사물의 속성을 다룰 때 그들 사이의 관계성을 고려할 수 있게 된다. 이처럼 구체적 조작기의 아동은 지각에 얽매이지 않고 전 단계의 유아의 지적 활동을 제한했던 여러 가지 인지적 조작을 할 수 있게 된다. 즉 지각의 중심화를 벗어나서 계속해서 변환을 추구할 수 있으며, 구체적 조작기에서 가장 중요한 조작의 가역성(reversibility)도 획득된다.

구체적 조작기의 사고는 전조작적 사고를 질적으로 능가한다. 그래서 계열화(seriation), 분류화(classification)와 같은 schema들이 나타나며, 인과성, 공간, 속도, 시간 등의 질적으로 개선된 개념이 발달한다.

구체적 조작기란 전논리적(전조작적) 사고와 완전한 논리적 사고 사이의 과도기이다. 보존개념에서 아동은 세 가지 논거에 의해 보존문제를 해결한다. 첫째로, 아동은 두 물컵에서 "물을 더 붓거나 쏟아내지 않았으므로 물의 양은 같다"고 대답할 수 있다. 이것은 동일성(identity)의 원리이다. 둘째로, "이 컵은 여기가 더 길지만, 저 컵은 여기가 더 넓다. 그래서 물의 양은 같다"라고 말할 수 있다. 이것은 하나의 변화가 다른 변화로 인하여 서로 상쇄된다는 보상의 논리이다. 셋째로 "이것을 전에 있던 컵에다 그대로 다시 부을 수 있기 때문에 두 컵의 양은 같다"라고도 말할 수 있다. 이것은 역조작의 논리이다. 이와 같이 이 단계의 아동이 보존능력이 있다는 것은 구체적 조작기에 들어갔다는 것을 보증하는 것이다. 그리하여 6 · 7세쯤 되면 수보존을, 7 · 8세쯤에는 질량보존을, 11 · 12세쯤에는 부피보존을 할 수 있다. 또한 이 시기에는 전조작적 사고기에서 불가능했던 유목화(類目化) 능력도 획득된다. 이것은 대상과 대상간의 공통점과 차이점 및 관련성을 이해함으로써 비로소 가능해진다.

4 형식적 조작기

지적 발달의 최종단계인 이 시기(11세 이후)에는 형식논리적 사고를 전개할 수 있을 만큼 지능이 발달한다. 따라서 추상적 사고를 할 수 있는 시기이다. 즉, 형식적 조작이 발달함으로써 아동이 갖는 질적 가역성은 극대화된다. 구체적 조작기의 아동들이 시간적 · 공간적으로 바로 현재에 진행되고 있는 사실에 대한 논리적 사고를 하는 반면, 형식적 조작기의 청소년은 현실적 세계를 넘어 추상적으로 사고할 수 있게 된다. 즉 이 시기에 이르러서야 청소년들은 비로소 순전히 상징적 추론이 가능하게 되며, 가설을 세우고 체계적으로 검증하고 추상적 개념을 사용하여 여러 가지 사태를 일반화할 수 있게 된다.

형식적 조작기에 이르러서 가능해지는 사고방식 중에 중요한 것이 조합적 사고(combinational thinking)이다. 이는 하나의 문제에 직면했을 때 모든 가능한 해결책을 논리적으로 모색해 봄으로써, 결국에 가서는 문제해결에 이르는 사고를 말한다.

이러한 조합적 사고가 가능해지면서 형식적 조작기에는 연역적 사고도 가능해진다. 구체적 조작기의 아동이 구체적 현실에서 출발하여 여러 가지 경험에 의해 일반적 사실에 도달하는 한편, 형식적 조작기에 이르면 일반적 사실에서 출발하여 특정한 사실에 도달할 수 있게 된다.

위에서 설명한 Piaget의 인지발달 단계론을 요약해 보면 〈표 3-5〉와 같다.

표 3-5 Piaget의 인지발달단계

발달단계	각 단계의 행동특징
감각운동기 (0~2세)	· 반사행동의 단계로부터 의도적인 반복행동을 할 수 있는 단계에 이르기까지의 6단계로 세부화된다.
전조작적 사고기 (2~7세)	· 상징의 사용 : 지적인 상징, 모방, 상징적인 모방, 상징적인 놀이, 말 · 언어사용과 의사소통이 가능하다. · 자신이 본 것만을 믿으려고 한다. · 사물의 단일차원에서 직관적으로 분류, 자기 중심성의 사고 때문에 그 자신의 관점만으로 사물을 보려고 한다. · 비가역성 : 가역적 사고는 아직 불가능하다.
구체적 조작기 (7~11세)	· 동작으로 생각했던 것을 머리로 생각할 수 있다. · 논리적 사고 · 가역성 획득 · 언어의 복잡화 · 사고의 사회화, 보존성, 이행성 분류 및 서열개념 획득. · 길이, 양, 무게, 수의 항상성을 믿게 된다. · 많고 적음의 순서에 따라 배열할 수 있다.
형식적 조작기 (11세 이후)	· 추상적 사고와 개념의 이해, 사물의 인과관계 터득, 가설검증능력, 추리력, 적응력이 발달한다.

(4) Kohlberg의 발달단계설

L. Kohlberg는 도덕성 발달에 관한 Piaget의 이론을 발전시켜서, 주로 아동을

연구의 대상으로 하던 것에서 성인에까지 확대하여 도덕성 발달단계를 더 체계화시켰다.

Kohlberg는 오랫동안 아동과 성인의 도덕성을 연구한 끝에 도덕성 발달은 어떤 국가나 문화에 관계없이 일정한 발달단계를 가지고 있다는 것을 발견했다. 이것은 도덕성이 어떤 정해진 특성으로 고정되어 있는 것이 아니라 일련의 발단단계에 따라 어떤 특성들이 나타난다는 것을 뜻한다.

Kohlberg는 사람들이 실제로 도덕 문제에 어떻게 답하는가 하는 사고체제를 연구하여, 이것을 바탕으로 도덕성 발달단계를 6단계로 나누었다. 서로 다른 문화적 배경을 가진 연령이 다른 아동과 청소년들에게 '도덕적 행위의 동기'와 '인간의 생명의 가치' 등 도덕성의 문제를 담고 있는 '도덕적 딜레마(이렇게도 할 수 없고 저렇게도 할 수 없는 갈등 상태)'를 들려주고, 그런 상태에서 '어떻게 하겠는가?', '왜 그렇게 해야 하는가?'를 물었다. Kohlberg의 이런 질문들에 대한 응답은 6가지 판단체계로 분류될 수 있는데, 이것은 바로 Kohlberg의 도덕적 발달 6단계를 이루는 것이며 문화적 배경과는 관계없이 연령에 따른 도덕적 발달단계는 그 순서에 있어서 공통적이다.

1 도덕적 딜레마

Kohlberg가 들려준 '도덕적 딜레마' 중에서 두 가지를 예시하면 다음과 같다.

① 아우의 딜레마

형과 아우가 있었다. 형이 아버지에게 캠핑가려고 50달러를 달라고 요구했을 때, 아버지는 "네가 50달러를 벌어서 가라."고 말씀하셨다. 그런데, 형이 그 50달러를 벌기 위해 열심히 일하고 있었는데, 아버지는 갑자기 마음을 바꾸어 번 돈을 모두 내어 놓으라고 하셨다. 형은 일을 마친 후에 10달러 밖에 벌지 못했다고 거짓말을 하고 10달러만 아버지에게 드렸다. 그리고 나머지 40달러로 캠핑을 갔다. 캠핑을 떠나기에 앞서 형은 동생에게 사실대로 이야기했다. 이때 동생은 아버지에게 형의 거짓말을 일러바쳐야 할 것인가, 아니면 이르지 말아야 할 것인가? 그리고 왜 그렇게 해야 한다고 생각하는가?

② Heinz의 딜레마

유럽의 어떤 부인이 무서운 암에 걸려서 거의 죽어가고 있었다. 그 병을 낫게 하는데는 오직 한 가지 약 밖에 없는 것으로 알려져 있었다. 이 약은 같은 마을에 사는 어느 약사가 최근에 만들어 낸 라디움 종류의 약이었다. 그 약을 만드는 데는 원가도 상당히 많이 먹히는 데다가, 그 약사는 약값을 원가의 10배나 매겼다. 라디움을 200달러에 구입해 갖고 그 약의 조그마한 한 개를 2,000달러에 팔려고 한 것이다. 그 병자 부인의 남편인 하인츠는 돈을 구하기 위해 아는 사람들을 모두 찾아다녔으나, 그 약값의 절반밖에 안되는 1,000달러를 마련하는 데 그쳤다. 할 수 없이 하인츠는 그 약사에게 가서 자기 부인이 지금 죽어가고 있다고 설명하고 그 약을 싸게 1,000달러를 받고 팔거나, 아니면 외상으로라도 자기에게 팔아 주면 다음에 그 돈을 갚겠다고 간청했다. 그러나, 그 약사는 "안 됩니다. 그 약은 내가 발명한 약인데, 나는 그 약으로 돈을 벌어야 됩니다."라고 대답했다. 절망에 빠진 하인츠는 결국 약방문을 부수고 들어가서 자기 부인을 위하여 그 약을 훔쳐 내었다. 남편이 한 일이 정당한 것인가? 그렇다면 무슨 이유로 그 일이 정당한가?

Kohlberg는 이러한 질문들에 대한 대답을 기초로 하여 개인의 도덕성은 1단계에서 6단계로 발달한다고 보고, 또한 그것을 크게 세 가지 수준으로 구분하였다.

2 인습 이전 수준의 도덕성

이 수준의 아동은 도덕적 규칙이나 선악의 개념은 알고 있으나, 이 개념을 행위의 쾌락적 결과, 또는 도덕적 규칙을 강요하는 사람의 힘이나 권력에 관련해서 해석한다.

① 1단계 : 벌과 복종에 의한 도덕성

이 단계에서는 아주 단순한 신체적, 물리적 힘이 복종이나 도덕 판단의 기준이 된다. '큰 물고기는 작은 물고기를 잡아먹는다.'라던가 '힘이 곧 정의다.'라던가 '적자 생존'같은 힘의 원리가 가장 의미 있는 것으로 되어 있다. 따라서 이 단계의 행동은 권력을 가진 자로부터의 신체적인 벌을 피하기 위한 것이다. 그러한 행동의 결과가 어떤 의미, 또는 가치를 가지는가 하는 것은 전혀 문제가 되지 않는다. 벌을 피하는 것이나, 권력에 복종하는 것은 그 자체로서 가치를 지니게 되며,

벌이나 권력에 내재되어 있는 도덕적 원리는 중요한 것이 아니다.

[응답반응]

i) 정당 : 약을 훔친 것은 그렇게 나쁘지 않다. 그는 처음에 돈을 내려고 했었다. 그는 다른 나쁜 짓은 하지 않았고, 그 밖에 어떤 것도 가져가지 않았다. 그가 훔친 약은 겨우 200불 정도지 2,000불이 아니다.

ii) 부당 : 그는 약을 가져가라는 허락을 받지 않았다. 그가 들어가서 창문을 부순 것은 나쁘다. 그런 손해를 입혔으므로 그는 범죄자이다. 그 약은 아주 비싼 것이고, 그렇게 비싼 것을 훔치는 것은 범죄이다.

[평가]

위 두 사람은 모두 하인츠의 의도는 생각하지 않고 그 결과에 의해서만 그 행동을 판단한다. 지지하는 사람은 결과를 가능한 한 작게 축소하려 하고, 비판자는 크게 확대하려 한다. 그것은 모든 범죄는 벌을 받아 마땅하다는 뜻을 함축하고 있다.

② 2단계 : 욕구 충족을 위한 수단으로서의 도덕성

이 단계에서의 행위는 자기 자신의 개인적인 욕구를 충족시키거나, 혹은 자기 자신을 가장 우선으로 생각하는 것으로 나타난다.

예를 들면, 차표를 위조한다든가, 공금을 횡령한다든가 하는 등의 비행을 들키지 아니하고 제대로 해내거나, 혹은 도망만 잘치면 그것은 정당한 것이 된다. 교묘한 사기꾼이나 협잡꾼 등이 좋은 예이다. 철학적인 말로는 이런 범주의 도덕적 사고는 '도구적 쾌락주의'라고 말하는데, 이것은 다른 사람들에 관해서는 전혀 인간다움이 없다는 것으로 특징지워진다. 다시 말해서, 감정이입 같은 것은 전혀 찾아볼 수 없다.

이 단계에서는, 신체적인 고통이나 죽음보다는 사람들에게 돈을 사기친다거나, 다른 사람의 감정을 무시하건, 혹은 부정을 저지른다거나 하는 등의 행위를 함으로써 고통이나 죽음을 피할 수 있다면 차라리 그 편이 나은 것이다. 따라서, 2단계에서의 사고는 문제해결을 위해서 보다 적극적인 방법이 되긴 하지만, 그러나 역시 1단계에서와 마찬가지로 옳고 그름이 힘으로 결정되는 상황에서만 가능하다. 신의를 지킨다거나, 감사를 느낀다거나, 공정을 기한다거나 하는 생각과는 거리가 먼 것이다.

[응답반응]

ⅰ) 정당 : 하인츠는 약사에게 어떤 손해도 끼치지 않았다. 그는 언제라도 그 돈을 갚을 수 있을 것이다. 그의 아내는 잃고 싶지 않다면 그는 약을 가져가야 한다.

ⅱ) 부당 : 그 약사는 나쁘지 않다. 그는 다른 모든 사람들의 하는 것과 마찬가지로 이익을 조금 보려고 한 것뿐이다. 상인들이 하는 것이 바로 그것이고, 그것은 돈을 버는 것이다.

[평가]

지지자는 하인츠의 의도를 언급하고 있고, 비판자는 약사의 의도에 대해 언급하고 있다. 그들의 생각은 하이츠나 약사 모두 그들 자신의 욕구나 목적을 만족시키려 하는 한 옳다는 것이다.

3 인습수준의 도덕성(conventional morality)

이 수준에서는 개인의 가정이나 집단이나 국가의 기대를 따른 것이 그러한 행위의 즉각적인 결과와는 관계없이, 그 자체로서 가치를 지닌다. 단순히 자기 자신에 대한 기대나, 사회의 질서에 동조하는 것만으로 그치는 것이 아닌, 오히려 그것을 충실히 따르려고 노력하며, 질서를 적극적으로 유지하고 정당화하고, 나아가서는 그 질서에 관련된 개인이나 혹은 집단과 자기 자신을 동일시한다.

① 3단계 : 대인관계에서의 조화를 위한 도덕성

이 단계에서는 '사회적 조화'가 중심이 된다. 이 단계에서는 딜레마 상황에 있는 모든 감정들의 갈등을 해결하는데 개인은 아직 상당한 어려움을 지닌다는 문제가 있다. 따라서, 앞에서 예로 든 하인츠의 경우를 보면 3단계에 있는 아동들의 반응은 대체로, 훔친다는 것은 잘못된 일인데 왜냐하면, 거의 대부분의 사람들이 훔치는 것은 잘못된 일이라고 말하기 때문이라는 결론을 내릴 것이다. 이 단계에서는 "나는 다수의 의견이나 혹은 사회적인 인습에 따를 것이다. 대부분의 사람들은 그러한 견해를 가지고 있고 내가 만약 다수의 의견과 반대되는 일을 한다면 매우 불편함을 느낄 것이라는 것을 잘 안다."는 식의 도덕판단이 가능하고, 이러한 도덕판단은 결국 대중을 이끌어 가고 있는 것을 맹목적으로 따라가는 것과 마찬가지이다.

3단계에서의 도덕적 사고는 독특한 고정관념을 바탕으로 하고 있으며, 도덕적 행동이란 자기가 살고 있는 사회의 고정된 인습에 엄격하게 따르며, 자기 자신의 내적인 동기는 아직 나타나지 않는다.

[응답반응]

i) 정당 : 훔치는 것은 나쁘다. 그러나 이 경우는 상황이 아주 좋지 않다. 하인츠는 좋은 남편들이 당연히 해야 하는 일을 했을 뿐이다. 자신의 아내에 대한 사랑 때문에 그가 어떤 일을 한 것에 대해서 나쁘다고 할 수는 없다. 만일 그가 그의 아내를 구원하지 않았다면 그를 나쁜 사람이라고 손가락질을 할 것이다.

ii) 부당 : 하인츠의 아내가 죽는다고 해도 하인츠를 비난할 수는 없다. 그가 죄를 범해서 아내를 구하지 않았다고 해도 그를 몰인정한 사람이라고 비난할 수는 없다. 그 약사는 이기적이고 몰인정한 사람이다. 하인츠는 그가 할 수 있는 모든 일을 다 했다.

[평가]

응답자 양쪽 다 그런 상황에서 다른 사람들이 무엇을 인정하느냐에 의해 갈등을 해결하려 하고 있다. 양쪽 다 하인츠가 해야 할 일을 한, 좋은 의도를 가진 사람으로 묘사되고 있다.

② 4단계 : 법과 질서를 준수하는 도덕성

이 단계에서의 개인은 질서나 법을 알게 되고, 또한 딜레마 상황을 해결해 줄 수 있는 어떤 관례를 알게 된다. 도덕적 딜레마를 해결하기 위해서는 사회적 인습이나 다수의 의견 등으로 그 문제에 대한 행위를 결정하는 것보다는 오히려 형벌이나 민법 등 법률이 보다 안전하고 포괄적인 체제가 된다는 것을 안다. 법률이나 질서 등은 지혜를 성문화한 것이기 때문에, 사회 관습이 급격하게 변하고, 사회적인 무질서가 난무하는 일시적인 조류로부터 지켜 줄 수 있고 따라서 사회를 안정성 있고 응집력 있게 만들어 준다. 즉 법이나 질서는 사회의 모든 시민들에게 행위의 표준을 동일하게 만들어 주는 것이다.

개인은 그러한 법이나 질서에 따라서 도덕적 판단을 하게 된다. 이 단계에서의 사고는 2단계에서처럼 단지 자기 자신을 최우선으로 보는 것도 아니고, 3단계에서처럼 다른 사람을 위해서만 하는 것이 아닌, 현재의 법률이나 질서에 일치하느냐에 따라 결정을 내리는 것이다.

[응답반응]

i) 정당 : 약사가 어떤 사람을 죽게 한다면 그는 잘못된 삶을 살고 있는 것이다. 따라서 하인츠가 아내를 구하는 것은 그의 의무이다. 그러나 하인츠가 법을 어긴 일을 그냥 둘 수는 없다. 그는 약사에게 돈을 주어야 하고, 훔친 것에 대한 벌을 받아야 한다.

ii) 부당 : 하인츠가 그의 아내를 구하려고 한 것은 자연스러운 것이다. 그래도 훔치는 것은 나쁘다. 어떤 느낌이나 특수한 상황에 관계없이 법을 준수하지 않으면 안 된다.

[평가]

법률에 대한 의무가 특수한 이익을 초월하고 있다. 지지하는 대답까지도 하인츠가 도덕적으로 나쁘다는 것과 그의 잘못에 대해 벌을 받아야 한다는 것을 인정하고 있다.

4 인습 이후 수준의 도덕성(post-conventional morality)

이 수준에서는 도덕적 가치나 원리가, 그 가치를 표방하는 개인이나 집단의 권위와는 관계없이, 또한 자신과 그 집단과의 유대와는 관계없이, 그 자체로서의 타당성을 가지는 것이라고 생각한다. 다시 말하면, 사회적 계약에 따른 행위나, 혹은 정의 등과 같은 보편적 도덕 원리에 따른 행위가 도덕적인 행위가 된다. 도덕적인 사고와 판단은 매우 복잡하고 포괄적인 것이 되며 반대로 나타날 수 있는 점도 고려할 수 있게 된다.

① 5단계 : 사회계약 정신으로서의 도덕성

이 단계에서의 원리는 이상적인 것을 가정해서 이야기할 때 흔히 쓰여진다. 예를 들면, 헌법은 각 법률들의 적법성을 판단하기 위한 근거가 되는 일련의 원리들을 밝히고 있다. 이 헌법에서 중심되는 것은 정의, 자유, 평등 등의 의도를 해석함으로써 딜레마를 해결해 주고자 하는 것이다.

이와 마찬가지로 5단계에서는 도덕문제 또는 사회정의를 해결하는 일이 단순한 일이 아니며, 나의 자유와 상대방의 자유가 간단히 같아질 수 있는 것이 아니라는 사실을 알게 된다. 흔히, 보다 높은 단계의 이성은 그것이 문제를 보다 간단하고 쉽게 해결해 주는 것이기 때문에 좋은 것이라는 오해가 있다. 그러나, 사실은 그렇지 않다. 이 단계에서의 이성은, 서로 대비가 되는 주장들을 심사숙고하며, 이때 윤리적인 문제뿐만 아니라 정서적인 문제도 함께 고려하고, 사회정의에 대한 보다 적절한 해석을 허용하는 언제나 개방되어 있는 입장을 취할 수 있기 위해서 추상적으로 사고할 수 있는 능력을 필요로 한다.

이 단계의 특징은 공리주의적인 색채가 짙다는 것이다. 즉 법적인 관점을 중요하게 생각하지만 동시에 법이란 사회적인 유용성에 대한 합리적인 고려로 합의에 도달할 때 바뀔 수도 있다는 것이 중요시된다.

[응답반응]

ⅰ) 정당 : 훔치는 것이 나쁘다고 하기 전에 전체적 상황을 고려해야 한다. 물론 법률은 물건을 훔치는 경우에 대해서 명확히 규정하고 있다. 그리고 더욱 나쁜 것은 하인츠는 그의 행동이 전혀 합법적이 아니라는 것은 알지도 모른다. 그러나 어느 누구라도 이런 상황에서 약을 훔치는 것은 합리적이라고 할 것이다.

ⅱ) 부당 : 약을 불법으로 훔쳐 감으로써 나타날 좋은 일에 대해서는 충분히 알 수 있다. 그러나 결과가 수단을 정당화할 수는 없다. 하인츠가 약을 훔친 것이 완전히 잘못되었다고 말하기는 어렵다. 그러나 이러한 상황들이 그것을 옳다고 하기도 힘들다.

[평가]

판단이 더 이상 이분법적이 아니다. 응답자 모두 반대편 입장을 인정하고 있다.

② 6단계 : 보편적 도덕원리에 대한 확신으로서의 도덕성

이 단계에서의 올바른 행위란 스스로 선택한 도덕원리에 따른 양심의 결단을 말한다. 여기서 말하는 도덕원리는 윤리적으로 포괄적이며, 보편적이고 일관성 있는 것이어야 하지만, 반드시 성문화되어 있을 필요는 없다. 즉 이 도덕원리는 구체적인 규칙이 아니라 추상적인 것으로 되어 있다. 이러한 보편적인 도덕원리라고 하는 것은 정의와 인간 권리와 평등성, 그리고 개인으로서의 인간 존재의 존엄성에 대한 존중 등을 말한다.

인습 이후 수준에서의 반응은 하인츠가 약을 훔친 것은 정당한 것이 된다. 1단계에서는 만일 그 여자의 남편이 그 여자를 죽게 내버려 둔다면 신으로부터 죄를 받게 될 것이라고 판단하기 때문이며, 2단계에서는 약을 훔쳐서라도 자기의 아내의 생명을 구하기만 하면 된다는 식의 자기 중심적이고, 실리적인 요소가

강하게 작용하기 때문이다. 그러나 인습수준에서의 반응은 하인츠가 약방을 부수고 들어가서 약을 훔친 것은 잘못이라고 말한다. 훔친다는 것은 옳은 일이 아닐 뿐만 아니라, 법은 환경과는 관계없이 지켜져야 하는 것이라고 말한다. 한편 인습 이후 수준에서의 반응은 하인츠의 행동이 보편적인 도덕원리에 반하는 것인가를 고찰한다.

[응답반응]

ⅰ) 정당 : 법률을 어기는 일과 사람의 생명을 구하는 일 가운데 하나를 선택해야 한다면, 생명을 구해야 한다는 보다 높은 원리가 약을 훔치는 것을 도덕적으로 정당화시킨다.

ⅱ) 부당 : 암 환자는 많고 약은 귀해서, 그것을 필요로 하는 사람들에게 모두 충분히 돌아갈 수 없을지도 모른다. 관련되는 모든 사람들에 의해 옳다고 인정된 것만이 올바른 행동이다. 하인츠는 감정이나 법률에 따라 행동해서는 안 되고, 이런 상황에서 이상적으로 정당한 사람이 할 수 있으리라고 생각하는 일을 해야 할 것이다.

[평가]

응답자 모두 법률이나 자기 이익을 초월하고, 모든 합리적인 사람들이 이런 상황에서 고려해야 할 보다 높은 원리에 의존하고 있다.

생명의 가치와 다른 재화의 가치가 어떻게 서로 비교될 수 있는가? 모든 사람이 다 가지는 보편적인 권리란 무엇인가? 5단계에서의 도덕적 결정이란 공동성과 사회 유용성을 바탕으로 해서 되어 있는 법체계 위에서만 가능하다. 즉 문제를 하나의 법으로 해결하는 것이 아니라 전체 법체계를 통해서 해결한다. 나아가서 6단계에서는 성문화된 전체 법체계가 고려될 뿐 아니라, 도덕이나 보편적인 원리까지 고려된다.

6단계에서의 원리는 모든 사회계층과 문화에 다같이 적용되는 것이며, 또한 사실 이것이 보편적으로 적용될 수 있어야만 진정한 원리라고 말할 수 있다.

앞의 하인츠의 예에서 6단계에 있는 사람이 나타내는 반응이 먼저 인간 생명의 가치는 다른 어떤 재화의 가치보다 더 근원적이라는 보편원리를 근거로 해서 하인츠가 약을 훔쳐서 자기 아내의 생명을 구한 행위는 정당한 것으로 나타난다. 동시에 하인츠는 훔친 일에 대해서 법률적인 처벌을 받을 자세도 되어 있어야 한다. 여기서 중요한 것은 비록 약사가 더 많은 이득을 얻을 수 있게 잘못되어 있는 법이지만 하인츠는 그 법을 고의로 어긴 것이고 결국 그 법에 대한 불복종의 행위를 범한 것이기 때문에 도덕에 대한 사회의 처벌을 받아야 한다. 이상의 도덕성 발달단계를 요약하면 〈표 3-6〉과 같다.

표 3-6 Kohlberg의 도덕성 발달단계

수준	단계	특징
Ⅰ. 인습 이전 수준	1. 주관화	물리적 신체적인 벌과 복종에 의한 도덕성, 자기 중심적 욕구추구
	2. 상대화	욕구 충족 수단으로서의 도덕성, 욕구의 배분성, 그리고 욕구배분의 동기는 자기 자신의 욕구를 충족시키기 위해서이다.
Ⅱ. 인습 수준	3. 객체화	대인관계의 조화를 위한 도덕성, 다른 사람들의 생각이 옳다. 가치판단의 객관성
	4. 사회화	법과 질서 준수로서의 도덕성, 선악판단의 사회성
Ⅲ. 인습 이후 수준	5. 일반화	사회계약 정신으로서의 도덕성, 가치기준의 일반화, 세계화-공리주의적 해석
	6. 궁극화	보편적 도덕원리에 대한 확신으로서의 도덕성, 양심의 결단, 윤리관의 최고 경지

(5) Vygotsky의 발달단계설

1 사회 · 문화적 접근법

J. Piaget와 L. S. Vygotsky는 아동을 적극적인 유기체로 보았다는 점에서는 유사하지만, 인지발달에 관한 견해에는 상당한 차이가 있다.

Piaget는 유아가 혼자서 세계에 대한 폭넓은 이해를 구성하는 작은 과학자라고 설명한 반면, Vygotsky는 유아의 지식, 생각, 태도는 타인과의 상호작용을 통하여 발달한다고 주장하며, 특히 언어가 인지발달에 결정적이라고 주장한다. 즉, 언어는 생각을 표현하고 질문하는 방법을 제공하며 또한 사고활동에 있어서 범주와 개념을 제공한다. 특히 그는 사적 언어(private speech)가 인지발달을 좌우한다고 믿었다.

우리는 유아들이 놀 때 자기 자신에게 말하는 것을 들을 수 있다("그렇지, 그렇지, 해봐……").

Piaget는 이러한 자기지향적 대화를 '자기중심적 언어'라고 불렀다. 그는 이러한 자기중심적 언어가 유아가 타인의 관점에서 세상을 보지 못한다는 것에 대한 증거라고 생각하였다. 그들은 듣는 이의 요구나 관심을 고려하지 않고, 자신과 중요한 것들에 대해 이야기한다.

그러나 Vygotsky는 유아들의 사적 언어에 대하여 다르게 설명하였다. 그는 이러한 중얼거림이 인지적 미성숙의 표시라기보다는 인지발달에 중요한 역할을 한다고 생각하였다. 유아들은 자신의 행동과 사고를 안내하기 위하여 자기 자신과 의사소통을 한다. 그들이 점차 성숙하면서, 이러한 자기지향적 언어는 소리나는 말에서부터 속삭여진 언어로, 그리고는 조용히 입술만의 움직임으로 변하면서 사라진다. 마지막에는 단어들을 생각만 한다. 이러한 사적 언어의 사용은 5세에서 7세에 절정을 이루고 일반적으로 9세에 사라진다.

사적 언어는 사고의 조절을 돕기 때문에 사용을 격려하여야 한다. 어린 아이들이 어려운 문제를 풀고 있을 때 완전한 침묵을 강요하는 것은 도움이 되지 않는다.

Vygotsky는 인지발달은 유아들이 자기문화 속의 성인들이나 유능한 또래들과의 대화와 상호작용을 통하여 일어난다고 믿었다. 아동들은 보존개념이나 분류기술 같은 인지적 조작을 세상에서 홀로 배우는 것이 아니라 가족구성원, 교사 그리고 또래들에게 도움을 받는다.

2 언어와 사고의 발달단계설

① 언어의 발달단계

ⓘ **원시적 또는 자연적 단계**(primitive or natural stage) : Vygotsky는 이 단계는 출생부터 만 2세경까지 계속되며 세 가지의 비지적 언어기능(nonintellectual speech functions)으로 특징지어진다고 보았다. 맨 처음으로 나타나는 것은 고통이나 좌절로 인한 울음이나 만족을 나타내는 목청의 울림과 같이 정서적 해방(emotional release)을 표현하는 소리이다. 그 다음에 나타나는 것은 빠르게는 생후 2개월경부터 볼 수 있는 것으로, 기존의 정서적 반응에 타인의 모습이나 목소리에 대한 사회적 반응(social reaction)으로 해석될 수 있는 소리들이 추가되는 것이다. 세 번째로 들 수 있는 비지적 언어는 대상과 욕구에 대한 대용으로 기능하는 최초의 단어들(first words)의 출현이다. 이러한 최초의 단어들은 기본적으로 부모나 형제가 어떠한 대상들을 그에 해당하는 단어와 빈번하게 짝지어 주는 조건반사에 의해 학습된다.

ⓘⓘ **순수심리적 단계**(native psychology stage) : 이 단계의 아동은 언어가 상징적 기능을 지닌다는 사실을 발견하고 사물이 이름에 대한 계속적인 질문을 통해 이러한 발견을 표현하게 된다. 아동은 대상이나 행동을 명명하는데 있어서 더 이상 타인에 의해 단순히 조건화되는 것이 아니고 스스로 활발하게 이러한 정보를 추구한다. 결과적으로 아동의 어휘는 급격히 증가한다. 이 단계의 아동은 자기의 주변세계를 인식하고 자신이 바라는 바를 달성하기 위한 수단으로 대상을 하나의 도구로서 사용하는 실제적 지능(practical intelligence)을 나타내기 시작한다. 그러나 아동이 적절한 문법적 구조의 언어들을 사용하기는 하지만 그 문법적 구조가 수행하는 내면적 기능은 인식하지 못한다는 점에서 아직은 순수 또는 순진(native)하다고 할 수 있는 것이다.

ⓘⓘⓘ **자기중심적 언어의 단계**(egocentric speech stage) : 이러한 유형의 언어는 취학 전의 유치원 아동에게서 많이 나타나는데, 특히 놀이장면에서 발견된다. 이러한 자기중심적 언어는 아동이 주변에 다른 사람이 존재하는가의 여부와 관계없이

자신이 활동하는 것에 대해 독백을 하는 형태로 나타난다. 이것은 다른 사람이 아닌 바로 자기 자신만을 향한 것이기 때문에 누구로부터의 반응도 필요하지 않은 것이다.

이러한 현상에 대한 해석은 연구자에 따라 다양하다. 일부에서는 이를 사고과정에서 나타나는 긴장을 완화하는 것이거나 아직은 미숙한 사고에 병행하여 나타나는 부산물 정도로 파악한다. 그러나 Vygotsky는 자기중심적 언어를 사고의 중요한 새로운 도구라고 간주한다. 아동은 단지 말하는 것에 대해 생각할 뿐만 아니라 자신에게 말하는 것이 다음에 무엇을 생각할 것인가에 영향을 미치며, 이렇게 말하는 것과 생각하는 것은 개념적 또는 언어적 사고를 산출하는데 함께 상호작용하는 것이다.

이 가설을 검증하기 위하여 Vygotsky는 어린 아동이 놀고 있는 동안에 문제가 일어나도록 상황을 설정하였다. 예를 들면, 그림을 그리는 과제를 부여하고, 그때 연필이 없거나 또는 종이가 너무 작거나 너무 크거나 하는 문제를 고의로 일으키는 것이다. 그 결과 아동이 이러한 곤란한 상황에 직면했을 때 자기중심적 언어는 곤란한 상황에 직면하지 않았을 때의 그것과는 2배의 양이 되었다. 이것으로부터 Vygotsky는 자기중심적 언어를 다음과 같이 해석하고 있다. 자기중심적 언어는 긴장으로부터 해방하는 것이고, 활동의 부속물일 뿐만 아니라 문제에 대한 해결책을 탐색하고 고찰하는 가운데 이루어지는 올바른 의미에서의 사고에 대한 중요한 도구인 것이다.

ⅳ **내적 언어의 단계**(ingrowth stage) : Vygotsky는 자기중심적 언어는 단지 7세 정도에서 소멸해 버리는 것이 아니라는 사실에 동의하고 있다. 자기중심적 언어는 소멸하는 것이 아니고, 오히려 감소하는 것으로 그것은 발달의 네 번째 단계, 즉 내적 언어의 단계로 향하는 준비단계라는 것이다. 아동은 머리 속에서 말을 하지 않고 언어를 조작하는 것을 학습한다. 여기서 문제해결을 위한 내적 기호를 사용한, 논리적 기억이라는 수단을 사용하여 사고를 하는 것이다. 이 단계 이후에는 사람은 개념적 사고 또는 언어적 사고의 도구로서 내적 언어와 외적 언어 모두 사용하게 되는 것이다. 그러므로 아동의 언어는 출생으로부터 7~8세 정도

까지의 4단계를 지나서 발달한다. 그 과정은 비지적 또는 비사고적 언어로부터 순수하고 자기중심적 언어로 발달하고, 개념적 사고 속에서 불가분으로 연결지어져 내적 언어화되어 간다.

② 사고의 발달단계

Vygotsky는 블록 해결과제 실험을 통해서 다음과 같은 개념적 사고의 발달단계를 제시하고 있다.

ⓘ **조직화되고 있지 않은 군집단계 가운데서의 사고** : 아동은 우연적인 지각상의 연계에 따라 사물을 집단에 소속시킨다.

- 하위단계 1(시행착오에 의한 집단분류)—이 시기에 아동은 집단을 무작위로 형성한다.
- 하위단계 2(지각상의 조직화)—시간적 · 공간적으로 우연히 동시에 일어난 사물을 집단으로 분류하여 그 집단에 이름을 붙이는 단계이다.
- 하위단계 3(군집의 수정)—처음에는 제멋대로 지각상 조직화에 다른 집단분류를 한다. 그 후 그 집단 분리방법에 불만을 가지고 집단 내의 요소를 여러 가지로 이행시켜 집단분류의 수정을 행한다. 그러나 본질적인 변화는 없다.

ⓘⓘ **복합적인 사고단계** : 아동의 마음 속에서 개개의 사물은 주관적인 인상에 의해서만이 아니고, 사물간에 실제로 존재하는 연계에 따라 연결지어지는 시기이다. 이는 자기중심적 사고로부터 이탈하여 객관적 사고로 향하는 것이다. 복합체에 있어서 사고는 집단의 구성체에 의한 결합은 어느 정도 구체적인 사실에 적합한 것이고 추상적 · 논리적인 것은 아니다. 이 시기의 사고과정은 다음과 같이 5단계로 이루어진다.

- **하위단계** 1(연합적 복합성의 단계)—사물의 색깔, 형, 근접성 등과 같은 아동이 관심을 가진 요소에 의해 사고하는 단계이다.
- **하위단계** 2(집합적 복합성의 단계)—사물은 유사성보다는 대비로 분류된다. 예를 들면, 각각의 색을 가진 사물들을 모아 집단으로 분류하고, 그것에 이름을

붙이는 단계이다.

- **하위단계 3**(연쇄적 복합성의 단계)—이웃한 것으로 의미있는 어떤 관련을 가지고 점차로 연합적으로 사물을 선택한다. 예를 들면, 굵고 푸른 사물과 굵고 붉은 사물을 연합하고, 다음으로 붉고 낮은 둥근 사물을 가지고, 둥근 황색 가운데의 사물과 연합한다고 하는 것과 같은 것이다.
- **하위단계 4**(확산적 복합성의 단계)—사물을 분류할 때 사물 개개의 요소를 결합하는 속성에 유동성이 있는데, 예를 들면, 삼각형을 모은 후 사다리꼴도 같이 함께 섞는 것과 같은 경우다. 이 경우에 사다리꼴의 각은 아동에게 있어서 삼각형의 각과 같이 받아들여진다.
- **하위단계 5**(유사 개념적 복합성의 단계)—참다운 개념적 사고에 따른 집단적 분류라고 생각되나 아동은 이 시기에 집단에 붙인 명칭을 설명하라고 하면, 집단 분리에 사용된 조건을 합리적으로 설명할 수 없다. 이러한 유사 개념적 사고는 복합적 사고로부터 참다운 개념적 사고로의 이행기를 나타낸다.

ⅲ **개념적 사고단계** : 이 시기에 아동은 정확히 추상하던 특징을 새롭게 통합해 사고한다. 여기서의 통합은 안정되고, 마음 가운데 안착되고, 사고의 주된 도구가 된다. 아동은 자기의 통합, 분석의 개념으로 사물을 보아간다. 그러나 청년기에 들어가서는 개념적 사고는 불안정하고, 언어만의 상화보다도 사물을 제시하고 있는 구체적 상황으로부터 더욱 일관성이 있다.

〈그림 3-7〉이 사고와 언어의 일반적인 발달단계를 도식화한 것이기는 하지만 이 두 개의 원의 관계는 실제로는 훨씬 복잡하다고 할 수 있으며, Vygotsky 역시 이 두 개의 원의 관계가 명확하게 밝혀진 것은 아니라는 점을 인정하고 있다. 그러면서도 Vygotsky는 사고와 언어가 서로 평행하게 발달해 가는 것은 아니며 그들 두 개의 성장곡선은 교차하고 또 교차한다. 그들은 일직선을 이루며 서로 나란히 나가기도 하고, 또 때로는 서로 일치되기도 하지만 결국은 언제나 다시 떨어지게 된다.

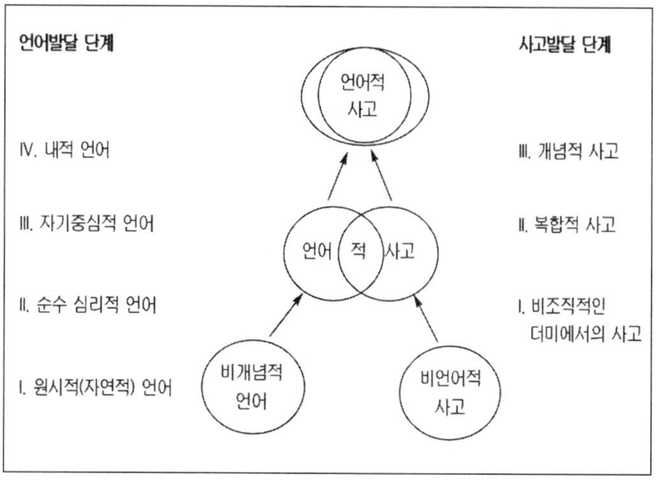

〈그림 3-7〉 언어와 사고발달에 대한 Vygotsky의 관점

ⓘⓥ **근접발달 영역**(ZPD) : Vygotsky의 가장 탁월한 업적 중의 하나는 근접발달 영역(ZPD : the zone of proximal development)에 대한 주장이다. 근접발달 영역이란 아동 스스로의 독립적인 문제해결이 가능한 실제적 발달수준과 성인의 도움을 받아 해결할 수 있는 잠재적 발달수준과의 차이라고 할 수 있다. Vygotsky는 아동들의 현재 발달수준이 같더라도(예를 들어, 두 아동의 지능지수가 같다 하더라도) 다른 사람의 도움을 받아도 어려운 문제를 해결할 수 없는 검사와 도움을 받아 해결할 수 있는 검사를 함께 실시하여 비교하므로 전체적인 지적 발달을 파악할 수 있게 한다.

Vygotsky의 근접발달 지역에 대한 의미는 효과적인 학습을 위해서는 아동 자신이 이해에 도달해야 하면서 다른 아동들이나 교사의 지원이 가능한 상황에 놓여 있어야 함을 뜻한다. 때로는 가장 좋은 교사는 그 문제를 막 이해한 다른 아동이 될 수도 있다. 그 아동은 바로 학습자의 근접발달 지역에 위치하고 있기 때문이다.

Vygotsky에 의하면, 발달의 어떤 주어진 시점에서 아동이 해결할 수 있도록 가까이 근접된 어떤 문제들이 있다. 근접발달 지역은 어린이가 혼자서는 문제를 해결할 수 없지만, 성인의 안내나 더 앞선 친구들과 협력하면 성공할 수 있는 지역을 의미한다.

물론 Vygotsky의 근접발달 영역의 개념은 하나의 가정에서 출발하고 있다. 일부에서는 이 개념이 매우 모호하다고 비판을 하고 있다. 특히 교사들은 학생의 잠재적 수준을 어떻게 파악하여 지도를 해야 되는가 하는 의문을 제기하고 있다. 여기에 대하여 Vygotsky는 서로 다른 교수 활동이 제공되었을 때 서로 다른 근접발달 영역이 형성된다고 주장하고 있다.

인지발달과 학습에 있어서 사회 문화적 성질을 강조하는 Vygotsky이론은 교육과 관련하여 중요한 시서점을 제공한다.

Vygotsky의 관점에서는 수업이 발달에 선행하는 것이 바람직하다. 즉, 수업은 근접발달 영역에 작용하여 아동들의 잠재적인 능력을 깨우치도록 하는 것이다. 따라서 교사는 아동들의 인지발달을 이끌기 위해서는, 아동의 근접발달 영역을 찾아내야 할 것이다. 아동의 능력을 최대한 개발하기 위해서는 높은 수준의 복잡한 내용을 보다 체계적으로 가르쳐 아동들을 이끌어야 한다고 한다. 이러한 도움을 주는 과정은 현재의 수준을 바탕으로 하여 이해의 틀을 지탱하는 발판(scaffolding)을 제공하는 것으로 보는 것이다.

Vygotsky의 관점에서 보면 아동의 인지세계는 사회제도, 관습, 문화적 유산과 관련되어 있다. 따라서 인지발달은 이러한 세계를 이해하여 나가는 과정이다.

③ 언어의 발달과 사고발달의 단계

Vygotsky는 아동의 언어와 사고는 본래 별개의 독립적인 기능으로 출발하며 이들 간에 어떤 관계가 반드시 따르는 것은 아니라고 본다. 이들 간의 관계는 마치 서로 동떨어진 두 개의 원과도 같다. 하나의 원은 비언어적 사고(nonverbal thought)를 의미하고 다른 하나의 원은 비개념적 언어(nonconceptul speech)를 의미한다. 아동이 성장함에 따라 이 두 개의 원은 서로 만나고 겹치게 된다. 두 원의 접속부분은 언어적 사고(verbal thought)를 나타내는데 이는 아동이 특정한 말의 명칭(label)이 지닌 개념을 획득하기 시작함을 의미한다. 여기에서 개념(concept)이란 추상화된 어떤 것으로, 하나의 특정한 대상(object)보다는 다양한 대상들 가운데 존재하는 공통적인 특성이나 그들간의 관계를 표현하는 하나의 생각을 의미한다. 이 두 개의 원이 결코 완전히 겹치지지는 않는다. 비록 아동이 성장함에 따라 서로 겹치는 공통부분의 비율이 증가하기는 하지만 어느 정도의 비언어적 사고와 비개념적 언어는 항상 남아있게 되는 것이다.

3) 발달과업

(1) 발달과업의 개념

발달과업(developmental task)이란 특정한 발달단계에서 개인이 배우지 않으면 안 되는 여러 가지의 과제, 즉 발달의 과제를 뜻하는 것으로서, 이는 개인으로 하여금 사회에 있어서 건전한 성장·발달을 지향할 과업인 것이다.

다시 말하면 발달과업은 개인의 생애에 있어서 일정한 시기 혹은 그 이전에 나타나는 제 과제로서 그 과제를 훌륭하게 성취하면 개인은 행복하게 되며 그 후의 과제도 성공하지만, 실패하거나 기회를 놓치면 그 개인은 불행해지며 또한 사회에서 승인을 받지 못하며 그 후의 과제의 달성도 곤란해지게 된다.

R. J. Havighurst는 각 발달단계에서 획득해야 하며, 만약 획득하지 못하면 적응에 장애가 되는 행동 특징을 발달과업이라고 정의하고 있다.

(2) 발달과업의 내용

발달과업은 각 발달단계에 놓여 있는 인간에 대한 교육적 입장에서 하나의 과제로 설정한 것이다.

발달과업은 전 인류에 있어서의 보편적, 절대적인 것은 아니며, 사회나 문화의 차이에 따라 그 내용은 다르다. 그러나 보통 그 내용은 ① 신체적 성숙이나 건강에 관한 과업, ② 사회적 요청에 역점을 둔 과업, ③ 개인의 퍼스낼리티, 자아, 요구 등에 관해서 일어나는 과업 등의 세 부분으로 나누어진다. 일반적으로 신체적 성숙이나 건강에 관한 과업에 대해서는 사회적 · 문화적 영향은 적지만 개인에 대한 사회적 요청에 관한 과업에 대해선 그 영향이 크다. 또한 문화적 변동이 심한 사회에 있어선 발달과업에 대한 신구 세대간에 차이가 생기기 쉽고 신세대에 있어서는 구세대의 낡은 과업은 그 중요성이 감퇴되며, 새로운 과업이 부가되어 시대에 합치되는 새로운 발달과업이 설정되는 수가 많다.

(3) Havighurst의 발달과업

Havighurst가 설정한 발달과업의 리스트는 〈표 3-7〉과 같다.

표 3-7 발달과업 리스트

발달단계	발달과업
영 · 유아기	① 걸음걸이 배우기 ② 언어 배우기 ③ 배설행위 통제 배우기 ④ 생리적 안정 유지하기 ⑤ 선 · 악의 구분과 양심의 학습
아동기	① 운동경기에 필요한 신체적 기능의 학습 ② 동무와 사귀기를 배우기 ③ 성적 역할을 학습하기 ④ 독 · 서 · 산의 기초기능의 학습 ⑤ 일상생활에 필요한 개념의 학습 ⑥ 양심, 도덕성, 가치척도의 발달
청년기	① 이성간의 성숙한 관계 유지하기 ② 정서적 · 인격적 독립 ③ 직업선택과 준비 및 경제적 독립 ④ 결혼과 가정생활 준비 ⑤ 시민으로서의 자질 함양과 지적 기능의 학습 ⑥ 사회적으로 책임있는 행동을 수행하는 일 ⑦ 가치관과 윤리적 체제의 확립

발달단계	발달과업
성인초기	① 배우자를 선정할 줄 알기 ② 결혼 후 배우자와의 동거생활 배우는 일 ③ 육아에 대한 기본적 지식 · 기능의 학습 ④ 가정 관리에 관한 기본적 지식 · 기능의 학습 ⑤ 직업 가지기 ⑥ 마음에 맞는 사교적 집단에의 참여 ⑦ 시민으로서의 사회적 책임의 감당
중년기	① 성인으로서 사회적 책임의 수행 및 생계유지에 필요한 경제적 표준의 확립과 유지 ② 10대 자녀들의 뒷바라지 ③ 성인다운 여가 활동의 발달 ④ 배우자와의 친애로운 관계유지 ⑤ 다가올 중년기의 생리적 변화를 인정하고 이에 적응하기 ⑥ 연로한 부모를 보살피는 과업에 대한 적응
노년기	① 줄어드는 체력과 건강에 적응하는 일 ② 은퇴(정년퇴직)와 경제적인 수입의 감소에 적응하는 일 ③ 배우자의 사망에 적응하는 일 ④ 자기의 동년배와 친밀한 관계유지

제4장

행동특성의 발달

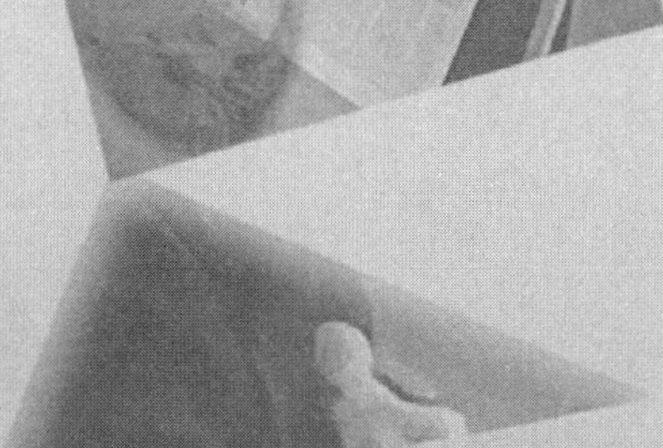

1. 신체발달
2. 운동발달
3. 지적발달
4. 정서 및 사회성 발달
5. 발달 및 행동장애

1. 신체발달

1) 신생아기

신생아기는 출생 직후부터 1개월까지를 의미한다. 이 시기는 모체의 자궁 내에서 의존하여 생활하다가 출생 후 새로운 환경에서의 신생아의 발달은 출생 전 발달의 계속이라고 볼 수 있으며, 출산은 임신 후 280일에 이루어지거나 개인차가 심하고 신생아의 발달 정도도 일정치 않다.

(1) 신체의 크기

1 신장과 체중

출생시는 머리는 크고 동체(trunk)는 길며, 하지는 비교적 짧고, 팔은 다리보다 길다. 사지는 동체보다 빨리 자라고 머리는 가장 서서히 자란다. 신생아의 신장과 체중은 성(sex)과 인종에 따라 다소 차이가 있지만 평균신장은 50~52cm이며, 체중은 3.4kg으로 남자가 여자보다 약간 우세하며 또한 초산부보다 경산부가 약간 우세한 경향이 있다. 신생아의 신체 비율을 보면 신장은 어른의 1/3~1/4이다. 신생아는 특히 눈 위의 면적과 얼굴과의 불균형이 가장 심하고 두위는 흉위보다 크며 가슴과 배가 크다. 또 엉덩이는 작고 수족이 짧다.

2 머리

머리의 성장은 뇌의 발달과 밀접한 관계를 가지고 있다. 머리 둘레는 33~35.6cm이며, 키의 약 1/4에 해당하며 성인의 1/2 정도이다. 두부는 뇌 부위와 안면 부위로 나눌 수 있는데 신생아기는 안면 1에 대해 뇌 부위가 8의 비율이다.

(2) 뇌와 신경계

체중에 대한 뇌의 비율은 출생시에 가장 무겁다. 신생아의 뇌는 두 개강의 97%의 용적을 차지하며 수분함량이 많아 매우 부드럽다. 출생시 뇌의 무게는 350g이며 성인은 1,350g이다. 운동·감각신경의 발달은 두미의 법칙(cephalo-acudle law)에 의해 발달한다.

다음은 신생아기에 나타나는 정상 신경반사이다.

1 모로반사(Moro reflex)

급격히 가해진 자극으로 인하여 근육이 수축하면서 아기는 등을 벌리고 마치 무엇을 포옹할 것 같은 모양으로 손바닥과 손가락을 펴면서 양팔을 벌리는 반사이다. 생후 3~4개월이면 완전히 소실되며 일생 동안 다시 나타나지 않는 반사이다. 특히 출생시 뇌손상 또는 두개 내 이상이 있으면 모로반사가 나타나지 않는다.

2 목강직반사(tonic neck reflex)

안정상태(supine position)에 있는 신생아의 머리를 한쪽으로 돌리면 돌린 쪽의 굴근(flexor)의 긴장이 사라져서 팔과 다리를 펴고 반대쪽의 굴근은 긴장을 유지하여 구부린 상태를 나타내는 반사이다. 신생아 초기에는 이 반사는 완전하지 않으며 신생아 말기에 잘 나타난다. 그러나 영아기 후기에서도 이 반사가 계속 나타날 경우에는 운동장애가 있음을 말한다.

3 파악반사(grasping reflex)

손에 잡힌 것을 꽉 쥐어서 놓지 않는 반사이며 쥐는 힘이 매우 강하다. 발바닥을 후방에서 전방 쪽으로 자극하면 발가락을 앞으로 오므린다. 이 반사는 3~4개월이면 완전히 소실된다.

4 바빈스키반사(Babinski reflex)

발바닥 외면을 후방에서 전방 쪽으로 가볍게 자극을 가하면 발가락을 부채 모양으로 쫙 펴거나 구부리는 반사를 의미한다. 이 반사는 2~3개월 후에 소실된다.

5 근원반사(rooting reflex), **흡인반사**(sucking reflex), **연하반사**(swallowing reflex)

근원반사는 입 부근에 부드러운 자극을 주면 자극 있는 쪽으로 입을 벌리는 반사이며, 흡인반사는 입에 닿는 것은 무엇이든지 빠는 반사운동이며, 연하반사는 삼키는 반사운동이다. 이들은 신생아가 젖을 빠는데 중요한 반사들이다.

(3) 호흡계

자궁 내 생활에서 자궁 외의 생활로의 전환에 있어서 가장 큰 변화를 갖는 것은 호흡계이다. 태생기에도 호흡운동은 있었지만, 첫울음에 의해 공기가 처음으로 폐까지 들어가서 비로소 산소의 독립적 섭취가 가능하고 동시에 폐순환도 시작된다.

1 코

신생아는 코의 연골이 대단히 부드럽고 비강은 좁다. 때문에 호흡이나 포유의 곤란을 일으키기 쉽다.

2 인두

연골이 몹시 연하고 성인에 비해 후두부가 상위에 있다. 또한 기관 및 기관지의 내경이 신생아에 있어서는 비교적 넓고 폐와 기관의 용적 비율이 성인은 200:1인데 신생아는 20:1이다.

3 흉부

출생시의 흉부(chest)는 원상이며 성장함에 따라서 횡경이 전후경보다 길어진다. 출생시의 흉위는 두위보다 1.25cm 정도 작으나 그 후 점차 두부보다 더 커진다. 신생아의 호흡은 비교적 얕고 약간 불규칙한 호흡을 하며 횡경막과 복벽 근육을 사용하며, 흉식호흡은 거의 없다. 호흡수는 1분에 40~50회이다.

(4) 감각기관의 발달

신생아의 감각은 유전적 영향과 환경, 즉 건강상태와 자극요인 등에 따라서 발달에 개인차가 심하다. 특히 신생아는 약한 자극에 대해서는 반응하지 않는 경향이 있고 강렬하고 갑작스러운 자극이나 고통을 주는 자극에 민감한 반응을 나타낸다.

1 시각발달

눈의 구조, 신경근육의 기능은 출생 직후에는 미숙하나 출생 후 2일이 되면 신생아는 동공반사(pupillary reflex)가 잘 이루어진다. A. Gesell은 신생아가 24시간이 지나면 눈꺼풀과 안구가 율동적으로 움직인다고 하였다.

대부분 출생 직후에는 사시경향이 있으나 점차적으로 눈의 협응작용이 잘 이루어지며, 출생 후 7~8주가 되면 협응과 집중작용이 완전하게 된다. 생후 15일이 되면 색채 식별이 가능하며 특히 흰색, 황색, 녹색, 적색, 청색의 순으로 반응을 보인다. 색채 식별은 여아가 남아보다 더 잘한다고 하는데 이는 남아의 색맹에 기인한다고 생각할 수 있다.

2 청각발달

출생 직후에는 귓속에 양수 등 점액질이 있기 때문에 청각기관은 양호하나 반응은 잘 나타나지 않는다. 그러나 양수가 제거되고 잔설(debris)이 중이에서 없어지면 청력은 출생 후 수일 내에 예민해진다. 신생아에게 높은 소리나 강한 소리

또는 약하게 변화시켜 보면 신생아는 강한 반응을 보인다. 즉, 신체의 운동이 증가하고 맥박과 호흡이 빨라진다. 이러한 반응은 신생아가 소리의 강약에 차이를 느낄 수 있다는 것을 의미한다.

3 미각발달

신생아는 냄새에 의해 쾌와 불쾌를 느낄 수 있지만 맛의 차이에 대한 식별은 생후 2주일 후에야 성인과 같은 적극적인 반응을 보인다. 즉, 신생아에게 단 것을 먹이면 입맛을 다시고 빨아 먹으나, 쓰거나 신 것을 먹이면 내뱉고 얼굴을 찡그리며 호흡이나 순환이 불규칙하게 된다.

4 후각발달

후각은 출생 직후에는 미각과 같이 발달이 완전치는 못하나 그 후 차차 발달하게 된다. 그러나 신생아에게 자극적인 냄새, 즉 초산, 암모니아 등으로 코를 자극시키면 반응을 나타낸다. 특히 신생아는 젖 냄새를 맡을 수 있다.

5 촉각발달

출생시 신생아에게는 촉각, 특히 온도감각과 통각 등이 발달되어 있다. 촉각은 출생시 가장 잘 발달된 특수감각으로서 입술, 혀, 이마 등에서 잘 나타난다. 통각은 출생 직후에는 발달되어 있지 않다가 3일 후부터는 빠르게 발달한다. 통각에 대한 감수성은 여아가 남아보다 더 민감하며, 신체부위의 통각반응은 하체보다 머리(입술, 속눈썹, 이마) 부분에 더욱 민감하고 적극적인 반응을 나타낸다. 온도 감각은 신생아가 차거운, 혹은 뜨거운 자극에 의해서 민감하게 반응하는 것으로 관찰할 수 있다. 특히 우유의 온도가 너무 차거나 뜨거울 때 호흡과 맥박이 일정치 않으면서 우는 신체반응을 나타낸다.

2) 영아기

출생 후 1개월부터 12개월까지를 영아기라고 한다. 이 시기는 걷지 못하고 말하지 못하는 것이 특징이며 주로 전반기에는 감각기관이 현저하게 발달하고 후반기에는 지능의 발달이 뚜렷하게 나타난다.

이 시기는 인간의 어느 시기보다 발달 속도가 가장 빠르며, 즉 신체적 · 지적 · 정서적 · 성격적 발달이 가장 현저하고 왕성한 때이다. 이러한 발달 등은 새로운 환경에 적응해 가면서 발달하기 때문에 자극요인에 따라서 발달의 정도에 개인차가 형성된다.

(1) 신체의 크기

1 신장과 체중

일반적으로 영아의 평균신장은 1년 내에 약 50%가 증가하는데, 즉 처음 6개월 동안은 1개월에 2.54cm 정도 증가하여 15~17cm 커지고 그 후는 1개월에 1.2cm 정도 증가하여 약 7cm 커진다. 출생 후 1년이 되면 출생시 신장의 1.5배가 된다. 신장은 남아가 여아보다 발육이 좋다.

남아는 여아보다 체중의 발육이 좋으며 여아의 체중은 신장, 흉위, 두위의 증가보다 더욱 빠르다. 체중 증가는 생후 3~4개월에 출생시 체중의 2배가 된다.

2 두부

출생시의 뇌중량이 약 350g(성인의 약 1/4)이던 것이 생후 9개월이 되면 성인의 약 1/2이 되고 1년 후에는 약 3/5, 1년 반만에 약 7/10이 된다. 영아기에는 대뇌의 발달보다 소뇌의 발달이 현저하여 운동발달이 활발하다. 그리고 뇌는 지적 활동의 중심이 될 뿐만 아니라 모든 정신기능의 중심이 되므로 영아기의 뇌의 발달은 매우 중요한 것이다.

(2) 골격과 근육

1 골격

신장은 골격의 발달에 의존하며 특히 척추와 긴뼈의 성장에 의해 결정된다. 골격의 발달은 뼈의 크기 · 수 · 구성에서의 변화를 의미한다. 영아의 골격은 연골상태가 대부분이며 점차적으로 청년기까지 장골이 가장 늦게 화골화가 되어진다.

유치(milk teeth)의 발육은 영아의 화골화 작용을 나타낸다. 치아의 생성은 태아기에서부터 형성되며 치아의 발생은 출생 후 6~8개월에 나타나는 것이 정상이다. 뼈와 같이 치아도 여아가 빠르다.

2 근육

근육섬유 수는 출생시 성인이 가지고 있는 것을 다 가지고 있다. 그러나 조직의 섬유수의 크기의 길이는 작다. 근육발달의 방향은 두미법칙에 의존하여 머리부분의 근육에서 꼬리부분의 근육으로 그 섬유수의 크기와 길이, 기능이 발달한다.

영아는 1세까지 골격근이 완전한 기능을 할 수 있을 만큼 발달하지 못하기 때문에 신체활동에 피로를 빨리 느끼고 또한 회복도 쉽게 된다. 또한 근육의 종류에 따라서 성장속도가 다르며 근육의 신체비율은 남아가 여아보다 크다.

3) 유아기

(1) 신장 · 체중의 발육

유아기의 신체적 발육은 영아기에 이어서 현저하며, 6세 때는 생후 한 살 때의 체중의 약 두 배가 되고 신장은 약 1.5배가 된다. 신장은 탄생시의 약 2배쯤 되는 것이 일반적이다.

(2) 뇌발달

신생아의 뇌의 중량은 체중의 10%쯤인데 그것은 성인 뇌의 중량의 약 25% 정도이다. 그런데 H. Vierordt의 연구에 의하면 〈그림 4-1〉과 같이 4~5세 때에는 성인의 약 80%, 6세 때에는 약 90%에 이른다.

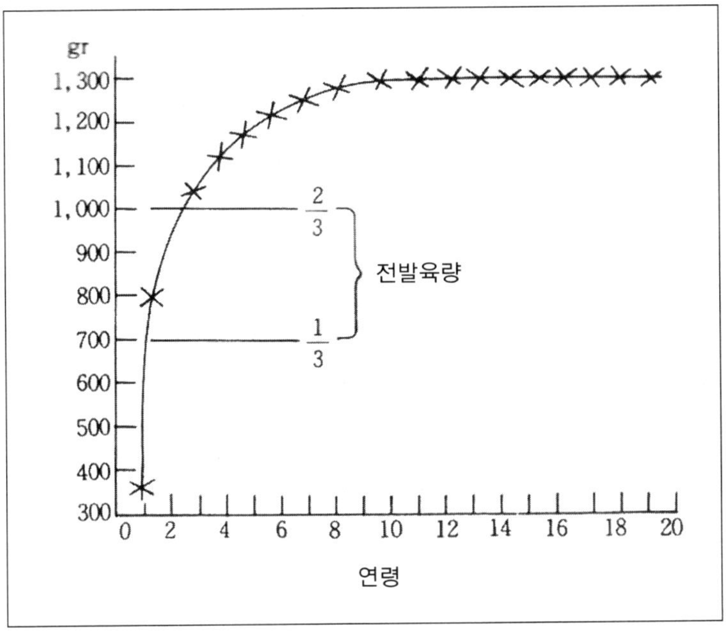

[그림 4-1] 두뇌 무게의 발육

(3) 신체의 발육에 영향을 주는 조건

유아기에 있어서 신체의 발육을 저해하거나 또는 촉진시키는 조건으로 다음과 같은 것이 있다. 그 하나는 ① 선천적 소질이지만, 이것은 ② 영양, ③ 운동, ④ 휴식이나 수면 등에 의해서 제한된다. 다시 ⑤ 질병에 의해 방해되고, 그 밖에 ⑥ 사회환경(도시와 농촌) ⑦ 민족(의식주 생활의 차이) ⑧ 계층(빈부의 차) ⑨ 시대의 영향, 계절이나 기후의 영향, 정신적 부담 등을 들 수 있다.

4) 아동기

(1) 신체의 크기

학령기 아동의 신체발달을 보면 남아가 평균 6년 동안에 신장이 113cm에서 136cm로 약 23cm쯤 자라며, 1년에 4cm 정도 자라는 셈이다. 보통 학령기의 남아의 평균체중은 약 6년 동안 20kg에서 30kg으로 증가하며 약 1년에 1.5kg~2kg 증가하여 총 10kg 정도의 증가를 보인다. 12세경의 신장은 출생시에 비해서 약 2.8배, 체중은 약 8배가 된다.

(2) 신체적 비율

아동기의 신체 구조를 보면 머리는 아직도 체격에 비해 큰 편이지만 안면의 면적은 전체 면적의 10%로 줄고 두뇌는 성인의 95% 정도가 된다. 영구치가 생겨나 턱이 더욱 길어지고 신속히 증대되는 부비강의 성장으로 코도 커져 유아기의 귀여운 모습은 사라지고 보기 싫게 된다.

(3) 골격과 치아의 발달

초기 학령기까지 대부분의 골화중추(occification center)가 형성된다. X-ray 소견에 의한 골화중추의 크기와 모양에 의해서 뼈의 성숙도를 측정할 수 있다.

6살을 전후해서 제1 대구치가 나오며 유치 제2 대구치 뒤에 자리잡는다. 다른 영구치들은 대부분 유치가 난 순서대로 영구치로 교대하여 그 자리에 나온다. 대부분의 아동들은 제2, 제3 대구치를 제외하고 모든 영구치를 갖게 된다.

(4) 기타 신체기관의 발달

신경계의 발달을 보면 6세경에 뇌중량은 성인의 90%에 달하고, 12세경에는

95%에 이르며, 거의 성인의 수준에 달한다. 임파선은 이 시기에 최대의 크기로 증대되어 큰 편도선을 가지고 있다. 생식기관은 별로 발달하지 않아 아동기를 성적 중성기라고 한다. 심장은 7세 때에 출생시의 4~5배가 되고 12세경에는 7배에 이른다.

출생시의 심장은 체중에 대한 비율이 일생 중 가장 무겁지만 사춘기 직전에는 이 관계가 반대로 되어 가장 가볍다. 폐는 10세까지 비교적 완만하게 발달하나 그 후는 급격히 발달한다.

유아의 위는 관상이며 용적이 적으나 학령기는 식사량이 늘고 위용적도 성인의 약 2/3에 달한다.

5) 청년기

(1) 생리적 변화

신장이나 체중의 증가에 따라 신체내부의 각종 기능도 변화된다.

1 내분비

청년기에는 내분비계의 변화가 심하다. 뇌하수체의 전엽에서 분비되는 성장 호르몬은 갑상선을 자극하여 신체의 성장을 촉진한다. 또 같은 전엽에서 성선 자극 호르몬이 나타나 성선의 호르몬의 분비를 통해 남녀의 생리적 발육을 촉진시키면서 제2차 성징이 나타나게 된다.

갑상선은 동화작용을 조절하고 있지만 청년기에는 동화속도가 일정하지 않기 때문에 신경이 어지럽거나 흥분하기 쉽다. 여자는 월경개시 전에 이러한 상태가 나타나기 쉽다.

2 호흡계

폐는 흉곽의 발달에 수반하여 발달한다. 그 기능의 변화는 폐활량의 증가에 의해 파악될 수 있다. 최대의 증가는 남자는 13~14세경, 여자는 11~12세경에 나타나며, 16~17세경에는 거의 성인수준에 달한다.

3 중추신경계

대뇌피질이 크게 발육되면서 뇌의 중량이나 검사에 의한 지능은 17~19세경에 거의 완성된다. 그러나 뇌의 조직이나 사려 깊은 사고는 더 발달되는 것으로 알려지고 있다. 따라서 청년기에는 논리적 사고나 반성적 사고력의 발달이 현저하다.

(2) 성의 발달

성(sex)의 분화·발달에 의한 성적 특성은 제1차 성적 특성(제1차 성징)과 제2차적 성적 특성(제2차 성징)으로 나누어진다. 청년기에 접어들면, 성호르몬의 분비, 제2차 성징의 발육이 시작된다. 이에 따라 생리적·심리적인 남녀의 특질이 명확히 나타나게 된다.

1 남자의 제2차 성징

보통 13~14세경에 나타나기 시작한다. 그 주요 특징은 변성, 체모(턱수염, 음모 등), 유두 주위의 긴장, 몽정, 근육의 발달 등이다.

2 여자의 제2차 성징

보통 11~12세경부터 시작된다. 그 주요 특징은 유방의 발육, 월경의 개시, 체모, 골반의 확대, 둔부의 비만, 신체 일반의 비만 등이다.

2. 운동발달

1) 신생아기

(1) 신생아기의 운동 경향

신생아는 운동 경향은 다음과 같다.

① 운동횟수는 아침에 가장 활발하여 정오에 가장 적고 만복시보다 공복시에 운동량이 많다.

② 운동량은 명암과 관계가 깊은데, 즉 미광에서는 운동량이 많고 밝은 광선에서는 적다.

③ 옷을 두껍게 입혔을 때보다 얇게 입혔을 때 운동량은 많다.

④ 수면시에는 활동시보다 1/9 정도 운동량이 감소한다.

⑤ 남아가 여아보다 더 활동적이다.

(2) 전신운동

신생아의 운동은 전신운동과 신체 어느 특정 부위의 활동으로 분류할 수 있는바, 전신운동은 출생 후 10일 동안 가장 활발한데 이는 신경근육 계통의 불완전한 발달로 미분화되었기 때문에 신체 전체가 산발적으로 움직인다.

이러한 운동은 극소자극에 대해 신체 전체가 반응을 하기 때문에 신생아는 에너지 소모가 많아 빨리 피로가 온다.

(3) 특수운동

신체 각 부분의 특수운동은 다음과 같다.

1 얼굴과 입의 반응

입을 열고 다물며 촉각자극을 주면 입술을 빠는 반응(rooting reflex)을 보이며, 또한 미각자극에 의해서도 젖빠는 반응(sucking reflex)을 보인다. 기침, 하품을 하며 뱉기도 하고 상을 찡그리며 반사적 미소(생후 1주)를 나타낸다. 각종 감각 자극을 줄 때, 운동을 방해할 때에는 울기도 하고 자발적으로 울기도 한다. 또한 연하운동이 가능하여 구토반응을 나타내며 딸국질, 재채기도 한다. 입 주위에서 가장 예민한 반응 부위는 윗입술, 아랫입술, 볼 순서이다.

2 팔의 반응

손바닥에 자극을 주면 손을 오므리며 파악반사(grasping reflex)를 볼 수 있다. 급격한 자극에 대해서는 팔을 벌리는 반응(Moro reflex 또는 statle response)을 보인다. 자발적으로 움직이기도 한다.

3 발과 다리 반응

슬개건반사(knee jerk reflex)가 있고 한쪽 다리나 팔을 자극하면 다른 쪽의 다리를 늘려서 그 자극물을 차버리는데, 이를 보호반사(protective reflex)라 한다. 발바닥을 자극하면 바빈스키반사(Barbinski reflex)가 나타난다.

2) 영아기

(1) 이동운동

이동(locomotion)이란 생물체가 자기의 몸의 위치를 스스로 움직여 옮기는 현상을 의미한다. 영아가 1개월이 되면 엎드려서 고개를 쳐들 수 있지만 부축해 주지 않으면 머리를 떨어뜨리는 경우가 많다.

2개월이 되면 머리를 30° 정도로 들며 4개월이 되면 머리를 옆으로 돌릴 수 있게 되고 엎치게도 된다. 5~6개월이 되면 머리와 고개의 운동은 자유롭게 할 수 있다. 앉는 자세는 3~4개월에 몸을 받쳐 주었을 때 가능하며, 9개월 때에는 도움을 받지 않고도 혼자 앉아 있을 수 있다. 영아의 최초의 이동운동은 배를 밑으로 대고 누워서 회전을 한다. 3개월부터는 발로 방바닥을 차고 몸이 머리쪽으로 이동해 간다. 5개월이 되면 엎드리는 운동을 취할 수 있고 8~9개월이 되면 배를 바닥에 대고 기는 운동(crawling)을 하는데 이 때는 아직 손과 팔·다리의 근육 등 신체 각 부위의 발달이 신체를 지탱할 정도로 발달되어 있지 못하다. 그러나 10개월이 되면 배를 바닥에 대지 않고 손과 발로 기는 운동(creeping)이 이루어진다. 이 단계는 개인차가 심하며 어떤 영아는 중간 단계를 거치지 않고 직접 기는(creeping) 경우가 있다.

보행의 발달을 보면 10개월 이후가 되면 물체를 잡고 설 수 있고 또한 물체를 잡고 걷기(cruising)도 한다. 12개월 때에는 잠깐 동안 혹은 오랫동안 서 있을 수 있고 도와 주면 걸을 수 있다(그림 4-2).

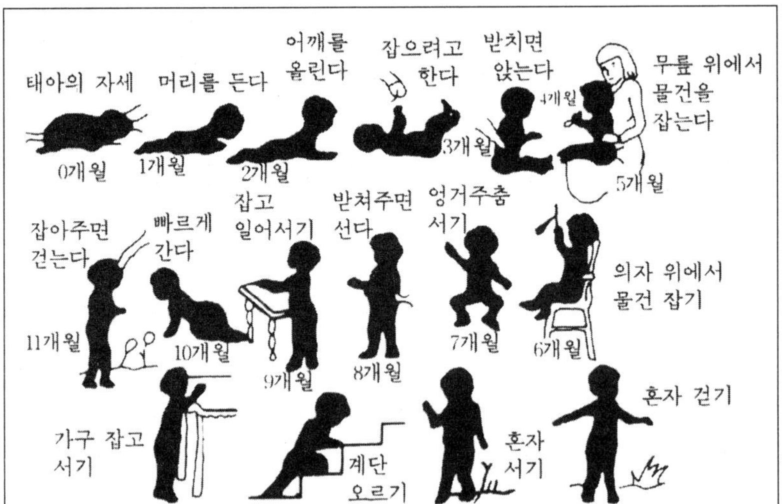

〈그림 4-2〉 이동운동의 발달순서의 표준

미국의 C. K. Mead의 연구에 의하면 미국의 정상 영아 보행 시작은 남아가 14개월, 여아가 13개월이라고 하였다. 일반적으로 여아가 남아보다 보행시작이 빠른 편이다.

(2) 조작운동

손과 팔은 물체를 쥐거나 조작하는데 있어서 가장 중요한 부위이다. 영아의 손과 팔의 운동은 눈의 발달과 관련이 있으며 서로 상호협응되어야 물체를 잡을 수 있게 된다. 손과 팔의 운동은 도달(reaching), 파악(prehension), 손조정(manipulation) 및 손가락 운동으로 발달한다.

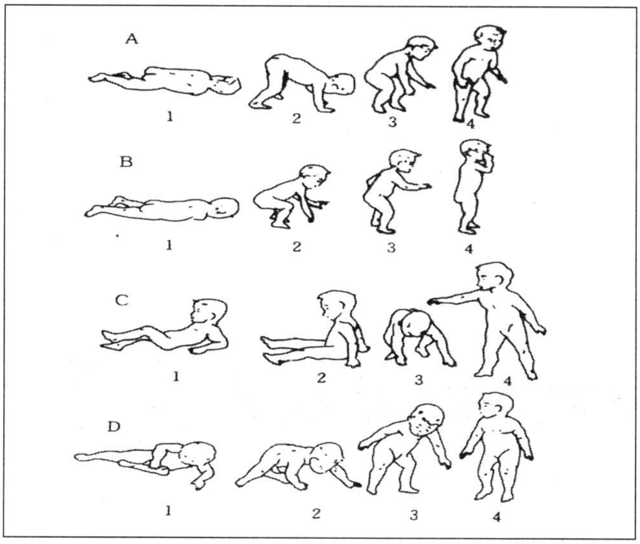

〈그림 4-3〉 4명의 다른 유형의 아기가 엎드린 자세에서 서 있는 자세로 발달해 가는 모습

팔이나 손의 운동으로서는 신생아기에 이미 파악반사(grasping reflex)가 있지만 자신의 의도적 파악으로서는 생후 5개월 이후에는 시각적 · 공간적 자각이 발달하고 엄지손가락을 쓸 수 있고 몸과 손과 팔이 협응하여 손을 물체 쪽으로 뻗어 잡으려고 한다. 그러나 정확히 파악할 수 있는 시기는 7~10개월이다.

K. Halverson의 조작운동 기능의 발달과정에서 보면, 즉 16주에는 손을 뻗쳐 물체에 가까이 가나 도달하지 못하며, 20주에는 물체에 손이 도달하거나 스치며, 24주가 되면 물체를 손바닥으로 잡을 수 있게 되며, 특히 24주에서 30주까지는 손으로 물체를 파악하는 운동이 발달한다. 36주가 되면 모든 손가락을 이용하여

비교적 정확히 물체를 잡을 수 있으며, 1세가 되면 3개 혹은 4개의 손가락 끝으로 물체를 정확하게 잡을 수 있다.

(3) 정상운동 발달수준

운동발달을 편의상 대운동(gross motor)과 섬세운동(fine motor)으로 나누어 정상운동 발달수준을 제시하면 〈표 4-1〉과 같다.

표 4-1 영아기의 정상운동 발달수준

	4주 이전	4주	16주	28주	40주	52주	15개월
대운동	엎어 놓으면 머리를 든다.	목경직반사가 있다. 손은 주먹을 쥔 상태이다.	엎어 놓으면 머리를 90° 로 쳐든다. 머리를 가눈다. 반듯이 누워 있다.	앞으로 기울이고 앉는다. 세우면 다리로 어설프게 던다.	혼자 잘 앉는다. 기어다닌다. 붙잡고 일어선다.	잠깐 동안 혼자 선다. 한 손 잡고 걷는다.	혼자 걷는다. 계단을 기어 올라간다.
섬세운동	종소리나 움직이는 물체에 순간적으로 반응한다.	움직이는 물체를 중앙선까지 따라가며 본다.	천천히 움직이는 물체를 따라 주시한다. 매달려 있는 장난감을 보면 손을 움작거린다.	한 손으로 장난감을 잡는다. 다른 손으로 장난감을 옮겨 쥔다. 장난감을 흔든다.	2개의 장난감을 쥐고 맞부딪쳐 소리를 낸다. 작은 물체를 엄지와 집게 손가락으로 집는다.	엄지와 집게 손가락으로 정확히 물체를 잡는다.	크레용으로 선을 그리는 시늉을 한다.

3) 유아기

(1) 유아기 운동의 특징

유아기에 접어들면서부터 시청각과 손발 운동의 협응동작과 어느 정도 목적적·능동적으로 운동할 수 있는 유아운동이 발달되고, 운동감각·위치감각·자세감각 등이 발달되면서 여러 가지 협응동작이 가능하게 된다.

(2) 손가락 동작의 발달

일반적으로 유아기의 운동발달은 ① 전신운동에 바탕을 둔 보행의 발달, ② 달리기, 뛰기, 나무에 오르기, 미끄럼타기, 세발자전거 타기 등 ③ 손가락 끝의 세부적 · 기교적 운동 등의 발달이 현저하다.

그 중 손가락 끝의 세부적 동작의 발달은 전신운동에 비해 늦게 발달된다. 두 살 때는 직목놀이가 가능하고, 공을 아무렇게나 던질 수가 있고, 세 살이 되면 수직선을 그릴 수 있고 가위질이나 젓가락질이 가능하다. 네 살 때에는 원이나 사각형을 그리거나 단추 끼우기와 풀기가 가능하고 팬티나 블라우스를 혼자 입고 벗을 수 있다.

(3) 가정 및 유치원에서의 운동지도

운동의 정확성, 확실성, 속도, 순발력, 민첩성을 기르면서 또한 판단력, 관찰력, 인내심, 주의집중력, 과제집착력, 관찰의 섬세성 등 지적 능력을 계발 · 촉진할 수 있는 작업놀이에는 크레파스나 연필에 의한 자유화 그리기, 기하학적 도형 그리기와 형태학습, 색종이접기 놀이와 가위질 놀이, 허리띠 매듭짓기와 풀기, 옷의 단추 끼우기와 풀기, 나무토막 쌓기 놀이, 찰흙으로 물건 만들기 놀이 등이 있다.

4) 아동기

(1) 일반적 경향

아동기는 이 시기 전기에 비해서 성숙요인보다 학습요인이 그 발달에 더 큰 영향을 준다고 할 수 있다. 물론 운동발달은 성숙과 학습의 상호작용에 의해서 이루어지는 것이다.

팔, 어깨, 손목의 근육통제는 6~12세 사이에 현저하게 발달하여 12세에 이르면 거의 성인의 수준에 달한다. 소근육통제는 대근육통제보다 느린 속도로 발달한다. 예를 들면, 글씨쓰기 속도는 초등학교 4학년에 급속하게 발달하여 1학년생의 2.5배를 쓸 수 있고 6학년에서는 3배를 쓸 수 있다.

이 시기의 운동 능력의 발달은 운동의 역량(강도)과 속도의 성장이 기초가 된다. 특히 F. Smedley는 악력(grasping power)은 남녀 6세의 악력을 1로 잡으면 12세에는 2, 3배로 발달한다고 보고하였다. 세기의 정도는 아동의 건강상태와 비례하며 신장과 체중에 비례하고 남아가 여아보다 우세한 경향이 있다.

(2) 건강과 위생의 지도

이 시기에는 폭음 · 폭식이 많아 복통이나 설사 등이 많으며, 또 놀이가 활발하기 때문에 신체적 부상이 많다. 아동기는 일반적으로 사망률이 가장 낮은 시기이며 일생 중 가장 건강한 시대이다. 따라서 질병에 의한 사망률보다 익사나 교통사고 등 사고에 의한 사망률이 가장 높아 안전지도가 특히 요구되는 시기이기도 하다.

5) 청년기

청년기에는 다시 운동능력의 급격한 발달 변화가 일어난다. 운동능력의 남자의 발달은 여자보다 상당히 빠르고, 연령과 함께 성차가 커진다. 대체로 16~17세를 정점으로 하여, 이후는 정체하든지 감퇴된다.

여자는 12세를 넘으면 어느 능력도 완만하게 밖에 발달하지 않고, 16~17세에서 정점에 달하는 민첩성이나 주력처럼 12세 이후에는 전혀 늘지 않든가, 아주 쇠퇴해 버리는 능력도 있다.

남녀 모두 손끝의 운동은 더 뒤에까지 발달하나, 환경요인과 직접적으로 경험에 의해서 강하게 영향을 받는다. 어떤 운동능력을 획득하는 데는 그것을 받아들일 수 있는 준비성이 필요하나, 획득 후의 발달에는 연습 · 경험 · 학습이 커다란 역할을 하게 된다. 일반적으로 현재의 수준이 자극이 되고 토대가 되어서 차차 강력성 · 속도 · 유연성 · 교묘성 등을 발달시킨다. 운동의 발달은 대체로 질서있게 진행되나, 개중에는 반대가 된다든지, 뛰어넘는 일도 있고, 이행(移行)도 순조롭다고는 단정할 수 없으며, 개인차도 현저하다.

신체적 운동기능의 발달은 근육 및 신경계의 발달과 긴밀하게 연결되어 있으며, 사회적 적응에 중대한 역할을 한다. 운동능력의 발달은 남녀 중 · 고등학교 학생들 간에 개인의 만족과 사회적 적응의 중요한 원동력이 되는 것은 물론이고, 그 중에서도 집단에 있어서 개인의 보다 높은 지위를 확보하는 데도 중요한 역할을 하게 된다. 즉, 개인의 사회적 평가를 높이고 자신감을 키워 주는데 큰 힘이 된다는 것이다. 한 학교에서나 직장에서 운동능력이 특출한 사람은 많은 사람들의 존경의 대상이 되고 있는 반면, 발달이 늦은 사람은 자연적으로 사회적 부적응에 빠지게 되며, 그것이 점차로 다음에 오는 다른 발달에까지 영향을 미치게 되어 발달이 늦어지는 경우가 있다.

Jones의 연구에 의하면, 운동량 조사에서 높은 점수를 차지한 사람은 학생의 인기, 정서의 명랑성, 사회적 적응, 가정생활에 있어서의 적응을 잘 하지만, 낮은 점수를 차지한 사람은 긴장감, 열등감이 많다는 것을 지적하고 있다. 이와 같은 사실로 미루어 볼 때 운동능력의 정도는 성격 형성과도 깊은 관련성이 있다는 것을 알 수 있다.

운동능력은 성차에 의해서 그 차가 크다. 이것은 기본적 운동능력과 종합적 운동능력에 따라서 차이가 있겠지만, 어느 능력에 있어서나 남자가 여자보다 우월하며, 그 경향은 청년 전기보다 청년 후기로 갈수록 심하다는 것을 알 수 있고, 운동능력 발달에 세심한 배려를 하지 않으면 정상적인 운동능력이 이루어지지 않는다는 것을 인식하여야 한다.

3. 지적발달

1) 영아기

(1) 시각과 지각의 발달

시각적인 지적 발달은 지능발달에 중요한 역할을 한다. 지능발달은 인간의 감각발달을 기반으로 하고 있기 때문이다. 시각의 발달을 보면 신생아 시절에는 막연한 명암의 변별 정도이지만, 2개월쯤 되면 물건의 '모양'을 명료하게 지각하게 되고, 3개월이 되면 신경세포의 유수화(myelinization)로 물체를 볼 수 있는 기능이 발달하여 눈이 목적물을 응시하고 눈앞에서 움직이는 장난감을 보거나 자신의 손을 본다.

4~6개월이 되면 시각과 손과 팔의 운동이 협응되고 눈으로 보이는 사물을 파악한다. 또한 소리가 나는 쪽으로 눈을 돌려 찾는다.

6개월에서 10개월이 되면 멀리 떨어진 사람과 사물에 대하여 주의를 집중하고 사소한 일에도 주의를 집중할 줄 안다. 10개월에서 12개월이 되면 분별력이 발달하기 시작하고 보이지 않는 것도 찾아낼 수 있다.

(2) 인지기능의 발달

생명을 유지하고 자기의 주어진 환경에 보다 잘 적응하기 위해서는 환경으로부터 자극이나 정보를 선택적으로 수용하고 그것을 적절히 처리해 나가는 일이 필요하다. 이것을 '인지기능'이라 부른다.

시각의 발달은 손놀림의 조작적 기능발달의 도움을 받아서 5~6개월쯤 영아에게는 '보이는 것'에 대해 손을 뻗쳐 '잡으려고 하는' 등 감각과 신체운동의 협응에 따라 목적적 행동이 나타나게 된다. 이것은 지능의 싹트기인 것이다. 그 후의 반년간 손의 조작과 보행 등 이동능력의 발달이 이루어지면서 영아는 자기 주변의 흥미를 끄는 대상에 접근하여 잡기도 하고 입에 집어 넣거나 던지는 등 자연스런 탐색행동을 활발히 행하면서 지능을 발달시켜 간다.

이와 같이 영아기의 특징 중 하나는 감각과 운동의 협응을 통한 지적 행위의 되풀이인데, 이른바 감각운동적 지능의 시기에 해당되는 것이다.

(3) 언어의 발달

언어란 이해할 수 있어야 하고 정확하게 단어를 발음해야 하며, 단어와 목적물이 관련이 있어야 하는 것이다. 이와 같은 사실로 비추어 볼 때, 영아의 대부분은 전 언어의 형식을 취하고 있다. 전 언어의 형식이란 언어가 충분히 발달되기 전에 의사전달이나 언어의 연습형식으로서 나타나는 행동을 의미하며, 즉 울음, 옹알이, 몸짓 등이 있다.

1 울음(crying)

출생 후부터 3주까지는 반사적인 소리와 유치한 몸짓을 하지만, 3주 이후부터는 최초의 울음과의 성격이 다른 생리적 · 정서적 상태를 알려주는 도구로서 표현한다.

2 옹알이(babbling)

3~4개월이 되면 혼자 소리로 옹알거리며 여러 가지 모양의 음성이 표현되며 주로 모음이다.

5~6개월부터는 옹알이다운 것이 나타나 제법 옹알거이며 "음마음마, 마마, 나나" 등의 의미 있는 옹알이를 하며 자신의 귀로 들으면서 활동을 계속한다.

8개월이 되면 옹알이는 그 절정에 이른다. 9~10개월이 되면 성인들이 말하듯 중얼거리며 엄마, 빠빠, 다다 등 의미 있는 말을 한다. 특히 환경에 예민해지고 성인의 억양을 모방하는 능력이 생긴다. 발성놀이를 즐기고 짝짜꿍놀이를 즐긴다.

12개월이 되면 영아는 자신이 자발적으로 표현할 옹알이의 모방을 통하여 소리의 결합능력이 형성되며, 상황에 따라 단어를 모아 의미 있는 말로 타인에게 전달한다. 대체적으로 3단어 정도 정확하게 말할 수 있다. 그 말은 주로 맘마, 엄마, 아빠 등과 같은 명사를 사용하며, 자신의 이름을 안다. 이 시기는 걷는 것에 대한 흥미 때문에 말 배우는 것이 느리다. 언어 발달의 개인차는 심하며, 지능이 높은 아기는 4개월 가량 빠르며, 언어 발달은 여아가 남아보다 월등하다.

2) 유아기

(1) 언어발달

유아기엔 1어문에서 2어문으로, 다시 3어문에서 다어문(多語文)으로 등 차츰 장문으로 발달해 간다. 기본적인 품사도 거의 다 나타난다. 사용되는 어휘수는 1세에는 몇 개에 지나지 않으나, 2세에는 50~100어, 3세에는 400~500어, 4세에는 1500어, 5세에는 약 2000어, 6세에는 2500~3000어 정도로 증가한다.

3세경에는 이야기에 필요한 기초적인 문법이 습득되는 시기이며, 유아기 후반에는 일상생활에 필요한 회화능력이 크게 발달된다.

처음에는 사물들의 이름 등 명사부터 습득되고, 동사 · 형용사가 그 다음에 그리고 두 살 반 이후에는 접속사나 조사 등을 사용하게 된다.

유아의 언어발달에 영향을 주는 주요조건으로서는 ① 지능, ② 신체적 결함(특히 시청각과 발성기관의 장애), ③ 성(대체로 여아가 남아보다 빠르다), ④ 정서적 적응, ⑤ 사회 · 경제적 환경(직업 등), ⑥ 교우(독자, 쌍생아 등) 등을 들 수 있다.

(2) 지각의 발달과 미분화성

영아기에 기본적인 지각기능은 성립되어 있지만, 유아기에 들어서면 그 발달은 현저하다. 예컨대, 도형변별력의 경우 형의 변별은 4세 때에 이미 성인 수준에 거의 도달되고 이어서 크기의 변별, 최후에 방향의 변별 순으로 발달되며, 6세경에는 어느 것이나 성인수준에 도달하게 된다.

그러나 유아기 지각의 특징은 아동이나 성인과는 달라서 '미분화성'이 엿보인다. 이른바 상모적 지각(相貌的 知覺, physiognomic perception)이다.

이것은 사물을 사물로서, 동물을 동물로서 객관적으로 파악하지 못하고, 사물을 활동하는 것, 용모를 지니고 있는 것, 살아 있는 것으로 주관적 · 정서적 · 표면적으로 그것을 파악하는 유아의 지각적 특성을 H. Werner는 상모적 지각이라 칭하였다.

(3) 전조작적 사고

Piaget는 사고발달의 제1단계인 '감각운동적 지능기'(0~2세)에 이어서 제2단계로서 유아기를 '전조작적 사고기'(2~7세)라 말하면서 다시 4세경을 경계로 전반을 '전개념적 사고기' 후반을 '직관적 사고기'로 구분하고 있다.

1 전개념적 사고

이 시기의 유아에 있어선 객관적 개념이 갖고 있는 일반적 내용과 개별적 요소간의 관계가 불명료하며, 언어가 개념으로서의 기능을 다하지 못하는 전개념적 사고의 단계에 놓여 있다. 즉, '개'라는 말은 반드시 '개' 일반으로 사용되지는 않고 어떤 특징의 개 또는 산양 등 개를 닮은 모든 것에 '개'라고 부른다.

2 직관적 사고

4세를 넘기면서 개념형성이 발달해 가지만 아직 사고는 논리적 수준까지는 이르지 못하고 있다. 이 시기의 사고의 특징은 언어보다는 이미지를 수단으로 하여 이루어지는 경향이 강하며, 사고가 지각과 미분화 상태에 있기 때문에 지각경험에 의해서 영향을 받기가 쉽다

이러한 직관적 사고의 특징은 이 시기의 유아에게는 '보존개념'(concept of conservation)이 결여되어 있는 점에 잘 나타나고 있다.

직관적 사고기에 있는 유아는 사물의 본질적 특징이 변화하지 않는 경우에도 그 외관이나 형상만의 변화에 의해서 본질까지 변화하였다고 생각하며, 논리적 사고 또는 가역적 사고(可逆的 思考, reversibility)는 미발달 상태에 있다.

(4) 자기 중심적 사고와 유아의 세계관

유아기 사고의 미분화성은 Piaget가 말하는 자기 중심성(egocentrism)으로 대표된다. 유아는 객관적 사실과 주관이 미분화되어 다른 사람의 관점을 이해할 수가 없으며, 자기 주변의 세계는 모두 자기를 위해서 존재하는 것처럼 행동한다. 자기 중심성이란 이기성(selfish)이란 말이 아니다. 자타의 구별이 잘 이해되면서, 사회성이 분화되어 간다. 유아의 자기 중심성은 다음과 같은 외계에 대한 특유의 인식(세계관)을 갖고 있다.

1 물활론(animism)

무생물을 포함해서 모든 사물은 인간과 똑같이 살아 있으며 의식을 갖고 있다고 생각하는 경향으로, 범신론이라고도 말한다.

2 실재론(realism)

꿈이나 머리 속의 공상적 · 주관적 생각이 객관적으로 실재한다고 생각하는 경향으로서, 주관과 객관의 미분화를 나타내는 것이다.

3 인공론(artificialism)

외계의 자연현상이나 사물은 모두 인간에 의해서 만들어진 것으로 생각하는 경향이다.

이와 같은 자기 중심성은 다른 사람과의 사회적 상호작용을 거듭하는 가운데 차츰 감소하여 7~8세경에는 거의 사라지게 된다.

(5) 호기심과 흥미

유아의 인지발달을 촉진하는 한 측면은 그들을 둘러싸고 있는 외계의 사물이나 현상에 대한 호기심 · 탐구심 · 흥미이다. 3~4세경부터 유아는 여러 가지 사물이나 현상에 대해서 흥미와 관심을 갖고, '무엇?', '왜?', '어떻게?' 등의 의문이 많아지며 질문의 횟수가 증가한다. 이 시기는 '질문기'라고도 불리운다. 주변의 어른들은 유아의 질문을 방치하지 말고 적절한 응답이나 설명을 해 줌으로써 유아의 지식이나 이해력 또는 사고력을 발달시켜 주는 마음가짐이 필요하다.

(6) 지적 발달의 조건

가정이나 유치원에서 유아들의 지적 발달을 촉진시키기 위한 교육적 지도 조건은 다음과 같다.

① 유아교육에 있어서 중요한 것은 자연이나 사회 속의 사물이나 현상을 잘 관찰 · 비교시키며, 그것을 언어와 결합시키는 일이다. 이른바 직관교수법은 유아교육의 기초인 것이다.

② 유아기 때부터 생각하는 힘, 생각하는 자세를 연령에 알맞게 기르는 일이다. 또한 호기심, 이상한 의문을 품게 하며, 질문하거나 자기 스스로 문제를 풀어나가는 힘을 기른다.

③ 손가락의 활동을 연습시킨다. 그림 그리기, 점토세공(粘土細工), 종이 오려내기, 색종이 접기 등을 연습시키면서 기본적인 형태나 색채의 지식을 기르는 것이 중요하다.

④ 집 밖의 활동을 장려한다. 체력은 물론 의지력, 특히 주의집중력, 인내력, 지구력 등을 기르는 일은 지적 발달에 큰 도움을 준다.

⑤ 주의집중력은 기억을 확실히 하는데 효과가 있다. 이 밖에 반복연습은 기억력의 발달에 중요하다.

⑥ 되도록 칭찬을 해 주거나 안아 줌으로써 정서적 안정감을 부여하고, 행동상의 실수를 질책으로 다스리지 않는 부모의 부드러운 태도가 요구된다.

3) 아동기

(1) 지각 및 시간의식의 발달

1 지각의 발달

지각의 정확성은 나이가 듦에 따라 증가하며 객관적인 인지력이 향상된다. 특히 주의력의 발달에 있어선 주의력의 배분(하나의 동작을 하면서 다른 일에 주의를 던지는)이 발달되고 있다. 또한 주의력의 지속시간이 영아기에 비해 현저하게 발달하게 되며 고학년에 이르면 거의 성인수준에 달하게 된다.

유아기에는 오늘과 어제를 구별하는 분화수준은 낮으며, 언어능력과 생활공간의 확대에 따라 분화가 진행되지만 3~4세경에는 어제와 오늘을 혼동하는 수가 적지 않다.

2 시간의식의 발달

아동기에 접어들면서 과거 · 미래가 분화되기 시작한다. 때와 날짜를 확실히 이해하기 시작하는 것은 8세경부터이며 여기에는 학교교육이 크게 관계한다. 시간의식의 추상적인 확립은 고학년이 되면서부터이다.

역사의식이 나타나는 것은 3~4학년 경이며, 아동 후기에 이르면 시간의식도 복잡해지고 공간적 이해도 높아지면서 역사소설이나 탐정물을 즐기게 된다.

(2) 지능 발달

지능검사에 의해서 일반지능의 연령적 발달을 연구한 것으로는 D. W. Wechsler의 연구가 있는 바, 결과는 〈그림 4-4〉와 같이 아동기의 일반 지능은 거의 직선적인 발달을 나타내고 있다.

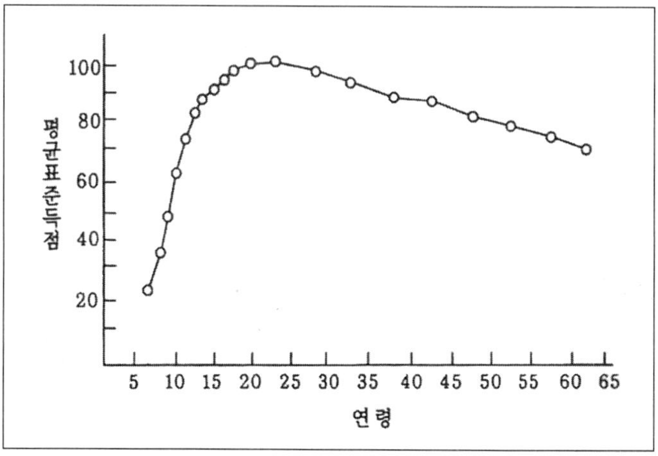

〈그림 4-4〉 지능의 발달곡선

(3) 호기심의 발달

아동기의 호기심은 그들의 지적 발달에 따라 호기심을 끄는 영역이 넓어지고 따라서 더욱 많은 학습의 동기를 유발시키게 되어 학습과 행동을 능률적으로 하게끔 하는 역할을 한다. 아동기의 호기심의 대상은 주로 자연현상에 관한 객관적인 지식이다.

8세경부터는 독서력의 발달에 따라 직접적인 탐구 또는 질문을 통해서 만족을 얻지 못하는 호기심은 독서를 통해서 만족하게 된다.

(4) 사고력의 발달

언어능력은 문자언어(읽기와 쓰기 능력)의 발달이 현저하며, 읽기는 1학년 1학기 말에, 쓰기는 1학년 2학기 말에 거의 전부 가능해진다. 이 시기는 어휘수의 증가가 심한데, 지적 흥미와 범위와 크기의 비약적인 확대에 비례한다. 그리고 기억이나 주의력의 지속적인 향상과 더불어 표현력이 높아지며 동일 주제에 대한 계속적인 추구도 가능해진다.

아동기에 들어서면 약간은 직관적 사고나 자기 중심성 등의 유아기의 전조작적 사고의 특징이 남아 있다. 그러나 7~8세경에 이르면 구체적 장면에서의 구체적 사물을 통한 '논리적 사고'가 가능해지면서 Piaget가 말하는 구체적 조작기에 들어서게 된다.

따라서 유아기 때는 곤란했던 '보존의 개념'을 획득하게 되고, '가역적 사고'(논리적 사고체계의 기본인식의 한 측면)가 가능해진다.

아동기 중기 이후가 되면 '지식생활 시대'라고 불리어지는 것처럼 인과관계나 공간의 위치나 거리에 관한 지리적 관계, 역사적 사건에 대한 시간적 관계 등에 대해서 흥미가 왕성해진다.

11~12세의 아동기 후기에 이르면 청년기 사고의 특징이라 할 수 있는 형식적 · 조작적 사고의 싹이 돋아나게 된다. 즉, 현실경험과는 모순되는 순수한 가설에서 출발한 것이라도 형식적 조작에 의해 연역적 추리가 가능하게 된다. 따라서 아동기 사고의 특징은 '탈자기 중심성', 즉 객관적인 사고가 가능하다는 데 있다.

(5) 기억력의 발달

1 기계적 기억과 논리적 기억

E. Brunswik는 기억실험의 결과를 재료 · 형태 · 의미의 세 가지 기준하에 분석 · 채점하여 6~18세까지의 기억발달을 밝혔다. 재료의 기계적 기억은 11~12세경에 정점에 이르고 그 이후엔 정체된다. 순서나 위치의 기억(형태기억)은 15~16세경에, 의미내용을 논리적으로 기억하는 의미기억은 17~18세경까지 발달한다.

아동기의 기억기능의 발달에 있어서의 특징은 기계적 기억이 왕성하다는 데 있다.

2 시각적 기억과 청각적 기억

시각적 기억과 청각적 기억을 처음 발달적으로 연구한 사람은 F. Smedley이다.

숫자 재생의 실험 결과, 8세경까지는 청각적 기억이 뛰어나며 9세경부터는 시각적 기억이 더 발달되고 있음을 밝혔다. 따라서 아동기 중기부터는 음독보다 묵독이 더 바람직하다고 하겠다.

4) 청년기

(1) 객관적 지각력의 발달

유아기에 있어서 지배적이었던 주관적 · 상모적 지각이나 아동기에 많이 나타나는 직관적 사고 등은 감각 · 지각 기능의 분화 · 정밀화가 촉진되면서 청년기에 접어들면서 차차 감소되고 대신에 대상을 정확히 객관적으로 파악하게 되며 또한 지각내용을 추상화 · 일반화하는 일이 가능하다.

(2) 기억력의 발달

기계적 기억(재료의 기억)은 아동기에 현저하게 발달하지만 청년기에 들어서서는 정체되면서 20세 이후에는 저하된다. 반면 놀리적 기억(의미의 기억)은 이에 반하여 청년기에 들어와서 발달의 정점에 달하게 된다.

일반적으로 사춘기에는 일시적으로 기억의 정체가 일어나는 것은, 이와 같은 기억기능의 변화와 관련이 있는 것으로 생각된다.

(3) 사고력의 발달

청년기에 있어서의 개념적 사고의 발달은, 추상적 · 논리적 발달과 더불어 이 시기의 지적 발달을 특징짓고 있다.

1 개념적 사고

아동기의 후반부터 청년기 초기에 걸쳐서 사고의 전환이 일어나는 바, 개념적 사고는 대상을 분석하여 그 보편적 · 본질적인 특성을 추리해서 논리적으로 바르게 파악하게 만든다. 그 후 다시 추상적 사고가 발달되면서 개개의 사실이나 현상뿐만 아니라 상호논리적 관계나 법칙성을 파악함에 따라 대상의 본질을 이해하게 된다.

2 추상적 논리

순수한 논리적 관계나 추상적 구조적인 관계가 파악되면서 이에 따라 형식적 추리가 가능하게 된다. 아동기 후기에도 이런 경향이 엿보이기도 하지만 아직 주관적 정서적 경향이 강하기 때문에, 청년기에 들어와서 처음으로 객관적 추리가 가능하게 된다. 그리고 자기의 추론과정이나 논거의 준거를 반성하는 능력도 갖게 된다.

3 청년기 사고의 특징

추상적 · 논리적 사고가 발달하게 되면서 과학적 이론에 흥미를 갖게 되고 철학적 의문을 갖고 자아를 탐구하고 사회나 정치문제를 비판적으로 보게 된다. 반면 대부분의 청년은 경험적 · 실증적 기초가 약하기 때문에 일반화 · 추상화하려는 경향은 자칫하면 문제를 이자택일적으로 단순화시키기 쉬우며 극단적인 관점에 빠질 정도로 사고의 유연성을 잃기 쉽다.

(4) 창조적 구상력의 발달

아동기 후반부터 지식이 증대되고 사고력이 발달되면서 또한 생활공간이 확대되면서 창조적인 구상력이 급속히 발달하게 된다. 자기의 미래의 꿈을 그리거나 발명 · 발견을 공상한다.

청년기 중기부터는 그것은 예술, 특히 문학적인 창작에로 향하게 된다. 많은 청년이 은밀하게 사랑을 주제로 한 로맨틱한 시나 산문을 지어 보거나 좋아하는 작가나 작품의 문체를 모방한 문장을 쓰기도 한다. 또한 회화나 음악 등에 있어서도 놀라운 성과를 보여주는 자도 나타난다.

(5) 허무적 사고

청년기에는 자아나 인생관이 확립되고 정치의식이 발달되지만 일반적으로는 ① 자기의 판단이 최고라고 믿고 타인의 의견에 귀를 잘 기울이지 않으며, ② 현실을 무시하고 유토피아적 · 이데올로기적 사상이나 과격한 사상에 빠져들기 쉽고, ③ 자기의 내적 세계의 무력함을 느낀 나머지 회의적이거나 허무적인 생각에 빠져들기 쉽다. 그리고 ④ 합리주의를 추구하면서도 본질을 벗어난 비합리적인 행동을 나타내기도 한다. 이러한 회의적 · 허무적 사고는 청년기 자살의 요인으로도 작용한다.

4. 정서 및 사회성 발달

1) 신생아기

(1) 신체적 피부 접촉의 필요성

신생아의 새로운 세계에서의 가장 중요한 요소는 이제 그가 분리되어 나온 어머니이다. 아기가 어머니에 의해서 외부세계에 잘 적응하며 건강한 감정과 따뜻하고 평안한 환경을 가진다면 가장 바람직한 신생아 환경이다. 인간이나 동물에 있어서 접촉(touch)한다는 것은 관계를 형성하는데 있어서 가장 중요한 역할을 한다.

어머니나 대리모는 아기를 포근하게 안아 줌으로써 그가 갈망하는 접촉을 만족할 수 있도록 하여 분리감을 해소하고 평안함을 회복시킬 수가 있는 것이다.

(2) 심리적 안정감과 신뢰감의 조성

신생아는 피동적이고 무력한 개체이다. 신생아는 태아기에 가졌던 안정감을 가질 수 있도록 도와 주어야 한다. 안정감은 신생아에게 미지의 세계에 대한 무력감을 극복하게 해 주고 두려움과 분노를 경감시켜 주며 고통을 해소시켜 주어 빠른 성장 · 발달을 도와 준다. 신생아의 여러 가지 욕구에 대한 즉각적인 반응과 만족을 주는 것은 신생아의 신뢰감을 촉진시켜 준다. 만족스러운 경험이 연속되면 그의 요구와 두려움은 진정되며 또한 자신에게 만족을 주는 사람에 대한 기쁨과 신뢰감의 싹이 튼다.

이러한 관계 유지는 타인과 밀접한 관계를 형성할 수 있는 사회화 과정의 가장 중요한 출발점이 된다. 인간생활의 가장 중요한 상호신뢰와 애정이 이 시기에 결핍되면 타인 또는 그 자신에게까지도 안정감 · 신뢰감을 형성하는 기초를 갖지 못하게 되며 사회화 과정은 더욱 어려워진다.

즉, 어머니와 신생아의 첫 번째 관계 형성은 신생아의 성격을 좌우하며 또한 신생아의 안정감과 신뢰감의 발달은 좋은 대인관계 형성의 기틀을 마련한다.

2) 영아기

(1) 정서의 분화

내용이 다른 정서가 어떻게 형성되며 또 언제부터 분화되느냐 하는 것에 관한 연구는 일찍이 J. B. Watson이 수행하였다. 그는 생후 3개월 되는 유아를 관찰하여 공포 · 분노 · 애정의 3개의 정서 반응이 영아가 가진 기본 정서라고 결론지었다. 영아를 높은 곳에서 떨어뜨릴 것처럼 하고 붙잡아 주지 않아 몸의 균형을 잃으면 공포를, 움직이지 못하게 하면 분노를, 그리고 애무해 주면 애정을 구별하여 표현한다고 했다. 신생아기의 흥분 상태에서 점차로 성숙함에 따라 여러 가지 내용의 정서가 분화된다고 생각된다. 영국의 아동연구학자인 K. M. B, Bridges는 60명의 신생아를 12개월간 관찰하여 〈그림 4-5〉와 같은 결과를 얻었다.

① 출생시의 유일한 반응은 산만한 흥분상태이다.

② 쾌정서는 출생시는 없었던 긍정적 반응이며, 불쾌는 싫어하는 반응으로서 출생시의 흥분 속에도 있었던 정서라 한다. 이 쾌·불쾌의 구별은 생후 3개월이 되어야 나타난다.

③ 생후 5개월이면 분노와 혐오가 분화되고, 7개월이면 공포가 불쾌에서 분화되며, 애정과 기쁨이 10~12개월에 나타나기 시작한다(그림 4-5). 정서 과정이 이렇게 발달함에 따라 나타나기 때문에 그것을 학습의 결과라 생각할 수도 있다. 그러나 출생 당시 귀먹고 눈먼 아이는 촉각 이외에는 정서적 표현을 학습할 기회가 없었는 데도 해당되는 정서 자극을 주었더니 공포, 분노, 쾌 등에 대한 안면 표정이나 울음 또는 웃음이 정상 유아와 동일했다는 관찰 결과가 보고되고 있다. 이것을 보면 몇몇 기본 정서는 성숙에 의하여 발달된다고 하겠다.

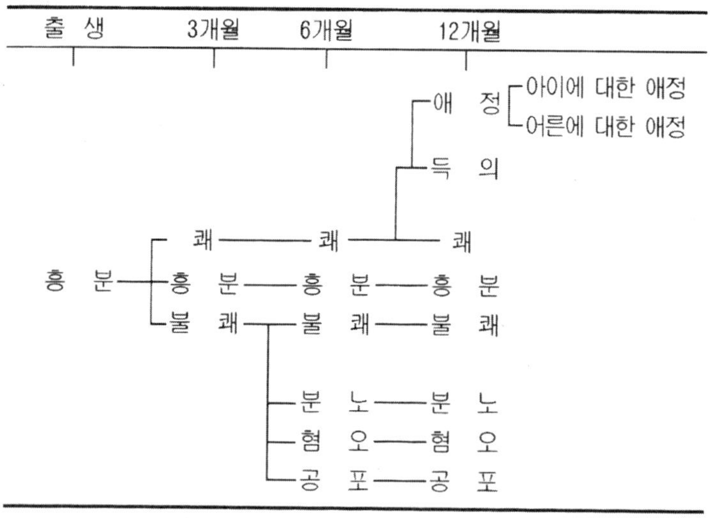

〈그림 4-5〉 Bridges의 정서분화의 도식

1 공포(fear)

공포반응은 놀라는 표정이나 행동으로 표출되며 대부분 운다. 모로(Moro)반사에서 볼 수 있다. 공포를 일으키는 요인은 갑자기 영아를 이동시켰을 때, 큰 소리를 질렀을 때, 막 잠이 들려고 하거나 깨려고 할 때에 자극을 주면 반응을 나타낸다.

2 분노(anger)

분노반응은 신체운동의 자유를 구속하고 방해당했을 때 나타난다. 영아는 손, 팔, 다리를 격심하게 움직이고 입을 벌리거나 우는데, 처음에는 소리를 내어 울지 못한다. 분노는 불쾌자극이나 압력을 극복하려는 반응이라 할 수 있다.

3 애정(affection)

영아가 1개월이 되면 정서반응이 어떤 특정요구에 따라 달라지며, 막연하게나마 웃을 수 있다. 3개월이 되면 사람의 얼굴을 보고 미소짓거나 웃게 되는데(social smile) 이는 사회적인 관계에 대한 적응이라고 볼 수 있다. 7~8개월에는 낯선 사람을 구별하여 자기 가족에게는 애정을 나타내는 반면 그 외의 사람은 그 얼굴을 구별하여 무서워하게 된다. 이를 외인 불안증(stranger anxiety)이라 한다. 이때쯤 되면 어머니로부터 떨어지는 것을 싫어하고 어머니가 그로부터 떠나지 못한다. 가능한 어머니 옆으로 좇아가는 행동을 보이고 있고, 전체적으로 어머니 곁에 머물러 있고, 어머니와의 거리를 좁히고 가능한 오랫동안 같이 있으려 한다.

(2) 애착행동의 발달

1 애착행동의 개념과 기능

애착행동(attachment behavior)이란 어머니와의 애착을 증가시키는 행동으로서 애착이란 미숙한 개체가 그의 생존에 필요한 어머니 혹은 다른 성인에게 가까이 있음으로써 그 생존의 안전을 꾀하려는 다분히 생물학적 현상이라고 할 수 있다. 말하자면 모르는 사람이 나타났을 때 울고 무서워함으로써 어머니 곁에 있게 되고 또 어머니가 떠나려 할 때 울고 따라감으로써 어머니로 하여금 머물게 하려는 행동이 애착의 행동이며, 실은 웃음도 일종의 애착행위로 볼 수 가 있는데, 긍정적으로 웃고 재미있게 함으로써 어머니를 자기 곁에 오래 머물게 하는 기능을 가지고 있다고 하겠다. 이런 애착행동을 통하여 어머니와의 애착이 이루어지고 애착을 통해 영아는 어머니와 공생적 관계(symbiotic relation)를 이루게 되고, 어머니는 항상 자기를 도와 주며 위험으로부터 구제해 주고 자기에게 필요한 영양을 공급해 준다. 이러한 어머니로부터 보호와 사랑, 접촉 등을 통하여 영아는 기본적인 신뢰감(basic trust)과 기본적인 안정감(basic security)을 얻게 된다.

2 인간에 대한 신뢰 형성의 기초

영아의 기초 사회적 관계에서 가장 두드러지는 점은 양육자에 대한 정서적 애착이다. 애착은 한 개인이 자신과 가장 가까운 사람에 대해서 느끼는 강한 감정적 유대 관계를 뜻한다. 애착은 근본적으로 선택적인 특성을 갖고 있어서 극히 소수의 제한된 대상에 대해서 형성되며, 애착이 형성된 대상에 대해서는 가까이 다가가고 싶고 근접해 있고 싶은 욕구를 갖게 된다.

모든 영아는 한 살 이내에 어머니, 아버지 및 그 외 한두 명의 가까운 사람들과 특별한 유대감을 형성하게 된다. 그밖에 영아는 형제자매, 조부모, 대리양육자, 탁아소의 보모, 또래들 그리고 타인들과의 상호작용 방식도 발달시킨다. 이런 초기의 애착관계는 영아의 정서적 안정성과 대인관계 등의 사회적 발달에 중요한 기반이 된다.

3 애착관계의 특성

첫째, 놀고 싶을 때 뿐만 아니라 괴롭고 피곤하고 싫증나고 배고프고 아프고 두려울 때와 같은 스트레스 상황에서 애착대상에 접근하려 한다. 둘째, 다른 사람보다 애착 대상이 영아를 잘 달래고 안정시킬 수 있다. 셋째, 유아는 애착인물과 같이 있을 때 즐거워하고 낯선 대상을 접해소 불안을 덜 나타내고 애착 대상을 안전기지 삼아 주위 환경을 탐색한다.

4 애착관계의 형성과정

첫 단계로서 영아는 다른 대상에 비해 사람을 비롯한 사회적 대상을 선호하나 특정 대상을 구분하지는 않는다. 생후 5주 이후 영아는 특정 대상에 대한 구분 없이 사회적 미소를 표현하는데, '배냇짓'이 대표적 반응이다.

둘째 단계는 생후 5개월이 되면 친숙한 대상과 낯선 대상간의 구분이 생기면서 양육자에게 보다 분명한 사회적 미소를 자주 보낸다. 6~7개월경이 되면 본격적인 애착관계가 형성되기 시작한다. 영아는 엄마의 냄새, 음성, 안는 방법, 얼굴 모습 등 여러 감각, 지각적 단서를 통합해서 어머니를 알게 된다. 이 기간 동안 어머니도 아이의 독특성에 대해 잘 알게 되어 상호작용 방식을 조절해 간다.

셋째 단계에서는 영아가 비로소 특정 대상에 대한 강한 집착을 보이며 애착 대상과 떨어질 때에는 분리불안을 나타낸다. 낯가림이 이 시기 동안 서서히 나타난다. 이런 격리불안은 애착 대상과 떨어지는 경험이 늘어날수록 강해지는데 6~8개월경에 나타나서 10~12개월경에 절정을 이루다가 2세경에 이르러 소멸된다.

3) 유아기

(1) 가정환경의 중요성

이 시기의 위험성은 부모의 부부관계가 원만치 않을 경우, 또는 편모슬하라든가 결손가정의 경우 유아들이 남녀관계에 대하여 부정적인 관념을 갖거나 또는 정상적 오이디푸스 콤플렉스(Oedipus complex)가 잘 해소되지 않음으로써 성에 대한 편견이나 불안이 이루어지고, 성장 후의 남녀관계에 영향을 미칠 수 있다. 또 이 시기에 집에서만 기른다든지 또래 친구와 접촉이 없다든지 한정된 경험만을 쌓음으로써 심리 · 사회적인 결핍증, 문화실조증 등을 일으킬 수 있다. 특히 우리나라의 경우 과잉보호와 과잉통제의 형태로서, 유아들을 밖에 나가 놀지 못하게 하고 또래 친구와의 접촉을 못하게 함으로써 사회성이 결여되는 경우가 있겠고, 이것은 또한 자녀의 수가 적은 핵가족에서는 극히 위험한 양육태도라고 할 수 있다.

최근 많이 생기는 유아원이나 유치원의 기능도 자녀의 수가 적어짐으로써 형제자매와의 접촉이 없는 상황에서 또래집단의 접촉을 하게 함으로써 사회성을 기른다는 중요한 목적이 있다고 하겠다.

문화실조는 특히 경제적으로나 사회적으로 빈곤한 환경에서 자라난 아이들에게 많을 수가 있는데, 이들이 지능이 낮고 문제성이 높은 것은 이 시기에 사회적 생활경험과 부모로부터의 자극, 경험들이 부족하기 때문에 오는 것으로 생각된다.

(2) 정서발달

유아기의 정서는 영아기에 비해 더욱 분화 · 발달되고, 유아의 정신생활의 중심을 이루고 있다. 정서는 조기에 많은 종류로 분화되나 5~6세경에는 성인과 같은 정도로 복잡한 정서로 분화하게 된다. 즉 좋다, 예쁘다, 재미있다, 고맙다 또는 선악의 정서 등이 그것이다. E. B. Hurlock은 유아기 정서의 특징으로서 ① 일과성, ② 강렬성, ③ 빈발성, ④ 정서표출의 개성화, ⑤ 정서표출 감축의 곤란성 등을 들고 있다.

1 공포 정서

G. Watson은 큰 소리, 암흑 등은 유아에 있어선 생리적 공포이며 특히 공포, 분노, 애정을 생득적 정서로 그 대상이 확실한 것은 후천적 공포로 나누고 있다. 그러나 G. W. Lowton은 공포의 습득은 불유쾌한 경험이나 이전에 형성된 공포심의 습성화(조건화) 또는 타인의 모방에 의해서 일어난다고 말하고 있다.

공포심은 일면으로는 위험에서 자기를 보호하기 위해서 필요한 정서이지만 부당한 공포심이나 병적인 공포심은 유아기의 발달에 해가 된다.

2 분노 정서

분노심은 요구가 충족되지 못하거나, 자유가 구속되거나 자기 몸에 상처를 스스로 입혔을 때 생기는 정서이다

유아의 분노심은 놀잇감 싸움, 배변이나 옷입히기를 강제로 할 때, 흥미있는 활동이 방해될 때 생기기 쉽다. 분노심 표출은 울거나 뒹굴거나 하면서 직접적으로 표출된다. 세 살이 지나면서 난폭한 말을 구사하거나 표출하는 경향이 있지만 유아기에는 일반적으로 분노가 적다.

3 애정 정서

애정은 영아기엔 모자관계의 애정이나 장난감에 대한 애정에서 시작하여 유아기에는 널리 사회적인, 지적인 대상에까지 발전한다. 즉, 친구에 대한 애정, 친절한 사람에 대한 애정, 아기에 대한 애정, 예쁜 물건이나 새로운 것에 대한 애정 등이다.

유아의 애정은 안거나, 뽀뽀하는 등으로 표출한다. 애정이 감도는 가정에서 자라는 일이 중요하지만 과보호는 독립심이나 자주성이 없는 의지가 약한 아이로 기르기가 쉽다.

4 질투 정서

유아의 질투는 자기에게 주어질 것이라고 기대한 애정이 자기에게 주어지지 않고 타인에게 주어졌을 때, 준 사람과 주어진 사람에 대한 분노의 정서반응이다. 유아는 어머니의 애정 상실로 인하여 질투를 나타낸다. 이 때의 경쟁자에게는 분노가 나타나고 애정대상자에게는 공포와 주의 획득기제를 나타낸다. 특히 유아는 부모의 애정을 동생과 나누어 받기를 싫어하는 자기 중심적 사고를 가지므로 질투심을 갖는 것은 성장·발달 과정에서 볼 때 정상이라고 할 수 있다.

유아가 동생에게 취하는 분노 정서 혹은 공격적 행동은 친밀하면서도 미워하는 양가감정을 갖는다. 즉, 동생을 귀여워하면서도 은근히 괴롭힌다. 상대를 때리거

나 놀리기도 한다. 어머니의 주의획득을 위해서 퇴행현상이 나타나는데 침을 흘리거나, 오줌을 싸고, 손가락을 빨거나, 말을 더듬을 뿐만 아니라 어리광이 심해지고 밥을 안 먹는 등의 현상을 보인다.

질투 정서는 대체로 남아보다 여아가 심하고 지능이 우월한 아이에게 더 많으며 가족수가 많은 가정의 유아일수록 질투심은 적다. 이러한 질투현상이 빈번히 일어나고 정도가 심하면 성격발달에 나쁜 영향을 주게 되므로 부모와 가족들은 유아에게 공평한 대우를 해 주고, 지나친 개인 경쟁을 유발시키지 말고, 특히 질투를 갖는 유아와 놀아줌으로써 욕구불만을 해소하도록 도와 주어야 한다.

5 어리광 정서

어리광은 3~4세경까지 주로 생기지만, 5세 이후에도 남아 있을 때는 유아를 질책하는 방법이 나쁘기 때문이다. 독자, 막내둥이 등 익애 또는 맹목적인 사랑의 분위기에서 자란 아이가 어리광이 더 심하다.

(3) 성격의 기초형성과 사회성 발달

1 자아의 싹틈

① 모자분리

유아기에 들어서서는 여태까지의 일체적인 모자관계에 변화가 생긴다. 운동능력의 발달과 행동범위의 확대에 따라 유아의 심성에는 부모에 의존하지 않고 무엇이건 스스로 할 수 있다고 믿거나, 그런 일을 즐기는 기분, 즉 '자존심'과 '자립심'이 싹트게 된다. 이것은 '모자분리'의 경향이며, 인간발달에 있어서 극히 중요한 의미를 갖는 것이다.

② 제1반항기

유아기가 되면 부모 측에서는 기본적인 생활습관의 학습지도가 개시되지만 이것은 유아의 행동에 통제를 가하는 계기가 된다. 이러한 통제는 유아에 있어선 싹이 돋아난 자존심이나 자립심에 대한 부정 · 억제이기 때문에 유아는 여러 가지 행동을 통해 반항을 하게 된다. 이 시기는 일반적으로 O. Kroh가 명명한 제1반항기로 불리운다. 3세 전후에 가장 심하며 제1반항기의 출현은 유아의 자아가 싹이 트고 있음을 의미하는 것이다. 따라서 이것은 발달에 있어서 정상적인 하나의 과정인 것이다. 이것을 적절히 경험한다는 것은 자아의 발달에 있어서 중요한 의미가 있다.

이러한 반항적 현상 혹은 거부증은 1세 반부터 시작되어 3~4세에 정점에 이른다. 반항적 현상은 외면적으로는 손종성이 없어지고 고집과 억지를 부리지만, 내면적으로는 자아의식이 발달되고 자립심이 형성되기 시작한다. 유아의 반항적 현상의 심리적 특징은 유아의 운동능력 발달로 신체활동이 많아지고 이에 따라 욕구 충족을 스스로 자주적으로 하고자 함이며, 또한 자립심이 발휘라고 할 수 있다.

2 가족과의 관계

① 부모의 태도

유아의 사회성 발달에 있어서 부모의 태도는 큰 영향을 준다. 자녀를 대하는 태도는 익애 · 방임 · 엄격 · 과보호 · 모순 · 불일치 등의 유형에 따라 유아의 성격이나 행동에 변화를 초래하게 되며, 유아들은 특히 부모의 행동을 동일시 대상으로 삼아 성 역할을 학습한다는 점에서 중요한 의미가 있다.

② 왜곡모친

어머니하고 같이 있으나 어머니의 성격이 건전하지 못하여 유아에게 적대적이고 거절적이며, 또는 과잉보호적이거나, 사랑과 적대의 상반된 반응을 동시에 나타낸다거나, 변덕스럽다거나 하는 경우를 왜곡모친이라고 한다. 이러한 유아는 빈번하고 강한 정서자극으로 인하여 정신분열증 · 우울증 경향이 높다.

③ 형제관계

형제관계는 부모와 자식간의 '종적' 인간관계로부터 친구와의 '횡적'인 관계에 적응해 나가기 위한 교두보 역할을 하는 것이다. 형제 수가 증가함에 따라 가정 내의 대인관계는 다양화되고, 직접적인 대인관계를 학습하는 기회에 그치지 않고 모방대상(modeling)에 의한 간접적인 학습의 기회도 증가하게 된다. 형제간의 놀이, 싸움, 경쟁 등을 통해 양보, 협조성, 자기주장 등 유아의 사회성이나 성격의 발달이 촉진되는 면이 크다.

3 놀이와 교우관계

① 혼자놀이

유아기는 하루의 태반을 놀이로 보낸다. 즉, 생활 그 자체가 놀이이다. 3세경까지는 생활의 장은 거의 가정이다. 놀이의 상대도 부모나 가족 뿐이어서 혼자놀이 중심의 시기이다. 이러한 놀이를 통해 유아의 신체나 운동능력, 지각, 지능, 정서 등이 발달해 간다.

② 집단놀이와 사회성 발달

3세경을 지나면서 생활의 장은 가정에서 이웃까지 확대되며, 같은 또래의 놀이 친구를 적극적으로 찾아 나서게 되며, '연합놀이' 또는 '협동놀이' 등의 상호교섭적인 놀이가 발달하게 된다. 특히 협동놀이를 통해 사회생활의 기본인 규칙의 준수 또는 집단 내 역할분담의 중요성을 학습하게 되고 리더십이 갖는 의미도 체험하게 된다.

4) 아동기

(1) 정서발달

아동기는 일종의 충실기이며 안정기이다. 정서면에 있어서도 혼란이나 흥분은 비교적 적다. 활동범위의 확대에 의해서 많은 사람이나 사물과의 접촉경험의 풍부화가 안정화의 원인으로 작용하기 때문이다. 정서를 단순하게 표출하면 주변 친구들이 어린애 같다고 친구로 인정해 주지 않을까 염려되어 감정을 억제하고 통제하는 세련된 감정경향을 나타내는 수가 많다.

이와 같은 정서적 행동은 사회적 행동과 특히 밀접한 관계가 있어서 공포, 분노, 질투, 애정, 동정 등 어느 것이나 이를 사회적 행동으로 볼 수도 있다.

1 공포 정서

아동기의 공포 요인은 시각적 · 정서적인 대상이나 구체적이고 직접적인 자극에 의한 것보다는 상상적 · 가상적인 것, 비현실적, 초자연적인 것에 대한 공포가 많아진다. 즉, 어두움과 관련된 상징적인 사물, 귀신, 도깨비, 죽음과 사체와 연합된 사물 등과 같은 것에 공포 정서를 유발하고 실패와 조소 혹은 위신에 대한 공포 등을 경험한다. 이는 구체적 현실에서의 공포가 아니라 공포반응이 경미한, 즉 근심 걱정의 형태로 나타난다. 암흑이나 홀로 있는 것을 두려워하는 것이 그대로 성인기까지 지속되는 것이다. 성인기의 이와 같은 불안정서는 아동기의 심한 공포 경험에 의한 것이라 할 수 있다.

2 불안 정서

이 시기의 불안은 주로 부모의 자녀에 대한 기대 과잉에서 오는 갈등과 교사의 전제적 지도에 대한 공포, 그리고 가정생활과 학교생활과의 부조화의 영향을 크게 받는다. 심한 불안의식은 문제행동을 일으킬 가능성이 많으므로 빨리 발견하여 해소시킬 수 있는 방법으로 지도해야 한다. 그러나 적당한 불안의식은 아동들의 여러 행동규범에 사회적인 통제를 할 수 있으며, 이는 또한 양심을 형성하는 데 도움이 되므로 적절한 불안지도는 아동의 성장 · 발달에 도움을 줄 수 있다.

3 분노 정서

이 시기의 분노는 보다 많이 사회적 관계에 관련되어 일어나며 공포보다 훨씬 자주 나타난다. 표출방법도 파괴적 행동표출이 아니고 물건이나 사람에게 향한 행동으로 직접 나타난다. 또한 분노표출은 직접적 신체공격이 아니고 간접적인 방법으로 언어적 공격을 많이 사용한다.

이 시기의 분노 자극 요인은 욕망이 좌절되었을 때, 진행 중인 행동이 방해될 때, 자기의 결점을 들추어 낼 때, 놀림을 받을 때, 꾸중을 들을 때, 다른 아동과 불유쾌한 비교를 할 때, 자기의 실수나 어리석음을 알았을 때, 또는 무시당할 때 등이다.

중학년쯤 되면 놀이 과정에서 욕구불만에 기인한 싸움이 빈발한다. 이러한 싸움은 저학년 때에는 신체적 공격이 많지만, 중학교 이후부터는 말싸움이 증가된다. 특히 사회적 명예의 침해가 원인이 되는 수가 많다.

4 정조

정도(情操, sentiment)란 정신적 · 가치적인 대상에 향하는 세련된 고등감정 반응을 뜻하는 바, 아동기에는 도덕적 정조가 잘 발달되어 있으며, 특히 정의감이 강하다.

정조는 자기가 좋아하고 존경하는 사람이 갖는 가치감을, 그들에 대한 '동일시'로서 받아들이게 되고(접근의 법칙), 또한 자기의 가치체계가 여러 사람들에게 공감과 찬동을 불러일으키는(효과의 법칙) 경우와 같은 환경 속에서 알게 모르게 학습되어 몸에 배게 되는 것이다.

(2) 사회성 발달

1 학급진단과 또래 친구집단

아동기의 큰 특징의 하나는 사회성의 발달이다. 이것은 '학급진단'의 구성원으로서 경험하는 여러 가지 집단활동이나 아동기 중기부터 학교나 지역사회에서 형성되는 '또래 친구집단'에의 참가를 통해서 달성된다. 그러나 저학년에서는 학급이 하나의 집단으로서 형성되어 있지만 아동 상호간의 응집성은 약하고 개인 경쟁적인 관계가 심하여 한 사람 한 사람이 직접 교사와의 관계 속에서 인간관계가 전개되는데 지나지 않는다.

학급집단이란 학교라는 조직체에 의한 인위적인 집단이며 학생의 자유 의사에 의해서 변경할 수 없는 강제적인 집단이다. 저학년일수록 학급집단은 교사의 힘에 크게 영향을 받으며, 고학년인 경우 교사의 힘보다 아동상호간의 관계가 강화되어 강한 통일적인 집단구조로 발달되어 간다.

2 교우관계의 발달

교우관계의 아동기 성장·발달에 중요성을 갖는 것은 아동에게 직접적 충족을 주는 것뿐만 아니라 보다 넓은 사회에 적응할 수 있는 자질을 형성해 준다는 데 있다. 또한 교우관계는 사회적 지식을 넓혀 주고 이에 따라 사회적 관심·태도·기술이 세련되며, 집단생활의 주고받는(give and take) 요령을 습득하게 되는 것이다.

아동의 친구선택 및 거부의 조건은 일반적으로 빈번한 접촉의 기회와 동일한 흥미 및 요구가 친구선택의 중요한 조건이 되며 특히, 저학년에 있어서는 집이 근처다, 통학로가 같다, 좌석이 가깝다, 함께 논다, 어머니끼리 친구이다 등의 외부적·우연적 이유가 많지만 중학년부터는 이런 이유가 점차 줄어들고 성격적 이유, 즉 친절하다, 명랑하다, 온화하다, 호감이 간다 등의 이유로서 선택하고 또한 동무의 성격을 좋아하거나, 희망·목적·취미가 동일하다는 등의 내적·인격적 이유로서 결합된다.

3 도당시대

아동기 전기에는 자연 발생적인 놀이 집단이나 짝패(同人, clique)를 이루어 놀았으나 아동 후기에 접어들면서는 강한 연대성과 소속감과 폐쇄성을 갖는 또래 친구집단인 '도당'(徒黨)을 형성하게 된다. 소위 도당기(gang age)라 불리우는 것이다. 이 시기가 갖는 특징으로서는 ① 친구와 같이 행동하기를 좋아하며 놀이나 운동경기, 때로는 장난도 공동으로 행한다. ② 친구로부터 승인이나 애정을 받고자 하는 욕구가 강하며, 친구의 의견에 동조하고 친구의 기대에 부합하고자 자기의 역할을 충실히 이행하며, ③ 자기들끼리 통하는 은어나 소지품을 가지며, 우리라는 감정(we-feeling)이나 의식이 강하고 집단의 응집성이 높으며, ④ 외부에 대해서는 강한 폐쇄성과 배타성을 나타내는 수가 많다. ⑤ 또한 집단구성원 상호간에는 '우리의 맹세'와 같은 규칙을 정해 놓고 이에 대한 이행이 철저하며, 리더의 명령은 부모나 교사보다도 더 강할 만큼 통솔·종속 관계가 철저하다.

4 집단생활과 사회성의 발달

학급이나 도당에서의 집단생활을 경험하는 일은 아동기의 발달에 있어서 극히 중요한 의미를 갖는다. 이러한 횡적 인간관계 속에서 집단을 유지하기 위한 집단 규범의 준수, 상호협력, 욕구의 자기 통제 등 기본적인 사회생활을 영위하기 위한 기술이나 태도가 깊이 학습되어진다고 하겠다. 그러나 도당간의 대립항쟁 등은 경우에 따라서는 비행과 연결될 수도 있다는 점에서 교육지도상 특히 유의할 점도 많다.

(3) 도덕성 발달

1 외적 통제에서 자기 통제로

유아기에는 자기의 욕구의 통제나 선악의 구별이 어느 정도 가능하지만, 이것은 무엇보다 유아에 있어서 신뢰의 대상인 부모나 보육자 등의 어른으로부터 받는 외적 통제에 의한 것이다.

결국 유아기에는 행위 그 자체의 기준을 이해하고 있는 것이 아니라 벌을 회피하고 어른으로부터 보상과 칭찬을 얻기 위해 행위를 구별하는 면이 강하다. 그러나 아동기에 들어서는 외적 통제 대신에 자신에 의한 '자기 통제'가 가능해진다. 이러한 자기 통제의 발달 과정은 다음과 같은 '만족지연 행동' 및 '자기 강화행동'의 발달에 잘 나타나 있다.

① 만족지연 행동의 발달

만족지연 행동이란, 장래의 '가치 있는 결과'를 손에 넣기 위해 당면의 욕구를 만족시키는 행동을 억제하는 것이다. W. Mischel과 R. Metzner의 실험에서는, 유아나 저학년에선 지연 후 대보수보다 직후 소보수를 선택했으나, 3~4학년 이후의 아동들은 지연 후 대보수가 우세했음을 시사하고 있다(그림 4-6 참조).

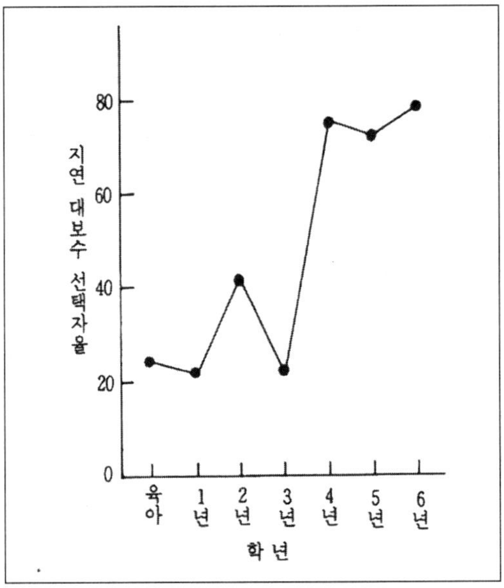

〈그림 4-6〉 만족지연 행동의 발달

② 자기 강화행동의 발달

아동기 중기에는 과거의 경험을 통해 차츰 자기 행동결과에의 기대가 형성되고 그 기대에 입각한 행동의 기준이 설정되게끔 된다. 만약 행동이 그 기준에 부합된 경우엔 정적 강화(자기 칭찬), 부합되지 못한 경우엔 부적 강화(자기 질책)를 자기 자신에게 주게 된다. 이러한 강화는 부모나 교사 등 외부인이 주는 것이 아니라 스스로 주는 것으로 이것을 자기 강화(self reinforecement)라고 말하며, 이후 인간의 동기유발에 중심적 역할을 하게 된다.

2 집단의 규범과 도덕성

도당시대에 들어서면, 또래 친구집단에서는 엄격한 상호견제에 의한 "동료간의 행동원리로서 도덕의식"이 발달하게 된다. 특히 또래 친구집단에서는 "모두가

지킨다", "모두가 실행한다"라는 공평과 평등의 원리가 엄격히 실천되고 불공평과 불평등은 최악의 일로 심판하게 된다.

따라서 이 시기의 도덕의식은 스스로의 자각에 의했다기보다는 실제로는 그 집단의 규범이거나 부모나 교사로부터 주어진 경우가 많다. 이와 같이 아동기를 도덕성 발달의 관점에서 본다면 "집단적 도덕, 타율적 · 권위적 도덕"의 단계에 있다고 볼 수 있다. 그 후, 청년기에 들어서면 자기의 내적 가치관이나 양심에 따라서 행위를 검토하는 '자율적 도덕'의 단계로 이행되어 가는 것이다.

5) 청년기

(1) 정서발달

청년기에는 뚜렷한 원인이나 대상을 의심함이 없이 막연히 불안해하거나 깊은 감동에 빠질만큼 막연성이 심하고 사소한 자극에 대해서 민감하게 강한 반응, 즉 격노하거나 감정이 격정적이며 또한 감정은 극단에서 극단으로 심하게 동요되고 아주 상반된 대립적인 감정이 번갈아 나타나는 동요성이 심하다. 이와 같은 격정성과 동요성 그리고 막연성이 강한 청년기를 G. S. Hall은 '질풍노도'(Sturm und Drang)의 시기라 칭하였다.

1 자기상의 반응

청년의 급격한 신체적 변화는 유아기와 아동기를 거쳐서 이루어진 자기 자신의 신체나 용모에 대한 안정된 자기상(自己像)에 동요를 불러일으킨다. 자기의 모습이나 체형에 대해서 강한 관심을 가지기 시작하며 때로는 불안해하거나 고민하는 수도 있다.

특히 청년들의 신체부위에 대한 지각(body cathexis)에 있어선 긍정적인 자아상과 부정적인 자아상으로 구분된다. 그리고 '타인에게 비쳐진 자기'에 대한 인식이나 관심도 매우 크다고 하겠다.

2 이성에 대한 관심

성적 성숙에 따라서 '이성에의 관심'이 급속히 높아진다. 청년 전기에는 이성애의 흥미와 접근이 쉽게 나타나는 수가 많으나 사춘기 특유의 수치심이나 불안으로 겉으로는 반발이나 냉담한 태도 또는 욕을 하는 행동으로 나타나는 수도 많다. 그리고 이러한 불안정한 기분을 보상하는 의미의 연장에서 이성을 사모하는 행동을 취하는 수도 많다.

청년 중기가 되면 이성에 대해서 보다 친화적이며, 동년배의 이성에도 관심이나 애정을 갖게끔 된다. 1 대 1의 교제도 시작되지만, 상호간에 현실과는 거리가 먼 이상적인 상대를 구하거나, 자기 의식의 과잉화 등으로 인해서 대체로 충돌하기 쉽고 교제가 오래가지 않는다. 다시 청년 후기가 되면 애정이 특정의 이성에 대해서 집중되게끔 된다. 또 특정의 이성을 연애의 대상으로 선택하기 위한 조건으로서도 키와 같은 용모 중심의 외면적 요인은 감소되고 성격이나 교양 또는 인생관 등의 내면적 요인이 차츰 강조되기에 이른다.

3 정서적 경향

① 고민

고민은 청년기의 정서발달 중 가장 중요한 위치를 점하고 있다. 고민의 계기가 되는 것은 불안, 고독, 열등감, 공허감 등이다.

ⓘ **불안** : 확실하지 않은 대상을 막연하게 불안해 하는 수가 많다.

ⓘⓘ **고독감** : 청년은 고독을 스스로 바라기도 하는 반면 그것을 비상히 두려워하기도 한다. 그러나 고독은 그 순간에 자아를 통찰하고 자기의 본질을 파악하여 독립한 인간으로서의 자아를 확립하는데 있어서 중요한 체험인 것이다. 청년기의 고독은 인생을 강하게 만드는 계기가 될 수도 있다.

ⓘⓘⓘ **열등감** : 열등감이란 자기를 타인과 비교해서 부족하다고 느끼는 입장에서 위축되는 경향으로서 청년의 고민은 열등감과 관계가 깊다. 열등감을 느끼는 청년이 보상에 대한 시도가 실패하는 경우에는 병적인 열등감(inferiority complex)에 빠지기 쉽다. 그러나 열등감이 재능, 용기, 사회적인 관심과 연결될 때에는 진보,

성공, 발전의 원인이 되는 수가 많다.

ⅳ **공허감** : 자기의 이상과 현실 사이에 괴리현상이 많다는 것을 느끼면 느낄수록 마음의 공허감, 특히 실존적 공허감에 빠지는 수가 많다.

② 동경심

동경심은 청년이 갖는 강한 정서이며 또한 동시에 기본적인 기분이기도 하다. 동경의 대상은 인간 · 자연 · 문화 등 다양하다. 청년이 품고 있는 이상은 현실과 모순되는 수가 많다. 이를 메꾸기 위해 권력, 아름다움, 정의 등을 동경하는 수가 많고 특히 이것이 전신미에로 향할 때 청년은 항상 발전하며 물욕이나 권력에로 향할 때에는 타락하거나 범죄를 저지르게 된다.

③ 정조의 발달

청년기에는 고등감정인 정조가 발달되어 일상생활을 적응해 나가는 데 중요한 역할을 한다.

ⅰ **지적 정조** : 밤 11시까지 도서관에서 공부를 하다가 도서관실을 나서면서 지적 성취를 만족해하는 감정이나, 풀지 못했던 수학문제를 드디어 풀었을 때의 지적 희열 등을 뜻하는 바, 이는 청년기의 지적 발달을 촉진하는데 큰 역할을 하게 된다.

ⅱ **심미적 정조** : 미적 가치를 추구함에 따라 생기는 흐뭇한 감정을 뜻하는 바 이러한 미적 감정은 청년기에 가장 많이 발달하고 있다.

ⅲ **도덕적 정조** : 윤리적 · 도덕적 감정을 뜻하는 것으로 청년의 자아확립에 크게 이바지한다.

(2) 사회성 발달

1 자아의 발견

청년기에 들어서게 되면 청년의 눈은 자기의 마음 속의 내면을 향하게 된다.

대상 또는 객체로서의 자기 존재에 관심을 갖게 됨에 따라 E. Spranger는 이를 '자아의 발견'이라 부르고 있다. 이러한 자아의 발견이나 자아의식의 높아짐에 따라 청년 전기에서 중기에 걸쳐서의 청년의 생활태도에는 커다란 변화가 생기면서 다음과 같은 특유의 심리와 행동이 나타난다.

① 심리적 이유 및 탈위성화

청년기에 들어오면 급속히 자아의식이 높아지면서 스스로의 힘과 판단 그리고 책임하에 행동하려는 독립의 욕구가 강하게 작용하게 된다. 즉, 여태까지는 부모나 어른의 품 속에 안겨 있던 심리적 의존에서 탈피하려는 기분이 강하게 작용하게 된다. 이를 L. S. Hollingworth는 심리적 이유(離乳, psychological weaning)라고 칭하였다. 이와 비슷한 관점에서 아동기까지는 양친의 충실한 위성으로서 존재하였음을 D. P. Ausubel은 위성화(satellization)라고 부르면서 청년기에 들어서자 자기의 독립된 지위를 획득하고 싶은 욕구 때문에 과거 약 10년간에 걸쳐 유지되어 온 부모의 위성으로서의 지위를 박차고 독립하게 되는 현상을 탈위성화(de-satellization)이라 부르고 있다.

② 제2반항기

심리적 이유 내지 탈위성화가 이루어지면서 청년은 독립된 존재로서 행동하고자 하나 실제경험이나 생활능력이 부족하고, 현실을 무시한 이상적 · 추상적 사고에 빠지는 수가 많아, 부모나 주변의 어른들은 자신에 대해서 '어른대접'을 잘해 주지 않는다. 이러한 성인의 태도에 대해서 청년은 억압과 강제 또는 몰이해와 권위주의로 받아들여지면서 반항하거나 비판적으로 자기 주장을 내세우는 일이 많아진다. 이를 유아기의 제1반항기에 대해서 C. H. Bühler는 이를 제2반항기라 칭하였다.

청년기의 반항의 특징을 살펴보면, 전기에는 감정적인 반항이 많으나 중기에 이르면 비판적인 반응이 많아진다. 또한 반항이나 비판의 대상은 초기에는 부모나 교사와 같이 주변의 권위자로서의 어른이지만 차츰 사회적 권위나 정치체제에 대한 비판도 나타나게 된다.

청년 후기에 들어서서는 비판은 하지만 부모나 교사 등의 성인의 생활양식을 전면적으로 부정하기보다는 오히려 인정하는 안정된 입장으로 전락하여 반항기는 끝나게 된다.

2 자아의 확립

① 제2의 탄생

청년 후기는 '자아의 확립'의 시기이다. 이것은 생물학적인 존재(젖먹이)로서의 제1의 탄생에 대해서, 인격적 존재로서의 '인간'의 탄생이며 G. S. Hall이 말하는 제2의 탄생기(period of second birth)인 것이다.

② 성인역할의 유예기간

대부분 또는 거의 모든 사회에서 어떤 부류의 청소년집단에서는 성인으로서의 사회적 책임이나 의무를 특별 지연 유예시키고 있다. E. H. Erikson은 이 청년기와 성인기의 간격을 심리 · 사회적 유예기간(moratorium)이라 칭했다.

따라서 대학시대는 moratorium의 시기인 것이다. 즉 청년으로 하여금 인생을 어떻게 살아갈 것인가를 결정하기 전에 여러 가지 사회적 · 직업적 역할을 탐색하도록 해 주며 이 기간 동안에 여러 가지 사회풍조나 가치관에 접해서 자아가 확립되기를 기대하고 있는 것이다.

③ 과도기로서의 청년기

청년기의 여러 가지의 심리적인 특징의 대부분은 청년기가 아동기에서 성인기에의 과도기에 처한 상황에 기인하고 있다. 예컨대, 청년은 사회적으로 승인되고 있는 '어린이 집단'과 '어른 집단'이라는 두 개의 사회집단의 중간에 위치하고 있기 때문에 '중간인'으로 불리우기도 하며 그 어느 집단에도 속하지 않는 상태에 있기 때문에 K. Lewin은 '주변인'(marginal man)이라 칭하였다. 이러한 사회적 위치로 인해 청년에 있어서는 정서의 불안정성이나 동요성, 주변에 대한 과민성, 득의와 실망 등 부조화적인 행동이 일어나기 쉽다.

④ 자아 정체감의 확립

청년기의 발달과제는 자아 정체감의 획득과 확립이다. 자아 정체감이란 자기 자신이 독자적인 존재라고 하는 자아의식과 사회에서의 역할, 다른 사람과의 연대감, 가치관을 공유한다는 사회의식 등이 포함되어 있으며 '자기 존재증명', '자기 가치', '자기 통합성', '주체성' 등으로 의역되고 있다.

결국 자아 정체감은 결과적으로 생긴 자신감으로서, 이 자신감은 내적 동일감(inner sameness)과 일관성(continuity)을 유지하려는 한 개인의 능력이 타인이 그에게서 발견하는 동일감 그리고 일관성과 일치할 때 생긴다. 이러한 자아 정체감은 청년기에 접어들면서 크게 확립된다.

⑤ 성 역할의 확립

인간은 남자, 여자라는 생물학적 숙명을 지니고 태어나지만 남자답다, 여자답다라는 심리학적인 성을 결정하는 요소는, M. Mead의 연구에 의하면 생물학적인 요소보다는 사회·문화적 환경에 의해서 더 규정되고 있다.

성 역할이란 사람이 속해 있는 사회나 집단 속에서 생물학적인 각각의 성에 대해서 그 시대의 사회가 기대하는 태도나 행동양식을 뜻한다. 청년기 이전까지는 성 역할의 학습이 주로 부모나 교사에 의해서 이루어져 왔으나 청년기에 들어오면 수동적 입장에서 벗어나 본인 스스로의 주체적 학습에 입각해서 성 역할 행동을 습득하게끔 된다.

유아기에는 성차를 인식하게 되고 외계와의 교섭을 통해서 아동기가 끝날 때까지는 성 역할 행동이나 성 역할관이 몸에 배게 된다. 그러나 청년기에는 그 때까지 형성된 것을 주체적으로 재구성하여 새로운 성 역할·정체감을 확립해 나가게 된다.

5. 발달 및 행동장애

1) 신생아기

(1) 수정시 요인

1 염색체 이상

염색체 이상은 발달장애로서 염색체 수의 이상으로 결정되는 것이다. 가장 대표적인 예로서 Down syndrome을 들 수 있다. 이 증후는 1866년 Langdon Down에 의해서 명명되었으며, 그 후에는 Mongolism 또는 Mongoloid idiocy라고 불리운 것으로 염색체 수의 변화로 결정되는 가장 빈번하고 의미있는 발달장애이다. 임상적인 형태는 머리는 작고 둥글고, 눈과 눈 사이는 멀리 떨어져 있고, 목은 짧고, 피부는 거칠며, 목소리는 낮고 쉰 듯해서 갑상선 기능저하증과 대단히 비슷하다. 걸음을 늦게 배우며 말은 보통 4세 때부터 배우게 되고 지능지수는 50~60 정도이다. 보통 빈도는 C. E. Benda의 연구에 의하면 1:1000의 발생 비율을 나타낸다고 한다.

2 성염색체 이상

성염색체의 수의 편차로 결정되는 근본적 장애로 다음 것들이 있다.

① Klinefelter syndrome

이 증후군은 고환형성 부전증(Hodenhypoplasie)으로 제2차 성징과 더불어 나타나며 남성의 유방 돌출이 크고, 거세된 것 같이 키가 크며 골반의 둘레가 넓고 다리의 길이가 길며 털도 여자같이 적게 나 있다. 이 성염색체의 공식은 XXY(경우에 따라서는 XXXY)로 표시되며 빈도는 R. Lempp의 연구결과에 의하면 1000명 중 1~3명 꼴로 나타난다.

이들은 정신적으로 활기가 없으며 생식 불능증이 빈번하며 수동적이고 지능도 정상 이하가 많다.

② Ullich-Tuner syndrome

이것은 한쪽 부모의 X염색체가 다른 쪽 부모의 X염색체와 결합하지 않아서 염색체 수식으로 XO를 형성한다. 따라서 여자에게만 해당한다.

이 증후는 항상 키가 작으며 충동적이고 심신발달이 미성숙한 장애현상을 나타내고 있다. 이 증후의 발생빈도는 1:5000이다.

(2) 임신초기 요인

1 어머니의 바이러스병

가장 전형적인 예는 Gregg syndrome으로서 정신지체, 소두증, 백내장을 수반한 소안구증, 내이(內耳)의 난청현상, 귀머거리 내지 심장기형을 수반할 수 있다. 빈도는 병든 어머니의 12% 정도이다.

풍진(German measles)은 임부에게는 별로 큰 문제가 되지 않는 감기 같은 병으로 나타나지만, 태아에게는 큰 영향을 미쳐서 풍진 바이러스가 태반에 들어가 태아에게 감염이 되면 여러 가지 심각한 문제를 일으킨다. 가장 흔한 것 중의 하나는 귀머거리이고 기타 심장기형, 백내장, 정신박약 등이 있을 수 있으며, 유아자폐증도 풍진을 앓았던 어머니가 낳은 아이들에게 훨씬 더 많은 것으로 알려졌다. 풍진을 앓았던 어머니가 낳은 아이들이 모두 이런 기형을 갖는 것은 아니며 그 중에 몇 %에 지나지 않지만 심각한 문제성이 따르므로 첫임신 3개월 동안에 특히 주의해야 할 것이다. 풍진은 풍진 면역주사가 있으므로 어린 시절에 풍진 면역을 받아 두는 것이 좋다. 특히 여아의 경우에 그러하며, 어린 시절에 풍진 면역주사를 맞지 않은 성인 여자들은 적어도 임신 3개월 이전에 맞는 것이 좋다.

2 약물중독

별로 해가 없는 것으로 알려졌던 수면제며 진정제인 콘테간(손상물질, Thalidomide)으로 인하여 수많은 아동들의 손상을 받은 사실은 〈그림 4-7〉과 같이 약물로 인하여 어떻게 기형이 생길 수 있는가를 보여주고 있다.

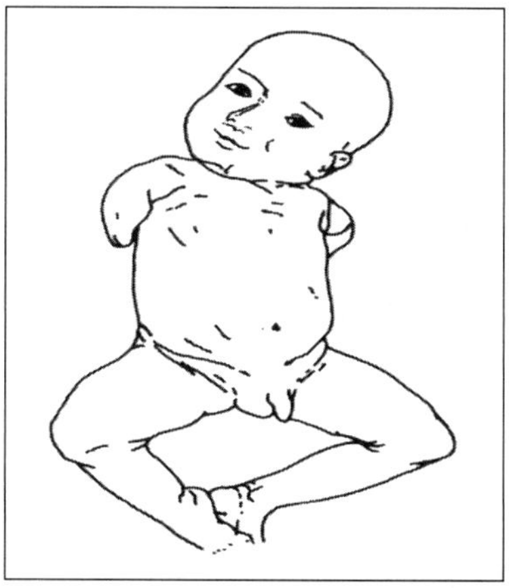

〈그림 4-7〉 Thalidomide의 작용으로 인한 전형적인 신생아 기형

3 방사선

이는 원자탄 폭발 후 히로시마에 나타난 기형률을 통하여 잘 알려진 사실이다. X선도 마찬가지여서 H. Verse에 의하면, 임신이 된 것을 알고 있는 경우에 하복부의 X선 진단시는 엄격히 통제되어야 한다는 것이다.

(3) 태아기 요인

태아기의 외인성 손상을 유발하는 직접적인 요인은 다음과 같다.

1 동물 기생충증에 의한 감염

O. Thalharmmer의 연구에 의하면 오스트리아에서는 살아서 출생하는 아동

중 6%가 동물 기생충증인 toxoplasmosis병에 감염되어 있다고 한다. 전염은 보통 애완견이나 고양이, 토끼 같은 동물을 통해서 감염된다. 감염 시기에 따라서 출생 때 아동에게 급성뇌염이나 망막의 변화(망막염, 수두증, 뇌수석회화)와 정신박약을 수반하는 결함상태가 나타난다.

진단은 출생 후 특징 혈청검사(예 : Sabin-Feldman 검사)로 알 수 있다.

2 어머니의 중독성 성향

임신 중의 수면제 남용 등으로 아동의 손상이 초래된다. 중독과 비슷하게 심한 빈혈도 영향을 크게 미친다.

3 신장병

신장병, 특히 이것이 급간(Eklampsie)으로 발전하면 아동에게 위험하다. 이 병은 신장의 기능정지나 기능저하로 어머니의 신체가 중독을 일으키는 경우를 말한다.

I. Gavaller와 그의 동료들의 연구에 의하면 급간아동 중 23.9%가 신경정신적 손상, 특히 정신박약과 간질을 나타낸다고 한다.

4 임부의 영양상태

임부의 영양상태는 근본적으로 중요한데 영양실조나 부족은 주로 태아의 중추신경계의 발달에 나쁜 영향을 미친다. 영양결핍이 있는 경우에 뇌세포와 이를 지지하는 여러 가지 형태구조에 큰 문제가 된다. 영양의 부족은 특히 임신 후반기에 큰 영향을 미치고 출산 후 태아가 죽을 가능성도 많으며 살아도 지적 능력 발달에 크게 영향을 미치는 것 같다. 또한 출산시 무게도 적다.

(4) 출생시 요인

신생아의 출생 손상에 관한 자세한 개요는 P. Schwartz의 연구에서 볼 수 있다. 출생과정은 신생아에게 부담이 되는데, 이는 커다란 압박 차이에서 오는 진통수축과 또 이 진통수축 동안에 매번 혈액공급이 차단되기 때문이다.

아동 두개골의 뚜렷한 기형을 초래하는 압박 부담인 외상은 흔히 출생시 뇌손상 가능성이 지적되고 있다.

겸자분만은 D. Muiller와 A. Treiber의 연구에 의하면 뇌손상이 정신박약의 직접적인 원인이 되고 있음을 시사받을 수 있으며, 제왕절개 역시 손상을 야기할 수도 있다고 한다.

특히 조산은 위험하다. 외견상 문제없이 진행된 출산에도 심한 뇌손상이 나타난다. J. Marti에 의하면 미숙아의 중추신경계는 성숙아보다 훨씬 덜 보호되어 있다. 이는 두개골 내의 연화성과 강한 변위 때문에 압력 이상이 크게 작용하기 때문이다. 조산아의 압력 이상은 성숙아보다 크며, 혈관은 쉽게 상처받기 쉽고 출혈경향도 혈전체계가 성숙되어 있는 성숙아보다 높다.

2) 영아기

(1) 유전적 요인

실제 임신과정이 완전히 정상적이고 출산시에도 아무런 이상이 없다고 하더라도, 영아가 출생 후 처음에는 정상적으로 발달하다가 몇 개월 지나면서 차츰 발달지체나 발달균열, 발달퇴행으로 되는 수가 있는 바, 이러한 경우는 물질교대(metabolism)나 유전성 질병을 의심할 수 있다.

1 물질대사 장애

① Phenylketonuria syndrome

이것은 유전성 발달장애의 현저한 예로서 선천성 정신박약(백치)이다. 직접적인 원인은 아미노산 물질대사의 장애 탓이다. 보기에는 건강하나 일반적으로 흰피부와 밝은색의 금발과 파란 눈을 가지고 있다.

이는 어두운 색깔의 피부와 신체색소에 필요한 멜라닌 색소가 물질대사 장애 때문에 전혀 또는 불충분하게 생산되었기 때문이며, 유전인자의 전달은 열성이고 유전될 확률은 1:10,000~1:30,000으로 추정되고 있다.

② Niemann-Pick syndrome

이 역시 물질교대의 장애에 기인된 정신박약이며, 뇌척수에 퇴적을 야기하는 증후로서 Gaucher syndrome과 비슷하다.

③ Tay-Sachs syndrome

이것은 유아 흑내장 치매증으로 불리우며 생후 5개월부터 8개월 사이에 시작되어 영양장애, 의욕저하를 보여주며, 때로는 강직성 경련을 수반하며 망막이 변질되어 벚꽃색으르 띠고 있는 것이 특징이다.

2 두개골 발달장애

① 소두증(microcephaly)

이것은 출생 때의 뇌손상으로 인해 뇌성장의 지체와 결함이 생겨서 소두증으로 되며 정신박약이 된다. 반대로 뇌가 이상할 정도로 큰 대두증(macroencephalia)은 백치가 아니면 우수한 지능을 갖기도 한다.

② 수두증(hydrocephalus)

이것은 뇌척수액의 증가가 원인이 된다. 액은 양적으로 증가하고 있기 때문에 두개골의 내면을 눌러서 뇌막의 위축을 가져오며 극단적인 경우에는 정신박약을 수반한다. 또다른 유형으로는 비정상적으로 뇌액이 많아 생기는 과다분비 수두증이 있다.

③ 내분비선 발달장애

갑상선 기능감퇴증(hypothyrea)은 영아기에 현저하게 작용하며 생후 1~2개월에는 심신의 발달장애나 일반 활동의 충동수준을 저하시킨다. 보통 피부가 건조하고 변비증 경향이 있으며, 심한 경우에는 난장이가 되는데 특히 골격성장의 장애가 특징적이다. 그리고 심한 난청과 정신박약을 수반한다.

(2) 외인성 기질적 요인

1 접종에 의한 손상

접종 결과로 나타나는 손상은 뇌손상의 결과와 대등하게 취급되기도 하지만 특수한 손상형태를 야기시킨다.

접종손상으로서는 다만 종두 후의 병발증(complication)만이 문제된다. 영아기의 기타 다른 모든 예방접종, 예컨대 소아마비, 디프테리아, 성홍열, 백일홍 접종에서는 이와 같은 손상 결과를 걱정할 필요는 없다.

종두 후 뇌의 병발증의 빈도는 K. Berger의 통계에 따르면 오스트리아에서는 생후 1년 안에 접종으로 약 9,000명 중 1명이 사망하고 있다.

2 간질

전형적인 영아기 간질형은 BNS-경련(Blitz-Nick-Salam-Krampf), 전진성 소발작, 또는 악성 소아경련이라고도 명명되는 것이다. 주 증상은 형태, 즉 몸 전체에서 나타나는 빠른 경련, 몸과 사지 및 동체를 앞으로 굽히며 끄덕이는 경련 그리고 앞으로 천천히 굽히는 긴장성 경련 등이다. 이 세 가지 형태는 모두가 짧게 계속되고 가볍게 놀라는 인상을 주며 또 반복될 때에는 독특한 습관으로 생각한 나머지 간질발작이라고 인식되지 않는데 문제가 심각하다. 심지어 영아기 '경풍(기)'은 아무것도 아니며 영아기 때는 누구나 가볍게 경련을 일으키기 쉬운 것이고, 이것은 나중에 모두 없어진다고 생각하는 점이다. 바로 이 간질형태는 적시에 치료하지 않으면 정신적 황폐, 곧 치매와 정신박약을 초래하기 쉽다. 특히 소발작이 누적되면 자라면서 대발작으로 진행될 수도 있다.

(3) 심리적 요인

접촉장애는 영아를 돌보는 사람과의 접촉 기회의 결핍 또는 돌보는 사람이 계속 바뀌거나, 정도는 약한 편이지만 어머니가 직업을 가져서 조모가 돌보는 경우도 포함된다.

수용소(탁아소) 환경에서 오는 결과상태를 'hospitalism'(시설증)이라 하는데, 이는 수용 환경의 결과에서 생기는 정서적 위축이다. 즉 이것은 영아의 정신적·정서적 및 신체적 발달장애를 초래할 수 있다. 이러한 영아들은 늦게서야 웃는 것을 배우거나 영 배우지 못하는 수도 있으며, 무표정, 무감각하게 되고, '머리를 끄덕이는'(체머리 흔드는) 것과 같은 상동적(常同的, stereotypical) 운동을 나타내는 경향이 있다.

3) 유아기

(1) 유전적 요인

1 Heller성 유아치매증

T. Heller가 1908년에 보고한 유아성 치매는 보통 3세, 4세에 나타나며 특정적 증후상(像)으로는 정신박약 과정이 서서히 나타난다는 점이다. 이 증후가 나타나기 전까지는 별로 이상하지 않다가, 갑자기 불안해하고, 환각(hallucination) 경향이 있으며 언어가 빈곤해져서 결국은 말을 못하게 된다. 치료효과는 작아서 결국 완전하게 접촉을 상실하고 백치가 되는 것이 특징이다.

2 과운동증후군

Heller성 치매와 함께 이 시기에 나타나는 과운동증후군(hyperkinetic syndrome)은 정상적 발달을 하다가 서서히 또는 갑작스런 변화를 나타낸다. 이 증후군은 강렬한 기분의 동요를 수반하는 심한 운동 흥분을 나타내는 것이 특징이다.

이와는 정반대로 이상하리만큼 조용하고 활발하지 못한 아이를 무운동증후군(hypokinetic syndrome)으로 부르며 무표정, 무관심, 멍청하게 앉아 있는 무력형으로서 유아 정신분열증의 하나이다.

(2) 외인성 기질적 요인

1 실어증

실어증(aphasia)은 뇌손상이 언어가 학습된 후에 나타나서 언어장애를 초래한 것으로, 운동성 실어증(motoric aphasia)과 감각성 실어증(sensoric aphasia)으로 구별될 수 있는데, 전자는 발성기관은 장애가 없는데도 생각한 바를 말하지 못하는 운동성 언어형성 장애를 말하고, 후자는 듣게 된 단어를 이해 또는 연상을 하지 못하는 무능력을 말한다.

2 사고에 의한 뇌손상

교통사고 등 사고에 의한 두개골 외상의 경우 의식혼탁과 방향감각 장애를 수반하는 바, 급성 외인성 정신증후군은 외상 후에 뚜렷한 주의력 장애와 욕구저하, 정서의 변화를 나타내는 정신이상을 나타낸다. 유아의 경우에는 성인의 경우에서 볼 수 있는 심한 흥분성과 폭발성은 별로 나타나지 않으나 정서변화가 심하다.

3 소발작

소발작(petit mal)의 형태는 2세에서 3세 사이에 시작되며, 발작형태는 흔히 벼락에 맞은 것 같이 쓰러졌다가 그 후 곧 다시 완전하게 행동할 수 있게 되는 것이 특징이다. 발작하는 동안에 갑작스런 근육이완, 즉 운동감각 상실적인 인상을 나타낸다. 후에 이 발작은 약해지거나 또는 소발작의 한 형태인 압쌍스(Absence)로 바뀐다. 정서적으로 활발하고 비교적 정상적인 행동양식을 나타낸다.

압쌍스의 경우엔 5초 내지 내지 15초 동안 대단히 짧은 의식장애일 뿐이기 때문에 당사자인 아동조차도 거의 알 수 없고 아동 옆에 있었던 성인들도 모를 정도이다. 다만 뇌파검사에 의해서만 진단이 가능하다.

4 자폐증(autism)

자폐증은 전반적 발달장애의 한 종류로, 그 특징은 상호적 의사소통 기능 발달의 손상, 비정상적인 언어발달, 제한된 행동 양식과 관심을 보이는 것이다.

(3) 심리적 요인

1 무언증

언어거부증, 곧 무언증(無言症, mutism)은 기질적이 아니고 정서반응적으로 발생된, 곧 노이로제라는 점을 유의해야 한다. 이것은 흔히 심한 정서적 불안의 결과로 생기는 수가 많다.

그러나 주목할 만한 것은 아동이 말을 할 수 없는 것이 아니라 말을 하지 않으려는 점이다.

무언증은 유아기 자폐증의 부분증후일 수 있다.

2 언어유치증

언어유치증 또는 실문법증(失文法症, agrammatism)이라는 것은 언어발달 장애의 한 형태로 일반적으로 아동에게 언어의 모델이 결여된 데 그 원인이 있다. 그리고 부모가 서투르게 익살스럽게 들리는 아동의 아기말을 지나치게 오랫동안 허용했을 때도 나타난다. 그러나 전형적으로 동생을 보았을 때 아기같이 되려고 하는 퇴행욕구에서도 생길 수 있다.

유아는 ㅅ, ㄹ, ㄱ 등의 발음을 정확하게 할 수 없다. 만일 아동이 이러한 단계를 극복하지 못할 때 눌어증이라고 하는데, 예후는 좋은 편이다. 가장 빈번한 형태는 사행발음부전(sigmatism)으로, ㅅ발음을 치아 사이에 혀를 내밀어서 발음을 틀리게 만드는 경우다. 이 밖에 '라' 발음장애(rhotacism), '가' 발음장애(gammacism)

등이 있다.

3 야뇨증

야뇨증(enuresis nocturna)은 대단히 보편적인 기능적 장애이다. 이는 아동 노이로제의 원형 중의 하나인데, 오줌싸개는 어린 동생의 출생과 더불어 나타나는 빈도가 많고, 이 기간이 오래 지속되는 수도 있다.

오줌싸개는 장자와 차자에서 많이 볼 수 있고 막내와 독자에게서는 드물게 발견된다. 이러한 사례에서는 아동은 다시 어린 영아로 돌아가고자 하는 욕구, 곧 퇴행경향이 명백하다.

4 주뇨증

낮에 싸는 주뇨증(enuresis diurua)은 야뇨증에 비하여 비뇨기적 합병증에 의해 생기거나 간질의 압쌍스(absence)에 의해서 생길 수 있으나 주뇨증에서도 야뇨증도 마찬가지로 대부분 심리적 요인이 주요인으로 작용하여, 야뇨증에 비해 더 심한 아동 노이로제의 형태라고 볼 수 있다.

5 기관지 천식증

기관지 천식(asthma bronchiale)은 대부분 체질에 맞지 않는 물질에 대한 과민성, 곧 알레르기에 의해서 생긴다. 이 병의 증후는 아동과 부모 관계의 장애 표시이다.

야뇨증의 유아들이 자기를 적극적으로 표현하고 반응하는데 비해서 이 기관지 천식을 나타내는 유아는 폐쇄적이고 말더듬이의 경우와 같이 아무런 표시를 하지 않는다. 즉, 이러한 유아는 숨을 내쉴 수 없을 정도이다. 흔히 지나치게 보호받고 간섭받은 유아들이 이러한 방법으로 반응하고 또 이 병 때문에 부모의 과잉보호가 악순환되어 더욱 강화되기도 한다.

6 신경증적 퇴행행동

흔히 유아들은 그 단계에서 만족을 얻지 못했을 때 고착되어 발달진행이 방해를 받는다. 즉, 이것은 어떤 욕구불만이나 내적 갈등, 또는 일반적인 불만사태를 이전의 발달단계로 소급시켜 돌아가는 퇴행행동이다.

이에 속하는 것으로는 엄지손가락 빨기, 여러 가지 형태의 율동적 흔들거림, 콧구멍 쑤시기, 머리카락 꼬기(trichotillomanie), 손톱 물어뜯기 및 자위행위이다. 이 모든 행위는 유아에게서 무의식적으로 진행되고 환경에 의해 야기될 수 있는 것이다.

4) 아동기

(1) 유전적 요인

1 Morbus Cushing syndrome

이것은 대부분이 종양에 의해서 생긴다. 이 쿠싱 증후군은 쿨티존 치료가 많이 보급됨에 따라 이러한 호르몬 치료의 부작용으로 나타날 수도 있다. 흔히 여아에게 더 많이 나타나는 쿠싱 증후군은 동체의 비만증이 특징이다. 이의 특징은 얼굴색이 대단이 붉고, 뺨에 살이 많이 찌고 피부는 얇고 민감하며 청적색의 선이 있다. 보통 왜소함과 골다공증(osteoporosis)이 현저한 특징으로 나타난다.

2 Dystrophia Adiposo Genitalis syndrome

이것은 비만과 왜소증, 성선기능감퇴증의 결합이다. 비만아들의 특징적 성격은, 쉽게 단념하고 슬프고, 억압을 잘하며, 자기 풍자적 경향이 있는 선량함을 나타낸다. 이들은 무엇보다도 이들의 선량함 때문에 조롱감의 대상이 되기도 한다. 어떤 경우에는 이러한 비만증 아동 가운데서 어느 정도의 유아적인 정신발달의 지체를 관찰할 수 있다.

3 정신지체

정신지체는 서로 다른 여러 가지 원인에서 비롯된다. 이 원인들 중 일부는 유전적 장애나 자궁 내 사고와 같이, 출생 이전에 발생한다. 다른 유형의 정신지체는 미숙아 출산이나 무산소증 같은 출생 전후 무렵의 주산기 손상에 의해 발생한다. 또다른 유형의 정신지체는 뇌막염, 두부 외상, 또는 그 밖의 출생 이후 손상에 의해 발생한다. 정신지체는 한 가지 또는 그 이상의 특정한 원인에 의해 발생하는 서로 다른 여러 가지 유형이 있는 반면에, 많은 또는 어쩌면 대부분의 사람들은 출생 이전이나 출생 전후 무렵, 또는 출생 이후의 시기에 뚜렷한 원인을 찾아볼 수 없는 정신지체를 가지고 있다.

(2) 외인성 기질적 요인

1 대간질(grand-mal-epilepsy)

모든 종류의 뇌손상과 장애는 간질을 야기시킬 수 있으며 또한 대간질형으로 나타날 수 있다.

대발작 과정은 전형적인 규칙성을 나타낸다. 즉, 대발작은 전조(前兆, aura)로 시작되고 긴장기가 뒤따른다. 그 다음 경련기(clonic stage)가 오며 말기에는 수면으로 끝난다.

2 체질형

조발성 청춘(pubertas praecox)으로도 불리우는 이 형태의 원인은 파악할 수 없으며 포괄적으로 나타난다. 성(性) 성숙이 너무 일찍이 시작되어 여아의 경우는 8세에, 남아의 경우는 10세 이전에 시작된다. H. Stutte는 바로 이 조발성 청춘의 형태가 오늘날 자주 진단된다는 것을 강조하고 있다.

3 실행증(apraxia)

실행증이란 운동마비나 운동실조 등 운동기능장애 등이 없는데도 불구하고 일정한 행동을 할 수 없는 상태를 말한다. 그림 그리거나 나무토막 쌓기 등 구성행위가 안 되는 구성실행(constructive apraxia), 목적하는 바의 행위가 안 되는 기획실행

(ideatoric apraxia) 등이 있다. 원인은 신경계 발달의 불완전 탓으로 보고 있고, 지능은 정상이다.

4 학습장애

학습장애(learning disability)는 듣기, 말하기, 읽기, 쓰기 혹은 수학 능력의 획득과 사용에 있어서 곤란을 나타내는 장애들로 이루어진 이질적 집단을 의미하는 일반적인 용어이다. 이러한 장애들은 원인이 개인 내에 존재하며, 중추의 기능장애에 기인하는 것으로 보이며, 전 생애에 걸쳐 일어날 수 있다.

이 용어에는 지각장애, 두뇌손상, 미세뇌기능장애, 난독증 그리고 발달적 실어증 등과 같은 장애가 포함된다. 이 용어엔 일차적으로 시각장애, 청각장애, 운동장애, 정신지체, 정서장애, 혹은 환경적, 문화적, 경제적 결핍으로 인해 학습곤란을 나타내는 아동들은 포함되지 않는다.

"학습장애는 정신지체, 정서장애, 환경 및 문화적 결핍과는 관계없이 듣기, 말하기, 쓰기, 읽기 및 수학능력을 습득하거나 활용하는데 있어 한 분야 이상에서 어려움을 보이는 장애이다. 이러한 장애는 개인에 내재하는 지각장애, 지각운동장애, 신경체제의 역기능 및 뇌손상과 같은 기본적인 정보처리 과정의 장애로 인하여 나타난다. 일반적으로 학습장애는 개인 내에서의 차이, 즉 개인의 능력발달에서 분야별 불균형이 나타나는 특징이 있다.

5 주의력결핍 및 과잉행동장애

① 주의력결핍 및 과잉행동장애의 개념

'주의력결핍-과잉행동장애(Attention Deficit-Hyperactive Disorder : ADHD)'는 만성적인 아동기 행동장애 중의 하나로서 오늘날 이 용어는 매우 널리 적용되고 있다. 탈억제적인 과잉행동은 하나의 특정한 조건이 아니라 같은 조건의 성별, 정신연령, 사회·경제적 지위의 아동들의 행동과는 양적으로나 질적으로 다른 일련의 행동들로서 과도한 불안정이나 짧은 집중력, 쉽게 산만해지는 것, 침착하지 못함, 과잉활동 등과 같은 행동을 일컫는다.

② 행동 특징

ADHD 아동들의 주요 특징은 무엇보다도 주의력결핍, 충동성, 과잉행동이다. 주의력결핍은 주의집중 시간이 짧아 한 과제에 오랫동안 집중하지 못하고, 끊임없이 이 과제에서 저 과제로 또는 이 행동에서 저 행동으로 옮겨 다니는 것을 나타낸다. 아동기 이후에는 ADHD 아동들의 50% 가량은 이런 증세가 해소된다.

생후 7세에서 11세 이하의 아동으로서, 주의력결핍-과잉행동 아동의 행동 특징은 다음과 같다.

· 안절부절못하며, 꿈틀거리며, 가만히 있지 못하고 끊임없이 움직인다.
· 공부할 때나 놀 때 쉽게 주의가 산만해진다.
· 차례를 기다릴 경우 자기 순서를 기다리지 못한다.
· 질문이 끝나기도 전에 불쑥 대답을 말한다.
· 학습시 주의력이 오래가지 않는다.
· 부모나 교사의 지시를 따르지 못한다.
· 한 과제를 완성하지 못하고 다음 과제로 넘어간다.
· 조용히 놀거나 여가 활동하는 것이 어렵다.
· 친구들 앞에서 지나치게 말을 많이 한다.
· 다른 아이의 활동을 방해하거나 훼방을 놓는다.
· 말을 잘 듣지 않는다.
· 자주 위험한 행동을 한다.
· 학습시 손이나 발을 만지작거리고 자리에서 꼼지락거린다.
· 그래서는 안 될 상황에서 과도하게 뛰어 돌아다니며 시끄럽게 논다.

③ 주의력결핍과 학습장애

특히, 학습장애 학생들 사이에서도 최근에는 주의력결핍 및 과잉행동장애(ADHD)를 보이는 학생이 점차 늘어나고 있는데, 학습장애 학생의 일부는 주의력결핍 및 과잉행동 학생이라고 말할 수 있다. 이들은 집중력이 부족하고, 손과 발을 가만두지 못하고 안절부절하며, 자리에서 발버둥치며, 말을 많이 하므로 책상에 앉아 수업을 하는 학교수업에 적응하기가 어렵다.

④ 원인

ADHD의 원인에 대해서는 여러 가지가 제시되고 있지만 아직 일치하지 않는다. 뇌의 미세한 손상, 정상보다 느린 신경학적 발달, 신체에 있어서의 화학적 불균형, 유전적인 요인, 음식 알레르기, 납중독, 임신기간 동안의 임산부의 음주나 흡연 등이 그 원인으로 지적되고 있다.

(3) 심리적 요인

1 우울신경증

① 우울신경증의 개념과 특징

아동기 우울신경증(depressive neuroses)의 경우에 있어서는 쉽게 흥분하고 신경이 과민한 것이 중요한 특징을 이룬다. 우울신경증 증후로서는 외로움, 눈물이 많음, 충동에 대한 두려움, 사랑받지 못한다는 느낌, 박해받는 느낌, 무가치한 느낌, 신경질, 두려움, 죄책감, 의심이 많음, 불행감, 걱정이 많음, 집중곤란, 흥미상실, 절망감, 과거집착, 사회적 위축, 말수가 줄어듦, 자신감 상실, 힘이 없거나 활동의 감소 등이 심각하거나 반복 또는 오래 지속되는 증세들이 포함된다.

보통 우울신경증은 공격성 행동장애, 불안신경증, 주의력결핍 장애 등과 더불어 나타난다.

② 부적응 행동

학교생활 부적응이나 학업의 부진도 우울신경증에 수반하여 자주 나타난다. 그리고 우울신경증이 있는 아동들은 보통 가족 및 대인관계에 있어서도 부적응 행동을 보인다. 자아존중감이 낮거나 부모와의 관계도 좋지 않을 때가 많다. 특히 대인관계의 곤란은 친구에 의한 배척, 사회적 위축, 인간관계와 관련한 문제해결이나 사회적 지각에서의 능력 부족으로 나타난다.

2 불안신경증

아동의 불안신경증(anxiety neuroses)은 다음 여러 가지 불안신경증 중 하나에 해당되거나 몇 가지 중복되어 나타날 수 있다. 즉 분리불안신경증, 광장공포증, 대인공포증, 특정 공포증, 강박증, 스트레스 장애 등 이런 장애들은 모두 불안을 가장 두드러진 특징으로 갖는데, 불안은 구체적이며 인지적, 생리적 및 행동적 반응으로 나타난다.

① 분리불안신경증

분리불안신경증(separation anxiety neuroses)은 모자간의 단기적 또는 장기적 분리가 예상되거나 실제로 일어날 때 유발되는 스트레스 분리 상황의 회피, 그리고 중요한 영역에서의 기능손상 등을 통해 나타난다. 분리불안신경증 아동이 갖고 있는 기본적 인지왜곡은 주요 애착대상을 갑자기 상실하게 될지 모른다거나 혹은 그 애착대상으로부터 분리될지 모른다는데 대한 강한 불안이다.

분리불안신경증 아동은 또한 여러 가지 회피행동을 나타낸다.

② 심한 회피행동

심한 회피행동을 나타내는 아동은 등교를 거부하거나 자기 방에서 혼자 자는 것을 싫어하며, 부모와 함께 있기 위해 필사적으로 노력하며, 꾀병을 앓는다든지 분리상황으로부터 벗어나거나 회피하기 위해 그럴듯한 변명을 만들어 내기도 한다.

③ 대인공포증

대인공포증의 특징은 불안을 느끼는 한 가지 혹은 그 이상의 사회적 상황 혹은 수행 상황에 대한 현저하고 지속적인 불안이다. 많은 사람 앞에 노출되면, 대부분의 아동들은 공황의 형태로 나타날 수도 있는 즉각적인 불안반응을 경험하게 된다. 대인공포증을 갖는 아동은 이러한 상황들을 피하려 하거나 혹은 극도의 스트레스를 느끼며 참아야만 할 것이다.

어떤 아동은 선생님이 친구들 앞에서 책읽기를 시킬까봐 혹은 친구들로부터 놀림을 받거나 따돌림받을까봐 두려워서 등교를 거부하기도 한다. 아동의 등교거부는 외모에 대한 걱정에 의해 유발될 수도 있는데, 특히 체육시간에 옷을 갈아입어야 할 경우에 더욱 그러하다. 대인공포증을 갖고 있는 아동은 또래들 앞에 나서기 전에 침착해 보이기 위해, 그리고 또래들의 관심집중을 피하기 위해 철저하게 준비하는 수가 많다.

④ 강박신경증

강박신경증(compulsive neuroses)의 주요 특징은 아동에게 현저한 스트레스나 기능손상을 야기하는 강박적 사고 및 충동적 행동이 하루에도 자주 반복되는 것이다.

이러한 아동기 강박신경증은 일반적으로 10세경에 나타난다. R. Lempp의 연구에 의하면 10세는 심한 아동기 강박신경증이 발현되는 시기로서 유일한 아동기 노이로제 시기이다. 원인은 대체로 부모가 아동에게 어려서부터 엄격하게 강요한 도덕적 원칙들과 관련된 부모-아동 관계의 장애에 기인된다. 부모가 전달한 가치척도가 부모의 실제생활과 상치될 때 강박신경증을 유발시킨다. 주 증상은 스스로 병이 났다고 느끼고 괴로워하며 질병 획득으로 나타난다. 특히 하루에도 몇 번씩 이루어지는 상투적, 반복적 손씻기 행동(washing rituals)은 강박장애 증상들 가운데 가장 흔히 발견되는 증상이다.

⑤ 특정공포증

아동기에 흔히 나타나는 특정공포증은 주로 높은 장소, 어두움, 천둥과 같은 큰 소리, 주사, 벌레, 개, 그리고 다른 작은 동물들을 포함하고 있다.

가장 흔한 반응은 개인의 안전이 위협을 받을 것이란 공포인데, 예를 들면 개한테 물리는 것, 벼락 맞는 것, 곤충에게 쏘이는 것 등에 대한 공포이다. 공포 아동에게서 가장 많이 나타나는 행동반응은 회피반응이다. 회피반응은 공포자극에의 직면이 예측될 때 소리를 지르거나 울거나, 화를 내거나 혹은 숨는 등의 행동 형태로 나타날 수 있다.

개를 무서워하는 아동은 담장 안 우리 속에 있는 개를 피하기 위해 상당히 먼길로 돌아갈지도 모른다.

3 공격성 행동장애

① 공격성 행동장애의 개념

공격성 행동장애란 반사회적인 행동을 주로 하는 공격적 행동을 포괄하는 개념으로서 정서의 표현 방법이 일반 아동에 비해 편향되어 있거나 과격하게 공격적으로 표현하는 등 자신의 의지로는 통제하기 어려운 상태에 있는 것이라 할 수 있다. 정서가 과격하거나 과도하게 나타나는 것은 정상아동에게도 일어나기 쉬운 일이지만, 정상아동들은 곧 소멸하기 때문에 문제가 되지는 않는다.

그러나 그런 행동을 몇 번 반복하면서 극단적인 표현 방법을 통해 사회적인 부적응을 초래하게 되면 그것은 반항성 장애가 된다. 반항성 장애 아동은 상대가 바라지 않는 부적절하고 충동적이며 공격적인 행동을 나타내는 만성적 이상 행동을 나타낸다.

② 공격성 행동장애의 특성

공격성 행동성향이 짙은 아동들의 행동특성은 공격성과 위축성이라는 두 가지의 상반되는 성향으로 대별할 수 있다. 공격성의 측면에서는 과잉행동, 반항, 적개심, 잔인성, 악의성 등의 특징을 나타내며, 위축성의 측면에서는 자신감 결여, 타인에 대한 비협조, 우울 등의 특징을 보인다. 이들은 학교에서 학습에 지장이 많고 규칙을 어기며 행동결과에 대해 아무런 반응을 보이지 않는 경향이 있다.

공격성 행동장애의 행동특성을 나열하면 다음과 같다.

· 자주 다른 아동을 괴롭히거나, 위협하고 자주 싸운다.

· 다른 아동에게 상해를 입히거나 신체적으로 잔인하게 군다.
· 동물을 잔인하게 해친다.
· 자동차 바퀴를 펑크낸다.
· 의도적으로 다른 사람의 기물을 파괴하거나 훔친다.
· 다른 사람의 집이나 건물에 침입한다.
· 원하는 것이나 도움을 얻기 위해 거짓말을 한다.
· 고무총이나 돌맹이로 남의 집 유리창을 깨고 도망간다.
· 친구 도시락을 훔쳐 먹거나 학용품을 빼앗는다.

③ 원인

공격성 행동장애의 원인으로는 생물학적 요인, 심리적 · 환경적 요인으로 나누어 생각할 수 있다. 생물학적 요인으로는 출생 초기부터의 기질을 비롯하여, 질병이나 영양실조, 뇌손상, 신경조직 이상을 들 수 있으나, 경미한 정도의 정서장애는 이러한 생물학적 요인이 크게 작용하지 않는다.

심리적 · 환경적 요인으로는 아동을 둘러싸고 있는 환경적 요인들에 대해 아동이 지각하고 있는 정서적 분위기를 들 수 있는데, 여기에는 아동에게 갈등과 긴장을 야기하는 가족의 분위기, 아동에 대한 부모의 양육태도, 형제관계, 외상(外傷) 경험, 부부간의 갈등, 이혼, 아동학대 같은 가족기능의 장애를 나타내는 여러 가지 변인들이 해당된다.

5) 청년기

(1) 정신분열증

정신분열증(schizophrenia)의 주증상은, 흔히 볼 수 없는 진기한 사고방식이나 행동양식으로 특징지어진다. 즉, 능동성의 감퇴, 감정 둔화, 자폐적 행동경향, 사고와 행동의 전후모순, 현실에 냉담, 무관심 등이 주증상이다. 그러나 청년 후기에 나타나는 정신분열증은 급성기에 일시적으로 나타나는 증상의 정신분열증인 파고형(破瓜型, hebephrenic type)이 많다. 원인으로서는 가족과의 이별, 진학 실패, 실연 등 지속적인 감정 긴장상태가 중요한 요인으로 작용한다.

(2) 자살

자살은 정신적 스트레스가 극도로 높아져 그 궁지를 탈출하기 위한 파국적 기제(破局的 機制)인 것이다. 욕구불만에 대한 반응으로서 자기 공격성, 갈등 상태로부터의 도피 등의 구체적인 심리적 요인이 주원인이다.

또 정신분열증, 우울증, 대인공포, 무기력증 등의 병태가 그 배경이 되기 쉽다. 자실의 특징의 하나로서 청년기에 많이 일어나지만 특히 고교 후반에 집중되어 있다. 원인으로서는 염세, 실연, 가정불화 등이 주로 많으나 학업 실패도 많은 편이라 청년 중에는 성공률이 낮은 수면제를 자살의 수단으로 선택하는 경향이 있어서 미수로 끝나는 사례도 많다. K. Menninger에 의하면, 절망감, 낙담, 피로 상태에 빠지면 '죽고 싶은 욕구'가 청년기에 많이 일어난다고 하는 반면, E. S. Schneidman은 '죽이고 싶은 욕구', 즉 파괴적 충동이 가장 강한 시기가 청년기라고 말하고 있다.

(3) Student apathy

대학생들 중에는 남성적 정체감 형성의 혼란이나 갈등에 기인하여, 경쟁심의 결여, 정서적 불안정, 사회적 참여의 결여, 대인관계의 회피, 공허감 등 주로 청년 후기에 나타나는 행동장애로서 P. A. Waltars가 미국 대학생 연구에서 처음으로 명명한 증후군이다.

보통 이런 증상을 보이는 대학생들은 지적으로는 평균 이상의 수준에 있으며, 과거에는 성적이 뛰어난 경력을 갖고 있다. 우승 열패에 과민하여 시험공포, 졸업 공포증을 나타내기도 하며, 자기 전공의 학업분야에 대해서는 무관심하다. 특히 대학진학 동기나 학과선택의 결정이 자기 자신이 아니고 부모나 고등학교 교사에 의해서 결정된 학생의 경우에 많이 나타난다.

(4) 사춘기 세신증

사춘기 세신증(Pubertätsmagersucht) 또는 신경성 무식욕증(anorexia)으로 불리우는 이 장애는 주로 사춘기의 여자에게 많이 나타난다. 주증상은 젓가락처럼 바싹 마른 몸매에 심한 식사제한—거식(拒食)—과, 극도의 체중 감소, 무월경, 변비 등이다. 원인은 불명한 점이 많지만, 대체로 바싹 마른 몸매를 아름답다고 보는 심미관을 지니고 있으며 여성적 성숙을 부정하고 혐오한다. 특히 어머니에 대한 적개심 때문에 여성으로서의 성적 정체감을 거부하는 기제로 인해 거식현상이 나타난다.

(5) 우울증

우울증(depression)은 일반적으로 인생과 장래에 대한 비관, 염세, 주관적인 불행감, 무기력, 자기 무가치감에 젖어 있거나 훌쩍훌쩍 잘 울며 심히 슬퍼하고 우울해하고 수줍어하거나 불안해하며 피해의식 등의 증상을 나타내는 장애로서 사춘기 과정과 청년 후기에 잘 나타난다. 이러한 감정반응의 이상 때문에 사고면에서도 비관적 · 염세적인 것 등의 특징이 나타난다.

특히 청년 후기의 우울증은 억압된 신경증성 갈등에 기인하는 신경증성 우울증(neurotic depression)으로도 불리운다.

(6) 심기증

심기증(心氣症, hypochondriasis syndrome)은 자신의 신체적 기능이나 건강에 대해 과도하고 병적인 관계(신경증적 관계)를 갖는데 그 특징이 있다.

신체적 징후에 대한 이러한 관심과 편견은 의사의 진단결과, 허약이나 질환이 없다고 판명되었는 데도 불구하고 그대로 고집, 집착하는 것이 주증상이다. 자신의 몸에 대한 이러한 지나친 근심과 걱정은 개인생활을 지배하며 활동과 대인관계를 좌우한다.

(7) 정신쇠약증

신경쇠약증(neurasthenia)의 징후와 비슷한 신경증적 정신쇠약증(psychasthenia)은 병적인 공포, 불안, 고착관념, 강박행동, 과도한 죄악감, 우유 부단, 지나친 완전주의(perfectionism) 등으로 특정지어지는 심리장애인 바 청년 중기 이후부터 나타난다.

제5장

지 능

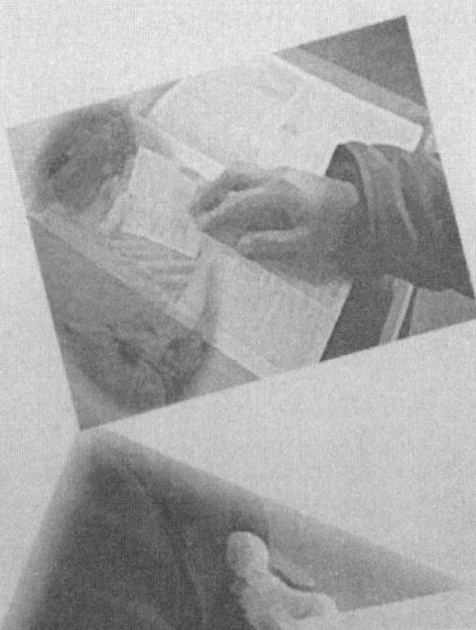

1. 지능의 개념
2. 지능의 구성요인과 종류
3. 지능의 발달
4. 정신박약아와 영재
5. 학업부진아
6. 적성
7. 창의성

1. 지능의 개념

오늘날까지 비교적 폭넓게 지지되고 있는 지능의 정의를 유형별로 정리해 보면 다음과 같이 네 가지를 들 수 있다.

1) 적응설

지능은 적응능력이다. 이것은 지능검사를 1905년에 최초로 만든 A. Binet의 정의이다. 그는 일반지능의 본질로서, ① 일정한 방향을 설정하고, 그것을 유지하는 능력, ② 목표달성을 위해 일하는 능력, ③ 행동의 결과에 대해서 수정하는 능력 등의 세 가지 면을 들고 있다. 즉 Binet는 새로운 상황에의 적응행동을 지능으로 보고, 지능의 본질로서, 방향성, 목표적합성 및 수정(자기 비판)의 세 가지 측면을 생각하고 있다. Binet식 지능검사는 지적 활동의 세 가지 측면을 고려하여 작성된 것으로서 아동의 적응행동을 측정하고 있다. 그리고 이러한 입장에는 S. S. Colvin의 "환경에의 적응을 학습하는 능력", R. Pintner의 "비교적 새로운 생활장면에 자기를 잘 적응시켜 나가는 능력", W. Stern의 "새로운 과제와 생활조건에 대한 일반적, 정신적 순응력" 등의 정의가 포함된다.

2) 추상적 사고 능력설

지능이란 추상적인 사고능력이다. 이것은 L. M. Terman이나 L. L. Thurstone에 의한 정의이다. 속된 말로 "수학을 잘하는 사람은 머리가 좋다"에 해당된다. 이 정의는 고등정신 기능에 한정하고 있기 때문에 유아나 동물에게서 찾아볼 수 있는 지적 행동을 설명할 수 없다는 난점이 있다.

3) 학습능력설

지능이란 학습능력이다. A. I. Gates는 "학습능력 또는 광범한 제 사실을 파악하는 능력의 복합체", W. F. Dearbone는 "학습능력 또는 경험에 의해서 획득하는 능력", V. A. C. Henmon은 "지식을 획득하고 파지하는 능력"으로 정의하고 있다. 표현상의 차가 다소 있지만, 어느 것이나 지능을 학습능력으로 생각하고 있다.

B. R. Buckingham이 "교육적 견지에서는, 지능을 학습하는 능력으로 보는 것이 타당하다"라고 말하는 것처럼 교육과 관계지어 볼 때 실제적이고 유용한 정의로 받아들여지고 있다. 그러나 학습능력을 넓게 해석하게 되면 적응능력과 구별할 수 없게 되며, 좁게 해석하게 되면, 학습의 빠르기로 생각해 버리는 문제가 남아 있다.

4) 총합적, 전체적 능력설

지능은 총합적 · 전체적 능력이다. 이것은 Wechsler의 정의이다. 이 정의는 이 유형의 대표적인 것이고, 그 특색은 지적 능력만이 아니라 비지적 요인도 포함하고 있는 점이다.

D. W. Wechsler는, 1939년에 'Wechsler Bellevue 척도'로 불리우는 성인용 지능 진단검사를 만들었다. 그 후 WAIS(성인용), WISC(아동용), WPPSI(유아용) 및 WISC-R(개정판)을 만들었다. Wechsler는 지능을 다음과 같이 정의하고 있다.

"지능이란 목적으로 행동하고, 합리적으로 사고하며, 능률적으로 환경을 처리하는 개인의 총합적 · 전체적 능력이다."

이것은 지능에 대한 가장 포괄적인 정의로서 현재 가장 많이 지지되고 있는 것의 하나이다. 특히, 의욕이나 성격 등의 비지적 요인도 포함된 다면적 구성체로서의 지능을 정의하고 있다는 점에 특색이 있다. Wechsler의 검사가 언어성 검사와 동작성 검사로 되어 있고 각각 몇 개의 하위검사로 이루어지고 있는 점은 바로 이러한 지능관에 의한 것이다.

2. 지능의 구성요인과 종류

1) 지능의 구성요인

(1) Spearman의 양요인설

지능의 요인분석적 연구는 1904년에 발표된 C. Spearman의 논문에 처음으로 소개되었다고 일컬어지고 있다. 여러 가지 검사간의 상관계수가 큰 값에서 작은 값으로의 순서에 따라 Spearman은 모든 검사에 공통되는 요인, 즉 일반요인(general factor, g요인)과, 개개의 검사에 특유한 요인, 즉 특수요인(specific factor, s요인)이 있음을 시사하였다.

Spearman에 따르면, 지능은 하나의 일반지능('g')과, 예컨대, 계산과제(검사 1)를 해결해 내는데 필요한 '계산요인', 언어적 검사과제(검사 2)를 위한 '단어요인', 파지과제(검사 3)를 해결하는 데 필요한 '기억요인' 등과 같이 검사시마다 일정한 지능 성취에만 가담하고 있는 다수의 특수요인('s')으로 구성된다는 것이다.

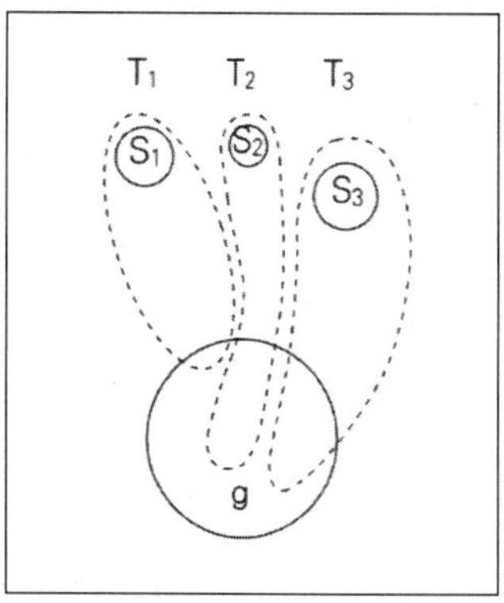

〈그림 5-1〉 지능의 양요인 이론

〈그림 5-1〉은 일반요인('g') 이외에도 그때 그때마다 하위검사(T_1 T_2…)의 하나에 내포되고 있는 일련의 특수 지능요인(S_1 S_2 S_3…)이 성립된다는 Spearman의 생각을 그림으로 설명해 주고 있다.

개인간 지능차는—이 이론에 의하면—개인간에 'S요인'이 이상하게 형성됨으로써 성립되고 있다. 그래서, 이를테면 어떤 개인은 탁월한 일반지능(g요인)을 보유하고 있음에도 불구하고 그에 상응하는 'S요인'을 거의 형성하지 못했기 때문에 일정한 지능과제의 경우에서 실패할 수 있는 것이다.

사실상, 검사에서의 성취를 아울러 제약하고 있는 특수요인은 그러니까 두 사람이 똑같이 강하게 각인된 '요인'을 지니고 있음에도 불구하고 개별적 하위검사에서 왜 상이한 결과를 초래하고 있는지를 설명해 주고 있다.

(2) Vernon의 계층군 요인설

Spearman과 똑같이 일반요인의 존재를 인정하고, 일반요인과 특수요인 사이에 두 가지 수준의 군요인이 자리잡고 있다는 주장이 P. E. Vernon의 계층군요인설(階層群要因說, hierachical group factor theory)이다. 〈그림 5-2〉와 같이 우선, 모든 검사에 공통적인 일반요인(g)이 존재한다. 그 후 나머지를 다시 분석하면 그 하나는 언어적 · 수적 · 교육적 요인(v:ed)이며, 다른 하나는 실제적 · 기계적 · 공간적 · 신체적 요인(k:m)이다. 다시 요인추출을 행하면, v:ed요인은 언어요인과 수요인 등으로, k:m요인은 기계적 요인이나 공간요인 등으로 나누어진다. 이들은 소군요인(小群要因)으로 불리운다. 소군요인은 다시 몇 개의 특수요인으로 나누어진다. 예컨대, 언어요인의 특수요인으로서 언어이해, 언어유창성, 언어적 연역 · 귀납 등의 요인을 들 수 있다.

이상의 4개 요인 중 일반요인과 대군(大群)요인이 중요한 것으로서, 이들 세 개의 요인에 의해서 학교나 직장에서의 지능예측이 가능하다고 말하고 있다. 또한 특수요인에는 특수재능, 적성, 기질, 성격, 특성 등이 포함되어 있어서 실제적 장면에서는 소군요인보다도 더 중요하다. 이런 의미에서 소군요인은 요인구조의 계층성을 명확히 하기 위한 길잡이라 하겠다.

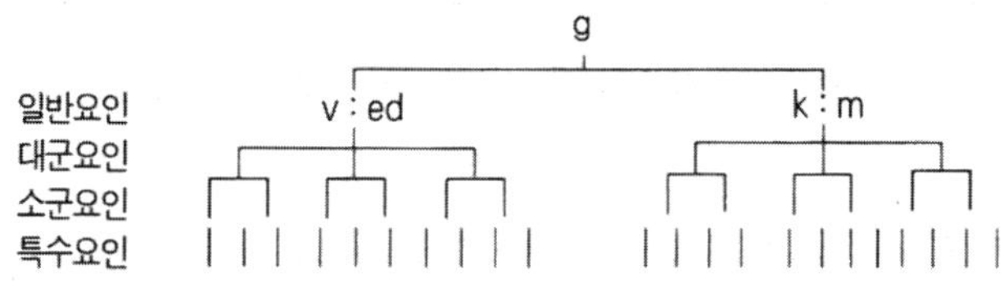

〈그림 5-2〉 계층군 요인설

(3) Thurstone의 다요인설

Thurstone은 Spearman의 일반요인 가정에 대해 이의를 제기했다. 바로 "하나의 일반요인이 아니라 왜 여러 개의 일반요인 혹은 더 좋게 말해서 여러 개의 공통적 지능요인이 있을 수 없다는 말인가?" 기본적 지능요소를 연구하고자 노력했던 그런 학자들의 지배적 관점은 Thurstone의 다요인 이론과 일치하고 있다.

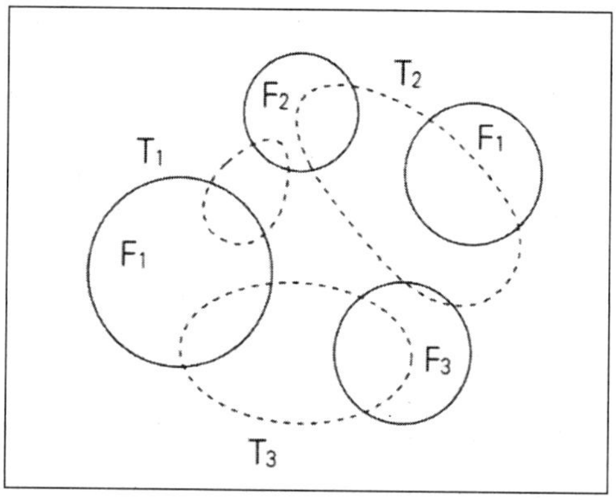

〈그림 5-3〉 지능의 다요인 이론

오늘날까지 유효한 이 이론은 '서로 정(正)적으로 상관하고 있는 검사의 대부분 사례에서는 하나의 일반요인이 아니라 여러 개의 일반요인이 모두 상관에 기여하고 있다는 것'을 말해 주고 있다.

Thurstone은 상이한 과제를 해결해 내는데 있어서는 하나의 일반요인과 많은 수의 특수요인의 아니라, 거의 동일하게 중요한 한정된 수의 지능요인 내지 원래부터 여러 개의 '근본적 능력'이 기대될 수 있다고 가정하고 있다(예를 들어, 검사과제 T_1에 대해서는 지능요인 F_1과 F_2, 검사과제 T_2에 대해서는 F_1, F_2, F_3와 검사과제 T_3에 대해서는 요인 F_1과 F_3).

지능은 여기서 어느 일정한 행동을 생성시키도록 하는데 상호작용하고 있는 여러 가지 인지능력의 결과로서 이해되고 있다. Thurstone은 요인분석을 이용해서 여러 가지의 지능검사가 어느 정도로까지 — 그의 피험자는 21가지 검사로 조사받았다.— 동일한 요인 혹은 동일한 지능요인이 결과적으로 드러났다. 그 중의 6개는 3가지 검사에서, 하나는 4가지 검사에서 유효적인 것으로 나타나고 있다. 이와 같은 지능의 7개 요인은 '기본정신 능력(PMA : primary mintal abilities)'이라고도 불려지고 있다.

<7개 요인의 예>

Ⅰ. 언어요인(단어이해, 언어논리적 사고)

본보기 : "당신에게 3개의 단어가 주어져 있습니다. 첫 번째와 두 번째 사이에는 일정한 관계가 성립됩니다. 세 번째와 다섯 개의 답지 중에서 선택된 단어 한 개의 사이에서도 유사한 관계가 성립됩니다."

어두운 : 밝은=젖은 : ?

a) 비 b) 낮 c) 습기 있는 d) 바람 e) 건조한

'어두운'은 '밝은'의 반대말이기 때문에 '젖은'에도 역시 반대말을 찾아야만 합니다. 그러니까 e) '건조한'이 옳은 대답입니다.

Ⅱ. 단어 유창성 요인(언어 유창성, 어휘)

본보기 : "4분 이내에 'D'자로 시작되는 말을 가능한 한 많이 적어 보시오."

Ⅲ. 공간요인(공간적 관계의 인식)

본보기 : "다음에서와 같은 기호 연속에서 영상적으로 거꾸로 보이는 것 아래에 줄을 그으시오."

h p ɗ b y

Ⅳ. 계산능력요인

본보기 : "다음의 숫자 집단 중에서 그때 그때마다 첫 번째의 두 숫자를 합하여 세 번째 숫자로 나누시오. 그 다음에 그 것의 결과를 적으시오."

152	375	422	957	261	813	996	882	574
(3)	(2)	(3)	(2)	(8)	(3)	(3)	(8)	(3)

Ⅴ. 기억요인(파지능력, 특히 추상적 자료의)

본보기 : "다음의 자모 숫자 쌍을 2분 이내에 암송하여, 그 다음에 그것을 기억해 내어 적어 보시오."

b-11, d-222, h-33, n-44, p-55, q-666, u-777

Ⅵ. 추리력 요인(논리적 사고, 규칙적 인식)

본보기 : "다음의 기호 연속을 논리적으로 올바른 식으로 계속시켜 보시오."

XOOOOXXOOOXXXOOXX

Ⅶ. 지각요인(이해속도와 반응속도)

본보기 : "다음의 단어들에서 가능한 한 빨리 'A'와 'a'에 줄을 그어 지우시오."

Aufgabe, Bände, Caesar, Daumen, Einfall, Fahrmann, Gala

(4) Guilford의 지능구조 입체모형설

지능은 많은 요인으로 구성되었다는 생각은 J. P. Guilford에 의해 다시 발전되었다. 그는 먼저 지적 요인을 크게 기억력(memory)과 사고력(thinking)으로 분류하고, 사고력을 다시 인지적 능력(cognition), 생산적 능력(production), 평가적 능력(evaluation)으로 분류했으며, 생산적 능력은 다시 수렴적 사고(收斂的 思考, convergent thinking)와 발산적 사고(發散的 思考, divergent thinking)로 분류했다.

인지적 사고력은 지식의 발견, 지식의 재발견 및 인지와 관련된 것이며, 생산적 사고력은 얻어진 지식을 언제, 어떻게 사용하느냐 하는 능력 또는 새로운 지식을 만들어 내는 것과 관계되는 것이며, 평가적 사고력은 인지한 것 혹은 생산된 것이 적합한지, 정확한지, 적당한지를 결정할 필요가 있을 때 동원되는 능력이다. 생산적 사고는 다시 수렴적 및 발산적 사고력으로 분류되는데, 수렴적 사고력은 결정된(determined) 답, 혹은 관습적(conventional)인 답, 형식의 제한 내에서 새로운 것을 만들어 내는 사고력을 말하며, 발산적 사고력은 없었던 것, 알려지지 않았던 것을 새롭게 생각해 내는 능력을 말한다.

한편, Guilford는 그의 모형에 발산적 사고(divergent thinking)라는 조작을 포함시킴으로써 지능을 이해하는데 독특한 공헌을 했다. 대부분의 표준화 지능검사들은 단지 수렴적 사고(convergent thinking), 즉 가장 적합하거나 가장 관례적인 문제 해결책을 탐색하는 능력만 측정했다. 반면에 발산적 사고는 어떤 문제에 대해 다양한 아이디어나 해결책을 산출해 내는 능력을 포함한다. 이 유형의 사고는 일반적으로 창의성(creativity)으로 간주된다.

2) 지능의 유형분류

(1) Hebb의 분류

D. O. Hebb는 다음의 두 가지 의미의 지능을 분류하고 있다.

1 지능 A

사람이 태어나면서 지니고 있으며 경험에 의해서 개체가 어떠한 지식이나 기술을 획득하는가 하는 문제는 전혀 관계가 없는 뇌기능의 선천적 성질이다. 이것은 지적 기능발달의 선척적 잠재력이며 지능검사로써는 측정할 수는 없으나 어떤 종류의 상황에서는 대강 추정할 수는 있다.

② 지능 B

반 성숙 또는 완전히 성숙한 개체에 있어서의 이해력, 과제 해결력 또는 지적 기능 일반의 평균적 수준이다. 이것은 선천적 잠재능력(지능 A)이 그 후의 발달에 있어서 실현되는 정도이며, 지능검사에 의해서 측정 가능하다. 따라서 지능검사로 실제 측정되는 것은 지능 B의 수준인 것이며, 반드시 지능 A의 수준을 반영하는 것은 아니다.

(2) Jensen의 분류

지능의 새로운 유전설을 주창하여 큰 논쟁을 불러일으킨 A. R. Jensen은 심적 능력에 있어서 사회 · 경제적인 차이점을 이해하기 위해서는, 지능이 단일한 것이 아니라 적어도 다음의 두 가지 수준을 생각할 필요가 있다고 주장하고 있다.

① 수준 I의 지능

이것은 연합학습의 능력으로 불리우는데 정보를 그대로 기계적으로 기명(記銘)하고 저장하며 그것을 재생(再生)하는 능력이다.

② 수준 II의 지능

이것은 개념적 능력으로도 불이우는데, 개념학습, 문제 해결 등이 발휘되는 것으로, 입력정보를 머리 속에서 변환 조작하는 능력이다. 분석적 이해, 추상화, 개념적 사고 등 일반지능에 해당한다.

Jensen에 의하면 수준 I의 지능은 사회 · 경제적 계층이 중류층의 아이와 하류층의 아이가 비슷하게 분포되어 있지만, 수준 II의 지능은 중류층 아이가 더 높은 쪽에 하류층 아이가 더 낮은 쪽에 분포되고 있다고 한다. 또 지능의 발달에 있어서는 수준 I의 지능에서는 계층차가 없으나, 수준 II의 지능에서는 연령과 더불어 계층차가 커지며, 하류계층의 아이는 발달이 빨리 중지되고 만다.

(3) Cattell과 Horn의 분류

R. B. Cattell과 J. L. Horn은 일반지능을 결정성 지능(結晶性知能, crystallized intelligence)과 유동성 지능(流動性知能, fluid intelligence)으로 나누고 있다. 결정성 지능은 경험의 응집체로서 문화적 순응(文化的 順應, acculturation)의 한 형태를 형성한다. 유동성 지능은 교육이나 경험에서 비교적 독립한 신경 생리적 기능의 영향과 우연적 학습의 영향이 합성한 형태를 나타낸다.

(4) Goleman의 감성지능

감성지능(Emotional Intelligence) 또는 감성지수(Emotional Quotient : EQ)라는 개념을 최초로 사용한 사람은 미국의 심리학자 R. E. Mayor와 P. Salovey이다. 이들은 '감성지능'이란 자신과 타인의 정서를 평가하고 표현할 줄 아는 능력, 자신과 타인의 정서를 효과적으로 조절할 줄 아는 능력, 그리고 자신의 삶을 계획하고, 성취하기 위해서는 그런 정서를 이용하여 활용할 줄 아는 능력이라고 정의하고 있다.

달리 표현하자면, 감성지능은 감성정보처리 능력이며, 감성정보처리 능력은 자신과 다른 사람들의 감정을 정확하게 지각하고, 인식하며, 적절히 표현하는 능력, 삶을 향상시키는 방법으로 자신과 타인의 감정을 적합하게 그리고 효과적으로 조정하는 능력, 동기를 부여하고 계획을 수립하고 목표를 성취하기 위해서 감정들을 이용하여 자신의 행동을 이해하고 이끄는 능력인 것이다. 감성지수(Emotional Quotient : EQ)라는 패러다임은 머리와 가슴이 균형을 이룬 상태를 지향한다.

Daniel Goleman이 감성지능을 개념화하게 된 동기는 종전의 IQ나 학업성취도, SAT(미국학업성취검사)가 인생의 성공적인 예언을 하는데 20% 정도밖에 기여하지 못하고 있고, 나머지 80%는 사회계층 요인이나 운(運) 등 다른 요인이 지배한다는 것에 착안점을 두고 있다. Goleman은 이들 다른 요인 중 감성지능을 가장 핵심이 되는 요소라고 보았다.

1995년 「감성지능」이란 단행본을 출간한 Goleman은 감성지능을 자기 자신을 스스로 동기화시키고, 좌절에 직면해서도 꿋꿋하게 인내하며, 자신의 여러 가지 내적 충동을 통제하면서 만족을 지연시키고, 자기의 기분과 감정을 조절하면서 생각에 몰두하고, 늘 공감(empathy)과 희망을 가지고 살아갈 수 있는 능력이라고 정의하고 있다.

한편, 감성지능이 정확하게 무엇을 의미하며 어떤 하위영역들이 감성지능에 포함되어야 하는가에 대해서는 이 용어를 쓰는 사람들마다 다소 다른 입장을 보이고 있다.

Goleman이 열정(zeal)과 끈기(persistence)와 같은 동기적 특성까지 감성지능에 포함시키는데 비해서, Salovey와 Mayer는 감성지능 개념에 포함된 용어, 즉 감성과 지능의 의미를 살리면서 감성지능 개념은 어떤 식으로든 감성과 지능을 연결시킬 수 있는 개념이어야 한다고 주장한다.

이들은 열정이나 성취력, 끈기와 같은 동기의 특성들을 강조하는 개념을 지칭하여 동기지능(motivational intelligence)이라는 개념을 별도로 쓸 것을 제한했다.

Goleman은 한 개인의 성공을 예언할 때 지능지수와 표준화 성취검사에 의해 측정된 지적인 능력(brain power)은 마음(mind)의 질보다 덜 중요하다고 주장한다. 즉, 가슴(감정 : heart)이 머리(이성 : head)를 지배한다는 생각이다.

그러므로 Goleman은 머리의 힘인 지능지수로만 삶을 추구하는 시대는 지나가고 가슴의 힘인 감성지능으로 살아가는 시대가 되었다고 주장한다.

(5) Gardner의 다중지능

1983년에 H. Gardner는 다중지능(multiple intelligence)이라는 개념을 제시했는데 이 개념에는 언어적 지능, 음악적 지능, 논리 · 수학적 지능, 신체 · 운동지능, 개인내적 지능, 공간지능, 그리고 대인간지능이 포함된다. 이렇게 일곱 개 영역을 모두 지능에 포함시킴으로써 언어와 수리능력만을 강조한 지능에 대한 기존의 관점에 반론을 제기했다.

각각의 지능은 약간의 상관은 있지만 상호독립적이라고 본다. 인간의 지능은 일곱 가지의 독립적인 지능으로 구성된다고 주장하며 그가 제시하는 일곱 가지 지능은 다음과 같다.

1 언어적 지능(linguistic intelligence)

단어의 의미와 소리에 대한 민감성, 문장구성법의 숙련 및 언어 분석력과 이해력을 의미하며, 시인, 언론인, 법률가, 문학작가에게서 나타난다.

2 음악적 지능(musical intelligence)

음과 음절에 대한 민감성, 리듬 정보처리 능력을 포함하는 음악적 재질을 의미하며, 흔히 음악가, 작곡가에게서 나타난다.

3 논리 · 수학적 지능(logical-mathematical intelligence)

산수 연산이나 상징적 논리, 추상적 사고 능력을 의미하며, 흔히 수학자, 과학자에게서 나타난다.

4 공간지능(spatital intelligence)

시공간 세계를 정확하게 지각하는 능력, 균형, 구성에 대한 민감성, 공간적 사고와 추리 능력을 의미하며, 흔히 미술, 건축, 공학 분야에서 특출한 자에게서 나타난다.

5 신체-운동지능(bodily kinesthetic intelligence)

신체를 인식하고 조절하는 능력을 의미하며, 흔히 뛰어난 운동 선수, 무용가, 마술사에게서 나타난다.

6 개인 내적 지능(intrapersonal intelligence)

자신의 강점과 약점, 욕구 등 자기 내부에 관한 지식과 신체 기능에 대한 느낌과 통제 능력을 의미하며, 흔히 임상가, 종교인에게서 나타난다.

7 대인간 지능(interpersonal intelligence)

가정, 학교, 이웃, 친구간 등의 복잡한 사회 환경 속에서 타인의 기질, 동기, 의도를 잘 파악하고 타인에 대한 지식에 따라 행동할 줄 아는 능력으로서, 뛰어난 지도자에게서 나타난다. 흔히 사회 지능(social intelligence)라고 부르기도 한다.

Gardner는 개인 내적 지능과 대인지능을 한데 묶어 개인지능(personal intelligence)이라고 불렀는데, 이 개인지능은 다중지능 하위영역 중에서 Goleman의 감성지능(emotional intelligence)과 가장 밀접하게 관련된 개념이다.

개인내적 지능의 핵심은 자신의 감정을 인식하고 분별하며 행동의 지침으로 활용할 수 있는 능력이고 대인지능의 핵심은 바로 다른 사람들의 기분과 기질, 그리고 동기와 욕망을 정확하게 파악하고 적절하게 반응할 줄 아는 능력이다.

3. 지능의 발달

1) 지능의 분포

지능검사에 따라 차이가 있으나, Wechsler식의 지능검사에 의한 지능분포는 〈그림 5-4〉와 같다.

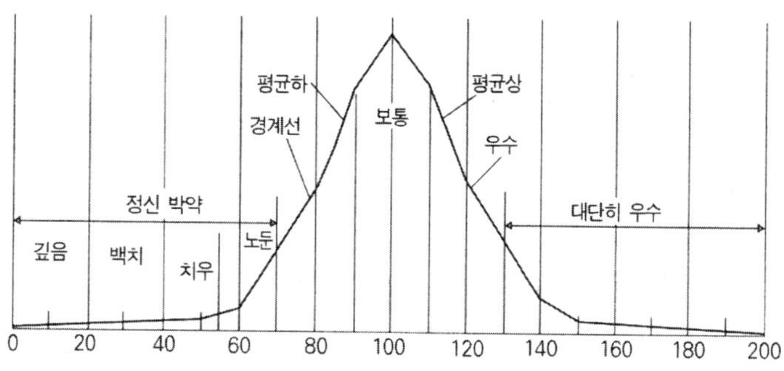

〈그림 5-4〉 지능 분포도

2) 지능의 생득성과 항상성

지능은 생득적이며, 유전성이 강하다는 것이 일반적인 견해이고, 또 여러 연구에서 그 증거가 많이 나와 있다. 그러나 이 문제는 그리 간단하게 결론지어버릴 수 없는 점이 많다.

첫째, 지능검사는 결코 생득적인 선천적 능력을 재는 것은 아니다. 생후의 경험이 얼마나 작용하느냐의 문제도 있어서 그것은 언제나 '선천적 능력+경험'을 재고 있는 것이다. 경험이 없는 사람은 없기 때문이다.

둘째, 그러나 지능에 유전성이 강하다는 증거가 많다. L. J. Cronbach는 지능검사에서의 점수의 변량(고저의 차) 중, 75%는 유전에 기인하고 21%는 환경에 기인하고, 4%는 우연요인에 기인한다고 결론짓고 있다. 또 부자간, 또는 형제간의 IQ의 상관은 대게 .50 내외이고 일란성 쌍생아간의 상관은 대개 .90을 넘는다는 것도 유전성이 강한 것을 보여주고 있다.

셋째, 한 개인의 지능은 연령에 따라 상당한 항상성이 있다. 즉 그리 변하지를 않는다. 특히 지능의 극상부 및 극하부에 해당하는 지능에는 항상성이 크다.

3) 지능의 발달

J. L. Horn은 유동성 지능(Gf)과 결정적 지능(Gc)의 발달과정을 비교하였다. Gf는 10대 후반에 정점에 달하고 그 후에는 연령증가와 더불어 성숙의 감퇴나 전체의 중추신경계의 변화에 따라 장애와 대응하여 감퇴되고 있다. Gc는 교육과 경험의 축적에 따른 문화적 순응으로서 성인기까지 서서히 증대되고 있으며 노년기(60세쯤)까지 저하되지 않는다. 특히 장년기의 득점보다 높을 수도 있다.

생활연령별 정신연령 발달의 일반적인 모습은 〈그림 5-5〉와 같다.

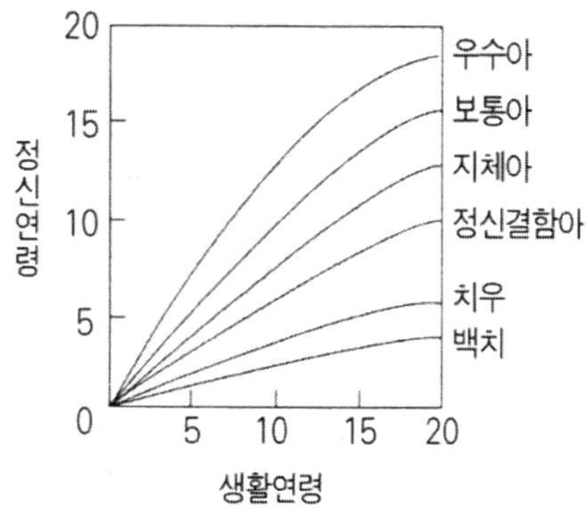

〈그림 5-5〉 지능의 발달

4) 지능과 제 변인과의 관계

(1) 지능과 성차

남녀의 지능차를 문제삼지만 일반적 지능에 관한 한 성차가 없다는 것이 일반적 결론이다. 단, 지능을 구성하는 특수능력에서는 차가 있다. 대개는 통상관념과 같이 남자는 수리적 · 공간적 · 기계적 능력에서 여자를 능가하며, 여자는 어휘, 언어 유창성, 기억력에서 남자를 능가한다. 그러나 여기에서도 개인차의 범위는 넓다.

(2) 지능과 종족차

종족간의 지능차를 문제삼는 사람도 많다. 예컨대 미국의 경우, 백인들의 IQ는 흑인들의 IQ보다 평균적으로 높게 나온다. 따라서 한국인이 딴 종족보다 지능이 높다 낮다 하는 논쟁도 있을 수 있다.

(3) 지능과 성격특성

J. Kagan과 H. A. Moss의 연구에 의하면, 경쟁, 고집, 독립성, 자주성, 성취동기가 충동성이 아닌 사려성 깊은 성격과 결합될 때에는 6~10세 사이에 지능지수가 증진된다고 보고하고 있다. 즉 충동성 및 사려성 등 인지형이 지능발달과 관계하고 있다는 점을 시사한다. 충동형의 사람은 반응은 빠르나 실수가 많고, 사려성이 높은 사람은 비교적 천천히 신중히 실행하여 반응의 실수가 적고 결론에 비약함이 적은 것이다.

(4) 지능과 학업성적

7세부터 14세까지의 아동을 대상으로 Binet법을 이용한 C. L. Burt의 연구에 의하면, 지능과 학습 내용간의 상관에 있어서, 지적 교과서나 추상적인 교과서는 지능과의 상관이 높고, 기술적 · 예능적 교과와의 상관은 낮다는 사실을 시사받을 수 있다.

(5) 지능과 창의성

근래에 창의력 또는 창의성(creativity)에 관한 연구가 퍽 활발해졌다. 지능과 관계되는 점에서 이런 연구들이 보여주는 중요한 결론은 지능과 창의성과의 상관이 그리 높지 않다는 점이다. 즉 지능이 수재라고 반드시 창의 · 창조적인 생산을 많이 하는 것도 아니고, 지능이 낮은 편이라고 그런 생산을 못하는 것도 아니라는 결론이다.

예컨대, J. W. Getzels와 P. W. Jackson은 여러 가지 창의적 사고력의 검사와 지능검사와의 상관계수는 .115~.371 사이로 밖에 나타나지 않았다고 보고하고 있다. 어떤 공학자들의 집단의 경우는 직장에서 창의적 연구활동의 증거와 지능과는 거의 관계가 없었다는 결론까지 내리고 있다. 더구나 화가, 조각가, 디자이너의 예술적 창의성과 지능은 더 작은 관계 밖에 없다.

(6) 지능과 가정환경

1 부모의 양육행동과 아동의 지능

부모의 양육행동의 영향에 남녀 차가 있다는 B. R. McCandless와 E. D. Evans의 연구가 있다. 즉 유아기에 모친과의 사이에 수용과 애정이 깃든 긴밀한 관계하에 자란 경우, 아동기에 들어서는 남아는 높은 지능을 나타내나 여아는 그렇지가 않고, 또 모친으로부터 벌이나 거부를 받은 경우에는 남아는 지능이 저하되나 여아는 그렇지는 않았다는 것이다. 그러나 유아기에 양친이 조화 있는 가정생활을 영위한 경우에는 여아의 지능은 촉진되지만 남아의 경우에는 그 관계가 뚜렷하지 않았다.

2 부모의 교육적 관심 및 훈련과 아동의 지능

유아기에 장래 어린애가 달성해야 될 교육수준에 대해 갖는 부모의 관심도와 그 어린애의 나중의 IQ간에는 정(正)적 상관이 있음을 M. P. Honzik의 연구에서 찾아볼 수 있다. 그 상관은 남자 쪽이 여자 쪽보다 높으나 전체의 경향은 유사하다.

4. 정신박약아와 영재

1) 정신박약아

(1) 정신박약아의 개념

정신박약아(精神薄弱兒)란, 선천성 또는 출산시 내지 출산 후 초기에, 뇌수(腦髓)에 어떤 장애(뇌세포의 기질적 질환 또는 기능장애)를 받고 있기 때문에 지능이 미발달 상태에 멈추어, 이로 인해 정신활동이 열약(劣弱)하며, 사회에의 적응이 심히 곤란한 상태에 있는 자를 말한다.

일반적으로 정신박약(mental deficiency)은, 정신적 발달의 늦됨을 나타내고 있는 상태로 생각되고 있다. 근래에 와서는, 정신지체(精身遲滯, mental retardation)란 용어와 동의어로 사용되는 수가 많으나 미국정신박약학회(AAMD)의 정의에 의하면 "정신지체란, 발육기에 있어서 일반적인 인지적 기능이 평균보다 낮고, 적응행동에 있어서 장애를 수반하는 상태인 것이다"라고 하고 있다.

(2) 정신박약아의 분류

지능 정도에 의한 분류는 세계보건기구(WHO)나 미국정신박약학회(AAMD)에 의해서 행해지고 있는데 모두가 지능지수 75 이하를 4단계로 나누고 있는 바 그 내용은 〈표 5-1〉과 〈표 5-2〉와 같다. 교육적 입장에서 S. A. Kirk는 교육가능, 훈련가능, 보호대상으로 나누고 있다.

표 5-1 적응행동에 의한 정신지체의 분류(AAMD)

적응 행동에 의한 정신지체의 기술용어	단계	적 응 행 동	표준 편차치의 범위
	0	지체가 없는 적응행동	−1.00 이상
경도	−1	적응행동의 규준, 표준에서 경도이지만, 마이너스 편차가 있는 자	−1.01에서 −2.25까지
중등도	−2	적응행동의 규준 및 표준에서 중등도이지만, 마이너스 편차가 있는 자	−2.26에서 −3.50까지
중도	−3	적응행동의 규준 및 표준에서 중등의 마이너스 편차가 있는 자	−3.51에서 −4.75까지
최중도	−4	적응행동의 규준 및 표준에서 최중도의 편차가 있는 자	−4.75보다 작다

표 5-2 측정지능에 의한 정신지체의 분류(AAMD)

측정지능에 의한 정신지체 기술용어	단계	표준 편차치의 범위	IQ의 범위
경계선	−1	−1.01 ~ −2.00	70~84
경(輕)도	−2	−2.01 ~ −3.00	55~69
중등도	−3	−3.01 ~ −4.00	40~54
중(重)도	−4	−4.01 ~ −5.00	25~39
최중도	−5	−5.00	〈25

1 **중도**(重度)(IQ : 약 25 이하)

언어와 사고 등 제능력의 결핍이다. 성인이 되더라도 M.A.가 2~3세 정도. 의식주 생활에 자립이나 환경에의 적응은 거의 불가능 '완전 요보호'의 정도이다.

2 **중등도**(中等度)(IQ : 약 25~50)

성인시 M.A.는 3~7세 정도이다. 추상적 사고나 추리는 곤란, 신변처리나 직업훈련은 가능하다. '교육 가능'의 정도 특히 오늘날에 있어서는 정상아와 경도 정신박약아와의 사이에 경계선(境界線, borderline class child : IQ 약 75~85)이란 개념이 설정되어 정신박약아와 같은 특수교육의 필요성이 지적되고 있다.

(3) 정신박약아의 행동특성

정신박약아는 단지 지능만이 지체되어 있는 것이 아니라, 그 발달의 지체는 전체적인 행동영역에 미쳐서, 그들이 나타내는 행동특성이나 행동의 배경이 되어 있는 성격에는 고유한 구조가 있다고 생각되고 있다.

많은 학자가 정신박약아의 성격구조의 중핵을 이루고 있는 특성을 고집성(固執性)으로 보고 있다. 즉, 성격구조의 분화도가 낮고 굳어 있기 때문에(硬性), 융통성이 적고, 새로운 사태에의 적응이 곤란하다. 그리하여 내적인 갈등상태에 머물지 못하기 때문에 대외적으로 강한 감정 또한 완고한 성격경향을 나타내는 것이 특징이다.

그 밖의 심리적 특성으로서는, 지각의 미분화, 추상화 · 개념화의 곤란, 기억의 불안정성, 얕고 좁은 생각, 내재적 충동성의 결핍, 소극성, 무기력, 반항 · 공격성, 신경증적 행동을 들 수 있다.

2) 영재

(1) 영재의 개념

일반적으로 영재(英才)란 “어떠한 영역에서 끊임없이 탁월한 업적을 나타내는 사람 또는 비슷한 연령수준에 있는 다른 사람들에 비하여 무엇인가 뛰어난 능력을 소유한 사람”을 일컫는 말이다. 그리고 비상한 능력이나 재능을 소유한 사람들을 지칭하는 용어도 다양하다. 천재(genius), 수재, 영재(giftedness)라는 말을 비롯해서 학업성적 우수아, 창의력이 높은 창조사, 재능아(talented) 등 매우 다양하다.

영재에 대한 최초의 개념 규정은 L. M. Terman이 제작한 지능검사에 의해 측정된 IQ 140에 근거하여 이루어졌다. 그러나 영재 개념이 변화되면서 IQ만으로 영재를 정의하는 것에는 한계가 있음을 인식하게 되었는데 그 이유는 지능검사가 제한된 범위의 능력만을 측정하므로 교육적 경험과 문화적 영향으로부터 독립적일 수 없다는 것이다.

그 후 영재에 관하여 새로이 제안된 또 하나의 정의는 미국 문부성의 정의(1972)로서 “영재란 뛰어난 능력으로 인하여 탁월한 성취를 할 것으로 전문가에 의하여 판단되는 자로서 자신과 사회에 공헌할 수 있도록 정규 학교 프로그램 이상의 교육프로그램과 서비스를 필요로 하는 자이다. 이들은 ① 일반지능, ② 특수 학업 적성, ③ 창의적 사고 능력 ④ 지도력 ⑤ 시각 실연 예술, ⑥ 정신운동 능력(Psychomoter ability) 등의 6개 영역에서 이미 높은 성취를 나타내었거나 잠재능력이 있는 자이다”라고 정의하였다.

영재에 대한 연구가 끊임없이 이루어지고 있는 가운데 A. Lamkins는 영재성의 구성 요소로서 적성, 창의성, 그리고 성격 및 동기의 세 요인을 고려하였다. 또한 J. S. Renzulli는 영재성에 관한 자신의 삼원모델(three-ring model)을 통하여 영재의 준거로서 평균 이상의 지능, 높은 창의력, 높은 과제 집착력을 제시하고 이 세 가지 특성 모두에서 백분위 90 이상이거나 이 가운데 어느 한 가지가 백분위 98 이상인 학생을 영재로 규정하였다. 그의 정의는 지적 요인과 더불어 과제 집착력과 같은 정의적 요인을 포함시켰다는 점에서 특징적이다.

(2) 영재 선별의 준거

1 지능지수

Terman의 연구를 비롯한 영재에 관한 대부분의 고전적인 연구는 영재를 주로 지능검사의 결과를 기준으로 하여 정의하였다. 즉 지능지수가 상위 2~3%에 해당되거나 또는 IQ 140 이상인 사람들을 영재라고 하였다. 그러나 영재를 지능지수만을 토대로 규정할 때는 문제점이 없지 않다.

D. P. Hallahan과 J. M. Kauffman은 영재의 선별과 관련하여 지능검사가 지니고 있는 문제점을 다음과 같이 지적하고 있다. 즉, 지능검사는 비교적 제한된 범위의 능력만을 측정하고 있기 때문에, 영재의 특성으로서 중요하게 여겨지는 요인인 창의력이나 동기, 특수재능 등을 잴 수 없다는 것이다. 그리고 J. W. Getzels와 P. W. Jackson도 우수성을 논할 때에 단순한 지능뿐만 아니라 창의력도 고려해야 될 것이라고 하였다.

2 지능 및 창의성

J. S. Renzulli는 세 가지 측면에서 영재성을 보았다. 그에 따르면 영재란 지능이 높거나 훌륭한 아이디어를 내어 이를 문제해결에 적용할 수 있는 높은 창의력를 갖거나 동기수준이 높고, 어떠한 일을 결과까지 꿰뚫어 볼 수 있는 능력을 소유한 사람이란 것이다.

Renzulli가 영재선별의 준거로서 내세운 '높은 지능'(high ability), '풍부한 창의력'(high creativity), '강한 과제 집착력'(high task commitment)의 세 가지 특성은 어떠한 영역에서든 우수성의 발휘에 이 세 능력이 모두 필요하기 때문이라고 지적하고 있다.

D. P. Hallahan과 J. M. Kauffman도 영재선별에 있어서 Renzulli가 설정한 세 가지 준거 '지능, 창의력, 과제 집착력'에 따르는 것이 타당하다고 하였다. 그들은 구체적인 기준까지 제시하였다. 즉, 어느 한 아동이 위의 세 가지 준거 요인의 측정결과가 비슷한 연령집단의 기준에서 모두 백분위로 85% 이상이거나(평균점으로부터 약 1 표준편차 이상), 이 중 어느 한 요인의 점수가 98% 이상일 경우(평균점으로부터 약 2 표준편차 이상) 영재로 규정할 수 있다고 하였다.

한편, J. J. Gallagher도 영재를 선별하는 데 있어서 일반지능, 특수 학문적성, 창의력 또는 생산적 사고력, 지도력 등의 요인들을 고려해야 할 것이라고 하였다.

(3) Terman의 영재연구

영재는 보통사람들에 비하여 탁월한 능력을 소유하고 있다고 믿는다. 그러나 또한 많은 사람들이 영재 또는 천재는 신체적으로 약하다든가, 사회적으로 적응을 잘못한다든가 관심사가 좁고, 정서적으로 불안정하고, 단명하다는 등 편견 내지는 그릇된 통념을 가지고 있다.

L. M. Terman은 "천재의 유전학적 연구"를 통하여 일반인이 천재에 관하여 지니고 있는 생각들의 상당한 부분이 오류임을 밝혀 내었다. Terman과 그의 동료들은 1,470여 명의 영재를 대상으로 35년간 여러 가지 조사를 실시하여 5차에 걸쳐서 보고서를 펴내었다. 1차와 2차 보고에서는 주로 영재들이 어렸을 때의 정신적, 신체적 발달 특징에 관하여 기술하고 있으며(Terman, 1925; C. M. Cox, 1926), 3차 보고서에는 영재들의 청년기 제반 특징을 다루고 있다(B. S. Burks, Jensen & Terman, 1930). 그리고 4차 보고서에서는 25년간 영재들에 관하여 추수연구한 결과를 수록하고 있고(Terman & M. H. Oden, 1947), 5차 보고서는 영재들의 중년기

생활특징 및 진출한 각 분야에서 그들이 이룩한 업적에 관한 사실을 제시하고 (Terman & Oden, 1959) 이들이 60대에 접어든 1972년까지 계속하였으며, 후속연구의 결과도 동일하다. Terman 등은 이 방대한 연구 결과를 통하여 영재집단의 특성으로서 체격과 건강이 좋고, 조화된 성격으로 쾌활하고 자상하고 매력적이며, 사회적으로 탁월한 업적과 중요한 역할을 수행해 나간다고 보고하였다. 따라서 영재는 병이 많다거나 영재의 특성이 병적 또는 광적 현상으로 나타난다거나, 천재는 고독을 좋아하고 사회적으로 부적응한다는 등의 영재에 대한 종래의 그릇된 생각을 부정하였다.

(4) 영재의 개인적 특성

1 인지적 특성

영재의 인지적 특성을 지적 특성, 창의적 특성, 학습 특성으로 세분하여 보면 다음과 같다.

① 지적 특성

영재는 이해가 빠르고 높은 수준의 어휘력을 가지고 있으며 언어적 유창성과 표현력이 뛰어나다. 읽기, 수학적 추리, 과학, 문학과 예능 방면에서 보통학생들보다 탁월함을 보이나 철자법, 역사에 관한 사실적 정보 등에서는 보통학생들보다 약간 우수할 뿐이다. 또한 영재는 보통학생들보다 독서를 어릴적부터 많이 하고 광범위한 독서로 인해 풍부한 지식을 보유하고 있으며 상식적 지식이 많다.

영재들은 보통 지능이 높고 특히 높은 학업성취도를 나타내며 학습진도도 빠르고 뚜렷한 과학 적성을 보인다.

② 창의적 특성

영재는 취미가 다양하고 여러 방면에 다재 다능하며, 예술적이고 미신적인 것, 새로운 것, 복잡한 것, 신비한 것에 대해 큰 흥미를 보인다. 또한 자신의 힘으로 새로운 것을 창조해 내는 것을 좋아한다.

영재는 하나의 문제에 대해 가능한 결과나 관련된 아이디어를 많이 생각해 내고 정보를 자유롭게 이용하는 융통성이 있으며 영재들은 문제를 해결하는 방법이 다양하며 복잡한 문제에 대해서 여러 가지 상이한 대안의 제시와 접근법을 시도한다.

또한, 영재들은 독창성이 뛰어나고 융통성, 유창성, 면밀성, 유연성, 개방성 등이 우수하다.

③ 학습 특성

영재는 구조화되지 않은 융통성있는 문제를 좋아하고 반복적이고 기계적인 학습을 싫어하며 자신의 생각을 합리적으로 표현하며, 영재들은 비상한 기억력과 뛰어난 통찰력을 바탕으로 어려운 학습과제에 대해 도전적이다. 특히 학습에 대한 지구력과 집중력이 강해서 학습효율성의 극대화가 이루어지기 쉽다.

2 정의적 특성

영재들은 자신감, 자아정체감, 과제집착력, 자아존중감, 책임감, 성취동기, 탐구모험심 등이 일반적으로 높고, 실패를 두려워하지 않으며 경쟁의식이 강하다. 또한 정서적으로 민감하며 호기심이 많다. 반면, 강박관념이나 완벽주의적인 태도가 높아 학습과제에 대한 생산성을 저하시키곤 한다.

특히 완벽주의는 때로는 자기 효능감(self efficiency)을 떨어뜨리는 계기가 되기도 한다. 그리고 자신감이 지나친 경우엔, 주변 사람들로부터 건방지거나 오만하다는 인상을 줌으로써 소외될 수도 있다.

5. 학업부진아

1) 학업부진아의 개념

학업부진아(retarded child, backward child)란, 대체로 정상적인 지능을 갖고 있으면서, 무슨 이유에서인지 학습능률은 오르지 않고 학업성적이 그 능력수준에 미치지 못하는 아동을 말한다.

단, 지능이 열등하기 때문에, 학업성적이 그 학년의 일정한 표준에 비해 떨어지고, 학습지도상 특별한 고려의 대상이 되는 경우는 학업지진아(slow learner)라고 해서 학업부진아와 구별된다. 한편 학업부진아는 전 교과의 학업성적이 지능에 비해 낮은 전체적 학업부진아와 구별된다. 한편 학업부진아는 전 교과의 학업성적이 지능에 비해 낮은 전체적 학업부진아와 특정교과에서만 떨어져 있는 특정교과 학업부진아가 있다. 후자는 학업 불균형이라고도 부른다.

2) 학업부진의 원인

(1) 개인적 요인

1 지적 장해

보통 이상의 지능인데도 학업성적이 나쁜 이유로서, 그 아동의 지능구조를 들 수 있다. 즉 전체 지능이 아니고 지능검사의 하위검사를 분석해 보면, '언어 추리요인'에서는 높은 득점을 나타냈으나 '산수 추리요인', '도형 추리요인' 등의 득점이 낮다든지 하는 학업성적이 나쁜 지적 장애요인을 발견하게 된다.

2 신체적 장애

병약, 근시, 난청, 편도선 장애, 영양장애, 언어장애, 지체부자유 등의 학습의 저해요인으로 작용할 수 있다. 이들 요인은 학습을 직접적으로 방해하는 것이 아니라, 이들로부터 생기는 긴장, 불안, 피로 내지 열등감 등이 학습에 나쁜 영향을 미치는 수가 있는 것이다.

3 성격적 · 정서적 요인

의지박약, 주의력 산만, 정서 불안정, 태만, 공포, 불안감 등은 학업부진의 원인이 된다. 또한 사회성의 결여도 교사와 친구에 대한 대인관계가 원만하지 못하여 자신감을 상실하거나 열등감을 갖게 하는 등 학습에 대한 흥미를 잃게 할 수도 있다.

4 학습흥미

아동이 학습에 흥미를 느끼지 못하는 경우에는 학습부진의 원인이 된다. 흥미가 있으면 자발적으로 적극적으로 학습에 집착하다 보니 능률이 오르게 마련인 것이다.

5 과거의 경험부족(기초학력의 결함)

특히 계통적 학습인 수학, 과학, 영어 등에서 그 영향이 심하다. 결석을 자주 하거나, 전학을 한다든지 등 무슨 이유로 중요한 기초학습을 충분히 획득하지 못하면 다음 단계의 학습은 지장을 받게 마련이다.

6 학습습관의 부적절

공부를 오랜 시간 한다 해서 성적이 저절로 오르는 것은 아니다. 예컨대, 공부할 때 주의집중이 잘 안 되거나, 노트 정리가 잘 안 되어 있거나 사전을 이용할 줄 모르거나, 예습 · 복습이 없다든지 하는 문제는 학습습관(학습법)이 부적절하기 때문에 학력의 향상은 기대할 수 없는 것이다. 또한 TV시청이 지나쳐 공부시간이 불충분한 점도 원인의 하나이다.

(2) 가정적 요인

1 양친의 교육적 태도

양친이 모두 자녀학습에 무관심하거나 성적이 어느 정도이며, 노력하는지 등에 관심이 없을 때, 자녀의 학습의욕을 상실시키는 계기가 된다. 거꾸로, 교육과잉으로, 자나깨나 '공부, 공부'하고 아동들을 밀어 붙이는 등 부모의 자녀의 성적에 대한 과대한 요구는 학업성적을 향상시키는 것보다 오히려 자녀에게 쓸데없는 초조감이나 열등감을 심어 주기 쉬운 것이다.

2 가정의 불안정

형제간애, 부부간에 싸움이 잦거나 부모 · 자식 관계가 원만하지 못하면 가정 내에는 정서적 긴장과 차가운 분위기가 감돌기 쉽다. 이런 분위기 속에서는 아동이 침착하게 차분한 마음으로 공부를 할 수가 없다. 또 결손가정도 중요한 원인으로 작용할 수 있다.

3 경제적 빈곤

가정경제의 빈곤 때문에, 공부방이 없다든지, 책상이 없다든지, 또는 학용품, 참고서, 운동기구 등이 불충분하면 능력이 충분히 있더라도, 기대하는 만큼의 공부를 할 수 없어서 학업부진의 원인이 된다.

특히 집안 일에 대한 심부름이 많거나 이 때문에 결석이 많거나 하면 학업부진이 되기 쉽다.

(3) 학교환경적 요인

1 교육 목표 · 방침

우선 그 학교의 교육목표나 방침이 아동의 심신발달이나 준비도에 벗어나 있거나, 입시준비 교육이 지나치거나 하는 등 그 밖에 여러 가지가 학업부진아를 유발시키는 원인이 된다.

2 학교의 규모 · 환경

학교규모, 학급규모(과밀학급 등), 도서관, 운동시설, 교실의 크기, 채광, 소음 등의 물리적 환경의 적절성 여부도 아동의 학력에 영향을 미친다고 생각되고 있다.

3 지도방법

교사의 지도방법은 학업부진의 직접적 원인이 된다. 어느 정도 영향을 주는가 하는 문제는 연구방법상 난점이 있어서 측정하기 어렵지만 매일 같이 직접적으로 아동지도에 종사하고 있는 교사의 지도방법은 그 비중이 큰 것으로 생각된다.

4 인간관계

교사와 아동, 아동 상호간의 대인관계, 그리고 학습환경의 분위기 등은 학업부진의 원인이 될 수 있다.

(4) 사회환경적 요인

아동을 둘러싼 이웃 사회환경이 도시, 농촌, 산촌, 어촌의 어디에 해당되는가, 또는 같은 도시라 할지라도 주택지, 상점가, 유흥가, 공장지대 등 지역환경이 학습생활에 영향을 미쳐 학업성적에도 역효과를 나타내는 결과가 된다.

3) 학업부진아의 특성

(1) 일반적 특성

일반적으로 학업부진아는 지능검사의 결과, 지능이 보통보다(IQ 85 이상) 높은 경우에는 학업부진아에 해당되지 않으며 일반적으로 이해하는 능력, 혹은 언어능력이 보통 이하로 낮은 아동이다. 보다 엄격히 말하면 학습부진아는 학습기능이 부족한 아동이다. 학습기능은 학습과제를 수행하는 데 필요한 지적 기능, 언어능력, 주의 집중력, 기억력, 사고력 등의 기초기능 등을 동원하는 행동 내지 기능이다. 학습부진아는 학습기능에서의 결함을 가지고 있을 뿐만 아니라 자아개념, 학습동기 내지 성취동기 등의 정의적 특성에서의 결함과 학교학습에서 누적된 정보 지식, 원리, 문제해결 등에서의 학습결손을 가졌기 때문에 학교학습에서 실패를 되풀이하고 있다.

(2) 학습기능적 특성

1 변별력과 주의력이 부족

변별은 감각적 정보의 인지 또는 감각적 자극을 의미 있게 수용 · 변별하는 기능이다. 변별은 지각기능으로 지각구조에 따라 시각적 변별, 청각적 변별, 접촉변별의 3가지 기능으로 나누어진다.

변별기능은 지적 기능의 가장 하위기능으로 학습에서 가장 기초적인 선수학습(prerequisite)이 된다.

B. J. House와 D. Zeaman에 의하면, 학습부진아의 학습속도가 느린 것은 그들이 도구적 반응을 못하는 데에 있는 것이 아니라, 적절한 변별을 하는데에 요구되는 결정적인 자극에 주의를 집중시키지 못하는 데 있다는 것이다. 즉, 학습속도가 느린 것은 학습을 시작하는 데에 느리기 때문이라는 것이다. 이러한 이론

에 입각하여 House와 Zeaman은 일단 학습이 시작된 뒤에는 학습부진아의 학습 속도는 정상아의 그것과 별 차이가 없다는 것을 증명해 보이고 있다.

2 기억력이 부족

학습부진아들은 보고 들은 것, 경험한 것을 기억하는 능력이 부족하다. 효과적인 기억은 시각적 · 청각적 · 접촉적 영상을 형성하여 서로 연결시키면서 저장하고, 또 파지를 위해 여러 번 되풀이하여 기억활동을 하는 것이 필요하다. 그런데 학습부진아들은 대개 단기기억력(short-term memory)의 결함을 가지고 있다.

3 추상적 개념과 어휘력이 부족

학습부진아들은 구체적 개념보다는 추상적 개념 내지 어휘가 부족하다. 학습부진아들이 학교 학습과제를 수행하는데 필요한 독서에서 실패하는 중요한 이유 중의 하나가 추상적 개념 내지 어휘력의 부족이라 하겠다.

4 우뇌의 기능이 우수

두뇌의 기능분화 가설이란, "인간의 좌우뇌는 각각 외부에서 투입되는 자극을 받아들여 다르게 처리하고 해석한다"는 가정이다. 이 가설에 의하면, 좌뇌는 우뇌에 비하여 언어적 · 계열적 · 분석적인 방법으로 문제해결에 접근하는 특성을 가지고 있으며, 우뇌는 시간적 · 공간적 · 직관적 · 형태적 · 종합적 · 비언어적인 방법으로 문제를 해결하는 데에 우세한 특성을 가지고 있다는 것이다. 학습부진아는 일반적으로 우뇌 우세의 경향이 있다.

즉, 학습부진아들 중에는 비언어적 기능을 주로 하는 우뇌기능이 우세하고 언어적 기능을 주로 하는 좌뇌기능이 약한 학생들이 많다. 그런데 교재를 비롯한 모든 학습자료는 거의 대부분 언어 중심적이어서 이들에게는 별로 효과적이 못된다. 두말 할 나위 없이 이들에게는 비언어적 자료가 필요한 것이다. 어쩌면 학습 부진아의 우수한 뇌기능을 최대로 활용하는 비언어적 교수-학습 매체나 자료의 개발은 그들의 학습을 증진시킬 수 있는 획기적인 것이 될지도 모른다.

6. 적 성

1) 적성의 넓은 뜻의 개념

적성이란 낱말은 때때로 능력(ability)이란 낱말과 서로 교환해서 사용되고 있으며, 일반적으로 교과영역에서나 한 직업분야에 관련된 어떤 일에 숙달되는 개인적 능력을 의미한다.

이러한 수준에서의 적성이라는 개념은 넓은 뜻으로 이해되고 있는 적성이라는 말이 뜻하는 바와는 상당히 다르다. 즉 적성을 "구체적인 교수조건하에 학습에서 나타날 수 있는 차이를 예언할 수 있는 개인적 · 심리적 특징의 복합"으로 보는 것처럼 넓은 뜻의 개념 속에는 한 학문분야에서나 직업분야에 관련된 지적 능력뿐만 아니라 그 곳에서 요구되는 성격적 적합도나 직업적 흥미와 같은 정의적인 특성이 중요한 지표가 되고 있다는 점이다.

예컨대 어떤 학생이 의사로서의 알맞은 적성을 가졌다고 말할 때 우리는 그가 의사직에 요구되는 고도의 전문적 지식을 수용할 수 있는 지적 능력뿐만 아니라 수술시에 피를 보고서도 현기증을 일으키지 않는다던가, 차분하면서 또한 치밀한 성격의 소유자여야 한다는 '성격적 적합도' 뿐만 아니라, 병든자에 대한 무한한 동정심과 의술을 통해서 사회의 복지에 기여하겠다는 직업적 사명의식 같은 '직업적 흥미'도 잘 갖추고 있다는 뜻으로 해석할 수 있다.

따라서 적성은 개인의 상대적 적합성을 나타내는 조건으로서, 그것의 본질적인 면은 숙달될 수 있는 개인의 잠재적 능력이고, 다른 한면은 그러한 능력을 발휘하는데 있어 흥미와 관심을 나타낼 수 있는 정의적 준비성을 의미하는 개념이라 할 수 있다. 그러나 실제적인 입장, 즉 심리측정론적인 수준에서의 적성이라는 개념 속에는 한 직업에 요구되는 적응능력의 자질이라는 측면만 포함되어 있을 뿐이며, 성격적 적합도나 직업적 흥미와 같은 정의적 · 인성적 특성은 완전히 배제되어 있는 경향을 살펴볼 수 있다.

이와 같은 넓은 뜻의 개념 속에는 비지적인 영역인 정의적 특성에 관련된 적성이 포함되고 있지만, 이론적으로 아직 미숙한 상태에 있을 뿐만 아니라 실제로 측정하기가 쉽지 않기 때문에 실제의 적성검사에는 정의적 특성의 측정이 배제되어 있어 적성측정의 유용성을 크게 저하시키고 있다고 하겠다.

2) 적성의 좁은 뜻의 개념

거의 대부분의 적성검사는 좁은 뜻의 개념을 준거로 삼고 있으며 이것은 심리측정론적 수준에서의 개념 규정이자 또한 전통적인 입장이기도 하다. 예컨대 적성을 '어떤 분야(학교교과 또는 직업분야 등)의 숙달에 필요로 하는 능력의 징후로서 간주되는 일단의 특성' 또는 '시간만 충분히 주어진다면 대부분의 학생들이 숙달할 수 있는 어떤 과제에 대해서 시간을 엄격히 제한하여 측정한 학습자의 과제숙달능력' 등으로 정의하는 입장은 바로 심리학적 차원 내지 좁은 뜻의 개념 속에는 한 분야에 요구되는 지적 능력 또는 숙달능력의 자질이라는 측면만 포함되어 있을 뿐이며, 성격적 적합도나 직업적 흥미와 같은 정의적 특성은 완전히 그리고 깨끗이 배제되어 있다는 점이 넓은 뜻의 개념과의 대표적인 차이점이라고 하겠다.

적성검사를 흔히들 능력검사라고도 부르며, '적성'이란 낱말 대신에 능력(ability)이란 낱말을 사용하기도 한다. 이와 같이 좁은 뜻의 개념에는 능력이란 뜻이 함축되어 있다. 이러한 개념들 중에 흔히 쓰이는 것이 지능, 적성, 학력 등이 존재하며 어떤 연구자는 이들 용어를 서로 혼돈해 사용하기도 한다.

이들 용어들은 실제적인 차원, 즉 측정하려는 능력의 속성을 조작적 또는 가시적으로 잘 정의하고 있는 심리 검사들의 기능을 비교해 봄으로써 적성이란 개념의 속성을 이해할 수 있다.

(1) 적성과 지능

일반적으로 이 두 용어간의 차이는 다음의 두 가지 측면에서 찾아볼 수 있다.

1 일반적 능력과 특정분야의 숙달능력

우리가 얻고자 하는 측정치가 인간능력에 관해서 일반적(general)인 요인을 측정하고 있다면 그 검사는 지능검사이며, 반대로 그 검사가 중다적 또는 특수한 요인(multiple or specific factors)을 측정하고 있다면 그 검사는 적성검사인 것이다.

이와 같이 적성은 '특정분야의 능력'이란 속성이 중요한 지표가 된다. 즉, 적성은 어떤 특정분야나 영역의 숙달에 필요한 적응능력과 밀접한 관련을 갖고 있는 개념이다.

따라서 적성을 측정할 때에는 학업적성, 직업적성 등으로 반드시 특정분야가 관련되기 마련이다. 더 구체적으로 학업성적을 수리적성 · 언어적성 등으로, 직업적성을 사무적성 · 의학적성 등으로 세분화하여 표현하기 마련이다.

이런 점에서 전통적으로 적성감사는 인간능력의 절편(segment of ability)들을 변별해 보려는 입장에서 상대적으로 능력의 동질성을 측정하는 검사로 사용되어 왔으며, 지능검사는 통상적으로 IQ와 같은 하나의 총점수(global score)로 개인간의 이질성을 변별해 보려는 검사로 사용되어 왔던 것이다.

2 학업적성검사의 발전

적성과 지능간에는 역사적인 배경에 차이가 있다. 최초로 지능검사가 발달한 시기에는 대부분의 심리학자들은 변화하는 대상(subject to change)으로서가 아니라 선천적 특성(innate characteristic)으로 생각하였다. 오늘날에 와서는 이러한 가정이 타당하지 않다고 밝혀졌다. 그러나 아직까지 많은 사람들이 지능을 선천적인 특성으로 보고 있다. 이러한 경향을 없애기 위해 검사 제작들은 '지능' 대신에 '적성'이라는 용어를 사용하였으며 이렇게 만들어진 지능검사들은 장래의 학교생활의 성공을 예측하는데 아주 유용한 도구로써, 학업적성검사(Scholastic Aptitude Test)라고도 불리워지고 있는가 하면, 한편으로는 학습능력검사(Learning Ability Test)라고 부르는 사람도 있다.

이러한 전환은 소위 지능검사로 지칭되는 많은 검사들이 학업에 요구되는 제 능력을 측정하고 있다는 사실을 인정하게 된 셈이다. 지능검사는 원래 개인의 일반적인 지능수준을 평가하기 위하여 여러 가지 다양한 기능을 표집하여 고안된 것이기는 하나 이러한 검사들은 전반적인 일반능력 수준을 잰다는 점에서는 상당한 제한을 받고 있다. 따라서 소위 지능검사들은 사실상 원래 생각했던 것보다 덜 일반적인 능력들을 잰다는 것을 깨닫게 된 것이다. 또한, 대부분의 많은 검사들은 근본적으로 언어적 이해를 측정하는 것이었다. 몇 가지 비언어적 척도들을 제외하고는, 예컨대 기계능력과 같은 분야들은 무시되었던 것이다. 이러한 지능검사의 한계가 분명해짐에 따라 심리학자들은 지능이라는 용어의 의미를 한정하여 쓰기 시작하였고, 많은 지능검사가 학업적성 검사의 기능을 갖게끔 된 것이다.

따라서 일반적으로 지능이 '일반적 능력' 수준의 개념이란 점에 비해 적성은 '특정분야의 숙달능력'이란 속성을 강하게 함축하고 있는 개념이라고 할 수 있다.

(2) 적성과 학력

적성이라는 개념과 관련하여 다시 고찰해 보아야 할 점은 적성검사와 교과내용 중심의 학력검사(achievement test)와의 차이점이다.

어떤 의미에서 적성검사와 학력검사는 다같이 개인의 '습득된 능력'을 측정하고 있다. 다만, 중요한 차이점이 있다면, 학력검사의 목적은 특정 교과내용에 관한 체계적이며 집중적인 학습을 통해서 얻어진 능력을 재고있는 반면에 적성검사는 덜 체계적이며 덜 구조화된 일반적인 학습 상황에서 얻어진 능력을 재고 있다는 점이다. 바꾸어 말한다면 학력검사가 측정하는 능력은 보다 의도적인 학습이나 훈련의 영향을 좀더 많이 받고 있는 반면에 적성검사가 측정하는 능력은 그러한 의도적인 학습이나 훈련의 영향을 비교적 덜 받는다고 할 수 있다.

즉, 학력검사는 특정한 수업이나 공식적인 수업의 결과를 학습목표에 비추어 측정한다면, 적성검사는 지금까지 누적된 여러 종류의 학습결과를 종합적으로 측정하고 있는 것이다.

따라서 '적성'은 '학력'에 비해 단기간에 걸친 개인의 집중적 노력이나 개인의 직접적인 교육적 환경조건의 영향을 비교적 덜 받는다는 점이 적성의 개념이 갖는 또 하나의 속성이라고 할 수 있다.

7. 창의성

1) 창의성의 개념과 요인

(1) 창의성의 개념

S. F. Golann은 창의성이란 높은 지능지수, 생산성, 심적 건강성, 독창성 자기 실현의 욕구 등의 특성을 포함한 능력이라고 정의하고 있으며 P. W. Jackson은 ① 신기성, ② 적절성, ③ 변형력(變形力), ④ 응축(凝縮)을 기준으로 창의성을 평가할 수 있으며 이를 나타내는 인지양식으로서 ①에 대해서 독창성을 ②에 대해서 감수성을 ③에 대해서 유연성을 ④에 대해서 내성적 · 자발적 시인적(詩人的) 특성을 들고 있다.

그 밖에 ① 복잡성을 즐기며(F. Barron연구, R. Eiseman과 N. Robinson의 연구 등), ② 인지의 유연성(R. Thomson의 연구, W. Myden의 연구 등), ③ 지각의 개방성(E. Fromm의 연구) 등 인지(認知) 양식의 특성을 포함한 능력을 창의성으로 정의할 수 있다.

(2) 창의성의 구성요인

창의적 능력을 측정하게 한 것은 Guilford가 처음이다. 그는 1950년경부터 지능요인의 연구를 발전시켜 창의성에 관한 구성요인을 〈표 5-3〉과 같이 상세히 밝혔으며, 그 후의 창의성 검사의 대부분은 이 요인에서 발전된 것이다.

표 5-3 Guilford의 창의성 요인 알람표

창의성 (Crativity)
- 1. 문제에 대한 민감성(Sensitivity to problem)
- 2. 유창성 (Fluency)
  - a. 연상의 유창성(Associative fluency)
  - b. 언어의 유창성(Word fluency)
  - c. 표현의 유창성(Expressive fluency)
  - d. 관념의 유창성(Ideational fluency)
- 3. 독창성 (Originality)
  - a. 비범성(Uncommonness)
  - b. 원격연합(Remoteness)
  - c. 기교성(Cleverness)
- 4. 유 연 성 (Flexibility)
  - a. 자발적 유연성(Spontaneous flexibility)
  - b. 적응의 유연성(Adaptive flexibility)
- 5. 면밀성(Elaboration)
- 6. 재정의(Redefinition)

〈표 5-3〉의 6요인에 대응되는 문제 예를 들어 보면 다음과 같다.

① "입시제도를 고치려는 경우 무엇이 문제인가?" : 사고의 빠르기

② "글을 쓰는데 사용되는 도구를 가능한 많이 들어 보아라." : 사고의 깊이

③ "비행기의 별도의 용도를 들어 보아라." : 사고의 비범성

④ "벽돌의 이용법을 많이 열거하여 보아라." : 사고의 폭

⑤ "새로운 음료수를 창안하라." : 사고의 정치성

⑥ "자동차란 사람이나 물건을 실어 나르는 것이라는 정의에 대해서 새로운 정의를 생각해 보아라." : 사고의 집중성

Guilford의 요인군에는 미적 감수성, 지적 호기심, 자기 실현의 욕구와 관련된 요인이 결여되고 있다는 비판도 없지 않다.

2) 창의성의 유형과 특성

(1) 창의성의 유형

I. A. Taylor는 다음과 같은 다섯 가지 유형을 들고 있다.

1 표현적 창의성(expressive creativity)

이것은 예능이나 잠재능력을 독창적인 표현으로 나타내는 것이다. 가장 기본적인 창의성이다.

2 기술적 창의성(technical creativity)

이것은 창의적 기술, 즉 작품이나 소산의 정치성 · 숙달성으로 나타나는 창의성이다.

3 발명적 창의성(inventive creativity)

이것은 탐구력(ingenuity)의 작용으로 나타나는 창의성이다.

4 창출적 창의성(emergentive creativity)

이것은 추상적 · 논리적 가설을 처음으로 창출해 내는 창의성이다.

5 혁신적 창의성(innovative creativity)

이것은 이미 설정된 기본적 원리나 가설을 변경, 수정을 통해서 개선을 시도하는 창의성이다.

(2) 창의성과 성격특성

창의성이 높은 사람의 성격특성으로서는 지적 호기심이 강하고, 지속적이며, 직관적이고 자발성이 강한 점 등은 많은 연구자가 다같이 인정하고 있다. P. Torrance는 ① 확신하고 있는 일에 용기를 가지며, ② 호기심이 강하고, ③ 자기 스스로 판단하며, ④ 위험이나 실수를 두려워하지 않는 성격 특성을 들고 있으며, D. W. Mackinnon은 ① 높은 자신감, ② 뛰어난 사회성, ③ 융통성의 풍부, ④ 자기 수용적 특성을, C. W. Taylor는 ① 자립심, ② 자기 만족, ③ 독자적인 판단, ④ 높은 감수성, ⑤ 비합리성의 발견, ⑥ 모험적, ⑦ 극기적, ⑧ 내성적, ⑨ 자아긍정적인 특성을 지니고 있다고 보고하고 있다.

제 6 장

성　　격

1. 성격의 개념
2. 성격에 관한 기본 가정
3. 성격이론
4. 바람직한 성격론
5. 성격장애

1. 성격의 개념

성격(personality)이란 용어는 지성, 능력, 정서, 관념, 습관, 태도, 신체적 특징 등 많은 요소를 포함하고 있어서 대개 포괄적이면서도 또한 다의적으로 사용되고 있으며, 그 개념을 간결히 그러면서도 정확히 표현하는 일이 그렇게 쉽지가 않다.

성격에 관한 가장 대표적인 정의로 G. W. Allport의 진술을 들 수 있다. 즉, 그는 "성격은 각 개인의 정신 신체적 체계(psychophysical system) 안에서 그의 특징적 사고와 행동을 결정해 주는 역동적 조직이다."라고 정의하고 있다. 도대체 이것은 무엇을 의미하는가?

첫째, '역동적 조직'이란 인간 행동은 끊임없이 발달하고 변화한다는 것을 말한다. 즉 Allport의 입장에서는 한 인간에게는 비록 성격의 여러 요소를 결합하고 조직하는 주요한 정신적 체계(mental system)가 내재하지만, 그는 정적인 존재는 아니라는 뜻이다.

둘째, '정신 신체적 체계'라는 용어는 성격을 연구하고 서술할 때는 반드시 정신과 신체를 둘다 고려하여야만 한다는 것을 의미한다. 그렇다면 결국 성격은 인간의 본질 전부를 뜻한다고 볼 수 있다.

셋째, '결정한다(determine)'란 용어를, Allport가 사용한 것은 그의 정신 신체적 이론의 한 논리적인 결과를 나타낸다. 이것이 내포하고 있는 뜻은 근본적인 성격은 적당한 자극이 주어졌을 때 행동을 야기시키는 결정 경향성(determine tendencies)으로 구성되어 있다는 것이며, 이 때의 행동은 그 개인의 진정한 본성을 나타낸다는 것이다.

넷째, '특징적(characteristic)'이라는 단어는 그가 각 개인의 독특성을 나타내기 위해 특히 중요한 의미를 부연한 용어이다. 각 인간은 이 성격이론체계(personological system)에서 볼 때 진실로 하나의 실체이다.

마지막으로 '행동과 사고'라는 말은 인간이 하는 모든 것을 나타내려고 쓴 것이다. Allport는 사실 성격이란 모두 관찰이 가능한 인간의 전체적 행동으로 표현된다고 믿었다.

2. 성격에 관한 기본 가정

1) 성격의 항상성과 변용성

(1) 성격의 항상성

이것은 성격의 불변성을 뜻하는 가정이다. 즉 인간의 성격은 유아기, 아동기, 청소년기, 성인기를 통해 변하지 않는다고 보는 입장이다. R. Stagner는 유아기와 청년기의 성격특성을 비교하여 양자간에 일관성이 있음을 보고하고 있고 또한, K. M. Mackinnon의 연구에서도, 16명의 아동의 3세 때와 8세 때의 성격을 비교하여 그것이 5년간 별다른 변화가 없었음을 보고하고 있다. 이와 같이 성격의 불변성을 크게 지지하고 있는 학자들로서는 S. Freud와 A. Adler 등이다.

(2) 성격의 변용성

이것은 성격의 가변성(changeability)을 믿는 입장이다. 특히 환경에 의해 성격은 변화 가능성이 크다고 보는 가정이다. 이 가정은 교육활동과 관계가 깊은 인간관이라 하겠다. 이 가정을 크게 지지하고 있는 학자로서는 E. H. Erikson, B. F. Skinner, A. Bandura 등이다.

2) 성격의 결정성과 자유성

(1) 성격의 결정성

이것은 인간성격은 규정할 수 있는 어떤 변인에 의해서 결정된다는 입장이다. 대표자는 Freud, Skinner 등이다.

(2) 성격의 자유성

이것은 인간은 진정 자유로운 선택을 할 수 있는 존재이며, 여러 가지 환경의 영향을 초월할 수 있으며 자기가 선택한 인생을 자유스럽게 살아가는 창의적 삶을 가정하는 인본주의 심리학파의 기본적인 입장으로써 대표자는 Adler, C. R. Rogers 등이다.

3. 성격이론

1) 고전적 유형론

(1) Hippocrates-Galenus의 유형론

C. Hippocrates(460 ~ 377. B.C.)는 성격에 대한 인과적 설명원리를 제시한 최초의 인물로서 4가지의 체액을 중심으로 성격 특질을 언급한 바 있고, C. Galenus (일명 Galen, 130 ~ 200)는 특질에 따른 성격 기질을 〈표 6-1〉과 같이 기술하였다.

표 6-1 체액특질 기질설

체액	특질	기질(태도)
혈액	다혈질	낙천성(쾌활한)
흑담즙	우울질	침울성(슬퍼하는)
황담즙	담즙질	흥분성(노하기 쉬운)
점액	점액질	침착성(느린, 태만한)

(2) Jung의 유형론

1 분석심리학적 입장

C. G. Jung은 분석심리학의 개척자로서 Wundt의 모델을 확대하여 순수하게 이론적 가정에 입각해서 더욱 현대적인 차원론적 유형학의 기초를 확립하였다. Jung은 리비도의 개념에 큰 비중을 두었고, 단순한 성욕적 경향으로 본 Freud와 달리, 리비도라는 것을 미분화된 정신 과정의 에너지 총체로 간주하였다. 이러한 리비도의 작용방향에 따라 성격 특징이 결정된다고 하였다. 그리하여 외향적 · 내향적 성격유형과 신경증적 성격 유형의 2가지 체계를 수립하였다.

2 성격의 유형

내향형(extraverted type)은 Jung이 정서변화 속도가 빠른 차원(다혈기질과 담즙기질)에 대해서 명명한 것이다. 이러한 차원은 어떤 사람이 개인적으로 중요한 결정을 하거나 중요한 행동을 할 때 거의가 주체의 의견보다 객관적 상황에 좌우되는 외향적 태도가 습성화되어 개인생활에서 일정한 특징을 보이기 때문에 외향형이라고 하였다.

① 외향형 성격

외향형 성격은 주위환경의 영향을 많이 받고 매우 사교적이다. 친숙하지 못한 환경에도 잘 적응한다. 주위 사람들과 곧잘 논쟁하고 그들의 행동을 마음대로 조절하는 기술이 있다. 융통성이 있고 자신을 외부에 노출시키길 좋아한다. 자기의 태도를 결정할 때는 객관적인 증거를 따른다. 자기의 고집이나 주장을 내세우는 일이 없다.

모든 일에 관심이 많다. 자기가 속한 조직이나 사교집단에 충성을 다하는 편이다. 교우관계를 맺고 일은 효과적으로 처리한다. 만사에 낙관적이고 정력적이다. 반면에 일을 피상적으로 처리하고 자기에 대한 비판이 결여되어 있다. 외부활동 때문에 가정을 돌보지 않는 경향이 있다. 사회생활이 원만하긴 하나 편의주의적 성향이 많은 편이다.

② 내향형 성격

내향형(introverted type)은 Jung이 정서변화 속도가 느린 차원(흑담즙기질과 점액기질)에 대해서 명명한 것이다. 이러한 차원은 어떤 사람이 개인적 판단과 행동을 결정할 때 주관적인 속성들이 강한 내향적 태도를 보임에 따라 내향형이라고 하였다.

내향형 성격은 리비도가 자기의 내부세계에서 작용하는 주관적 욕구에 따라서 행동을 하는 편이다. 대인관계에 자신감이 없고 비사교적이다. 자신의 행동에 대해서 반성을 많이 하는 경향이 있다. 세상살이에 대한 정보가 많지 않아 자기중심적이고 외부의 가치체계를 인정하지 않으려고 한다. 한정된 범위에서 적응하기 때문에 방어적 경향이 농후하다. 일을 처리할 때 결단력이 부족하다. 낯선 환경에 적응하기가 어렵다. 사색적이고 지적이다. 상상력이 풍부하고 판단력이 예민하다. 남에게 흉잡히지 않으려 한다.

3 신경증적 성격유형

신경증적 성격유형(neurotic type)은 Jung이 외향형 · 내향형의 성격 특징을 정서반응 강도를 중심으로 제2의 성격유형으로 개념화한 것이다. 사람들은 그의 성격 특징에 따라서 신경증적 장애가 발생한 경우 발병 양상에 큰 차이점을 보이게 된다고 하였다.

외향형 성격의 사람들 중에서는 외향적 태도가 과장될 경우에 항상 남들에게 관심을 끌거나 어떤 인상을 주려고 하기 때문에 가장 특징적으로 발병하는 신경증은 히스테리아(hysteria)라고 한다.

내향적 성격의 사람들 중에서 극단적인 내향적 태도에 의해서 가장 전형적으로 발병하기 쉬운 신경증은 정신쇠약증(psychasthenia)이라고 한다.

Jung은 이러한 신경증적 성격 차원이 정서반응 강도와 밀접한 관계가 있고 외향성 · 내향성 차원과는 전혀 무관한 독립적 요인이라고 간주하였다.

(3) Kretschmer의 유형론

E. Kretschmer는 정신병 환자의 체형과 정신병의 병형 또는 기질과의 사이에 일정한 관계(표 6-2 참조)가 있다는 것을 발견한 후, 이 관련성을 바탕으로 체격과 성격과의 관련을 정신적으로 건강한 자에게 적용하여 세장형(asthenia), 투사형(anthletic), 비만형(pyknic)이 각각 분열성 기질, 조울성 기질(순환성 기질), 점착성 기질과 대응됨을 밝혔다.

표 6-2 정신병과 체형

정신병 \ 체형	비만형	세장형	투사형	기타
조울병(1361명)	64.6%	19.2%	6.7%	9.5%
분열병(5233명)	13.7%	50.3%	16.9%	19.1%
간질(1505명)	5.5%	25.1%	28.9%	40.5%

1 체격형

① 세장형

세장형은 날씬하고 가느다란 체격형을 통해, 처진 어깨와 근육이 빈약한 가느다란 사지, 평평한 흉곽, 제법 뼈가 툭툭 불거져 나온 손과 조그마한 두개골을 통해 특징지어진다.

세장형은 영양섭취 그 자체를 잘하는 데도 말라 있다. 나이가 들어서도 지방질이 붙지 않는다. 그럴 때에는 수척한 형태가 더욱더 강하게 부각되어 나타난다.

② 투사형

투사형은 중간 크기에 커다랗고 힘센 체격형을 통해 특징지어진다. 넓은 어깨와 비교적 거친 골격이 특징적이다. 손은 크고 힘세고 다소 튼튼한 형태를 드러낸다. 목은 튼튼하고 근육이 많이 붙어 있다. 피부는 탄력적이다. 전체적으로 보아 힘세고 건강한 특성이 문제가 된다.

③ 비만형

비만형은 중간 정도의 크기로 작달만한 체격형을 통해 특징지어진다. 몸통에 지방질이 많이 붙는 경향이 있고, 신체구조의 모든 윤곽이 둥그스름한 경향을 보인다.

부드럽고 둥근 얼굴과 제법 커다란 머리는 짧고 육중한 목에 얹혀 있다. 피부는 혈액순환이 좋은 것이 바탕이 되어 신선한 색깔을 드러내는 것이 일반적이다. 전체적으로 보면 영양공급이 좋았고, 그런 외모를 갖추고 있는 중간 크기의 뚱뚱한 체격형이다.

2 성격 기질의 유형

Kretschmer는 통계적 조사를 근거로 해서, 정신병자에게서는 체격형과 정신병(조울증과 정신분열증) 사이의 어떤 관련성을 규칙적인 것으로 인식하고 자기의 유형학을 정신병자에게 이용하는 것에서부터 탈피하여 정상인의 성격을 정신적으로 건전한 세장형, 투사형과 비만형 등 세 가지 기질유형으로 분류하였다.

① 분열병질적 기질(schizothymia)

이는 내향형과 같은 성격을 가지고 있다. 특히 비사교적이며, 감수성이 예민하고 사색적이며 또한 자기 중심적이다.

Kretschmer의 조사에 따르면, 어떤 '세장형'이 어느 정신장애 혹은 행동장애를 앓고 있을 때에는 그가 대충 비만형이나 혹은 투사형보다는 더 커다란 확률로 정신분열증의 경향을 보인다. Kretschmer는 이런 잠복적 소질을 두고 '분열병질적'이라고 부르고 있다. 그것은 환경에 대해서 현실도피적 행동, 방심, 부주의성 또는 망상성 행동에서 잘 나타나고 있다. 이런 행동은 불신적인 인감혐오 행동으로 확대될 수가 있다.

② 조울병질적 기질(cyolothymia)

조울병질적 기질은 외향형과 마찬가지의 성격 특징을 가지고 있다. 따라서, 객관적이고 현실적이며 사교성이 있고 낙관적이다. 믿음직스럽고 협동적이며 솔직하다. 그러나, 기분의 변화가 심하고 안정성이 결여되어 있다.

Kretschmer는 질환 영역에서의 조울적 기분변조성에 상응하는 '비만형'의 잠복적 성향을 '조울병질적'이라고 부른다. 이것은 낙천적인 생활태도와 부단한 활동성에서 나타나고 있다. 보다 명랑하고 슬픈 기분이 서로 반복된다. 이런 증상이 강하게 출현하면 비만형은 매우 강한 감정변동을 보여 목표 없는 일을 비판 없이 입안해 내는 일에 몰두하게 되는데, 그럴 때 Kretschmer는 '경미한 조울병'이 있는 사람으로 규정하고 있다. 이런 사람의 그것은 사실상 병으로 간주할 수 없으며, 그들이 단지 평균적 행동기분에서 벗어나는데 불과한 것이다.

③ 점착성 기질(adhesion temperament)

이는 '투사형'의 잠복적 성향을 '점착성적'이라고 부른다. 정력적이고 활동적이며 공격적 또한 잔인한 성향이 지나치게 높을 때 Kretschmer는 '경미하게 간질병이 있는' 사람으로 규정하고 있다.

2) 성격특성론

(1) Allport의 성격특성론

1 특성의 개념

G. W. Allport는 어느 두 사람도 완전히 동일할 수 없다는 가정하에서 출발한다. 사람은 자기 자신 나름으로 일관되지만 다른 사람들과는 다르게 행동한다. Allport의 이에 대한 설명은 그가 사람들이 서로 비슷하게 또는 서로 다르게 행동하는 것을 설명하기 위한 가장 타당한 분석 단위로 제시한 특성의 개념 속에서 찾아볼 수 있다.

Allport에 따르면 특성은 소수의 특정한 자극 혹은 반응에만 연결되어 있지 않고, 그것들은 비교적 일반적이고 지속적인 것이다. 여러 가지 자극에 대한 반응을 통합함으로써 특성은 매우 일관성 있게 행동한다. 특성은 우리 행동의 더 영구적 · 지속적 · 범상황적(transsituational)인 것을 설명한다. 특성은 우리 '성격구조'의 필수 요소이며 동시에 특성의 본질은 초점적(focal)이다.

2 특성의 형태

특성은 시간의 흐름과 상황을 초월해서 일관된 반응을 하게 하는 결정 경향 혹은 소질이다. Allport의 특성은 다음의 세 가지로 구분되나, 이 구분은 한 인간의 삶에서 어느 정도로 영향을 주고 지배적이냐에 따라서 어느 정도 중복된다고 말한다.

① 주특성

만약 한 특성이 매우 영향력이 커서 그 삶의 행동 전반에서 그 특질의 영향력이 측정될 수 있다면, 이것이 바로 Allport가 말하는 주특성이다. 이 매우 일반화된 경향성은 은둔해 버리는 것과 같은 특별한 사건이 일어나서 그 경향성의 주인이 은둔자가 되어 버리고 따라서 그의 특질이 아무에게도 알려지지 않게 되지 않는

한, 감추어져 있을 수 없다. 그러나 다른 경우에서 보면, 이런 유의 주특성 또는 지배적 정열은 그것을 소유한 사람을 유명하게 하거나, 전혀 유명하지 않게 만들기도 한다. Allport는 매우 소수의 사람만이 주특성을 소유하고 있다고 주장했다.

주특성의 의미는 역사적 인물 또는 가공적인 인물을 묘사한 많은 특질 형용사를 살펴봄으로써 쉽게 이해할 수 있다. 즉 다음과 같은 사람, 즉 광신적 애국자, 권모술수가, 돈판, 스크루지 등을 생각해 보자. 알버트 슈바이처는 일생동안 '모든 살아있는 개체를 경외'한다는 한 가지 주경향성을 가지고 있었다고 말해 보자. 이와 유사하게 레오 톨스토이는 '생의 철저한 단순화'를 위한 열정을 부여받았다고 전해진다. 이러한 사람들의 각자 삶의 주제는 주특질이 크게 확산된 것임을 나타내는 것이다.

② 중심특성

영향력은 덜하나 그래도 인간에게 있어 상당히 일반화된 특징이 Allport가 말하는 중심특성이다(즉 소위 성격의 건축용 초석이라고 불려짐). 이런 특성은 개방적, 감상적, 주의 깊은, 사교적, 혹은 쾌활함 등과 같이 정성들여 쓰는 추천서에서 강조하는 성격 속성과 같은 것이다. 특히 중심특성은 개인이 이를 자주 나타내어 주위의 사람이 쉽게 판별할 수 있는 특성이다. 성격을 서술할 수 있는 중심특성의 수는 매우 작으며 아마도 5~10개 정도에 지나지 않는다. 흔히 자신의 입장에서 자기의 중심특성을 생각해 볼 때 그는 매우 적은 것으로 지각될 수 있다.

③ 이차적 특성

별로 뚜렷하게 나타나지 않고 덜 일반적이고, 일관성이 적고 성격의 정의에 덜 적절한 소질(disposition)을 이차적 특성이라고 부른다. 음식에 대한 기호, 특별한 태도, 그 밖의 인간에게서 상황적으로 결정되는 특성은 이 항목에 속한다. Allport에 따르면 개인은 다른 종류의 특성보다 이차적 특성을 훨씬 더 많이 갖고 있으며, 따라서 개인의 이차적 특성은 그 개인과 밀접하게 친숙해져야만 변별되어질 수 있다고 한다.

3 공동특성과 개인특성

Allport는 역시 공동특성과 개인특성을 구별하였다. 전자는 한 문화 안에 속한 대부분의 사람을 합리적으로 비교할 수 있는 일반화된 소질을 포함한다. 예를 들어, 우리는 어떤 사람을 다른 사람보다 더 독단적이라고 하거나 더 예의 바르다고 말할 수 있다. 공동특성이 존재한다는 가정의 논지는 한 주어진 문화의 구성원의 비슷한 사회적 영향과 진화의 영향을 받게 된다는 것이다. 그러므로 같은 문화 속의 사람들은 대개 비슷한 적응의 양식을 발달시킨다. 이러한 예들은 숙련된 언어의 사용, 정치적 또는 사회적 태도, 가치경향성, 불안, 순응성 등을 포함한다. 우리 문화 내의 대다수의 사람들은 이러한 공통차원에서 다른 사람들과 어느 정도 비교될 수 있다.

(2) Cattell의 성격특성론

1 기본 입장

R. B. Cattell의 성격특성이론(trait theory)은 당대의 다른 성격 연구자들과 어느 면에서는 유사성과 차이점이 있으면서도 독특한 이론체계를 제시하였다는 점에서 현대의 대표적 성격이론의 하나라 할 수 있다. 특성이론의 입장을 추구한다는 점에서 Allport와 Cattell은 똑같으나, 전자가 인본주의적—개별 이해적 접근을 하고 있고, 후자가 통계적—요인 분석적 접근을 함에 따라 양자는 접근방법에서는 대조적이다.

2 원천특성과 표면특성

Cattell은 Allport와 같은 입장에서 성격을 관찰 가능한 '표면특성'과 그 배우에 있는 기본적인 '원천특성'으로 나누고 있다.

Cattell은 우선 성격의 특성을 나타내는 말 중 동의어를 한데 묶고 나머지 분명히 상이한 것들간에 상관분석을 하여 상관계수가 .60이상 되는 것을 동일한 특성으로 보아 이것들을 표면특성(surface traits)이라 불렀다. 그리고 이와 같은 표면특성의 기저에는 이른바 소수의 원천특성(source traits)이 있다는 것이며, 이것이 personality의 근저에서 참다운 구조적 영향력을 행사하는 것으로 보고 있다. 성격의 외현적 발현인 표면특성은 원천특성으로부터 싹트는 특성이다.

그리고 그는 정상성인을 대상으로 생화기록 자료(life record data, L자료)와 질문지 자료(questionnaire data, Q자료)에서 요인분석(factor analysis)에 의해서 원천특성(Q자료에서 23개, L자료에서 15개)을 추출하였고 이를 바탕으로 다시 만들어진 것이 그 유명한 16성격요인검사(Sixteen Personality Factor〈16PF〉 Inventory)인 것이다.

3) Freud의 발달적 성격론

(1) 인간의 의식수준

Freud는 오랫동안 정신분석학의 이론을 정립시키려는 과정에서 지형학적인 모형(빙산)을 가지고 성격의 구조를 설명하려 하였다. 이 모형에 의하면 정신생활은 세 가지 의식수준으로 나타낼 수 있다. 즉 의식과 전의식 그리고 무의식이다. Freud는 이렇게 마음을 정신적인 '지도'로 표기하여 우리가 사고나 공상과 같은 정신적 사건을 의식하는 수준이 서로 다르다는 것을 설명하였다.

1 의식수준

'의식'이라는 수준은 어떤 순간에 우리가 알거나 느낄 수 있는 모든 경험과 감각을 포함한다. Freud는 정신생활의 극히 일부분(사고 · 지각 · 느낌 · 기억)만이 의식의 범위 안에 포함된다고 주장한다. 우리가 어떤 한순간에 경험하는 의식내용은 그것이 어떤 것이라 하더라도 외부적 요인에 의해 주로 규제되는 선택적 여과과정의 결과인 것이다. 더욱이 이 경험도 단지 잠시 동안 의식될 뿐 우리가 주의를 다른 곳으로 바꾸면 재빠르게 전의식이나 무의식으로 사라져 버리게 된다. 간단히 말해서 의식은 성격의 아주 작고 제한된 부분만을 나타낸다.

2 무의식 수준

Freud는 우리의 의식범위 밖에 있는 충동과 욕구가 인간행동의 아주 중요한 부분을 만들고 방향을 결정하게 한다고 굳게 믿었다. 이러한 힘은 무의식적일 뿐 아니라, 개체 내부에는 이것이 의식상에 떠오르는 것을 막는 강한 저항이 있다. 전의식적 사고형태와는 달리 무의식은 전혀 인식되지 않지만 사람들의 행동을 주로 결정한다. 무의식적 내용은 변장되고 상징화된 형태로 나타나는 바 Freud는 이러한 사실을 그의 환자 연구에 이용하였다. 정신분석학자들은 행동에 내재되어 있는 무의식 과정을 더욱 깊이 연구하는 수단으로 환상과 꿈을 분석할 것을 강조한다.

(2) 본능적 욕구

Freud는 정신 에너지의 근본은 신경생리학적 흥분 상태에서 유래한다고 주장하였다. 그는 또한 각 개인이 정신활동을 하는데 필요한 에너지의 양은 제한되어 있으며 인간활동의 목표는 불유쾌한 에너지가 계속 쌓여서 생긴 긴장을 감소시키는 것이라고 하였다.

Freud는 인간의 동기는 신체 조직요구에 의해서 야기되는 에너지를 기초로 한다고 설명한다. 또한 그는 조직요구로부터 나온 정신에너지의 총량은 그 요구에 의해서 생긴 흥분을 감소시키기 위한 정신활동에 쓰여진다고 믿었다. Freud의 이론에 의하면 이러한 신체적 흥분이 소망(wish)의 형태로 나타나면 그것이 바로 '본능'이 된다. 따라서 본능은 선천적인 신체적 흥분상태를 말하고 이는 밖으로 표현되고 긴장 감소를 추구한다. Freud는 모든 인간의 행동은 이러한 본능에 의해서 결정된다고 주장하였다. 즉 본능은 직접 영향을 줄 수도 있으나 우회해서 행동에 영향을 주거나 가장될 수도 있다. 사람들은 본능적인 긴장의 충동 때문에 그렇게 행동하며, 즉 그들의 행동은 다만 이러한 긴장을 감소시키기 위한 것이다. 이렇듯 본능은 '모든 행동의 궁극적인 원인'이 된다.

(3) 성격의 구조

Freud는 성격구조에 세 개의 기본적 구조, 즉 이드(id), 자아(ego), 초자아(super ego)를 제시하였다. 이러한 3차원적 성격구분은 구조적 정신생활 모형으로 알려져 왔으며, Freud는 이러한 구분이 성격의 어떤 구체적인 '구조'를 나타내기보다는 가설적인 과정으로 이해해야 한다고 주장했다. Freud는 이러한 구조들이 가설적 구조로서 간주되어야 한다고 주장하는 이유로 현재의 신경해부학은 이들이 중추신경계 내의 어디에 위치해 있는가를 파악할 만큼 발달되어 있지 않기 때문이라고 말했다.

1 이드

이드(id)라는 단어는 라틴어의 'It'에서 유래하였으며, 이것은 성격의 생물학적인 구성성분을 지칭한다. 본능은 유전된 것, 출생시에 나타난 것, 성적인 그리고 개인 속에 고정되어 있는 공격적 본능과 같은 것 등을 모두 포함하는 정신적 대리인이다.

이드(원본능)는 노골적이고, 동물적이며, 조직되지 않은 것으로서 법도 모르고 규칙도 따르지 않으며 전 생애 동안 개인의 기초가 된다. 이드는 본능에 따라 움직이기 때문에 모든 억압을 무시한다. 이드는 원초적인 혹은 제일 나이가 많은 성격 체계로서 모든 인간 생활의 일차적 원리(primary principle)를 나타낸다.

생물학적인 배경을 가진 충동(특히 성욕과 공격성)에 의해 나타나는 정신에너지의 즉각적인 방출은 일차적 원리의 예가 되는데 이것이 만일 억제될 시에는 성격체제에 긴장을 가져온다. 즉각적으로 긴장을 가져온다. 즉각적으로 긴장을 감소하려는 것을 쾌락원칙(pleasure principle)이라고 하고, 이드는 이 원칙에 따르며 따라서 이드는 충동적이고 불합리하며 자애적(narcissistic)인 방법으로 표현되며 이런 행동이 다른 사람이나 자신의 보전에 미치는 영향을 전혀 도외시한다. 이드는 모든 충동의 저장소이며 신체적인 과정으로부터 그 에너지를 공급받는다.

2 자아

자아(ego)는 외부현실과 초자아(super ego)의 제한을 고려하여 이드(id)의 욕구를 표현하고 만족시키는 정신기제의 일부이다. 자아는 그의 구조와 기능은 이드로부터 획득하며 그로부터 진화되었으며, 그로부터 얼마간의 에너지를 빌어서 환경의 요구에 반응한다. 이렇게 해서 자아는 개체의 자기보존과 안전을 확보한다.

자아는 외부세계와 이드의 충동적인 요구에 맞서서 생존을 위한 투쟁을 할 때 마음 속에 있는 사물과 외부현실에 있는 것과는 끊임없이 구별하여야 한다. 예를 들어 먹을 것을 찾는 배고픈 사람이 긴장을 감소시키려면 음식물의 심상과 실제적인 음식물과를 구별해야 한다. 즉, 그는 음식을 구하는 방법을 배우고 이를 먹어야 긴장이 감소될 수 있다. 이러한 자아의 과업은 적응적인 전략을 통해서 달성되며 이것은 이드가 사회 세계의 윤리와 도덕에 맞추어 본능적인 욕구를 표현할 수 있게 해 준다. 이렇게 할 수 있기 위해서 개체는 배우고, 사고하며, 추리하고, 지각하며, 결정하며, 기억하는 것이 필요하기 때문에 자아기능은 흔히 인지능력으로 간주된다.

이드의 쾌락 탐구적 특성과는 반대로 자아는 현실원칙(reality principle)을 따르며, 이러한 현실원칙의 목적은 욕구를 만족시키는 적당한 대상이나 환경 조건이 성숙될 수 있을 때까지 본능적 만족을 지연시켜 개체의 안전을 보전시키는 것이다. 현실원칙은 이드의 에너지를 저지시키고, 전환시켜서 점차 사회적인 제약과 개체의 양심의 범위 내에서 방출되도록 해 준다.

3 초자아

인간이 사회에서 건설적으로 기능하기 위해서는 그 사회와 잘 부합되는 가치, 도덕, 윤리 체제를 습득해야 한다. 이것들은 사회화 과정을 통해서 얻어지며 정신분석학의 구조적 용어로 말하면 초자아를 형성함으로써 발달된다. 초자아란 성격에서 마지막으로 발달되는 체계로서 사회규범과 행동기준이 내면화한 형태를 나타낸다. Freud에 의하면, 인간은 초자아를 가지고 태어나는 것이 아니고 아이들은 부모나 선생님이나 다른 '형성'된 사람들과의 상호작용을 통해서 초자아를 자기 내부에 내면화하게 된다.

성격의 도덕적이고 윤리적 기초인 초자아는 아동이 부모에게 장기적으로 의존함으로써 발달한다. 초자아는 아동이 옳고 그름을, 선과 악을, 그리고 도덕과 비도덕을 분별할 수 있게 될 때 비로소 공식적으로 등장하게 된다. 초자아는 처음에는 단지 부모의 옳고 그름에 대한 기대만을 반영한다. 아동은 항상 이러한 부모들의 기대에 맞게 행동함으로써 갈등과 처벌을 피한다. 그러나 아동의 사회적 세계가 점차로 확대됨에 따라(학교, 교회, 동료그룹에로) 그들의 초자아는 비록 아동이 지각한 사회의 진정한 가치 개념이 왜곡될 수 있기는 하지만 개체가 사회의 '집단적 양심(collective conscience)을 자기 속에 반영한 것으로 간주된다.

(4) 성격의 발달

Freud는 네 가지 보편적 심리성욕 발달단계가 있고 이것은 성격형성에 결정적 영향을 준다고 가정하였는데, 즉 구강기, 항문기, 남근기 그리고 생식기이다. 잠복기는 정상적으로 6~7세와 사춘기 초반 사이에 나타나며 이 단계는 발달의 일반적 모형에 포함시키기는 하였지만, 기술적으로 보자면 단계는 아니라고 Freud는 말하였다. 발달의 첫 세 단계는 출생시부터 5세 사이에 일어나고 이것은 전생식기라고 부르는데 그 이유는 성기부위가 성격형성에 중요한 역할을 담당하지 않기 때문이다. 네 번째 단계는 사춘기의 초기에 나타난다. 각 단계는 자극을 주면 리비도적 에너지(libidinal energy)를 방출하게끔 하는 그러한 신체부위에 따라 명명한 것이다.

Freud는 퇴행(regression)과 고착(fixation)이 서로 보충적인 것으로 보았다. 즉 퇴행의 가능성은 주로 고착의 강도에 좌우된다. 고착은 어떤 발달단계에 있었던 문제가 잘 해결되지 못했던 것을 반영한다. 예를 들어 8세의 어린이가 계속해서 손가락을 물어 뜯는 것은 구강기에 고착되어 있다는 것을 나타내며, 에너지는 그 초기 발달단계에 적합한 활동에 과투자된다. 개체가 그의 심리성욕상의 갈등

문제를 잘 해결하지 못하면 못할수록 후에 정서적인 혹은 육체적인 긴장이 오면 그는 퇴행을 하기가 더 쉽다. 모든 개인의 성격구조는 이렇듯 그가 도달한 또는 그가 고착해 버린 심리성욕 단계의 개념으로 설명할 수 있다.

4) Rogers의 현상학적 성격론

(1) 기본적 입장

1 현상학적 입장

현상학은 개인의 주관적 경험, 감정 그리고 세계와 자기 자신에 대한 개인적 견해 및 사적 개념(private concept)을 연구하는 것이다.

현상학적 심리학은 주로 우리가 왜 각자가 경험을 하고 그것을 세계와 연관시키는가를 밝히려 하며, C. R. Rogers는 이러한 현상학적 심리학의 대변자 중의 한 사람이다. Rogers는 사람이 어떻게 행동하는가는 그가 세계를 어떻게 지각하느냐에 달려 있다고 생각한다. 즉, 행동이란 개인이 세계를 지각하고 해석한 직접적인 사건의 결과로 생긴다. 이러한 접근의 성격학에서는 자아(self)와 이의 특성이 중요시된다. 사실, Rogers의 성격이론은 흔히 자아이론이라고도 불리는 바 그 이유는 Rogers는 행동을 가장 잘 이해하기 위해서는 개인 자신의 내적 준거체제(internal frame of reference)가 필요하다고 보기 때문이다.

2 인간 본질에 관한 Rogers의 입장

인간 본질의 가장 큰 요소는 근본적으로 목표 지향적이며, 전진적이며, 건설적이고, 현실적이고 아주 신뢰할 만한 것이라고 결론짓고 있다. 그는 인간을 자기가 통제할 수 없는 힘에 의해 이끌리는 피조물이라기보다는 미래의 목적과 자기지시적 목적으로 지향된 에너지를 가진 활동적 존재로 간주했다. 이 관점은 이러한 인간본성의 선천적인 잠재력이 나타나고 발휘될 경우, 최상의 개인적 발달과 효율성이 초래된다는 J. J. Rousseau의 성선설을 명백히 반영하고 있다.

Rogers는 인간의 본성을 존중하는 심오한 사상을 가졌다. 그는 인간 유기체가 자기책임감, 협동과 성숙의 방향으로 나아가는 선천적 경향을 가지고 있다고 단정한다. Rogers에 따르면 이러한 기본 본성(basic nature)의 발현으로 개인과 그 종(species)의 계속성과 향상이 형성된다고 본다. 인간본질에 대한 이러한 여러 가정들이 Rogers의 이론 전반에 걸쳐 나타나 그의 입장은 성격이론에 있어서도 인본주의적 운동으로 간주하게 되었다.

(2) 자아이론

1 인간본질을 긍정적으로 본 Rogers

인간본질을 긍정적으로 본 Rogers는 자아실현 경향이라고 부르는 단 하나의 고유한 동기로 행동이 활성화되고 방향지어진다고 가정한다. 이는 자신을 유지시키거나 향상시키고자 인간의 모든 능력을 개발하는 유기체의 선천적인 경향성을 나타낸다. 따라서 인간의 삶에 있어서 최우선적인 동기는 그 자신을 실현하고, 보존하거나 개발하기 위한 것이다.

2 개인적 지각과 행동

현상학적 입장은 개인에게 현실로 보이는 것은 바로 그가 인식하는 모든 것을 포함하나 인간의 내적 준거체계나 그의 주관적 세계 내에 존재하는 것을 뜻한다. 이 입장은 개인의 지각과 경험들이 그의 행동에 기초를 형성한다고 주장한다. 인간은 그들이 사건을 어떻게 지각하여 해석하였는지에 따라 그 사건에 반응한다. 예컨대, 사막에서 길 잃고 목마른 사람은 신기루로 나타난 연못을 보고 그것이 진짜 연못인 것처럼 필사적으로 달려 간다.

현상학적 심리학은 한 현상의 심리학적 현실은 그것이 어떻게 지각되는가 하는 그 방법의 결과라는 것을 기본 원리로써 주장한다. 현상학적 성격이론의 중요한 한 시사점은 인간행위의 최대한의 이해는 인간의 내적 준거체계를 관찰함으로써 가능하다는 것이다.

3 자아개념

자아의 구조는 결과적으로 환경과의 상호작용을 통해 형성되고 특히 그 환경이란 중요한 사람(예컨대 부모, 형제, 친척)으로 구성된다. 다시 말하면 아동이 사회적으로 민감하게 될수록 그리고 그의 인지적, 지각적인 능력이 성숙해감에 따라 인간의 자아개념은 점차적으로 분화되고 복잡해진다. 대체로 인간의 자아개념의 내용은 사회적 산물이다. 자아개념의 중요한 요소는 다음과 같이 발달한다.

① 긍정적 대우에 대한 욕구

Rogers는 모든 인간이 중요한 사람으로부터 따뜻함, 존경, 숭배, 사랑 그리고 수용과 같은 태도를 받고 싶어하는 기본적 욕구를 갖고 있다고 주장한다. 이러한 긍정적 대우에 대한 욕구는 자아에 대한 의식이 생김에 따라서 발달하고 이 욕구는 널리 퍼지며 지속적이다. 그것은 사랑받고 보호받고 싶어하는 유아의 욕구에서 처음으로 나타난다. 또 이 욕구는 다른 사람에 의해 인정될 때 개인이 갖는 만족과 인정받지 못할 때의 그가 갖는 좌절 속에서 점차 나타나게 된다. 따라서 아동의 행동은 어떤 경험이 자아개념을 보존시키고 증진시키는 정도에 의해서 나타나는 것이 아니라 긍정적 대우를 받는 방향으로 나타난다.

② 아동양육의 이상적인 접근법

Rogers는 구체적인 어느 개인의 행위에 부여된 가치와는 무관하게 긍정적 대우를 베풀거나 받는 것은 가능하다고 생각한다. 이것은 어떤 개인을 만약(if), 그리고(and), 그러나(but)라는 조건 없이 있는 그대로 어떤 사람을 수용하거나 존경하는 것을 의미한다. 이러한 무조건적 긍정적 대우는 아동이 그의 행동, 생각, 느낌이 어떻든 간에 부모가 진실로 사랑하고 대우하는 데서 분명히 나타난다. 어머니는 아이를 그녀의 아이기 때문에 사랑하지 그가 부모의 기대에 맞는 어떤 조건을 수행했기 때문이 아니다.

Rogers가 아이의 양육에 대한 이상적 접근법으로써 무조건적인 긍정적 대우를 강조한 것은 훈련의 결여, 사회적 제약조건의 결여, 기타의 행위에 대한 통제의 결여를 뜻하는 것은 아니다. 그것은 어린이가 그 존재 자체로, 즉 한 귀중한 인간으로서 평가받고 사랑받는 분위기를 제공한다는 것을 의미한다. 만일 어린이가 자기경험을 그 자체로 중요한 것이지 다른 것과 비교하여 긍정적 대우의 가치가 있다, 없다고 생각할 것이 아니라고 지각하면 그들은 무조건적, 긍정적 대우를 경험하는 것이다. Rogers는 무조건적, 긍정적 자아 대우의 존재는 개인으로 하여금 완전히 기능하는 사람으로 진보하게 만든다고 말한다. 이러한 개인에 있어서 자아는 깊고 폭넓다. 그 이유는 자아는 인간이 경험할 수 있는 모든 사상이나 감정을 포함하기 때문이다.

4. 바람직한 성격론

1) Allport의 건강한 성격론

Allport는 건강한 성격발달이란 바로 개인이 자기의 삶에 대해 책임을 느끼고, 각자가 특유하고 개별적인 방법으로 발달하는 성장하고 적극적인 과정으로 생각하고 있다. 성격성숙은 계속적이며, 평생적인 생성의 과정이다. 그는 긍정적인 건강한 성격은 다음과 같은 여섯 가지의 구성요소를 갖는다고 결론내렸다.

① 성숙한 인간은 넓게 확장된 자아감을 갖고 있다. 건강한 인간은 그들 자신으로부터 '밖으로' 나올 수 있다. 즉 그들은 자신의 요구나 욕망에만 집착한 협소한 심리학적 상투적 행동에 영원히 얽매여 있지 않고 대신에 그들은 사회적 관심을 갖는다. 그들은 직업, 가족, 여러 가지 인간관계, 취미, 정치적·사회적 문제, 종교, 그 밖의 그가 가치 있다고 느끼는 일에는 어디에나 의미 있게 참여한다. 이러한 각 행동은 참된 자아의 개입을 필요로 하는 바, 이를 통해 생의 어떤

방향이 설정된다. Allport에 있어 자아에 대한 사랑이야말로 모든 사람의 삶에서 가장 뛰어난 요소이기는 하나 그것이 각자의 생의 방식을 지배할 필요는 없다.

② 성숙된 인간의 사회적 적응은 그가 자기를 다른 사람과 우호적으로 연관시키는 것에서 특정적으로 나타난다. 이 기준에 포함되는 두 가지의 인간관계적 애정이 있는데, 즉 친밀감과 연민(compassion)이다. 애정의 친밀 측면은 소유욕과 시기심에서 나오지 않은 자기 가족과 가까운 친구에 대한 깊은 사랑을 보여주는 우리의 능력에서 찾아볼 수 있다.

연민은 남들과의 사이의(가치나 태도에 관한) 차이를 인내하는 능력에서 나타나는데, 이것은 사람으로 하여금 인간 조건에 대한 깊은 이해와 인정을 나타내고 모든 사람들과 친밀감을 갖도록 해 준다.

③ 정서적 안정과 자아수용은 성숙한 성격의 또다른 특징이다. 원만한 사람은 근본적으로 긍정적인 자아상을 갖고 있는데, 기분이 상하거나 공격적으로 되지 않고서도 좌절이나 불만스러운 상황은 물론 자기의 약점을 잘 이겨 나간다. 그는 자신을 한 인간으로서 수용한다. 이러한 사람은 그의 정서의 상태(우울, 분노, 슬픔)를 다른 사람의 안녕을 방해하지 않고 이겨 낸다. 예컨대 성적 충동이 일어났다고 해서 밖에 나가서 남을 성추행을 하지는 않으며, 자기가 화가 났다고 해서 처음 만난 사람에게 화를 발끈 내지는 않는다. 즉, 건강한 인간은 남도 생각하면서 자신의 신념이나 기분을 나타내고, 그는 정서가 안정되어 있으므로 자신이나 다른 사람의 정서적 표현에 의해서 위협을 받지 않는다.

④ 성숙한 인간은 또한 현실적으로 지각하고 현실적인 기술을 소유하고 임무수행을 하는 것이 특징이다. 건강한 인간은 사물을 그가 원하는 대로가 아니라 있는 그대로를 본다. 그들은 현실에 적극적으로 접촉하며, 자신의 욕구와 상상에 맞도록 빈번히 현실을 왜곡해서 지각하지 않는다. 또한 건강한 사람은 객관적인 문제를 해결하는 적절한 기술을 갖고 있다. 과업 지향적이어서 업무가 우선적일 때에는 그들 자신의 사사로운 욕망이나 충동은 제쳐 두고, 자신을 잊을 정도로 일에 열중한다.

⑤ 성숙한 인간은 자기를 객관화할 수 있고, 유머에 관한 통찰력이 있다.

Socrates는 훌륭한 인생에 도달할 수 있는 아주 중요한 규칙이 있다고 보았는데 '너 자신을 알라'가 바로 그것이다. Allport는 이것을 '자기 객관화'라고 했는데, 이것은 성숙한 사람은 자신을 '객체'로 알며, 있는 그대로의 자신과 자기가 바라는 자신과 남들이 보는 자신간의 차이를 이해하는 것을 의미한다. 유머도 또한 자기 이해의 중요한 요소인데, 왜냐하면 유머는 잘난 체하는 자기 예찬과 뻔한 거짓말을 하는 것을 방지해 주기 때문이다. 유머는 자신이나 남의 아주 사소로운 삶의 상황의 측면을 이해할 수 있게 한다. Allport가 본 바에 의하면 유머란 자신이 소중히 하는 일들을 웃어 넘기면서도 여전히 그것을 소중하게 생각하는 것이다.

⑥ 마지막으로 통합적인 삶의 철학이 건전한 사람의 특징이다. 건전한 사람은 그들의 삶 속의 의미를 분명하고 일관성 있게 또한 체계적인 방법으로 보고, 이를 '통합'할 수가 있다. 이렇게 하기 위하여 모두가 Socrates가 될 필요는 없다. 다만 우리의 삶을 의미 있게 해 주는 중요한 목표, 주제, 또는 대상을 우리에게 제시해 줄 수 있는 가치관만이 필요한 것이다. 사람에 따라서 개인의 생활의 목적을 갖게 해 주는 여러 가지 우선적 가치가 있다. Allport의 의견에 따르면 유일한 최선의 가치나 철학이 있다면, 그것이 그의 삶을 위한 통합된 기초로서의 역할을 한다는 것이다. 그러므로 통합된 삶의 철학은 우리가 하는 모든 것에 실제로 중요성과 의미를 부여하는 일종의 지배적인 가치 지향성을 제공한다.

2) Rogers의 완전히 기능하는 사람의 성격특질론

Rogers는 훌륭한 삶을 영위할 수 있는 성격적 요소를 지닌 사람을 '완전히 기능하는 사람'이라고 표현하고 있다. '완전히 기능'한다는 것은 자신의 잠재력을 인식하고 능력과 재질을 발휘하여 자신에 대한 완벽한 이해와 경험을 풍부히 하는 방향으로 이동해 나가는 개인을 지칭하기 위하여 Rogers가 사용한 용어이다. Rogers는 완전히 기능하는 사람이 공통으로 갖는 다섯 개의 중요한 성격특질을 명시하고 있다. 이들을 다음에서 간단히 언급해 보자.

① 완전히 기능하는 사람의 가장 두드러진 특징은 경험에 대한 개방성(openness

to experience)이다. 경험을 개방한다는 것은 방어성의 반대이다. 경험을 완전하게 개방하는 사람은 그 자신을 성찰할 수 있으며, 그 자신 내부에서 무엇이 일어나고 있는가를 경험할 수 있다. 그들은 그들 자신의 감정을 민감하게 인식하고 이를 억압하지 않으며 흔히 그에 반응하며 그에 반응하지 않는 경우에도 그를 의식 속에서 받아들인다.

② 두 번째 특징은 실존적인 삶(existential living)을 영위하는 사람이다. 이것은 한 인간의 존재의 모든, 그리고 각각의 순간을 풍부하게(fully) 사는 전반적인 능력이다. 훌륭한 삶을 사는 사람은 유동적이고 적응적이며 관용적이고 자발적이다. 그들은 실존적 삶을 살아가는 과정에서 그들의 경험구조를 발견한다.

③ 세 번째 특징은 유기체적 신뢰(organismic trusting)를 갖는 사람이다. 이러한 훌륭한 삶의 차원은 의사결정의 맥락 속에서 잘 예시된다. 특히 어떠한 상황에서 취해야 할 조치의 과정을 선택하는데 대부분의 사람들은 일부 집단이나 기관이 지켜 내려온 사회적 규범의 부호(code)에 의존하며 또는 다른 사람(배우자, 친구)의 판단이나 또는 이와 유사한 상황에서 자기가 행동했던 방법에 의존한다. 간단히 말해서 그들의 의사결정 능력은 외적 영향력의 출처에 의하여 완전히는 아니나 강력히 좌우된다. 그 반대로 완전히 기능하는 사람을 그들의 유기체적 경험을 그들이 해야 할 것과 하지 말아야 할 것을 결정하는 정보의 타당한 출처로 간주한다.

④ 네 번째 특징은 경험적 자유(experiential freedom)이다. 훌륭한 삶의 이러한 면은 인간은 자기가 선택한 인생을 자유스럽게 살아간다는 뜻을 포함한다. 인간이 자기의 세계를 형성하는데 중요한 역할을 담당할 수 있다는 그 자신의 의지를 나타내는 감정이 주관적 자유이다. 즉 "내 자신의 행동과 그 결과에 책임을 지는 것은 나뿐이다."라는 내적 감정을 뜻한다. 이러한 자유의 힘과 가정 때문에 완전히 기능하는 사람은 그의 인생에서 많은 선택이 있음을 보며 실제적으로 그가 원하는 것은 어떤 것이나 실제적으로 행할 수 있다고 느낀다.

⑤ 최적의 심리적 성숙과 관련된 마지막 특성은 창조성이다. Rogers는 훌륭한 삶을 사는 인간은 그에게서 창조적 산물과 창조적 삶이 나타나는 그러한 유형의

사람이라고 말하고 있다.

5. 성격장애

1) 성격장애의 개념

성격장애(personality disorder)란 이상성격, 즉 한 개인이 고통을 받거나 한 사회에 고통을 주는 그런 성격을 모두 포함한다. 성격장애의 기본 양상은 비교적 평생동안 변함없는 그리고 일정한 행동양상을 나타내는데 그 행동양상이 현실에 적응함에 있어 자신에게나 혹은 사회에 고통을 주는 이상성격을 뜻한다. 이들의 일정한 행동양상은 광범위한 개인적 및 사회적 상황에서 나타내는데 늦어도 사춘기에서부터 나타나서 거의 평생을 지속한다.

2) 정신분열성 성격장애

정신분열성 성격장애(schizoid personality disorder)의 주요 증상은 사실적 관계형성 능력의 결함이다. 즉 타인에 대한 따뜻하고 부드러운 느낌이 없고, 칭찬, 비난, 타인의 느낌 등에 무관심하다. 정신분열성 성격장애자는 사회적 관계형성이 없거나 적으며, 보통 '고독(loners)'을 즐기고 가까운 친구는 없거나 매우 적다. 혼자 즐기는 취미를 가지며, 혼자 생활하고 유머가 없고 정서적으로 멍하고 적합하지 않다. 따라서 보통 '차갑고(cool)', '떨어져 있는(aloof)' 상태이다.

공격성이나 적대감을 표시 못하는 수가 많고 목표에 대하여 막연하고 일상생활에 결단성이 없으며 멍하고, 자기도취, 환경으로부터 유리되며 지나친 백일몽에 빠진다. 이성교제가 드물고 결혼을 잘 하지 않고 여성은 수동적으로 이성교제를 할 수 있다.

사회적 관계형성은 제한되고 직업기능도 장애를 받으며, 특히 대인관계에서 더하다. 때로는 혼자 하는 직업에서는 상당한 성공을 이루는 수도 있다. 합병증으로는 정신분열증으로 발전하는 수도 있다.

3) 정신분열형 성격장애

정신분열형 성격장애(schizotypal personality disorder)는 정신분열증 같이 심하지는 않으나 사고, 언어, 행동 등에 괴상한 증상을 보이는 것이다. 사고 내용의 장애로는 마술적 사고(소아에서는 이상한 공상), 관계 개념, 편집성 관념이 있다. 감각장애로는 반복되는 착각, 이인증, 비현실감이 있다. 언어는 심한 괴이성을 보이지만 지리멸렬이나 연상분리 등은 없다. 사회적 관계에서 격리되고 대인관계 장애를 나타내는 정서의 제한과 부적합성이 있다.

불안, 우울, 기타 우울 감정이 흔하고 경계성 성격장애의 증상이 있는 수가 많다. 심할 때는 일과성 정신병적 증상이 있을 수도 있다. 괴상한 사고로 말미암아 유사 종교 등을 믿는 수가 있다.

4) 히스테리성 성격장애

히스테리성 성격장애(histrionic personality disorder)는 지나치게 연극적이고 반응적이며 행동의 지나친 표현 및 특유의 대인관계의 장애를 주로 하는 성격장애이다.

히스테리성 성격장애는 외부에 대한 반응이 지나치게 빠르고 자기를 과시하고 대인관계가 피상적이고 불성실해서 대인관계에 장애가 있는 이상성격으로서 성심리가 미숙한 것이 특징이다. 언제나 자신을 멋지게 드러내 보이려 하고 다른 사람의 관심을 끌기 위해서 과장된 표현을 한다. 아는 사람을 만나면 지나칠 정도로 반가워하고 마치 희생자나 공주나 왕자 같은 행세를 하는 수가 있다.

작은 자극에도 쉽게 흥분하고 화를 잘 내며 작은 기쁨에 지나치게 반응하는 변덕스러운 성격의 소유자이다.

히스테리성 성격장애자는 작은 환경의 변화나 불만에도 쉽게 흥분하고 쉽게 우울에 빠진다. 그들은 분석하거나 사고를 하는 지적인 일에는 평범한 지식이나 일상생활에서의 상식도 부족한 경우가 있으나, 반짝이는 영감 같은 비합리적 면은 강해서 예술에 재능을 발휘하기도 한다. 그들은 다른 사람의 행동이나 몸치장을 잘 따르고 유행에 민감하다. 피암시성이 강하고 다른 사람을 쉽게 믿어버리기도 해서 자기 확신은 하나도 없으면서 유명한 사람이나 종교적 지도자를 애인처럼 따르기도 한다. 그러나 이것도 쉽게 대상을 바꾼다.

5) 피동공격성 성격장애

피동공격성 성격장애(passive aggressive personality disorder)는 사회생활이나 대인관계에서 자기가 해야 할 일이 있을 때 그것을 삐뚤어진 방법으로 상대방을 난처하게 하는 행동 양상이 두드러진 이상성격이다.

자기 욕구가 충족되지 못할 때 그 적개심을 표현하는 방법 역시 수동적이다. 자기에게 주어진 일이나 요구사항이 있을 때 그것을 거부하는데, 거부하는 방법이 직설적이 아니고 꾸물거리고 게으름을 피우고 이상한 고집을 내세우고 잊어버리고 의도적으로 실수하는 등 삐뚤어진 행동을 한다.

예를 들면 이런 사람들은 상사로부터 어떤 서류를 정리하라고 지시받았을 때, 자기가 시간이 없어 못하겠다는 말을 하지 않고 그 서류를 의도적으로 잃어버리거나 찾지 못할 곳에 넣어 두고서는 그 서류를 찾지 못했다고 핑계댄다. 이들은 사회생활에서 성공하기 어렵고 진급도 잘 안 되며, 가정주부로서도 게으르고 역할을 제대로 해내지 못한다.

6) 회피성 성격장애

회피성 성격장애(avoidant personlity disorder)는 타인이 자기를 거부하지 않을까 하는데 너무 정신을 곤두세워서 조건 없는, 확고한 보장이 없는 한 대인관계나 사회적 관계를 가지지 못하는 이상성격으로서 자신은 관계형성을 적극 원하나 해내지 못하는 점이 특징이고 자존심이 낮다.

이들은 타인이 자기를 거부할지 모른다는 생각에 집착되어 타인이 자기를 어떻게 평가하느냐에 마음을 쓴다. 타인이 자기를 싫어하는 눈치가 조금이라도 보이면 실망과 모욕감을 느껴서 사회참여나 대인관계 형성의 기회를 놓친다. 친구는 하나 둘 있을 수 있으나 이해관계가 전혀 없는 무조건적 친구뿐이다.

사회적으로는 고립되어 있기는 내향성 성격장애와 마찬가지이나 내향성 성격장애는 대인관계를 가지려는 반면 회피성 성격장애는 대인관계를 가지려 하고 인정받으려 하나 그것이 잘 안 되는 점이 다르다. 이들은 대인관계 형성에 장애가 있다는 사실 때문에 괴로워하기도 하고 자존심을 상하기 쉽다. 우울증, 불안장애, 타인에 의한 분노 등이 함께 나타날 수 있다. 사회참여가 어렵고 직업에 실패하기 일쑤이며 특히 대인관계가 많이 요구되는 직업에 종사하기 어렵다.

7) 의존성 성격장애

의존성 성격장애(dependent personality disorder)는 생존에서 자기가 노력하지 않고 타인의 도움과 보살핌만을 의지하고 사는 이상성격으로서 자기 확신과 자신감이 전혀 없고 잠시라도 혼자 있지 못한다. 사소한 일도 자신이 결정하지 못하고 타인의 의견을 쫓아가는데 이런 사람은 약혼자에게 어디서 자기와 살 것인지, 누구와 사귈 것인지, 어떤 직업을 선택할 것인지를 일일이 물어서 행동한다.

자기 주장이 전혀 없고 상대방의 주장에 따르기만 하는데, 이것은 자기를 도와주는 사람과의 관계가 깨어지지 않을까 두려워하기 때문이다. 이런 장애를 가진 부인은 남편이 자기를 버릴까 두려워 남편의 폭행도 용케 참는다. 자기 확신이 결여되어 있고 자기 능력을 과소평가한다. 그들은 자기 자신을 '바보'라고 표현한다. 혼자 있거나 도와줄 사람이 없을 때는 가장 견디기 어려워한다. 이 때는 절망감에 사로잡히기도 하는데 새로운 일을 찾아 나서기도 한다.

불안장애, 우울장애가 흔히 공존할 수 있고 판단과 적극성을 요하는 직업에는 실패하는 것이 통례이고 대인관계도 자기를 도와주는 몇 사람들과 이루어진다.

8) 자기애적 성격장애

자기애적 성격장애(narcissistic personality disorder)는 자기만 중요하게 생각하고 자기만 위할 줄 아는 성격장애이다. 무한한 성공욕에 꽉 차 있고 주위 사람의 존경과 관심을 끌려고 애쓰며 조금이라도 자존심이 상하면 견딜 수 없다. 대인관계에서 동정이나 남을 위할 줄 모르고 잘 대들며 상대방을 지나치게 높이 평가하는 태도와 경멸하는 태도 사이에서 방황한다.

자신을 지각하는 태도가 과도하고 자신의 중요성을 지나치게 느끼는 나머지 모든 것이 자기중심적이다. 자기능력을 비현실적으로 평가하며 이런 태도가 때로는 자기 모욕감을 유발하기도 한다. 예를 들면 100점을 받으려던 학생이 90점을 받으면 시험에 실패했다고 실의에 빠진다. 환상적인 비현실적 욕심으로 무제한의 능력, 재물, 권력, 높은 지위, 아름다운 혹은 이상적인 사랑을 바라고 이것이 이루어지기를 바란다. 때로는 이런 목표가 달성되는 수도 있는데 설사 달성되었다 해도 만족하지 않고 더 큰 목표가 달성되지 않았다고 하여 실망한다.

9) 내향성 성격장애

내향성 성격장애(introverted personality disorder)는 사회적인 관계형성의 능력이 결여되어 있고 내향적이고 정서가 빈곤한 이상성격을 말한다. 그들은 사회참여에 관심이 없고 친구도 별로 없이 언제나 혼자 지낸다. 칭찬이나 비난을 받는 일에는 관심이 없고 다른 사람의 느낌이 어떤 것인가에도 관심이 없다. 외부와 담을 쌓고 혼자 즐길 수 있는 독특한 취미에 몰두하기도 한다. 인생의 목표가 없고 결단력도 없고 환경으로부터 동떨어져 지낸다.

나쁜 감정이든 좋은 감정이든 표시할 줄 모르고 유머가 없고 냉정하고 언제나 거리감이 있다. 대인관계가 거의 없는 까닭에 남성의 경우는 이성교제를 할 능력도 없고 결혼하는 경우도 드물다. 여성의 경우는 피동적으로 결혼하기도 한다. 꿈을 많이 갖고 있으나 실현할 능력은 없다. 직업을 성공적으로 갖기도 어려운데 특히 대인관계가 중요한 직업은 불가능하다. 반면에 대인접촉이 전혀 없고 혼자 동떨어져 하는 직업에는 성공적으로 적응하는 예가 종종 있다.

10) 강박성 성격장애

강박성 성격장애(compulsive personality disorder)는 인정이 희박하고 질서, 규칙, 조직, 효율성, 정확성, 완벽함, 세밀함에만 집착해 있어서 전체적인 양상을 볼 능력이 결여된 이상성격으로서 결단력이 부족하고 감정이 요구되지 않는 딱딱한 일에 몰두하는 사람이다. 이들은 따뜻하고 부드러운 감정을 표시하는데 인색하고 매사가 합리적이고 형식적이고 메마르다. 너무 정확한 것을 추구하는 까닭에 사태의 전반적인 것을 보지 못하고 작은 부분만 검토한다. 책을 읽어도 단어 하나하나에 정신을 쓰는 시간이 많고 전체적인 의미를 파악하는 데는 관심을 둘 여유가 없다.

이들의 대인관계는 수평적인 것보다는 지배와 복종의 관계에서 유지되고 있어서 자기도 윗사람에게 철저히 복종하나 다른 사람도 자기에게 복종하기를 강요한다. 일반적으로 자신의 기쁨과는 관계없이 일에만 열중하는데 만일 즐거움 같은 감정이 느껴지면 그것을 말살하고 보다 계획적이고 능률적이어야 한다고 생각한다. 만사를 실수 없이 철저히 하려 하지만 그렇기 때문에 오히려 결단을 못 내리고 망설이게 된다.

이들은 자기 단점을 크게 확대해서 보며 그것을 고치려고 안간힘을 쓰기도 한다. 자기를 완벽한 사람으로 만들려는 비현실적인 노력이기도 하고 감정이 말랐다던가, 결단력이 부족하다고 걱정한다. 자기 무능감 때문에 우울해지기도 한다. 이들은 완벽주의자이고 도덕주의자이고 이론주의자이기도 한다. 주위 사람들이 완벽하지 못할 때 경멸하고 분노를 느끼나 겉으로 표시하는 일은 없다.

강박적 성격의 소유자는 때로 지나치게 완벽주의자인 까닭에 융통성이 요구되는 직업에는 실패하는 수가 많으나 반면에 정확성과 반복행위가 요구되는 학자나 은행 업무에는 성공적일 때가 있다. 규칙, 지나친 자세함 등에 사로잡히고 결단성은 회피하고 연기하는 경향이 있다. 부드러운 느낌을 나타내기 어렵고 언어는 우울감이 흔하다. 지나치게 양심적 · 윤리적이다.

제7장

개인차의 측정과 검사

1. 측정의 개념과 수준
2. 측정 및 검사상의 오차문제
3. 측정 및 검사도구의 기본 요건
4. 표준점수
5. 측정 및 검사도구

1. 측정의 개념과 수준

1) 측정의 개념

측정은 학생 개개인의 특성(수능점수, 지능지수, 성격검사점수 등)을 나타내는 수단으로서, 개개인의 심리적 속성을 면밀하게 규정하는 어떤 절차에 따라서 개인의 행동 특성을 표시하기 위해 체계적인 방법으로 숫자를 배정하는 수량화의 과정이다. 이러한 측정활동은 교육심리학 연구에서 필수적이다.

2) 측정의 수준

(1) 숫자의 일반적 특성

수(數)는 구별성, 순서(크기의 순서), 거리(간격, order, 숫자간의 차이의 순서) 및 절대영점(distance, 零, 0이라고 표시되는 고유한 출발점, origin) 등의 특성을 지니고 있다.

개개인의 심리적 속성에 배정된 숫자가 위에 열거한 네 가지 특성 중 몇 개의 특성을 가지고 있느냐에 따라 네 가지 유형의 척도(type of scales)로 분류된다.

(2) 측정수준

측정수준(level of measurement)은 네 가지 속성, 즉 구별성, 크기의 순서, 동일간 간격, 절대 0점의 유무에 따라 결정된다.

1 명명척도

가장 기본적인 측정의 방법을 '분류'라고 생각한다면, 이 분류의 기초가 되는 기준을 명명척도(norminal scale)라고 부를 수 있을 것이다.

예컨대, 남자를 1로 표시하고 여자를 2로 표시한다든가, 집단을 1, 2, 3…으로 표시한다든가 하는 경우다. 이런 측정치는 대소(大小)의 조건, 동간의 조건, 절대영점의 조건도 없고, '이름 대신'이라는 명명적 역할밖에 없다. 주민등록번호가 좋은 예이다.

2 서열척도

예컨대, 나무토막 10개가 있는데, 그것을 길이대로 배열해 놓고 짧은 것에서부터, 1, 2, 3…,10이라고 수치를 붙였다고 하자. 이 경우에 확실히 1<2, 혹은 2<3, 7<10, 즉 후속하는 측정치 사이에 대소의 서열이 지어져 있다. 그러나 10번 나무가 5번 나무보다 2배 길다(즉, 10=5×2)라는 말은 물론, 4번 나무와 3번 나무의 길이의 차는 2번 나무와 1번 나무와의 차와 같다(즉, 4-3=2-1)라는 말은 할 수 없다. 서열척도(ordinal scale)에서는 가 · 감 · 승 · 제를 해도 거의 의미가 없다. 절대영점도 없으려니와, 후속하는 단위가 사실상의 동간성을 표시하는 것도 아니다. 석차점수가 좋은 예이다.

3 동간척도

예컨대, 섭씨 온도계를 생각해 보자. 10℃는 5℃보다 열량이 많다. 즉, 5<10라고 하는 말은 사실에 비추어 타당하다. 또 4℃와 6℃와의 차이는 8℃와 10℃와의 차와 같다. 즉 6-4=10-8이라는 말도 성립된다. 그런데 10℃는 5℃ 열량의 2배, 즉 10=5×2라는 말은 할 수 없음을 주의해야 한다.

0℃란 열량이 전혀 없는 상태를 말하는 것이 아니기 때문이다. 절대영도인 -273℃를 기점으로 10℃와 5℃를 비교해야 한다. 다시 말하면 이런 척도에는 비교척도로서 절대영점이라는 조건 혹은 성질이 부족하다. 척도라고 모조리 다 의미 있는 절대영점이 있는 것이 아니다. 이런 척도를 동간척도라고 한다. 100점 만점의 원점수나 백분위 점수는 동간척도에 해당된다.

4 비율척도

명명, 서열, 동간척도의 여러 원리를 다 만족시키며, 그 위에 절대영점을 갖고 있는 척도를 비율척도(ratio scale)라고 한다. 예컨대, 동간척도에서는 "한 사물이 다른 사물보다 얼마의 측정 단위만큼 더 크냐?"의 수량적인 비교적인 판단이 가능했지만, 이 비교척도에서는 "한 사물이 다른 사물보다 몇 배로 더 크냐?"하는 비교적인 판단도 할 수가 있는 가장 바람직한 척도이다.

길이(cm), 무게(gram), 시간(second), 즉 C.G.S의 단위와 교육측정이나 검사과정에서 많이 이용되는 표준점수(T)(standard score)는 이 비율척도에 해당된다.

2. 측정 및 검사상의 오차문제

1) 오차의 유형

(1) 해석적 오차

한 개인이 검사에서 얻은 원점수는 다른 여러 사람의 검사결과와 비교하여 해석되지 않는 한, 그 자체로서는 아무런 의미를 주지 못한다. 검사자가 비교하고자 하는 집단을 명확히 이해하는 한편 한 개인의 검사점수가 어떻게 그 집단의 점수분포와 관계되는지를 정확히 이해하지 못하고 있다면 한 개인의 검사점수에 대해서 부정확한 평가나 해석을 내릴 가능성이 많은데 이것을 J. Mursell은 해석적 오차라고 부르고 있다. 이런 오차가 흔히 생기는 이유는 한 개인의 결과를 비교하고자 하는 집단의 성격이 적합하지 못하다든가 그 개인과 집단의 결과를 비교하는 방법의 차이에 기인되는 수가 많다.

(2) 외인적 오차

이것은 측정이나 검사과정에 있어서 아무 관계가 없는 여러 가지 외부적 요인의 작용으로 생기는, 즉 측정결과에 변화를 주는 오차를 말한다.

검사실시 중 검사받는 환경이나 피검사자의 정서적 불안감 등이 점수의 변화에 영향을 줄 수 있으며, 이와 같은 오차는 개인에 따라 다르고 또한 같은 개인이라고 하더라도 검사받는 시기에 따라 달라지므로 이를 특히 변인적 오차(variable error)라고 부른다. 이 변인적 오차가 적음으로써 검사점수의 변화가 적은 정도를 신뢰도(reliability)라고 부른다.

(3) 검사자 오차

점수의 변화나 측정의 결과가 검사하는 사람, 즉 측정에 임하는 사람에게 기인된 오차를 검사자 오차(tester error)라고 한다. 이것은 검사자의 편견, 부주의, 이해도, 위치, 기준 등 검사자의 개인적 조건이 측정의 결과에 영향을 주기 때문에 개인적 오차라고도 부르며, 이러한 개인적 오차의 정도를 나타내는 검사자 신뢰도의 일부로서 객관도(objetivity)라는 말을 사용한다.

(4) 항상적 오차

학습능력을 측정하고 있다는 필답검사형의 지능검사에 있어서 어느 정도 그 검사결과가 학습능력 외에 가정의 문화적 환경에 의해서 영향을 받을 가능성이 많다. 검사결과가 측정하고자 하는 학습능력이 아닌 가정의 문화적 환경의 영향을 받는데 기인된 이와 같은 오차를 항상적 오차(constant error) 또는 고정적 오차라고 부른다. 이러한 오차의 문제는 곧 그 검사의 타당도(validity) 문제와 관련된다.

2) 측정오차의 발생 요인

(1) 측정도구 요인

한 검사도구에 있어서 그 검사문항의 난이도, 검사의 길이, 검사시간의 제한, 검사문항의 표집 등이 오차를 발생하게 하는 요인으로 작용한다. 즉 검사문항이 너무 어렵거나 검사시간이 지나치게 제한되거나 하면 오차가 생길 가능성이 많으며 반면 검사의 길이(문항 수)가 길면 길수록 오차의 정도가 감소될 가능성이 많으며 그 검사는 더 신뢰로워지는 것이다.

(2) 측정과정 요인

검사실시에 있어서 검사의 지시에 대한 착오, 답안지에 답을 지시대로 기입하지 않았다든가, 검사시간의 착오 또는 예기치 않았던 검사 중의 사건 등은 검사점수에 영향을 주게 된다. 특히 검사실시에 상당히 융통성이 있기 쉬운 개인검사의 실시 또는 검사에 익숙하지 못한 사람을 다룰 때 이러한 오차가 생길 가능성이 많게 된다.

(3) 피검사자 요인

피검사자의 동기, 훈련이나 학습효과, 검사에 대한 경험유무, 검사에 대한 불안(test anxiety)과 공포심, 검사에 대한 사전 특별지도, 주의산만 및 피로나 건강상태 등의 생리적·정서적 요인 등이 검사결과에 크게 작용할 수 있다.

3. 측정 및 검사도구의 기본 요건

지능, 학업성적, 적성 또는 성격특성 등을 측정, 검사하기 위한 도구는 신뢰도가 높고, 타당도가 높으며 표준화가 되어 있어야 한다.

1) 신뢰도

(1) 해석적 정의

신뢰도는 '얼마나 정확하게', '얼마나 오차없이' 검사하고 있느냐의 개념이며, 검사하고 있는 정도의 일관성(consistency)이 있느냐의 문제에 관계한다. 즉, 신뢰도는 측정의 오차가 얼마나 작으냐 하는 문제에 관련되며 또한 신뢰도 개념은 측정치의 안정성(stability), 신뢰성(dependability), 예민성(predictability), 정확성의 뜻 등이 포함된다.

(2) 신뢰도 계수의 의미

앞에서 언급한 바와 같이 검사점수의 안정도(신뢰도)를 측정하기 위하여 각 개인의 두 점수간의 분포관계를 나타내는 상관계수를 사용하게 된다. 여기에 사용되는 상관계수는 K. Pearson의 적률상관계수(積率相關係數, Pearson product moment correlation coefficient) 방법을 말한다. 신뢰도나 타당도를 표시하기 위해서 상관계수를 사용하게 되는데, 이런 경우 이 상관계수를 신뢰도 계수라고 특별히 부른다. 즉, 신뢰도 계수란 두 다른 시기에 같은 집단에 같은 검사를 실시한 검사점수간의 상관관계를 말한다.

신뢰도 계수란 검사점수의 신뢰성 또는 안정성의 정도와 크기를 나타내는 지수로서 검사점수가 얼마만큼 변동될 수 있는가를 가르쳐 주지만 왜 변동되는가의 이유는 말해 주지 않는다.

(3) 신뢰도의 유형

1 검사-재검사 신뢰도

검사-재검사 신뢰도(test-retest reliability)는 동일한 검사를 동일한 피험자들에게 두 번 시행하고 그 결과에 대하여 상관계수를 산출하는 신뢰도 추정치이다. 한 시기에서 다른 시기 사이에 검사점수의 변동이 얼마나 있는가, 반대로 말하면 재고자 하는 특성이 얼마나 안정성이 있는가 하는 것을 나타내므로 일명 안정도 계수(coefficient of stability)라고도 부른다.

2 반분신뢰도

검사를 한 번 시행하여 추정하기 때문에 검사를 반복 시행하는 데서 나타나는 문제점을 제거할 수 있다. 이러한 접근방법을 사용하는 가장 널리 알려진 방법은 반분신뢰도의 추정치이다.

① 반분신뢰도(split-half reliability)는 한 개의 평가도구 혹은 검사를 한 피험자 집단에 실시한 다음 그것을 적절한 방법에 의해서 두 부분(전반-후반 또는 홀수-짝수 문항별)의 점수로 분할하고 이 분할된 두 부분을 독립된 검사로 생각해서 그 사이의 상관을 내는 방법이다.

② 반분신뢰도는 재검사 신뢰도가 부적당할 때, 또 평행검사를 만들기가 어려울 때 쉽게 사용할 수 있는 방법이다.

③ 반분신뢰도는 두 부분의 검사 사이의 상관이 기초가 된다.

3 내적 일관성 신뢰도

검사를 구성하고 있는 문항간의 내적합치도(internal consistency)의 정도를 나타내

주는 지수 또는 측정치를 내적 일관성 신뢰도(internal-consistency reliability)라고 부르며 검사의 동질성 계수(homogeneity coefficient)라고도 부른다.

이와 같은 내적 일관성의 신뢰도는 검사문항의 동질성의 지수 또는 각 문항반응과 전체 검사점수와의 상관도를 나타내게 된다. 이를 나타내는 신뢰도 계수를 Cronbach의 α계수라고 부른다.

α계수(coefficient α)란 1951년 L. J. Cronbach가 명명한 것이다.

2) 타당도

(1) 해석적 정의

타당도란 한 검사 또는 측정도구가 측정하려고 하는 것을 어느 정도로 측정하고 있느냐의 정도를 의미하며 얼마나 충실하게 목적하는 바를, 즉 "무엇을 검사하고 있느냐"의 개념이다. 타당도의 개념에는 준거(criteria)의 개념이 수반된다(타당도가 있다는 주장 뒤에는 무엇에 비추어 보아서인가라는 질문이 수반된다).

타당도는 측정하려고 한 이외의 것을 측정하지 않는 순수성의 정도를 나타내게 되며 또한 한 검사나 평가도구에 의미를 주고 실용적 가치를 부여하게 된다.

(2) 타당도의 유형

1 내용타당도

① 개념

내용타당도(content validity)는 중요한 목표와 내용을 측정도구가 빠뜨리지 않고 포괄하고 있는가의 정도를 말한다. 즉, 측정도구가 측정하려고 하는 내용이나 개념을 어느 정도로 충실히 측정하고 있는가 하는 타당도이다.

② 유형

내용타당도는 검사내용에 대한 합리적 분석을 통하여 결정되며 그 결정은 개인의 주관적 판단에 입각한다. 내용타당도는 안면타당도와 논리적 타당도로 분류된다. 탁상(armchair) 타당도라고도 하는 안면타당도(face validity)는 어떤 사람이 검사를 검토하고 그 검사는 적절한 특성을 측정한다고 결론을 내림으로써 결정된다. 논리적 타당도의 평가절차는 검사가 측정하려고 하는 행동영역에 대한 정의와 이 영역의 중요한 분야를 모두 포함하는 문항의 논리적 설계를 수반한다.

논리적 혹은 표집타당도(logical or sampling validity)는 안면타당도보다 정밀한 타당도이다. 논리적 타당도의 평가절차는 검사자가 측정하려고 하는 행동영역에 대한 정의와 이 영역의 중요한 분야를 모두 포함하는 문항의 논리적 설계를 수반한다.

2 준거관련 타당도

① 개념

준거관련 타당도(criterion-related validity)는 검사점수와 외적 준거(external criteria) 사이의 관계를 실증적으로 연구하여 검사가 준거행동의 수행 능력을 어느 정도 잘 예언하고 있는지를 계량적으로 나타내는 것이다.

내용타당도의 준거는 내적 준거(internal criteria)이지만 준거관련 타당도는 실제적인 외적 준거에 관련시켜 해석한다.

② 공인타당도 계수

공인타당도 계수(共因妥當度係數, concurrent-validity coefficient)는 검사점수와 준거점수를 동시에 수집할 수 있을 때, 두 점수 사이의 상관이다. 준거의 성질이 예언이라는 데 있지 않고 공통된 요인이 있느냐 없느냐에 있다.

③ 예언타당도 계수

예언타당도 계수(predictive validity coefficient)란 한 평가도구가 그 검사결과로서 피험자의 미래의 행동이나 특성을 어느 정도로 정확하게 또한 완전하게 예언하느냐의 능률의 정도를 말한다. 특히 적성검사에서 강조된다.

3) 표준화

표준화는 검사방법, 다시 말해서 어떻게 검사하고, 채점 · 기록하고 또 해석처리해야 하는지를 확정짓는 데에서 성립한다. 한 검사가 표준화되어 있을 경우는 동일한 상이한 시점이나 상이한 장소에서 동일한 양상으로 실시될 수 있도록 실시 과정, 절차와 해석 체계(평가 처리 규정)가 확정되어 있다.

결과가 검사자와 외적 조건에 구애받지 않도록 하려면 검사자의 행동과 검사상황(검사진행, 검사자료, 지시, 연습 본보기, 처리시간 등)을 정확하게 미리 확정해 두지 않으면 안 된다. 검사는 모든 단계에서 그 절차가 표준화되어 있어야만 한다.

즉, 피검자의 반응을 기록해 두는 일과 꼭 마찬가지로 행동을 유발시키는 일, 해석하는 일과 평가 처리하는 과정에서도 절대 요청된다. 검사자 행동과 검사상황의 변동성이 바로 오차 유발요인으로 나타난다.

표준화라는 개념은 한 검사가 목표인 집단에서 '규준화'되어 있는 것(행동표집의 한계화)을 표시할 때에도 역시 우리가 이용하고 있다. 이 준거점을 충족시키는 것은 검사결과를 비교하게 해 주는 전제들을 충족시키는 것이 된다. 표준화되어 못한 검사방법에서는 '검사'라는 말이 부적합하다.

표준화검사는 신뢰도와 타당도가 높고 해석의 기준이 되는 규준(Norm)점수(표준점수 또는 백분위점수로 표기)가 제시되어 있는 점이 특징이다.

4. 표준점수

1) 원점수의 본질

(1) 원점수의 정의

수능시험이나 심리검사를 치르게 되면 우선 채점되어 나오는 점수가 소위 원점수 또는 소점(素點, raw score)이다. 한 검사에서 얻어진 원점수는 그 자체로서는 어떤 의미를 갖지 못한다. 한 검사 결과를 어떤 비교하고자 하는 집단의 검사 결과를 규준이라고 하는데 어떤 규준과 비교하느냐에 따라 한 개인의 검사결과의 해석은 단연 달라진다.

(2) 원점수의 단점

첫째, 이 원점수 척도에는 의미있는 의거점(reference point)이 없다. 따라서 어떤 일정한 점수가 어떤 속성의 일정한 크기(magnitude)를 절대적으로 지시해 주지는 못한다. 가령, 물리측정에 있어서의 cm 척도에는 0cm라는 것이 그 척도의 의거점이다. 0cm는 길이가 전혀 없는 상태이고, 이를 기초로 해서 모든 길이가 비교되고 판단된다. 그런데 기말시험에서 나온 0점이란 것도, 어떤 능력의 절대적인 결핍상태를 가리키는 것은 아닐 것이다. 또 이 0점이 검사의 난이의 정도에 의해서 심하게 동요하는 불안정한 수치라는 것도 우리는 잘 알고 있다. 따라서 이 원점수 척도의 0점은 소위 그 척도의 절대영점과 일치되지 않으며, 의미있고 유용한 의거점의 구실을 전혀 하지 못하고 있는 셈이다.

둘째, 여러 가지 원점수 척도는 서로 비교될 수 없다. 가령, 한 학생이 100점 만점의 A검사와 B검사에 다 같이 75점을 얻었다고 해서, 이 학생의 이 두 검사가 재는 두 가지 능력이 꼭 같다고는 할 수 없을 것이다. A검사의 75점은 이 학생이 속해 있는 학급의 최고점수일 수 있으며, B검사의 75점은 극단적으로 그 학습의 최하점수일 수도 있기 때문이다. 검사가 다를수록 우리는 성질이 전혀 다른 척도를 쓰고 있는 셈이다.

셋째, 이 원점수 척도에는 단위의 동간성이 없다. 원점수 척도는 측정척도의 종류 중 대개 서열척도에 속하며 서열척도 중에서도 가장 조잡한 것이라고 할 수 있다. 예컨대, 한 검사에서 90~70점의 능력의 차이와 50~30점의 능력의 차이가 동일하지 않으리라는 것은 쉽게 짐작할 수가 없다.

원점수 척도는 이와 같은 여러 가지 단점 때문에 엄밀하고 그 정확한 검사결과 표시를 필요로 하는 표준화검사나 심리측정에서는 사용되지 않고, 좀더 안정성이 높고 합리적인 다른 점수척도로 환척해 쓰게 된다.

2) 백분위 점수

(1) 백분위 점수의 의미

검사점수를 의미있게 해석하기 위하여 가장 흔히 사용되는 방법이 백분위(percentile rank)이다. 어떤 한 점수의 백분위는 한 규준집단에 있어서 그 주어진 점수보다 낮은 점수를 받은 사람의 전체에 대한 백분율로 정의된다. 따라서 백분위 78이란 규준집단에 있는 사람 중에 78%가 그 점수(백분위 78에 해당하는) 밑에 놓여 있다는 것을 의미한다. 또는 한 검사에서 원점수 26점이 백분위 5에 해당한다면 그 규준집단의 5%에 해당하는 사람이 26점보다 낮은 점수를 받았다는 것을 나타낸다. 어떤 선정된 백분위에 해당하는 점수분포상의 점수를 백분위점수(percentile score), 약하여 P점수라고 한다.

(2) 백분위 점수의 장단점

백분위 점수의 장점은 우선 누구나 이해하기 쉽다는 것이다. 비교하고자 하는 집단에 대해서 한 개인의 상대적인 위치를 나타내 줌으로 모든 사람에게 그 의미가 단순하고 직접적이며 이해하기 쉽다. 대부분의 경우 한 집단 내에서 한 사람의 서열을 나타내는 것으로 충분하며 보다 복잡한 원점수의 전환이나 유도점수가 필요 없을 경우에 적합하다.

백분위 점수는 반면에 두 가지 주요 단점을 갖고 있다. 첫째로 이 점수 척도는 측정의 수준으로 볼 때 동간척도이다. 따라서 비율척도가 아니므로 가감승제를 하는 것은 적절한 방법이 되지 못한다. 이것은 하나의 검사 점수를 해석하는 사람에겐 단점이 된다고 볼 수 없으나 검사점수를 가지고 연구하는 사람에게는 상당히 심각한 문제가 된다.

백분위 점수의 두 번째 단점은 검사점수 해석의 경우에 문제가 된다. 분포의 중심에 있어서 조그마한 원점수의 차이는 상당히 커다란 백분위의 차이를 가져오는 반면에 분포의 극단에 있어서의 원점수상으로 상당한 차이를 보일 때 백분위로는 조그마한 차를 보인다. 따라서 검사의 원점수와 백분위간의 관계를 명확히 이해하고 명심하지 않는 이상 백분위간의 차를 잘못 해석하기 쉽다. 특히 분포의 중앙에 있어서 백분위간에 어느 정도 과장된 큰 차를 나타내고 있는 경우에 정말로 커다란 의미있는 차가 있는 것처럼 지나치게 해석하기가 쉽다.

3) 표준점수

(1) 표준점수의 의미

검사점수를 가지고 여러 가지 복잡한 통계적 처리를 하고자 할 때에 이 점수를 동간척도(interval scale), 즉 각 단위가 모두 같은 크기를 나타내는 점수로 전환시킨다는 것은 상당히 중요한 일이다. 전환 점수의 표준점수(standard score)는 이와 같은 동간성(interval)을 가정하는 점수척도이다. 모든 표준점수 체제의 기본 단위는 표준편차(standard deviation)가 된다. 어떤 종류의 표준점수건 간에 이것은 하나의 원점수를 그 평균으로부터의 편차점수(deviation score)로 전환시킨 다음 이것을 표준편차의 단위로 나타낸 것이다.

(2) Z점수

가장 기본적인 표준점수인 Z점수는 다음과 같이 어떤 원점수를 가지고 거기에 해당되는 표준점수 Z를 구할 수 있다.

$$Z = \frac{X - M}{S}$$

여기에서 영문대문자 Z는 어떤 원점수에 해당되는 표준점수이고 X는 어떤 주어진 원점수, M과 S는 각각 원점수 분포를 평균이 0이고 표준점차가 1인 정규분포 곡선의 척도로 전환하게 되며 이 때에 표준편차가 측정의 단위가 된다.

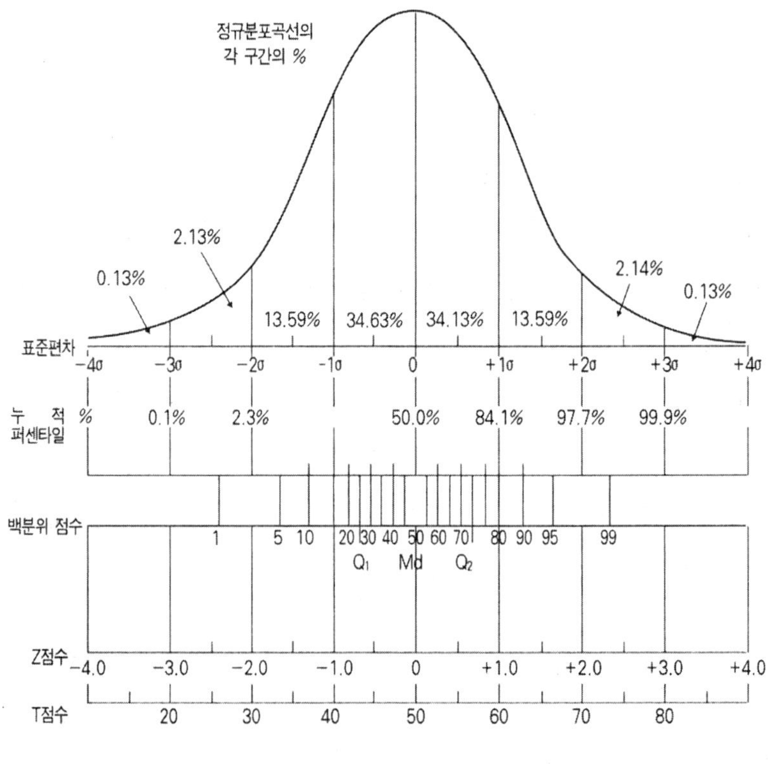

〈그림 7-1〉 표준점수의 구간별 사례수

여기에 이 표준점수의 몇 가지 특징을 〈그림 7-1〉에 의거하여 열거해 본다. 우선, 첫째로 표준점수의 절대값은 분포의 평균으로부터 그 점수가 얼마나 떨어져 있느냐의 거리를 나타낸다. 둘째로 평균보다 큰 점수는 +부호가 붙고 평균보다 작은 점수는 -부호가 붙는다. 셋째로 표준점수는 비율척도라고 가정함으로써 가감승제의 여러 가지 복잡한 수리적인 조작을 할 수 있다. 넷째로 원점수와 표준점수는 직선적인 관계(linear transformation)를 갖고 있으므로 표준점수의 분포의 형태는 원점수의 분포와 꼭 같다. 즉, 원점수의 분포가 정규분포에 가깝다면 Z점수의 분포도 정규분포에 가깝고, 또 원점수가 편포(skewed)되었다면 Z점수도 똑같이 편포를 이룬다. 마지막으로 원점수의 분포가 정규분포에 근사하게 접근할 때에 Z점수의 분포의 범위는 대략 -3으로부터 +3이 된다. Z점수는 비율척도라는 장점을 가지고 있지만 소수점 이하의 숫자와 음수를 갖게 되는 단점이 있다.

(3) T점수

$$T = 10Z + 50$$

위와 같이 전환된 T점수는 소수점과 음수를 제거한 표준점수이다. T점수(M=50, S=10)는 대략 20부터 80점까지의 점수분포, 즉 그 분포의 범위가 약 60점이 된다. 필요에 따라서는 자기가 원하는 어떤 평균과 표준편차를 가진 새로운 척도로 변화시킬 수 있을 것이다.

이와 같이 평균이 50이고 표준편차가 10으로 전환된 표준점수(normalized standard score)를 흔히 T점수라고 부른다. 1982년에 A. V. McGall은 이 표준점수를 Thorndike와 Terman을 기념하기 위하여 T점수라고 부르자는 것을 제안하여 오늘에 이르고 있다.

(4) 표준점수 산출의 예

평균치 및 표준편차, Z점수, T점수의 차례로 계산한다.

1 표준편차의 계산

원점수(원측정치, 소점, raw score)에 의한 표준편차(Standard Deviation, SD, σ) 계산은 다음 공식을 적용하면 된다.

〈공식〉 $\sigma = \frac{1}{N}\sqrt{N\sum X^2 - (\sum X)^2}$

〈보기〉

〈수학성적자료〉

학생	A	B	C	D	E	F	G	H	I	J	N=10
X (원점수)	13	17	15	11	13	17	11	13	11	11	ΣX=132
X^2	169	289	225	121	169	289	121	169	121	121	ΣX^2=1794
Mean											13.2

$$\sigma = \frac{1}{10}\sqrt{10 \times 1794 - (132)^2}$$
$$= 2.27$$

2 표준점수의 계산

① Z점수 계산

앞의 수학정석 자료 중, B학생의 원점수 17점에 해당하는 Z점수는 $\left[Z = \frac{X - M}{\sigma}\right]$ 의 공식에 대입하여 $Z = \frac{17 - 13.2}{2.27} = +1.674$이다.

② T점수 계산

이 Z점수를 T=10Z+50의 표준점수 공식에 대입하면 T=10×(1.674)+50=66.74를 얻을 수 있다.

③ 해석

따라서 B학생의 성적수준은 B보다 성적이 더 좋은 학생이 수험생 집단 중 약 5% 있고, 못한 자가 약 95% 정도 있는 수준의 성적임을 알아볼 수 있다. 이렇게 엄밀하게 해석하려면, 여러 통계학책의 부록에 게재되어있는 '정규분포곡선 수표'의 Z점수란을 찾아 보아야 한다.

(5) 원점수와 표준점수의 성적평가 비교

어떤 학생의 네 교과목 기말성적의 원점수(100점 만점 득점)을 표준점수로 전환한 예는 〈표 7-1〉과 같다.

표 7-1 원점수의 표준점수 전환비교

	소속 학년 학생수(N)	득점 (X)	평균 점수 (M)	표준 편차 (σ)	Z점수	T점수	이 학생보다 성적이 더 좋은 학생수
영어 성적	1000명	80	74	6	80–74/6=+1.00	10×1+50 =60	159명
수학 성적	1000명	75	55	10	75–55/10=+2.00	10×2+50 =70	23명
국어 성적	1000명	86	81	4	85–81/4=+1.00	10×1+50 =60	159명
물리 성적	1000명	70	52	6	70–52/6==3.00	10×3+50 =80	1명

〈표 7-1〉에 의하면, 네 교과목 성적 중 원점수 득점이 가장 높은 교과목은 국어 85점으로 가장 좋고, 70점인 물리성적이 가장 나쁘다. 표준점수인 T점수에 의한 성적평가는 정반대로 물리성적이 가장 뛰어나고 영어와 국어성적이 상대적으로 많이 떨어지고 있음을 보여주고 있다. 특히 물리 성적은 천재적인 수준임을 시사해 주고 있다.

따라서 교육측정, 예컨대 수능시험이나 기말시험과 같은 성적평가는 물론 지능검사, 성격검사, 적성검사와 같은 표준화 심리검사의 결과의 해석에 있어서 원점수에만 의존하는 경우에는 큰 오류를 범하게 된다.

근래 지역차, 학교차가 심한 교육환경 속에서는 표준점수 체제만이 성적의 상대적 비교를 합리적으로 또한 과학적으로 해결하는 유일한 수단이 된다고 하겠다(지능검사, 적성검사, 토플검사, 토익검사, 대학원 입시자격시험 등 세계적으로 이름있는 측정 · 검사도구들은 모두 표준점수 체제에 의존하고 있다).

5. 측정 및 검사도구

1) 측정 및 검사도구의 분류

행동특성의 개인차를 측정 또는 검사하기 위한 도구는 크게 능력검사와 인성검사로 분류된다.

2) 지능검사

(1) 지능의 개인차에 관한 연구

1 Galton의 연구

오늘날의 심리진단 검사와 측정의 시조가 누구이냐 하는 데 대해서 다른 의견이 있겠으나 F. Galton(1822~1911), J. M. Cattell(1860~1944) 및 A. Binet(1857~1911) 중에 어느 한 사람을 지정할 수 있다. Galton은 1859년에 「종의 기원(Origin of the Species)」을 쓴 C. Darwin의 영향을 받아 인간의 정신적 특성의 유전에 깊은 관심을 갖게 되었고, 1869년에 그의 유명한 저서인 「천재의 유전(Hereditary Genius)」이란 책을 발간하였다. 14년 뒤에는 다시 「인간의 능력과 그 발달에 관한 탐구(Inquiries into Human Faculty and Its Development)」란 책을 저술하였는데 이것이 인간의 개인차에 관한 과학적인 연구와 심리진단 검사의 시초라고 보는 사람도 있다.

2 Cattell과 Binet의 연구

① Cattell의 연구

Galton이 영국에서 과학적인 심리측정 연구에 기반을 닦아 놓은 반면, Cattell은 미국에서 독일의 W. Wundt의 실험적 통제의 강조와 미국의 전통적인 실용주의 영향을 종합한 미국 풍토에 맞는 심리측정과 검사활동에 처음으로 기반을 세웠다.

Cattell은 영국의 Galton과의 접촉을 통하여 더욱 개인차에 관한 연구에 관심을 갖고 펜실베이니아 대학과 콜럼비아 대학에 심리학연구소를 설치하였다. 이 연구실에서 Cattell은 정신검사(mental tests)의 발전에 주력하였다. 이 때에 처음으로 정신검사라는 말을 1890년에 사용하게 되었다.

② Binet와 Simon의 연구

1905년 Binet와 Simon은 초등학교 입학시에 있어서 정신박약아의 식별을 목적으로 한 30문항의 검사법을 제안하였다. 이들 항목은 특수능력의 검사로 발달되어 오던 것 중에서 실제로 많은 아동들에 대한 실험을 거쳐 선정된 내용들로서 쉬운 것부터 어려운 것으로 배열하여 전반적인 지적 능력을 측정하게끔 마련되었던 바, 이 검사가 곧 Binet-Simon Test이다.

1908년에 이 검사법을 개정하여 3세에서 13세까지의 일반아동을 검사할 수 있게 하였으며 거듭되는 연구를 통하여 각 연령에 대응되는 난이도의 문제가 있음을 발견하게 되었다. 그들은 지능이 아동기부터 청년기에 이르기까지 발달되어 간다는 가설을 설정하고, 문제 난이도에 합치되는 정신연령(mental age, MA)의

척도를 고안하였다. 이 경우 정신연령 해당 문제란 그 연령층에서 65% 내지 75%의 정답 통과율을 나타내는 문제를 뜻하는 바, 이 문제를 해답하면 그 아동의 정신연령은 그 단계에 있다고 판정하였다.

(2) 지능검사의 발달

1 Standford-Binet 개인 지능검사

현재 사용되고 있는 Standford-Binet 개인 지능검사는 L. M. Terman이 Binet-Simon Scale을 수정 · 발전시킨 검사이다.

그간에 미국에서 Binet-Simon Scale를 개정한 많은 검사가 있었지만 그 중에서 가장 널리 알려지고 유명한 것이 1916년에 나왔던 Standford-Binet 개정판이다.

2 Wechsler 개인 지능검사

Standford-Binet 지능검사와 쌍벽을 이루는 Wechsler 개인 지능검사는 1939년에 최초로 Wechsler-Bellevue Intelligence Scale for Children(WISC)가 출판되었다. 이 검사는 5세부터 15세까지의 아동용으로 그 체제 형식은 Wechsler-Bellevue와 같은 것이다. 1955년에 Wechsler-Bellevue 지능검사는 개정되면서 그 이름을 Wechsler 성인 지능검사(Wechsler Adult Intelligence Scale, WAIS)로 바뀌었다. 1967년에는 취학전 아동용(Wechsler Preschool and Primary Scale of Intelligence, WPPSI)을 출판하였는데, 이 검사는 4세부터 6세 반까지의 아동용이다.

16세 이상의 성인을 대상으로 한 Wechsler 성인 지능검사는 크게 언어검사(verbal scale)와 동작검사(performance scale)로 되어 있으며, 모두 11개의 하위검사로 구성되었다. 이 중 언어검사는 지식, 이해, 산술, 유사성, 숫자암기(digit apan) 그리고 어휘 등 6개의 하위검사로 되어 있고, 동작검사는 숫자 부호(digit symbol), 그림 완성(picture completion), 나무토막 쌓기(block design), 그림 배열(picture arrangement),

그리고 물건 맞추기(object assembly) 등 5개의 하위검사로 구성되어 있다. 또한 전체검사의 총점은 물론, 언어검사와 동작검사의 각 총점도 편차지능지수(deviation IQ)로서 평균 100, 표준편차 15로 되어 있다.

3) 성격검사

(1) 성격검사의 발달

1 자기보고식 검사의 발달

자기보고식 검사로서의 성격검사 중 세계적으로 가장 널리 사용되고 있는 대표적인 검사는 '미네소타 다면성 성격검사'이다. MMPI(The Minnesota Multiphasic Personality Inventory)는 1940년에 미네소타 대학교의 S. R. Hathaway와 J. C. McKinley에 의하면 10여 년간의 연구를 거쳐 제작 표준화된 성격검사의 하나로서 이 검사가 나온 후 지난 60여 년 동안 성격진단 및 상담치료의 상황에서 여러 나라에서 많이 활용되어 왔고, 또 이에 관한 연구도 극히 활발했었다는 것은 주지의 사실이라 하겠다.

본 검사는 피검사자의 개인적 · 사회적 적응을 좌우하는 주요 성격특징(personality characteristic)을 객관적으로 측정 · 진단하려는 것이다. 그런데 이 검사에서의 진단의 대상인 성격특징은 일단 형성된 후에는 쉽사리 변용되기 어려운 비교적 항구적인 성격특성(personality traits)들이 아니라 치료에 따라 변화될 수 있는 정신신경증적 경향(neurotic tendency), 정신병적 징후 또는 증후군(psychotic symptom or syndrome) 및 반사회적 이상성격(psychopathic personality) 또는 행동장애(behavior disorder) 등의 성격특질 등이다.

따라서 본 검사의 목적은 이러한 경향, 징후, 비정상성 또는 이상성을 여실히 진단 포착하여 심리치료에 기여하고자 하는 것이며, 아울러 비정상적이고 불건전한 방향으로 진전될 가능성을 미리 알아내어 미연방지의 선도책을 강구하려는 것이다.

2 투사법의 발달

① 투사법의 특징

투사법(projective techniquse)이란 말은 프로젝션(projection), 즉 투영 또는 투사라는 개념에서 따온 것이다. 프로젝션의 개념은 S. Freud에 의해서 처음으로 사용되었다. 투사과정(process of projection)은 무의식인 것이며, 이것은 무의식적인 욕구들의 방어기제(defence mechanism)가 되어 무의식적 충동, 감정, 생각 및 태도를 외부에 전가함으로 자기 자신의 긴장을 해소하게 된다. 이러한 원리를 이용한 것이 투사법인 것이다.

투사법의 목적은 개인의 성격에 대한 통찰을 얻자는데 있다. 목적에 있어서는 질문에 대한 대답이 개인의 성격을 이해하는데 필요한 자료를 제공한다는 가정하에서 발달된 성격목록법(inventory type)과 같다. 그러나 성격을 연구하는 방법에 있어서 투사법은 다른 성격검사들과는 다르다.

자기보고식 질문형 성격검사는 엄밀한 통계적 조사에 의해 선택된 여러 가지 질문항목으로 구성되어 있으며, 피검자는 대개의 경우 '예', '아니오', '잘 모르겠다(또는 어느 쪽도 아니다)'라고 답하게 되어 있다. 또한 그 질문의 내용이 자기에게 해당되는지의 여부를 판단하여 보고하게 되어 있는 바, 이러한 판단의 순간에는 질문에 답하기 위하여 피검자는 자기 자신을 성찰 이해하고 있어야 함은 물론 자기의 결점을 정시할 수 있는 용기와 솔직성이 기대된다고 하겠다. 만약 자기의 이상성을 발견 못하거나 자기를 잘 알지 못하는 피검자에 있어서는 질문지법, 즉 자기보고식 검사법은 행동상의 특성을 진단하는데 문제가 없지 않다.

이에 비하여 투사법은 피검자의 내성이란 과정을 필요로 하지 않고 피검자가 잉크반점(blots)이나 그림 등의 외적 자극에 몰입됨으로써 그렇게 자기 방어적이 아닌 입장에서의 반응이 가능하며, 질문지법에 비하여 허위반응의 가능성이 적고, 자기보고식 판단을 필요로 하지 않는다. 각 피검자는 잉크반점이나 그림 등에서 무엇을 보았느냐는 질문을 받게 되면, 거기에는 '정답'이나 '오답'이 없기 때문에 개인 특유의, 학습되지 않은 방식으로 반응하게 되는 것이다. 개인의 지각은 잉크반점이나 그림 자체의 물리적 성질에 의해서 뿐만 아니라 개인의 '투사된'

욕구, 경험 및 습관적 행동형태에 의하여 선택되고 조직되는 것이다.

② Rorschach의 Ink-blots Test

투사법 가운데서 가장 대표적인 심리진단 도구의 하나로서 Rorschach Test가 손꼽히고 있다. 오늘날 Rorschach Technique로도 불리어지고 있는 이 성격검사법은 1921년 H. Rorschach가 「심리진단학(psychodiagnostik)」이라는 책을 출판하여 공식적으로 이 세상에 나타나게 되었다. 그리하여 오늘날, 세계에서 사용되고 있는 모든 투사법 검사 중 가장 많이 이용되고 있는 검사법임을 알아볼 수 있다.

이러한 Rorschach Test는 개인의 지각과 성격이 관계가 있다는 기본 가정 위에 서 있다. 개인이 자기의 지각을 형성함에 있어 잉크반점을 조직화 또는 구조화하는 방법은 자기의 심리적 기능의 기본적 측면을 반영하는 것이다. 잉크반점은 비교적 추상적이고 '비구성적'이기 때문에 자극자료로서 적합하며, 즉 학습된 특정 반응을 일으키는 것이 아니라 가능한 여러 가지 반응을 용이하게 한다.

이와 같이 '성격 진단검사는 문화적 수준에 의해 영향을 적게 받는 비교적 단순한 검사방법이어야 한다.'는 입장에서 본다면, Rorschach Test는 성격 검사 도구로서의 유용성을 높이 평가할 수 있을 것이다. 바로 이 점 때문에 Rorschach Test는 비구조적인 성격검사의 대표로 취급되고 있다. 잉크반점카드는 모두 10매이며 흑백이 5매, 색채카드가 5매로 구성되어 있는 바, 카드 1번을 소개하면 〈그림 7-2〉와 같다.

〈그림 7-2〉 Rorschach card의 예

③ TAT

TAT(주제통각검사 : Thematic Apperception Test)는 미국 Harvard 대학교의 H. A. Murray와 C. D. Morgan의 공동연구로서 1935년 완성, 발표된 이래 주로 개인이 갖고 있는 욕구·압력 관계를 비롯한 여러 가지 심리적 역동관계를 분석, 진단, 해석하려는 검사이다. TAT는 〈그림 7-3〉과 같이 비교적 흔히 볼 수 있는 광경이며 또한 다의적(多義的)인 그림을 보여주고 그 속의 인물이나 배경을 통해, 그 장면에 대해 자유롭고 공상적으로 이야기를 꾸며 보게 해서 그 내용이나 구성으로부터 투사된 그 개인의 과거경험이나 현재의 욕구, 감정, 태도 등을 분석하려는 검사이다. 검사에는 30매의 그림과 1매의 백지를 도판으로 하여 사용하여 각각에 대해서 현재, 과거, 미래를 연결한 이야기를 꾸며 보게 하는 것이다.

〈그림 7-3〉 TAT도판의 예

④ BGT

BGT(Bender Gestalt Ttest)는 L. Bender 여사가 고안한 검사로서 〈그림 7-4〉와 같은 9매의 간단한 기하학적 도형으로 구성된 도판을 피검자들에게 한 장씩 차례로 보여주고(시각적, visual) 그것을 종이 위에 그리도록 한 다음(운동기능, drawing : motorfunction), 그 결과(production)에 대하여 형태심리학의 이론을 기초로 개인의 성격특성을 분석하고 해석하고자 하는 방법이다. 이 검사는 임상적 적용범위로서 정신분열증, 신경증, 조울증, 정신박약 또는 기질적(器質的) 뇌장애 등을 들 수 있다.

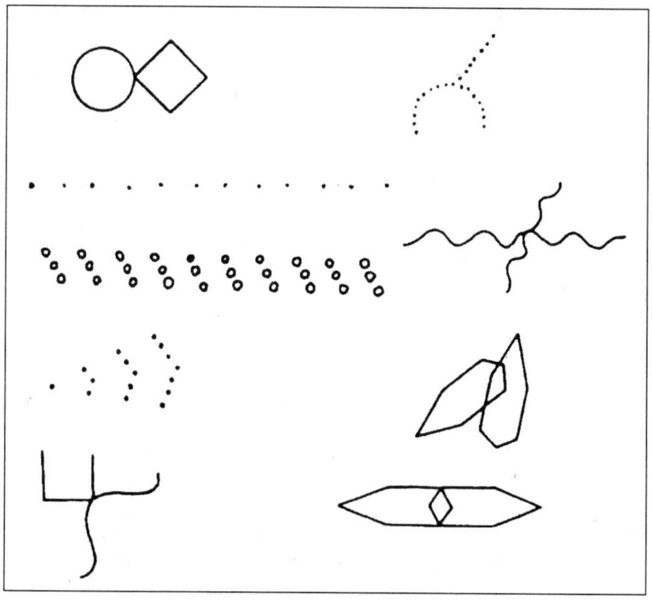

〈그림 7-4〉 The Bender-Gestalt Test

제 8 장

적응과 상담

1. 적응의 심리
2. 문제아의 심리
3. 가이던스의 방법
4. 상담지도의 방법

1. 적응의 심리

1) 적응의 개념

(1) 적응의 의미

적응이란, 일반적으로 개체가 주위 환경과의 조화적 관계를 갖기 위한 과정을 적응(adjustment)이라 말한다. 그러나 이 과정이 원만하지 못한 경우는 부적응(maladjustment)이라 한다. '적응'은 원래, 생물학적 개념으로서 W. B. Cannon이 말하는 homeostasis의 의미처럼, 개체가 생존을 위해 환경의 제조건과 합치하려는 것과 같은 변화를 일으키는 것을 뜻한다. 그러나 오늘날은, 이와 같이 환경에 규정된 생물학적이며 수동적인 의미로서의 적응은 순응(adaptation)이라 불리우고, 개체의 요구에 입각한 적극적·능동적인 심리학적 의미로서의 적응과는 구별해서 생각하는 수가 많다. 그리고 특히 사회적 환경에 대한 인간행동의 조화성(調和性)을 고려하는 경우에는 사회적 적응으로 불리운다. 이것은 임상심리학적인 입장에서 볼 때 문제의 이해나 해결에 있어서 큰 의미를 지닌다.

(2) 적응동기

도대체, 무엇 때문에 적응이 중요시되는가를 생각해 본다면, 서로 관련된 적어도 다음의 네 가지 동기를 생각해 볼 수 있다.

첫째로, 인간행동을 목적적으로 파악하려는 관점에서는, 인간의 모든 행동은 적응행동이다. 즉 여러 가지 목적을 지향하는 인간행동은 모두 적응행동인 것이다.

둘째로, 우리의 행동은 환경의 과제를 해결하기 위한 노력이라고 생각할 수 있다. 환경은 끊임없이 우리들에게 문제를 던지고 있다. 춥기 때문에 난로를 피운다든지 옷을 두텁게 입는다든지 하는 행동은, 춥다는 과제에 대한 반응 · 과제 해결의 노력에 지나지 않는다.

셋째로, 인간행동은 결국 살아가기 위한 노력이다. 살아가기 위해서는 환경에 순응하지 않으면 안 된다. 인간이 생활을 영위해 나가는 것은 적자생존(適者生存)을 위한 노력, 적응의 노력에 지나지 않는다.

넷째로, 인간행동은 쾌락의 추구하고 볼 수 있다. A. I. Gates는, 적응을 사람과 환경과의 조화로 보고 있으며, '행복'이란 말로써 규정되는 것과 같은 사람과 환경과의 관계라고 말하고 있다.

(3) 적응의 두 가지 측면

적응에는 몇 가지 측면이 생각될 수 있겠으나 일반적으로는 내적 적응(內的適應)과 외적 적응의 양면에서 검토되는 수가 많다. 자기의 목적이나 쾌락 때문에 반사회적 행위를 되풀이하는 자는, 내적으로는 적응하고 있을지 모르나 적어도 외적으로는 적응하고 있다고 볼 수 없다. 반면 약간의 다른 사람과의 사회적 관계가 조화적이라 할지라도 과도하게 자기 억제적이고 가정생활이나 취미 등도 희생시킴으로써 정신적으로 괴로워하는 자는, 외적으로는 적응하고 있어도 내적으로는 적응하고 있다고 말할 수 없다. 이런 상태를 특히 과잉적응(過剩適應)이라 한다.

(4) 적응과 정신적 건강

인간이 보다 잘 적응을 하기 위해서는 그 심신이 건강해야 함이 필요조건이란 점은 말할 것도 없다. 세계보건기구(WHO)의 말을 빌리지 않더라도 신체적 건강과 정신적 건강과는 밀접히 관련되어 있어서, 명확히 구별하기가 곤란한 경우가 많다.

일반적으로 정신적 건강을 말하는 경우, 정신질환이 없이 심신이 다 같이 잘 적응하고 있는 상태를 말한다.

L. F. Shaff는 정신적 건강의 기준으로서 ① 신체적 건강의 유지, ② 객관적 태도, ③ 자기의 행위에 대한 통찰, ④ 타인과의 신뢰관계, ⑤ 현재의 상황에의 주의, ⑥ 유머감각, ⑦ 계획성 있는 활동, ⑧ 일에 대한 만족, ⑨ 휴식과 오락, ⑩ 정상적인 사회적 참가 등을 들고 있다.

2) 적응기제

(1) 적응과정

인간이 욕구불만이나 갈등에 직면했을 때 두 가지 적응과정을 생각할 수 있다. 그 하나는 직접적 · 합리적 행동이고 다른 하나는 방어적 · 비합리적 행동이다. 직접적 · 합리적 행동이란 문제해결을 회피하는 것이 아니라, 적극적으로 문제를 해결하는 행동이요, 문제해결의 방식이 사회적으로 승인된 방식에 따라 자기의 욕구불만이나 갈등을 해소하는 것이다. 이러한 합리적 방법으로 욕구불만을 해소하기 위해서는 우회적으로 목적을 달성할 수도 있으며 경우에 따라 욕구와 목표 수준을 현실적으로 수정할 수도 있는 것이다.

반대로 비합리적인 행동은 문제해결의 근원적인 접근방법을 시도하지 않고 방어적 · 도피적 · 공격적인 반응으로 적응하려는 것을 뜻한다. 이러한 반응은 일시적인 것이므로 오히려 부적응행동을 일으키게 된다. 그러나 사람들이 모든 욕구불만 장면에 대해 항상 합리적으로만 반응하기는 어렵다. 불만장면에서 합리적인 반응을 하기가 어려울 때 여러 가지 비합리적인 방법을 사용하여 자신을 보호하려고 하는데 이를 적응기제(adjustment mechanism)라고 한다. 적응기제란 욕구충족이 어려운 현실에 당면하여 불안을 느낄 때 문제의 직접적인 해결을 시도하지 않고 현실을 왜곡시켜 자기를 보호함으로써 심리적 평형을 유지하려는 것이기에 이를 방어기제(defense mechanism)라고도 한다.

이 기제는 사회적으로 용인될 수 있고 정상인에게 필요한 것도 있으나 방어를 위한 반응이 지나치거나 습관화되면 마침내 심각한 부적응을 일으키게 되며 이상 행동을 하게 된다.

(2) 방어기제

1 Freud의 자아 방어기제설

불안에 처해서 우리가 취하게 되는 이 중요한 심리역동적 기능은 받아들일 수 없는 본능적 충동을 우리가 의식하지 않도록 도와 주며 충동이 간접적으로 만족되도록 해 주는 것이다. 자아 방어기제는 압도되는 불안으로부터 개인을 보호함은 물론 이런 기능을 수행하도록 도와 준다. Freud 는 자아 방어기제란 이드(id) 충동의 공개적 표현과 이와 대립되는 초자아(superego)의 압력으로부터 개인을 보호하기 위한 전략이라고 정의했다. 이드 충동이 의식으로 뚫고 나타나려는 위협에 대해 자아(ego)가 반응하는 방법은 두 가지가 있다. ① 충동이 의식적 행동으로 표현되는 것을 봉쇄하는 방법, 또는 ② 충동을 왜곡시켜서 원래의 강도를 현저하게 감소시키거나 빗나가게 하는 방법이다.

모든 방어기제에는 두 가지 특징이 있다. ① 방어기제는 무의식 차원에서 작용한다. 그러므로 자기 기만적인 특징이 있다. ② 각 개인으로 하여금 현실을 왜곡시켜 지각하게 만들어 불안감의 위협을 덜 받도록 하는 특징이 있다.

Freud는 사람들은 불안으로부터 자신을 보호하는데 한 가지 방어기제에 의존하지 않고 여러 가지를 사용한다고 믿는다.

2 방어기제의 유형

① 승화(sublimation)

Freud에 의하면 승화는 각 개인이 충동을 사회적으로 용납된 생각이나 행동으로 표현함으로써 적절하게 전환시키는 자아기능이다. 승화는 자아로 하여금 충동의 표현을 억제하지 않고 충동의 목적이나 대상(혹은 둘 다)을 변화시키기 때문에 문제가 있는 충동을 유일하게 건전하고 건설적인 방법으로 다루는 전략이다. 즉, 본능적 힘을 사회적으로 용납될 수 있는 다른 표현방법으로 전환하는 기제이다. 예를 들면 소년이 성장해 나가는 동안에 자위가 불안을 일으키는 원인이 된다면 그는 그의 성적충동을 축구 · 수영 또는 다른 운동에 전념하여 사회적으로 인정된 대치행동으로 승화시킬 수 있다. 사회적으로 용납되지 않는 적대감을 많이 가진 사람은 도살업자가 되어 그가 미워하는 사람을 상징적으로 자르는 행위를 함으로써 무의식적으로 일생을 보낼 수 있다.

Freud 는 성 본능의 승화가 서구문화와 학문 발전에 원동력이 되었다고 주장한다. "성 동기의 승화는 문화 발전에 분명한 한 요소가 된다. 승화는 우리들의 문명생활에 중요한 역할을 하는 과학 · 예술 · 이념활동을 열심히 하도록 해 준다"는 것이다.

② 억압(repression)

이것은 더 정교한 방어기제의 수단이 될 뿐만 아니라, 불안을 가장 직접적인 방법으로 회피하기 때문에, Freud는 억압을 일차적 자아방어로 간주했다. 흔히 선택적 망각으로 묘사되는 억압은 무의식적인 성적 · 공격적 충동의 표현을 완전히 차단하여 충동이 우리에게 불쾌한 것으로 남아 있는 한 이를 의식하지 못하도록 한다. 따라서 그 긴장은 감소가 되지 않는다. 억압의 결과로 각 개인은 불안을 유발하는 갈등을 스스로 의식하지 못하며, 정서적으로 충격을 준 과거 사건도 잘 기억하지 못한다. 예를 들면, 무서운 실패를 경험한 사람은 억압 때문에 그 때의 경험을 기억하지 않을 수 있다.

③ 투사(projection)

이것은 방어기제로서 이론적 중요성으로 볼 때 억압 다음에 온다. 투사는 사람들이 스스로 받아들일 수 없는 충동 · 태도 · 행동을 무의식적으로 타인이나 환경 탓으로 돌리는 과정을 말한다. 즉 투사는 자기의 결점을 어떤 사람이나 사물을 통해 비난한다. 고전적인 예를 들어 보면, 시험준비를 충분히 하지 못하여 만족할 만한 성적을 받지 못한 학생은 시험문제가 분명하지 못하다거나, 다른 학생들이 컨닝을 했다거나, 교수가 핵심을 찌르는 강의를 하지 못했다는 등의 이유를 들어 자기 실패의 원인을 전가한다. 투사는 또한 사회적 편견이나 속죄행위를 설명하기도 하는 바 그 이유는 종족 또는 인종편견이 자기 자신의 부정적인 인간특성을 다른 사람에게 돌리기 쉬운 편리한 목표물이 되기 때문인 것이다.

④ 전위(displacement)

이것은 본능적 충동의 표현을 재조정해서 그것이 위협을 많이 주는 사람이나 대상에서 덜 위협을 주는 것으로 방향을 전환하게 만든다. 예를 들면 교수에게 꾸중들은 학생은 대신 같은 방 동료에게 화를 낸다. 또는 부모님께 꾸지람을 들은 어린이는 동생을 때리거나, 개를 발로 차고, 장난감을 부수는 행동을 한다. 전위는 사소한 불쾌에도 만감한 성인의 과민증에서도 관찰된다. 예를 들어 지나친 요구를 하는 고용주로부터 꾸중을 들은 직업여성은 남편이나 아이들의 하찮은 자극에도 화를 벌컥 낸다. 그녀는 자기 적대감의 대상으로 남편과 아이들이 고용주 대신에 대치되었음을 의식하지 못한다. 이런 각각의 예를 보면 충동의 원래 대상이 덜 위협적인 대상으로 전위되는 것을 볼 수 있다. 전위의 특수한 형태는 자기로의 방향전환(turning against the self)으로서 이는 타인에게 향한 적대적 충동을 자신에게 돌리는 것으로 우울증과 자기 멸시의 원인이 된다.

⑤ 합리화(rationalization)

이것은 자아가 좌절과 불안을 극복하는 시도의 또 다른 방법으로 현실을 왜곡하고 자존심을 보호하는 것이다. 합리화는 비이성적 행동이 타인과 자기 자신에게 합리적이고 정당한 것처럼 보이게 하기 위해서 잘못 제시된다는 점에서 '불합리한 추리'이다. 사람의 실수, 잘못된 판단, 실패는 합리화라는 마술을 통해 핑계를 찾게 된다. 자주 이용되는 한 가지 유형은 이솝 우화의 "신 포도"인 바, 이것은 키가 모자라서 딸 수 없는 포도를 여우가 애써 신 포도라고 합리화하는 것이다. 사람들도 이 같은 방법을 많이 사용하는 바, 예컨대 여학생에게 데이트를 신청했다가 거절을 당한 남학생이 그녀는 못생겼다고 결론을 내려 자신을 위로한다.

⑥ 반동형성(reaction formation)

자아는 때로 반대행동을 함으로써 오히려 금지된 충동이 표출되는 것으로부터 자신을 조절하거나 방어한다. 이것을 반동형성이라 하는데 이것은 두 가지 단계를 거친다. 첫째는 받아들여질 수 없는 충동을 억압하는 것이며, 둘째는 그 반대적 행동이 의식적 차원에서 표현되는 것이다. 반동형성은 사회적으로 허용된 것이나 강박적이고 과장되고 엄격한 특징을 가진 행동 중에서 잘 나타난다. 예를 들어 강한 성욕을 의식해서 불안한 부인은 그녀가 사는 도시에서 외설적인 영화를 상영하는 것을 반대하는 선동가가 된다. 또한 그녀는 어떤 특정한 영화관 앞에서 시위를 하거나, 요즘 영화가 타락했다고 영화제작소에 편지를 쓸 수도 있다.

⑦ 퇴행(regression)

이것은 불안으로부터 자신을 방어할 때 우리가 흔히 쓰는 또 다른 방어기제이다. 퇴행은 심리 성욕 발달기의 초기단계로 되돌아가거나 더욱 단순한 또는 유아기적 표현을 하는 것이다. 퇴행은 안전하고 즐거웠던 인생의 이전단계로 후퇴함으로써 불안을 완화시키는 방법이다.

성인에게서 쉽게 볼 수 있는 퇴행의 형태는 화를 내는 것, 입을 내미는 것, 뾰로통해지는 행위, 말을 안하는 것, 어린 아이처럼 말하는 것, 물건을 파괴하는 것, 권위에 도전하는 것, 무모하게 빨리 운전하는 것, 그리고 어린이와 같은 행위이다. 퇴행은 일시적으로는 불안을 감소시키지만 근본적인 원인을 해결하지는 못한다.

⑧ 보상(compensation)

이것은 대상(substitution)의 일종으로서 수용할 수 없는 충동과 욕구의 만족과 관련되었다기보다는 오히려 지위와 관련된 기제다. 이것은 자신의 결함을 어떤 다른 방식으로 처리하는 수단이다. 그래서 보상되어지는 것은 현실적인 것일 수도 있고 상상적인 것일 수도 있다. 때때로 보상은 높은 수준의 기술습득과 타인의 성취를 통해서 이룩된다. 특정 직업을 자녀에게 강요하는 부모는 자신이 이룰 수 없는 소망에 대한 보상일 수도 있다. 보상행동은 현실을 무시한 병적일 수도 있으나, 위인의 위대한 업적이 보상의 결과일 수도 있다.

특히 Adler는 이것은 열등감과의 관계에서 설명되고 있다.

⑨ 거부(denial)

이것은 가장 원시적인 방어기제라 하는데 아동과 심한 정서장애자들이 자주 사용하는 방어이다. 거부는 참을 수 없는 현실의 존재 자체를 부인하는 것이다. 현실의 도피로서 완강한 거부는 심각한 장애의 증세를 야기시킨다. 억압과 거부는 소망 혹은 사고의 표현을 차단하는 것이다. 보다 적응적인 방어행동은 소망과 사고를 표현하되 그 본성을 왜곡시킬 수 있는 여러 가지의 방어를 사용하는 것이다.

⑩ 동일시(identification)

특히 뛰어난 인물이나 단체 등의 다른 사람과 자기를 같은 수준으로 동일하게 보고 이에 따라 우월감이나 안정감을 가지려는 기제이다. 즉, 남의 장점 또는 특성의 일부를 자기의 일부로 삼는 기제이다. 동일시는 인성발달에 중요한 역할을 하는 것으로서 인간에게 이상, 야망과 포부를 심어 준다. 그러나 지나치면 망상에 사로잡혀 부적응 행동을 일으킨다.

⑪ 도피(escape)

욕구불만이나 갈등이 생기는 상황에 직면하는 경우 또는 그 상황이 예상되는 경우, 그 상황에서 도피하는 기제이다. 이 중, 그 상황에서 몸을 빠지는 것을 퇴피(退避, seclusion)라고 한다.

⑫ 고립(isolation)

자기의 안정을 유지하기 위하여 현실에 접촉하지 않고 고립하는 기제이다.

⑬ 백일몽(day-dream)

현실의 세계에서 욕구가 충족되지 않을 때, 공상의 세계에서 그것을 만족해 함으로써 긴장을 해소하려는 기제이다. 백일몽에는 승리의 주인공형(the conquering hero type)과 비극의 주인공형(the suffering hero type)의 두 가지 형이 구별된다. 이것은 동일시 대상의 차이에 기인된 구분이다.

⑭ 공격(aggression)

욕구불만의 원인이 된 사람이나 물건에 대한 직접적 공격형, 질투, 원망, 비난 등 간접적 공격형, 전혀 무관계한 사람이나 물건에 대한 전이(轉移)된 공격형 등이 있다. 자살은 공격이 자기 자신에 향해진 극단적인 형태이다.

⑮ 주의획득 반응(attention-getting)

무시당함으로써 생기는 불안성에 대한 방어기제이다. 유아의 손가락 빨기, 아동의 불평, 대학생의 수업 중의 질문 등이 그 예이다.

⑯ 억제(suppression)

욕구불만에 의해서 생기는 긴장을 해소하기 위해 자기의 감정이나 또는 부당하다고 생각하고 있는 원망 등을 억제시켜 의식의 세계에서 말살하려는, 즉 생각조차 하지 않으려는 기제이다. 억제가 바탕이 된 극단적인 경우가 ②번의 억압이다.

2. 문제아의 심리

1) 문제아의 개념

문제아라는 개념은 일반적으로 널리 사용되고 있으면서도 그 내용은 비교적 명확하지 않은 경우가 많다. 넓은 뜻으로 해석하는 입장에서는 정상 이외의 어린이, 즉 특수아동과 같은 뜻으로 풀이하여 그 중에는 여러 가지 문제행동 이외의 신체의 허약 등 신체적 장애나 정신박약, 영재 등 지적 능력이 특이한 어린이를 포함시키고 있다. 반면, 극히 좁은 뜻으로 해석하는 입장에서는 문제아란 학교 내에서 교사의 속을 썩이는 아동들로서, 특히 난폭, 도벽, 거짓말 등의 비행적 행동을 뜻하는 경우가 적지 않다.

(1) 교육지도적 관점

이 관점에서의 문제아란 학업부진 등의 학습지도상의 문제, 도벽, 싸움 등의 행동상의 문제 등 교육상의 문제가 되는 행동 경향이나 성격 특성을 나타내는 어린이를 뜻한다. 예컨대, 지능지수 80 정도의 어린이가 학급 내에서 중하 정도의 성적을 나타내었을 때, 능력 이상의 학업성적을 요구하는 어머니의 입장에서는 자기 자식을 문제아라고 볼 수도 있겠으나 교육적으로는 이 정도의 성적을 갖고 문제아라고 결정지을 아무런 이유가 없다. 따라서 교육지도적 관점이란 정상수준에서 크게 이탈된 어린이를 문제아로 삼는 기준이다.

(2) 적응적 관점

이 관점에서의 문제아란 학교생활에 적응해 나가는데 있어서의 부적응아를 뜻한다. 다시 말하자면, 정서적으로나 사회적으로 부적응의 문제행동을 나타내는 어린이를 지칭한다.

문제행동의 중대성의 순위에 관해서는 일반적으로 교사나 부모의 입장에서는 도벽, 싸움, 거짓말, 기구파괴, 무책임, 잔인, 불성실한 행동의 순으로 중대시함에 비하여 심리학자 등 정신위생 전문가의 입장에서는 우울한 행동, 남과 어울리지 못하는 행동, 겁이 많거나 화를 잘 내는 행동, 지나친 질투 등의 순으로 중요시하고 있다. 즉, 전자의 입장에서는 법률 · 도덕 · 규칙에 위배되는 부도덕 내지 반사회적 행동을 중요시하며, 후자의 입장에서는 비사회적, 퇴행적 행동을 보다 중요시하는 경향을 살펴볼 수 있다.

(3) 양적 관점

이 관점에서의 문제아란 문제행동을 반복하는 어린이를 뜻한다. 문제행동이 어린이의 정서적 · 사회적 부적응에 뿌리 박고 있는 이상 어린이의 적응방식이 개선되지 않는 한 그것은 어떤 형대로든 반복적으로 발생할 것이 예상되는 것이다. 난폭적인 행동은 한 번에 한해 그치지 않고 좌절감을 되씹는 장면에서는 습관적으로 되풀이하게 된다. 문제행동은 횟수가 거듭됨에 따라서 차츰 고정화되는 성격 경향 가운데 뿌리를 내리게 됨으로써 점점 치료하기가 어렵게 되는 것이다.

(4) 발달심리학적 관점

이 관점에서의 문제아란 발달심리학적 입장에서 볼 때, 정상적인 행동발달 수준에 비해 발달장애, 또는 행동장애 현상으로 나타나는 문제행동을 보여주는 어린이를 지칭한다. 즉, 아동기나 청년기의 발달과업이 어느 정도 이상으로 성취되지 못하였거나 지능발달이나 신체발달 또는 사회성 발달이 지체되었거나 이상 발달된데 기인된 문제행동을 뜻한다. 따라서, 이러한 지적 · 정서적 · 사회적 · 신체적 미숙현상은 학교생활을 적응해 나가는데 있어서 문제행동 발생의 직접적 원인이 된다는 점에서 문제아 결정의 중요한 기준으로 손꼽히고 있다.

2) 문제아의 유형

문제아의 유형을 분류하는 방식에는 여러 가지가 있겠으나 여기에서는 초·중등 학교에서 가장 빈번하게 대두되는 부적응의 문제를 중심으로 학습 부적응의 문제아, 정서적 부적응의 문제아, 사회적 부적응의 문제아로 분리해서 살펴보기로 한다.

(1) 학습 부적응의 문제아

학교라는 일정한 환경 속에서 동일한 수업을 받으면서 쉽게 목표에 도달하는 학생도 있는가 하면, 반대로 성적이 뒤떨어지는 학생도 있다. 이와 같이 주어진 학습과제를 감당해 내지 못하여 학습활동의 성과를 거두지 못하는 학생을 말해서 학습 부적응아라고 부른다. 이러한 문제아에는 성질상 몇 가지로 분류할 수 있다.

1 학습부진아

일반적으로 같은 또래, 같은 학년의 학생들에 비하여 성적이 떨어지는 학생을 지칭하는데, 학습부진, 학습지체라는 용어로 표시되기도 한다. 이들은 대체로 자기 지능이나 적성에 비해 학력수준이 낮은 것이 특징이다.

2 학습지진아

지능이 평균 이하가 되는 학생은 일반적으로 성적도 낮아진다. 평균수준보다 낮은 지능을 가지고 있어서 학급의 다른 학생에 비하여 성적이 뒤떨어지는 학생을 가리킨다.

3 학습곤란자

학습곤란자는 정신박약아이기 때문에 한 학급의 급우들과 보조를 맞추어 나갈 수 없어서 학교 교육지도상 어려움이 많은 문제아이다.

(2) 정서적 부적응의 문제아

부적응의 문제는 보통 그 원인과 증상이 복합적인 것이기 때문에 단일행동을 가지고 정서적인 것이며 혹은 사회적인 것이다 라고 명확하게 구분짓기는 어렵지만, 여기서 지칭하는 정서적 부적응의 문제아란 외형적으로 나타난 행동이 정서적인 표현에 주로 관계되는 것을 뜻한다. 학교생활에서 흔히 발견되는 정서적 부적응의 문제를 몇 가지 살펴보면 다음과 같다.

1 정서적 불안정아

학생들은 하루 생활 중 거의 대부분을 학교에서 보내고 있는데, 이 중 어떤 학생은 교사나 급우들을 두려워하거나 여러 사람을 만날 때 긴장을 가지게 되거나 비난이나 비판이 두려워 필요 이상의 겁을 먹게 되는 바, 바로 이러한 학생들을 정서적 불안정아라고 말한다.

2 열등의식이 강한 아동

하는 일에 자신을 갖지 못하거나 자기 무력감을 느끼며, 생소한 자리에 나서기를 싫어하며, 자기 잘못을 곧 남의 탓으로 돌리거나 부정적인 자아개념이 강한 학생을 말한다. 예를 들면, 만약 학생들이 자신의 능력이나 지위가 자기 동료들에 비추어 열등하다고 보면 앞으로의 학습활동에 용기를 잃게 되며 또한 부적응 행동의 직접 계기가 된다고 볼 수 있다.

3 죄의식이 강한 아동

죄의식에 의해 몸이 굳어진 학생은 체념과 무가치감을 갖는다. 이런 학생들은 자신을 내세우는 데 두려워하고 동료집단의 주변에만 머뭇거리고, 심히 어른에게 의존한다. 이들은 가능한 목표를 수립하고 추구하려는 목적 의식이나 용기가 부족하다. 지속적인 죄의식은 일반화된 소극성, 무기력, 정신병리적 행동으로 발전하게 된다.

(3) 사회적 부적응의 문제아

사회적 부적응의 문제아란 대인관계나 사회적 상황에서 주로 나타나고 문제행동을 보이는 학생을 말한다.

사회적 부적응행동도 여러 가지로 분류할 수 있으나, 그 중에서도 항상 교사의 관심을 많이 끄는 난폭한 행동과 같은 반사회적 행동과 외롭게 혼자의 세계에 파묻히는 비사회적 행동에 중점을 두어 분류할 수 있다.

1 반사회적 행동의 문제아

반사회적 행동이란 법률, 규칙, 도덕적 규범 등 질서를 파괴하여 남에게 해를 끼치는 일체의 행동을 지칭한다.

가벼운 것은 주의를 주는 것으로 끝나지만 심할 때에는 범법행위에 해당된다. 즉 싸움, 거짓말, 폭행, 도벽, 살상, 흡연, 음주, 기물파괴, 유흥장 출입, 성문란 행동 등은 모두 반사회적 행동에 속한다.

2 비사회적 행동의 문제아

이 행동은 처음에는 교사의 눈에 잘 띄지 않지만 심각한 상태가 되어 손을 쓰기가 어렵게 되면 그 때부터 교사의 관심의 대상이 되는 행동으로서, 주로 남과 어울리지 않고 혼자만의 세계에 파묻혀 공상에 잠기거나 불안해하며 자폐증이나 등교거부 행동 등을 나타내기도 하고 심하면 자살과 같은 극단적인 행동으로 발전하기도 하는 부적응행동이다.

3) 문제아의 발생 요인

문제아의 행동의 원인에 대한 규명은 진단의 가장 주요한 목적의 하나가 된다. 대체로 문제행동의 원인은 서로 얽혀 있기 때문에 단순히 일정한 공식에 집어넣어 논할 수는 없으나 개체적 요인과 환경적 요인을 중심으로 대체로 다음과 같이 나누어 볼 수 있다.

(1) 개체적 요인

1 신체적 질환, 결함 또는 장애

시력장애, 청력장애, 지체부자유 등 다양하지만 어느 경우에서나 신체적 활동이 제한당하거나 열등감을 유발시켜 문제행동의 배경이 되기 쉽다.

2 신체적 발육 또는 내분비의 이상

신장의 고저, 체중의 다소 등도 열등감을 촉발하기 쉬우며 내분비선, 특히 주로 갑상선, 성선 및 뇌하수체는 문제행동의 원인으로서 작용하기 쉽다.

3 외인성 기질적 영향

뇌의 질병이나 뇌손상에 의한 외신경계 장애가 극단적인 난폭행위나 분노 상태의 원인으로 지적되고 있다. 예컨대, 뇌염을 앓고 난 후나 뇌에 상처를 입은 후에 심한 성격의 변화가 나타남을 보고한 결과들은 이를 명확하게 뒷받침해 주고 있다. 뇌는 정신기능의 가장 중요한 기관이기 때문에 이 기관에 영향을 미치는 손상적 요인들은 정신발달에도 영향을 미칠 수 있는 것이다.

4 유전적 영향

쌍생아법에 의한 연구에 의하면, 지능이나 그 밖의 정신적 능력에는 다분히 유전적 요인이 인정되지만 지능이나 성격 등은 반드시 그렇지는 않다.

지능의 고저가 문제행동에 깊이 관련하고 있음은 교육현장에서 쉽게 찾아볼 수 있다는 점에서 유전적 영향을 생각해 볼 수 있다.

(2) 환경적 · 성격적 요인

환경은 유전과 함께 아동의 정신발달에 커다란 영향을 미친다. 심지어 지능이나 능력의 발달에도 큰 의미를 가진다. 따라서 성격특성의 유전여부에 관해서는 신체적 특성에 대해서와 같이 말할 수는 없다. 왜냐하면, 신체적 기능은 심리적 기능보다 훨씬 환경에 덜 의존되어 있기 때문이다. 확실히 알 수 있는 것은, 성격특성은 유전보다 환경의 힘이 더 많이 작용해서 발전된다는 것이다.

1 물리적 환경

가정의 경제적 · 사회적 지위, 가옥의 구조, 생활양식, 인적 구성, 지역사회의 구조 등 여러 가지 물리적 조건과 문제행동과의 관련을 생각해 볼 수 있다.

2 가정 내 부모간의 관계

아버지와 어머니의 애정관계, 상호경애의 정도, 조부모 · 고부간의 친화관계 등이 문제행동의 원인으로서 아동의 심리적 태도형성에 영향을 크게 미친다고 볼 수 있다. 문제아의 아버지와 어머니 간에 불화, 별거, 이혼, 가출 등의 비율이 높다는 것은 그 좋은 예라 할 수 있다.

3 양육자와의 관계

부모 등 양육자가 어린이를 배척, 학대하거나 증오, 편애 또는 엄격함이 지나치게 되면 필연적으로 문제행동을 유발하게 된다. 문제아의 대부분은 이 점에 있어서 대인관계에 중대한 결함을 나타내고 있는 것이다. 부모의 지나친 염려나 걱정 때문에 병적인 신경질적인 경향을 나타내는 아동이나 엄격한 벌을 주기 때문에 학교에서 잔혹한 폭력을 휘둘러 대는 아동 등이 그 전형적인 예라 하겠다. 특히 자녀에 대한 맹목적인 사랑도 문제아 발생의 원인이 되는 수가 많다.

4 그 밖의 요인

친구와의 관계나 교사와의 관계도 문제행동의 원인이 될 수도 있으며, 사회적 환경도 큰 의미를 갖는다. 이 외에 출생순위도 중요한 역할을 한다. 즉, 장자와 막내에 대한 기대수준에는 커다란 차이가 있음을 볼 수 있다.

또 가족구조도 중요한 의미를 가진다. 즉, 아동이 부모 밑에서 자랄 수 있었는지 또는 사생아인지, 어머니가 직장여성인지의 여부, 그리고 농촌 혹은 대도시에서 성장했는지 등의 여부도 중요한 요인들이다.

4) 문제행동의 교육심리학적 이해

(1) 학업상의 문제

1 열등아

열등아란 지적 발달의 정도가 늦지만 정신박약의 수준까지는 미치지 않는 자를 말한다. 대체로 지능지수가 70에서 90까지의 아동이다. 초등학교나 중학교에서는 적어도 15% 가량의 열등아가 존재한다고 보고 있다.

비행아의 상당수가 열등아이다. 그 이유로서는, 그들은 장래를 예측하는 힘이 부족하고 경험에 의해 배우는 것이 적으며 유혹에 저항하는 힘이 약하기 때문이다.

2 학업부진아

학업부진아란 전술한 바와 같이, 지능에 비해 학업성적이 부진한 경우를 말한다. 어떤 아동이 열등아이면서 동시에 학업부진아일 수는 있다.

그러나 열등아지만 지능에 상응하는 성적을 보일 때에는 학업부진이라고는 말하지 않는다. 지능의 지체를 교육에 의해서 개선하여 성적을 향상시키는 일은 될 수 없으나, 학업부진은 적절한 처치에 의해서 개선될 수 있기 때문에, 이런 의미에서 양자는 뚜렷하게 구별되지 않으면 안 된다. 이 구별은 보통 면밀한 지능검사를 실시함으로써 가능해진다.

(2) 학교 적응상의 문제

학교가기를 도살장에 가는 소처럼 꺼림직하게 생각하거나 학교폭력 등 학교생활에 적응하지 못하는 문제행동이 자주 일어나고 있다.

1 학교폭력

"학교폭력"이란 학교 내외에서 학생 간에 발생한 상해, 폭행, 감금, 협박, 약취 · 유인, 명예훼손 · 모욕, 공갈, 강요 및 성폭력, 따돌림, 정보통신망을 이용한 음란 · 폭력 정보 등에 의하여 신체 · 정신 또는 재산상의 피해를 수반하는 행위를 말한다(법률 제8887호).

학교폭력은 작게는 교실 내 학교 내에서 벌어지는 폭력을 가리키며, 넓게는 학교를 중심으로 학교 주변, 혹은 교내 관계에 의한 폭력을 포괄해 말한다. 학교폭력은 신체적 · 언어적 · 정서적인 것일 수 있으며 통상 특정기간 동안 되풀이 된다.

학교폭력은 한 무리의 학생들이 특정 학생을 나쁘게 이용하거나 고립시키고 다음 희생자가 되기를 꺼려하는 방관자들의 충성을 얻기도 한다. 그들은 그들의 목표를 조롱하고 놀린 다음 육체적인 폭력을 행사한다. 학교폭력은 종종 이상하거나 또래와 구별되는 학생들을 표적으로 삼는 것으로 시작하고, 점차 수습하기 어려운 상황이 된다. 종류는 집단 따돌림, 괴롭힘, 신체적 폭행, 성폭력 등이 있다.

2 무단결석

무단결석은 비행에 빠져 들어가는 첫걸음이며 교사의 입장에서는 가장 속썩이는 문제행동이라 하겠다.

무단결석의 원인으로서는 학교를 싫어하기, 처벌의 공포, 부모의 태도, 모험심, 유혹, 교우관계의 곤란 등이 지적되고 있다.

학교가 싫게 되는 이유로서는 지능이 지체되거나 반대로 우수하기 때문이기도 하다. 그 밖에 수업의 내용이 이해되지 못하기 때문에 학교생활이 재미가 적어지고 다른 급우들과의 경쟁에서 뒤떨어지기 때문에 욕구불만에의 반응이 무단결석의 형태를 취하게 되는 것이다.

이와 같은 무단결석은 일종의 도피반응이지만, 그 자체가 문제되는 것은 결코 아니다. 오히려 그 결과로 여러 가지 문제를 파생시키기 쉬운 것이 문제인 것이다. 거리를 다니다가 배가 고프면 시장에서 먹을 것을 훔치기도 하며 불량배와 휩쓸리게 되기 쉬운 것이다.

3 절도

절도는 여러 가지 이유에서 생길 수 있다. 어떤 절도의 경우는 교육곤란과 같이 모델이 없어서 생기는 것도 있다. 즉, 부모가 절도를 하고 환경이 좋지 못한 곳에서는 타인의 소유물을 존중하는 것을 기대할 수 없다. 이것은 보다 미묘하게는 아버지가 관세를 포탈하고 세금을 횡령하거나 또는 이웃사람의 물건을 주의하지 않고 제멋대로 사용하거나 하는 것을 알고 있는 아동에게도 적용된다. 병 때문에 절도를 하는 경우도 있다.

또한 도벽은 주의획득과 애정에 대한 도움을 요청하는 징후일 수도 있다. 즉, 부모에게서 소유개념을 대단히 심하게 경험한 아동은 이런 방법으로 자기 부모를 심하게 타격을 주려고 할 때 도벽으로 호소한다. 이것은 흔히 어린 아동이나 형제를 편애하는 경우에, 또는 애정을 덜 받은 아동의 경우에 흔하다. 그런데 이러한 행동은 적발당하면 도벽이 신경증적으로 될 수 있다.

4 가출

가출이란 별다른 이유도 없이 부모나 보호자의 동의 없이 가정을 버리는 일로서 비행의 하나로 간주되고 있다. 가출의 직접적인 동기는 결손가정에서 기인되는 수가 많다. 보통 가출은 공포, 분노 또는 고민에 대한 직접적인 반응으로 나타난다.

부모로부터 부당한 취급을 받는다고 느낄 때도 가출하는 일이 있다. 다른 아동들에게 주어진 특권이 자기에게 주어지지 않는다고 화가 나서 가출함으로써 가족에게 보복하는 것이다.

일반적으로 가출은 전형적인 사춘기의 부적응 현상으로 평가되고 있다.

5) 문제아의 특성과 지도

(1) 문제아의 심리적 특성

1 문제해결의 능력부족

문제아들의 한 가지 특성은 문제해결 능력의 부족이다. 효과적인 문제해결의 과정은 대체로 문제사태를 정확히 지각하고 문제해결에 관련된 여러 가지 정보를 종합하여 몇 가지 가설을 세우고 이 가설들을 하나하나 검토하며 가능한 결과를 예측하여 가장 바람직한 해결책을 선택하는 일련의 정보처리 과정을 경험하는 것이다.

그런데 문제아들은 이러한 과정을 밟기에는 너무나 인내심이 부족하며 지적인 면에서도 기능을 갖지 못하고, 또 문제해결에 필요한 기술을 습득하지 못하여 부적응행동을 하게 된다.

2 자아기능의 약화

자아란 현실지향적이어서 이드의 불합리하고 쾌락추구적인 욕구를 억제하여 현실적으로 가능한 범위 내에서 충족시키도록 조절하며, 동시에 초자아의 현실에서 너무 벗어난 이상주의적 · 완전주의적 압력에 대항하여 현실적인 수준으로 바꾸어 놓는 기능을 담당한다. 따라서 자아의 기능이 강해야 이드와 초자아 사이의 균형을 유지하고 성격의 조화를 이루어 적응행동을 할 수 있는 것이다.

3 욕구불만의 누적현상

욕구불만이 누적되면 행동은 두 가지 방향으로 나타난다. 하나는 자포자기하여 모든 행동에 의욕을 잃게 된다. 모든 것을 부정적으로 보고 어떤 문제사태에 부딪히면 미리 포기하고 마는 무능력한 성격을 형성한다. 또 하나는 반대로 지나치게 공격적인 행동으로 표현될 수도 있다. 욕구좌절 또는 욕구불만이란 목표

추구적인 행동이 방해받는 상태를 일컫는다. 욕구불만이 쌓이고 쌓이면 언젠가는 폭발하게 되는데, 그 때는 엄청난 힘이 작용하여 부적응행동을 유발하게 된다. 문제 학생들은 욕구불만의 누적으로 항상 현실에 대해 부정적 태도를 갖는다.

4 목적 의식의 결여

목적 의식이 뚜렷하면 환경으로부터 오는 수많은 자극들을 취사선택하여 적절한 반응을 할 수 있게 된다. 그런데 분명한 목표가 없으면 쓸데없는 자극에도 반응을 보이고 필요한 자극에는 반응을 보이지 않아 적응을 하지 못하게 된다.

5 동기유발의 결핍

문제학생들은 일반적으로 성취동기가 결여되어 있다. 비현실적 지각으로 인해 욕구좌절을 경험하고 문제를 해결할 수 있는 기술을 습득하지 못해 성공을 경험할 수 없음이 일반적 원인으로 지적된다. 어떻든 새로운 도전을 하고자 하는 동기가 유발되지 않고, 문제에 직면하면 이를 부인하거나 여기서 도피하려는 소극적 태도를 취함으로써 문제행동을 유발한다.

6 발달의 부조화

끝으로 가장 중요한 특성 중의 하나로 발달의 부조화를 들 수 있다. 신체적 · 정서적 · 사회적 · 지적인 면에서 조화로운 발달이 이루어짐으로써 환경과 상호작용을 할 때 원만한 균형을 유지하게 된다. 그런데 문제학생은 이러한 발달에 균형이 이루어지지 않음으로써 적응에 곤란을 갖게 된다.

청소년기에 문제행동이 많은 것은 바로 이러한 발달의 부조화성이 큰 원인이다. 신체적 성숙이 이루어지면 그에 따르는 지적 성숙도 이루어져야 하는데 그렇지 못하다. 쉽게 말해서 신체적으로는 성인이 되었지만 지적인 면에서는 아직 아동기에 머물러 있어 적절한 행동을 보일 수가 없는 것이다.

(2) 문제아의 선도방안

1 학생에 관한 이해

우선 학생들이 처한 발달단계를 생각해 보고 그 단계에서 가지는 강한 욕구와 그들의 발달과업을 이해하는 일이 학생지도의 첫걸음이라 할 수 있다.

문제학생을 대함에 있어서 문제행동 한 가지만을 탓하지 말고, 그 문제행동이 왜 일어나는지를 그 학생의 입장과 환경적 맥락 속에서 이해하지 않으면 안 된다.

2 가치관의 확립

청소년들은 성장하는 과정에 있다. 따라서 많은 변화를 경험하게 되고 또 새로운 행동방식을 배우게 된다. 이러한 과정에서는 명확한 행동의 기준이 제시되어야 한다. 어떤 행동이 옳고 어떤 행동이 나쁜지를 분명히 알 수 있게 해야 되겠다.

특히 문제학생을 지도함에 있어서는 그들이 본받을 수 있는 모형의 제시와 그들이 따를 가치관의 확립이 매우 중요하다.

3 좋은 환경의 제공

문제학생을 선도함에 있어서는 그들이 속한 물리적, 심리적 또는 사회적 환경을 좋게 만듦이 중요하다. 특히 청소년기에는 교우집단의 영향을 많이 받으므로 건전한 교우집단을 형성하도록 도울 뿐 아니라 그들이 같이 활동할 수 있는 프로그램을 개발하고, 또 활동할 수 있는 시설을 마련해 줌이 무엇보다도 필요하다.

4 필요한 기술의 습득

문제학생들은 일반적으로 어떤 행동에 대한 기술을 제대로 습득하지 못하여 부적응을 보이는 경우가 많다. 따라서 그들이 환경으로부터 오는 자극을 잘 선택하고 적절히 반응할 수 있도록 필요한 기술을 제공함으로써 효과적인 적응을 도와야 할 것이다. 여기에는 자신의 욕구를 사회적인 상황에서 적절히 표현하고 적절히 충족시키는 자기 행동의 통제에 관한 기술도 포함된다.

3. 가이던스의 방법

1) 가이던스의 목적과 원리

(1) 가이던스의 개념

A. Jones는 " 가이던스(guidance)란 일상생활에 있어서 위기사태 또는 문제사태에 임하였을 때 현명한 선택, 적응, 해결을 하도록 개인을 조력하는 과정"이라고 정의하고 있으며, B. Shertzer과 S. C. Stone은 "개인으로 하여금 자기 자신과 환경을 이해하도록 조력하는 과정"이 곧 가이던스라 정의하고 있다. 이러한 정의를 다시 정리하여 본다면 "가이던스(생활지도)는 학생이 일상생활에서 해결하여야 할 여러 가지 문제—교육적 · 가정적 · 사회적 · 직업적 · 신체적 · 정서적 문제—를 자력으로 해결할 수 있도록 지도하기 위한 조직적인 봉사활동이다"라고 정의된다.

이 정의는 세 가지 요소로 구성되어 있는데, 첫째로 생활지도는 학습자의 각종 문제해결력을 증대시킴을 목적으로 하며, 둘째, 이 목적을 위한 여러 가지 방법, 예컨대 심리검사 · 면접 · 직업자료 등을 구사하며, 셋째로 학급, 학년, 학교 내에 생활지도를 위한 효과적인 조직체가 있어야 한다는 것이다.

(2) 가이던스의 목적

학생 각 개인이 자기 자신을 정확히 이해하도록 도우며 학생 각 개인이 가능한 한 자신의 노력으로써 자기가 지닌 성장 가능성으로서의 능력과 흥미와 기타 제 자질을 발견하고 그것을 최대한으로 발전시키도록 돕는데 목적이 있는 바 구체적 목적은 다음과 같다.

① 학생 각 개인이 수시로 부딪히는 자신의 문제를 정확히 파악하고 자기 힘으로 해결할 수 있도록 돕는다.

② 다양하고 복잡한 생활환경 속에서 학생 각 개인의 현명한 선택과 적응을 할 수 있도록 돕는다.

③ 학생 각 개인이 앞으로서의 성장과 생활을 위하여 보다 건전하고 성숙한 적응을 할 수 있는 영구적인 기초를 닦을 수 있도록 돕는다.

④ 학생 각 개인이 신체적 · 지적 · 정서적 · 사회적인 모든 면을 포함하는 잘 조화시키고 통합된 인생을 즐길 수 있도록 돕는다.

⑤ 학생 각 개인이 자기가 속해 있는 사회를 위해서 각자 공헌할 수 있도록 돕는다.

(3) 가이던스의 기본원리

가이던스에는 다음의 일곱 가지 원리가 강조된다.

1 연속성의 원리

생활지도는 종합적 계획 밑에 연속적으로 운용되어 나가야 한다. 입학한 후의 정치활동(定置活動, placement service)에서부터 졸업 후의 추후지도(follow-up service)에 이르기까지 계속적인 과정이 요구된다.

2 통합성의 원리

생활지도의 제 영역 중 어느 부분에만 치중되어서는 안 된다. 생활지도는 전인적 입장에서 다루어져야 한다. 즉, 무슨 일에나 잘 적응할 수 있도록 통합적이고 조화적인 발달을 하도록 도와 주어 전인적 발달이 되도록 지도해야 한다.

3 균등의 원리

생활지도는 학생 개개인의 가능성을 최대한으로 발달하도록 도와 주는 것이기 때문에 문제학생이나 부적응아뿐만 아니라 우등생이나 모범생까지도 대상으로 삼아야 한다.

4 과학성의 원리

생활지도를 운영함에 있어서는 정확하고, 객관적인 자료 없이는 그 성과를 기대할 수가 없다. 학생에 관한 객관적 자료의 수집의 근본이 되는 것은 공평무사하고 편견이 없는 교사의 태도인 것이다. 따라서 심리학적 · 통계학적 소양을 바탕으로 한 교사의 과학적인 지도와 조언은 생활지도의 원리 중 가장 중요한 원리라고 보겠다.

5 적극적 예방의 원리

생활지도의 치료적 기능을 소극적인 방법이라고 말하고 예방적 기능을 적극적인 방법이라고 하는데, 개인의 올바른 발달을 으뜸가는 목적으로 삼는 생활지도는 치료보다 예방에 그 중점을 두어야 한다.

6 협동의 원리

생활지도는 학교 전체 교사 상호간의 협동은 물론, 학교의 가정 또는 지역사회 인사들의 협동 없이는 그 효과의 극대화가 기대될 수 없다.

7 조직의 원리

생활지도는 구체적 조직기구를 가지고 이루어져야 한다. 생활지도 조직체제와 그 활동은 목표달성의 효율적인 수단이 되기 때문이다.

2) 가이던스의 영역과 발달

(1) 가이던스의 영역

1 교육지도

교육지도는 주로 학습활동 전반에 걸친 지도를 말한다. 신입생지도, 자치활동이나 동아리 활동의 선택지도, 학업부진아나 특수아의 지도, 독서력 향상을 위한 지도, 학습습관과 학습방법의 개선을 위한 지도, 상급학교 진학지도 및 졸업한 학생을 위한 추후지도 등이다.

2 직업지도

직업지도란 각 학생의 직업선정, 준비 및 적성의 발견을 도와 주는 과정을 말한다. 직업에 대한 정보의 제공, 직업준비 교육, 취업상담, 취업알선, 추후지도 등이다.

3 건강지도

건강지도는 학생 각자로 하여금 자신의 건강을 유지하도록 함을 목적으로 한다. 신체적 건강지도, 정신위생 지도, 공중위생 지도, 안전지도 등이다.

4 사회성 지도

사회성 지도는 사회의 미풍양속과 전통에 대하여 순응하도록 지도하며 친구와의 바람직한 인간관계가 발달하도록 지도한다.

5 성격지도

성격지도는 학생으로 하여금 원만한 성격을 발달하도록 지도함을 말하는 바, 개인적 습관과 태도, 개인적 적응문제에 관한 지도를 한다.

6 여가지도

여가지도는 학생 각자가 가지고 있는 여가를 가장 유효 적절하게 활용하는 것이 얼마나 의의가 있는가를 학생으로 하여금 자각하게 하여 이에 따라 보다 적합한 여가활동을 선택하게 하며 또한 여가 활동에 숙달되도록 지도한다. 교양지도, 취미 · 오락활동지도, 봉사활동지도 등이 포함된다.

7 진로지도

개인의 진로선택 및 적응, 발달에 초점을 둔 지도영역으로서 개인이 지니고 있는 가능성을 탐색 발견하고 이를 충분히 계발시켜 원하는 진로를 선택 결정할 수 있게 해 주고 의미 있고 행복한 삶을 준비하게 하는 지도를 말한다.

(2) 가이던스의 발달계보

Frank Parsons가 1907년에 미국 보스턴에서 직업지도 운동을 시작한 것이 조직적 가이던스 활동의 처음이다.

Parsons가 Bread Winners Institute라는 사회사업기관에서 일을 할 때 직업지도를 시작하였고 카운슬링에 있어서 여러 가지 검사도 실시한 것이다.

그 이듬해인 1908년에 Parsons는 보스턴 시에 직업국을 조직 개설하는데 성공하였다. 이 보스턴 직업국은 나중에 하버드 대학의 직업국이 되었다.

보스턴 직업국이 개설된 해에 비로소 직업지도(vocational guidance)라는 말과 직업지도사(vocational counselor)라는 말이 처음으로 사용되었다.

Parsons의 이 운동은 1908년부터 미국 각지에 확대되었다. 직업지도는 학교 밖의 사회에서 이루어졌고 주도적 역할도 학교 밖의 사회기관이 차지하였다.

이러한 가이던스 운동은 1909년부터 시작된 C. Beers의 정신위생 운동(mental hygiene movement), 역시 같은 해부터의 시카고 시에서의 W. Healy 부처의 아동진로지도 운동(child guidance movement), 1920년 전후해서 심리측정 운동(testing movement) 등의 세 가지 운동의 힘을 빌려서 가이던스 운동은 본격적으로 발달하기 시작하였고, 1930년대부터는 미국의 연방정부의 지원을 얻기에 이르렀으며, C. Rogers의 「Counseling and Psychotherapy」란 책이 1942년에 나온 후로는 가이던스 운동에 박차를 가하기 시작하였다.

한편 우리 나라의 경우, 학교에 있어서의 조직적 가이던스 운동은 1957년에 서울특별시 교육위원회에서 주최한 생활지도 교사 강습회에서 대상자 40여 명을 2개월 교육한 것이 그 시초이다.

3) 가이던스의 방법과 유형

(1) 가이던스의 방법과 도구

1 방법

가이던스 활동의 방법은 개인지도와 집단지도로 대별된다. 개인지도는 학생을 개별적으로 지도하는 것으로 이것을 상담(counseling)이라고도 칭한다. counseling은 두 사람 사이에 이루어지는 개인적 · 역동적 관계라고 정의된다. counseling을 하는 사람을 상담교사(counselor)라고 하고, 상담을 받는 학생을 내담자(counselee)라고 일컫는다.

카운슬링의 방법은 J. G. Darley와 E. G. Williamson의 지시적 상담, Rogers의 비지시적 상담, 그리고 A. J. Jones의 절충적 상담으로 나누어진다.

가이던스에 있어서 중추적 역할을 하는 것은 카운슬링인 것인 바, 집단지도는 이에 대한 보조적 역할을 한다.

2 도구

가이던스에 있어서 사용되는 도구란 학생을 올바르게 이해하기 위해 조직적으로 사용되는 수단인 것이다. 일반적으로 사용되는 도구로는 관찰법, 면접법, 질문지, 각종 성적기록, 각종 심리검사, 각종 행동평가 척도, 일화기록, 사회성 측정법, 사례연구, 누가기록부 등이 있다.

(2) 가이던스의 유형

1 조사활동(inventory service)

이 활동은 학생을 개별적으로 이해하는데 도움이 되는 정보자료를 조사 · 수집하고 해석하고 기록하는 활동이다.

조사 · 수집되는 정보자료는 부분적, 단편적이기보다는 전체적이고 통합적인 성격을 띤 자료이어야 하며 객관적이고 신뢰도와 타당도가 높은 것이어야 한다.

조사활동은 생활지도 활동의 기본이 된다.

[2] 정보활동(information service)

이는 학생의 생활환경과 그의 문제에 관련된 여러 가지 정보를 제공하는 모든 활동을 말한다.

모든 정보는 학생의 성숙도와 필요와 흥미에 맞추어 교육적으로 제시되어야 하고 정보활동에는 학교 내외의 가능한 자원을 총동원해야 한다.

[3] 상담활동(counseling service)

이는 counselor와 counselee의 두 사람 사이에 행하여지는 극히 개별적인 과정을 말한다.

상담활동의 궁극적 목표는 생활지도의 목표와 일치되며 효과적인 상담활동이 기대하는 결과는 부적응의 제 증상을 해소하는 일로 나타난다.

상담활동의 효과는 영속적이고 전이 가능한 고차적인 적응력이 실현되게끔 하는데 있으며, 상담활동은 하나의 학습과정이라 할 수 있다.

[4] 정치활동(placement service)

정치활동이란 동아리활동이나 자치활동의 부서배치, 반편성, 진급, 월반, 직장이나 상급학교를 택하게 한다든지 등의 다음 단계로 옮아가는데 필요한 조력을 하는 활동을 말한다.

교육정치에 관계되는 활동은 각 학년의 교사와 카운슬러와 교장 · 교감의 협조로 이루어져야 하며 직업정치에 있어서는 학교와 지역사회와의 유대가 긴밀할 것이 기대된다.

[5] 추후활동(follow-up service)

추후활동이란 지도를 받은 학생이 그 지도를 통하여 어느 정도로 건전하게 적응하는가를 알아보고 계속적인 지도를 가하는 활동을 말한다.

추후활동은 학교의 전체 지도 프로그램의 평가 및 개선을 위한 가치 있는 자료를 제공하게 되며 추후활동의 대상에는 재학생, 중도퇴학자, 졸업생이 포함된다.

4) 가이던스의 조직과 운영

(1) 가이던스의 계획

1 가이던스 계획을 위한 문제점의 발견

표준화된 조사용 질문지나 학교 나름으로 작성된 설문지를 통해 학생의 개인적 필요와 지역사회 인사들의 사회적 필요를 발견한다. 보통 설문지가 많이 사용되며 학교가 가이던스의 필요를 어느 정도 충족시켜 주고 있는지에 관해서 교사를 상대로 설문지조사를 할 수도 있다.

2 가이던스 계획 작성

수집된 문제점은 곧 가이던스 계획을 위한 기초자료가 된다. 그와 같은 자료를 토대로 삼아 생활지도 계획에 착수하며 모든 교사가 참가하되 상담교사를 중심으로 각 분과별로 구체적인 계획을 작성하고 그것을 종합한다.

가이던스 계획은 크게 나누어 첫째, 가이던스의 목표를 설정하는 일, 둘째는 그 목표를 달성하기 위한 생활지도 내용과 필요한 기구, 인원조직을 짜는 일이다. 그리고 생활지도 계획은 연간계획, 주간계획 등 시기별 계획이 작성되어야 한다. 계획안은 이원분류표(시기와 지도영역별)의 양식을 통해 작성하는 것이 좋다.

(2) 가이던스의 조직과 운영

1 조직의 원리

생활지도상 필요한 업무내용의 분석이 조직의 주요지침이 되어야 하는 바 조직

계획은 그 계획면에서 전체 직원의 참여가 허용되도록 조직하여야 하고 생활지도 프로그램의 임무부서도 명확히 규정되어 전 직원에게 충분히 이해되어야 한다.

그리고 가이던스 프로그램의 실시에 있어서 제일차적인 지도성의 책임은 학교장이 져야 한다.

2 담임교사의 임무

학생들의 부적응행위를 발견 · 기록하고 개인의 목록기록 작성(교우관계, 자서전 등 종합적 누가기록)의 일부를 분담한다.

가정과의 연락을 긴밀히 하며 자신이 지도하기에 힘겨운 학생은 상담교사에게 그 학생의 상담을 위탁시킨다.

3 상담교사의 임무

상담교사의 구체적인 임무는 다음과 같다.

① 본인이 원하거나 타인이 보낸 학생을 상담지도한다.

② 생활지도 방침을 결정하는 일에 기술적 지도를 담당한다.

③ 생활지도 방침을 집행한다.

④ 다른 교사들로 하여금 가이던스를 이해하고 협조하도록 도와 주고 격려한다.

⑤ 모든 학생의 개인목록을 잘 보관하고 교내의 요면접자를 잘 익힌다.

⑥ 교사들로 하여금 개인차를 발견하게 하여 이러한 개인적 필요를 충족시키게끔 도와 준다.

⑦ 학교교육 계획의 개선에 필요한 학생자료를 수집하고 정리한다.

⑧ 학생복지를 증진하는 지역사회기관과 더불어 일하고 협조한다.

4. 상담지도의 방법

1) 지시적 상담 방법

(1) 기본입장

1 발전 계보

지시적 상담(directive counseling)은 흔히 특성 · 요인상담(trait and factor counseling), 임상적 상담(clinical counseling), 상담자중심상담(counselor-centered counseling), 의사결정상담(dicisional counseling) 또는 Williamson과 미네소타 견해(Williamson and the Minnesota point of view) 등 여러 가지 용어로 호칭되고 있다.

지시적 상담은 C. H. Patterson, J. G. Darley, F. C. Thorne 등에 의해 발전되었으며 특히 미네소타 대학의 학생생활연구소(Student Personnel Service)의 책임자이었던 Edmund Griffith Williamson에 의해 이론적으로 체계화되었다.

2 상담의 목표

① 부적응행동에 대한 견해

지시적 상담과정에서 상담자는 근본적으로 선생이다. 내담자와 그 사람 특유의 생활양식, 타인과의 관계에서 그의 잘못과 부적절한 반응들이 상담자의 교육과정이 된다. 따라서 상담자와 내담자의 상호관계는 선생과 학습자의 관계와 같으며, 이는 고도로 인격화된 교수와 학습과정이다. 상담자의 역할은 분명하다. 내담자로 하여금 자신의 능력과 적성을 이해하고 수용하며, 그 자신의 동기와 생활의 기술을 알게 하고, 이것들을 그 의미와 그 결과에 의해 평가하도록 하며, 필요하다면 개인이 자기의 목표를 설정하고 소망하던 생의 만족을 주는, 좀더 적합한 행동으로 대치하도록 가르치거나 도와주는 것이다.

그리고 내담자의 역할은 합리적이고 만족스러운 삶을 성취하기 위하여, 자신을 이해하고 지능이나 이성을 사용하며, 자기 행동을 변화시키거나 교정하는 방법을 재학습하는 것이다.

이와 같이 지시적 상담에서의 상담이란 상담자가 내담자의 교육적 또는 직업적 적응행동을 도와주는 것으로 보고 있다.

② 상담의 목표

Williamson이 언급한 상담의 본질에 입각한 구체적인 상담목표는 다음과 같다.

· 내담자가 자신의 동기, 능력, 적성, 성격, 흥미 등의 특성과 요인을 이해하고 수용하도록 한다. 이는 자신의 가능성을 확인하는 중요한 단서가 된다.
· 자신의 특성 및 요인과 직업 또는 외부 조건을 검토하여 만족스러운 결정을 내릴 수 있도록 한다.
· 내담자가 자신의 가능성을 확인하고 이를 실제로 활용할 수 있게 한다. 특히 최대의 잠재력을 가졌다고 보여지는 어느 한 방향으로 가능성을 펼쳐 나가도록 한다.
· 자기 통제가 가능하도록 한다. 내담자가 자신의 이성을 충분히 발휘해서 스스로를 통제할 수 있게 한다.
· 내담자 자신의 문제를 스스로 해결할 수 있도록 한다.

(2) 상담의 과정

1 상담면접의 성격

Williamson에 의하면 상담면접은 개인에 대해 인자하고 관대하게 돌보는 특별한 종류의 상호관계, 또는 인간관계로 보고 있으며, 이러한 관계성이 내담자로 하여금 자신의 능력을 최대로 발휘하게끔 동기를 일으키게 한다고 보고 있다.

이러한 관계성은 다음과 같은 성격을 지니고 있다.

· 상담면접은 개별적 관계다.
· 상담면접은 일대일의 관계이며 고도로 개인적이다.
· 상담자가 내담자를 도와주는 관계다.
· 면접에서 상담자는 내담자가 자신의 문제를 합리적으로 생각하고 해결하는 데 보다 많은 주의와 노력을 기울이도록 자극한다. 상담에서 개인면접은 문제해결과 관련된 지적인 연습이라 할 수 있다.

2 6단계 과정

Williamson은 상담과정을 분석(analysis), 종합(synthesis), 진단(diagnosis), 예후(prognosis), 상담(counseling, treatment), 추수지도(follow-up service) 등 여섯 단계를 제시하고 있으나 그 순서가 엄격하지는 않다.

① 분석

분석의 목적은 '내담자를 현재와 미래 적응 요건과 결부해서 학생에 대한 이해를 하자는 것이다.'

분석은 내담자에 관한 정보와 자료의 수집으로 이루어진다. 내담자를 효과적으로 상담하기 전에 적성, 흥미, 동기, 신체 건강, 정서적 균형, 학교와 직장에서 만족할 만한 적응을 촉진하거나 억제하는 기타 특징들을 진단하는 근거가 될 만하고 신뢰성 있고 타당하며 적절한 정보를 상담자는 수집해야 한다.

일반적인 분석 도구는 ㉠ 누가기록(cumulative record), ㉡ 면접, ㉢ 시간할당표(time distribution form), ㉣ 자서전, ㉤ 일화기록(anecdotal record), ㉥ 심리검사, 그리고 ㉦ 사례연구(case study) 등이다.

② 종합

종합은 분석 단계에서 수집하여 분석한 자료를 진단단계에 유용하게 활용할 수 있도록 정리하는 단계이다. Williamson에 의하면 학생들의 장점, 책임, 적응, 부적응에 대한 것을 알 수 있도록 분석단계에서 수집된 자료를 요약하고 구조화시키는 것이다.

③ 진단

지시적 상담의 효과를 크게 좌우할 수 있는 것은 진단의 단계이다. 따라서 진단을 그르치게 되면 지시적 상담의 전과정을 그르치게 된다. 자료의 수집과 종합은 진단에 대한 자료가 된다. 잠재적인 적응과 부적응을 추구하는 함축성과 더불어 학생의 문제, 그 원인과 기타 의미가 있고 적절한 특성을 간결한 요약으로 이끌어갈 수 있는 일관성과 유형의 발견이 진단이다. 진단은 학생의 당면 문제와 자질 및 경향성, 장점에 비추어 자료를 해석하는 것이다. 이는 추론과 관계되는 논리적 과정에 의해 도달되며, 따라서 분석의 반대이다. 진단이 과거와 현재에 관계되는 반면, 예후는 미래와 관련되므로 예언이다.

④ 예후

이것은 임상에서 별개의 단계이다. 특히, 문제의 결과나 조건을 지적하는 사전 연구나 경험이 없을 경우에는 더욱 그렇다고 한다. 결과를 알면 예후를 진단에 포함시킨다. 예를 들면, 지능이 낮다고 하는 진단이 나온 것은 어려운 학교 과제를 잘못한다는 것이 된다. 또는 '이 학생이 의대를 지망한다면 확실히 실패할 것이다.'와 같이 진단과 예후는 학생이 성취하려는 목적에 모두 관계된다. 예후에서는 가능성과 변화의 용이성을 고려한다.

⑤ 상담

이 단계는 상담자가 내담자로 하여금 현재 및 미래의 일상생활에 최적의 적응을 할 수 있도록 도와주는 지도 및 조언과정이다. 따라서 이 상담에는 ⓐ 자기 이해를 돕기 위한 지도나 안내된 학습, ⓑ 어떤 종류의 재교육과 재학습, ⓒ 내담자가 자기 자신을 이해하고 일상 생활에 적용시키는 기술의 조력, ⓓ 치료

효과를 낳을 수 있는 기법 또는 관계의 의미가 포함되어 있다.

이 과정에서 상담자는 내담자의 문제해결을 위하여 암시, 격려, 충고, 설명, 지시 등 모든 기술을 동원하게 되며, 많은 부분에서 면접의 형식을 사용하게 된다. 면접의 많은 부분이 상담자와 내담자의 개인적 관계에 의해 영향을 받는다.

⑥ 추수지도

추수지도는 상담을 종료한 후 내담자에게 새로운 문제가 발생하였거나 상담했던 문제가 재발생했을 때 또는 상담의 효과를 확인하고자 할 때 실시하는 것이다. 즉 내담자가 가지고 온 문제를 해결하기 위해 추가적인 조력이 필요한 경우 추수지도를 한다.

(3) 상담의 기법

1 친밀한 관계의 조성

친밀한 관계를 수립(establishing rapport)하는 기법은 비단 지시적 상담에서만 강조되는 기법이 아니고 모든 상담과정에서 중요시되는 기법이다. 예컨대, 상담자가 능력이 있고 개인을 존중하며, 비밀을 지킨다는 평판이 있다는 것과 상담면담 전의 내담자에 대한 대우 같은 것은 친밀한 관계의 바탕이 된다. 내담자가 상담실에 들어왔을 때, '첫째로 할 일은 이름을 부르며 악수를 하고, 조급함이나 기분 나쁜 표정을 피하여, 그를 마음 편하게 해 주는 것이다.' 즉, 개인적인 배려와 이해가 중요하다.

상담자의 태도는 따뜻하고 친절해야 하지만, 아첨해서는 안 된다.

2 자기이해의 배양

내담자는 자기의 장점에 대해 이해를 해야 하며, 장점을 유용하게 쓰고 단점을 극복하고자 하는데 도움을 받아야 한다. 검사 점수 등의 자료를 상담자가 설명할 때, 상담자는 내담자가 증거를 이해하고 있는지 확인해야 한다. 상담자는 내담자가 따를 수 없을 정도로 면담을 빨리 진행해서는 안 된다. 상담자는 진단 과정을 자세히 말해 주지 않아도 되며, 모든 증거를 다 제시하지 않아도 된다.

3 조언(충고)

상담자는 상담을 내담자의 선택, 목표, 견해 또는 태도에서 시작하며, 진단에서 나온 좋고 나쁜 자료를 지적하여 주며, 이것을 지지 또는 반대하는 양쪽의 증거를 제시한다. 증거를 비교 고려하여 왜 내담자에게 조언을 하는지를 설명하여 준다. 내담자는 상담자가 제시하는 자료와 증거에 대하여, 조언을 인정하고 수용할 준비태세가 되어 있어야 한다.

자료 제시 후에 상담자가 내담자를 조언(충고)할 때 사용하는 방법에는 다음과 같은 세 가지 방법이 있다.

· 직접적 조언을 할 때에는 상담자는 터놓고 솔직하게 자신의 견해를 말한다. 방법은 솔직한 견해를 요구하는 강직한 내담자나, 상담자가 생각하기에 치명적인 실패를 할 행위나, 선택을 고집하는 내담자에게 사용한다.
· 설득적인 방법은 자료에 의해서 선택이 명백해질 때 유용하다. 상담자는 증거를 논리적으로 정리하여, 내담자가 또 다른 선택시의 결과를 볼 수 있도록 해 준다.

4 실행계획 수립 돕기

실행계획의 수립이란 진단에 근거하여 문제행동의 원인을 제거하거나 상담목표에 맞는 행동을 익히기 위해 상담자가 내담자에게 조언하거나 내담자의 실천계획을 도와주는 것이다.

① 환경을 변화시키기

이는 진단에 근거하여 내담자의 상담목표 달성에 도움이 되도록 환경을 변화시키는 것이다. 여기서 말하는 환경에는 내담자가 대하는 물리적인 환경과 아울러 개인의 어떤 특성도 포함된다.

② 적절한 환경을 선택시키기

이는 상담목표에 맞는 환경을 선택하는 것이다. 즉 적절하게 의사결정을 내리게 하는 것이다. 직업의 선택, 진학, 행동변화를 위한 적절한 환경 선택이 모두 여기에 해당된다. 이 경우 모든 선택에는 항상 장단점이 있기 때문에 단점의 수용에 관심을 갖도록 한다.

③ 필요한 기술을 습득시키기

이는 내담자의 상담목표에 맞는 기술을 습득하도록 하는 것이다. 내담자의 잠재력을 실현할 수 있는 것과 관련된 각종 기술을 직접 습득시키거나 습득할 수 있는 정보제공, 또는 여건을 만들어 준다. 대인관계 기술, 독서 기술, 특정자격 기술 등이 모두 여기에 해당되겠다.

④ 태도개선 돕기

내담자의 욕구와 환경의 요구가 조화를 이루도록 내담자의 태도를 바꾸도록 한다.

이상과 같이 내담자가 상담자의 조언에 동의한다면, 상담자는 내담자와 함께 구체적인 계획을 수립한다. 이 경우 상담자는, ㉠ 단계적이고 점진적인 계획, ㉡ 실천이 가능한 계획, ㉢ 상담자나 내담자가 확인할 수 있는 계획이 되도록 내담자를 돕는다.

5 계획실천 돕기

계획실천은 내담자가 계획한 그대로 실천하도록 내담자를 돕는 것이다.

6 다른 전문가에게 의뢰

상담자가 진단을 잘못 내렸거나 상담기술이 적절치 않는 등 상담자가 생각하기에 자신의 능력 밖이라고 여겨지면, 상담자는 동의를 얻어 다른 전문가에게 문의하거나 의뢰한다.

(4) 장단점

지시적 상담은 상담에 기여한 점도 많지만 제한점이나 비판받는 점도 많다.

1 공헌점

· 상담발달의 초기 단계에서 개인의 문제를 과학적인 방법으로 해결하려 했다. 이러한 점은 상담을 전문화시키는데 많은 기여를 했다고 볼 수 있다.
· 객관적 자료를 강조하였다. 특히 객관적 자료를 위한 검사의 강조는 검사의 개발, 활용, 보급 및 예측에 많은 기여를 했다.
· 문제행동과 원인을 다루는 기술에 이르는 일련의 체계적 과정에 주의를 불러 일으키는 진단에 강조점을 두고 있는 바 이는 아주 체계적이고 조직적이라고 할 수 있다.
· 많은 상담이론이 정서를 강조한데 반해 이 이론은 이성을 강조함으로써 상담 활동의 균형적 발전을 이룩하게 되었다.
· 지시적 상담은 특히 교육 및 직업에 관련된 부적응문제에 적합한 방법이다.

2 제한점

· 지시적 상담은 그 적용대상이 어느 정도 책임감이 높고 정서적으로 성숙되어 있는 내담자들에겐 상담자의 지시적 역할을 지나치게 강조함으로 내담자의 독립적 결정을 경시하게 되었다는 비난을 받게 된다. 반면에 인간문제의 정의적 측면을 지나치게 경시하므로 심리치료나 부적응행동의 지도에 주력하는 상담자들에 의해서 채용되지 못했고 객관적 자료에 지나치게 의존하므로 객관적인 자세에 대한 과신을 초래하게 되었다.
· 지시적 상담은 매우 지시적이고 설교적인 점에서 비민주적이다. 지시적 지도나 상담자의 가르침을 받지 않고, 내담자가 스스로 문제해결을 해 나간다는 능력을 믿지 않는 것이다.

· 많은 상담자들은 그들이 사용하는 도구의 완전무결함을 절대적으로 믿고 있는 것처럼 보이지만, 분석 · 진단에 사용하는 도구가 완전히 신뢰롭고 타당한 이상적인 측정 평가수준에 아직 도달하지 못하고 있다.

2) 비지시적 상담 방법

(1) 기본입장

1 발전 계보

비지시적 상담은 1930~1940년대에 미국의 심리학자인 Carl R. Rogers (1902~1987)의 상담이론에 근거하여 발전된 상담의 한 접근방법이다. Rogers는 그 당시 상담의 주된 세력이었던 정신분석학과 지시적 상담의 입장에 반대하고 비지시적 상담(nondirective counseling)을 표방하면서 새로운 상담의 원리를 제시하였다. 이 비지시적 상담은 후에 내담자의 긍정적인 성장가능성을 중시한다는 입장에서 내담자 중심상담(client-centered counseling)으로, 그리고 근래에는 다시 인간중심상담(person-centered counseling)으로 이름이 바뀌면서 오늘에 이르게 되었다.

2 상담의 목표

① 부적응행동에 관한 견해

Rogers는 인간의 모든 행동을 지각의 함수로 보고 있다. 따라서 부적응행동이란 개인의 경험에 대한 지각이 왜곡된 결과라 할 수 있다.

그러나 개인으로서의 인간은 심리적 부적응상의 요인들을 자각하는 능력과 부적응의 상태에서 벗어나서 심리적 적응상태로 향하는 능력과 경향성을 가지고 있다. 이런 능력과 경향성은 상담관계에서 길러진다. 적응하려는 경향은 자아실현을 하려는 경향이다. 따라서, 상담치료는 이미 개인에게 존재하는 능력을 해방시켜 주는 것이다.

② 상담의 목표

비지시적 상담의 목표는 한 개인의 '자아실현 경향성'의 발현과 '완전히 기능하는 인간'이 되도록 조건을 조성하는 것이다. 즉 상담자는 상호 신뢰적인 분위기를 조성하여 내담자가 거리낌없이 자기를 공개하도록 함으로써 자신의 내면세계를 이해하고, 자신의 문제를 파악할 수 있도록 돕는다. 이런 관계 속에서 내담자는 자신의 환경에 대한 왜곡된 지각을 수정하고, 현실적 경험과 자아개념간의 조화를 이루며, 그 다음으로 능력과 개성을 최대한 발휘하는 자기실현을 통해서 완전히 기능하는 사람이 되도록 하는데 상담의 목표가 있다.

(2) 상담의 과정

1 상담과정의 필수조건

Rogers에 의하면 인간은 선천적으로 긍정적이고 건설적인 방향으로 발전하려는 경향을 지니고 있는 믿을 만하고 선한 존재이다. 그는 인간은 신뢰할 수 없으며 우월하고 '탁월한' 위치에 있는 사람에 의해 지시받고, 동기화되고, 가르침받고, 처벌받고, 보상받고, 통제되고, 지배받아야 한다는 가정에 기초한 이론적 체계들에 대해 공감하지 않는다. 그는 성장을 계속 촉진시키는 분위기를 만들어서 개인을 발전하게 하고 유능하게 만드는 상담과정이 되기 위한 기초적이며 필수적인 조건을 다음과 같이 열거하고 있다.

· 두 사람이 심리적 접촉을 한다.
· 상담자는 내담자에게 무조건적인 긍정적 관심 혹은 진정한 양육적 태도를 가진다.
· 상담자는 내담자의 내적 준거를 공감적으로 이해하고 이 경험을 내담자에게 전달하도록 노력한다.
· 상담자의 공감적 이해와 무조건적 긍정적 관심이 내담자에게 지각되고 전달되어야 한다.

② 상담지도의 중간과정

위에서 말한 조건들의 존재는 아래와 같은 내담자의 행동을 변화하게끔 한다.

- 내담자는 언어나 동작으로 자기 감정을 점점 자유스럽게 표현한다.
- 내담자가 표현한 감정은 점차로 내담자의 경험과 자아개념 사이의 모순에 관련된다.
- 내담자는 치료자의 계속되는 무조건적이고 긍정적인 존경 때문에 이런 모순의 위협을 지각하는 경험을 하게 된다.
- 내담자는 과거에 자각하지 못했거나 왜곡되게 지각되었던 감정을 완전히 지각하는 경험을 한다.
- 자아체계의 재조직이 계속 이루어짐에 따라, 내담자의 자아개념은 점차 일치되어 가고 방어는 줄어든다.
- 내담자는 위협을 느끼지 않고 점차로 상담자가 무조건 긍정적 존경을 하야 주는 것을 경험할 수 있다.
- 내담자는 점차로 무조건 긍정적 자기 존경을 느낀다.
- 내담자는 점차로 평가의 대상자로서 경험한다.

③ 상담지도의 후기과정

상담이 진행됨에 따라 종결단계에 이르러서는 다음의 결과가 나타난다.

- 내담자는 더욱 성실하게 되고, 자기의 경험을 개방하게 되고, 덜 방어적이 된다.
- 내담자는 더욱 현실적이고 객관적으로 지각한다.
- 내담자는 문제해결을 한층 효과적으로 한다.
- 내담자의 심리적 적응은 향상되어 간다.
- 내담자의 자아와 경험이 더욱 일치되기 때문에 위협에 상처받을 비율이 감소된다.
- 모든 긴장은 감소된다.

· 내담자는 긍정적 자기 존경을 더욱더 많이 한다.
· 내담자는 평가의 소재와 선택의 소재를 자신에게 있는 것으로 지각한다. 내담자는 한층 자신이 있음을 느끼고 자기 지향적임을 느끼며 내담자의 가치는 유기체적 가치과정에 의해서 결정된다.
· 내담자는 사람들을 한층 현실적이고 정확하게 지각한다.
· 타인을 지각하는데 왜곡할 필요가 적어짐에 따라, 내담자는 타인들을 수용하는 것을 경험한다.
· 내담자의 행동은 다음과 같이 여러 가지로 변한다.
  - 자아의 소속감에 따라 소유될 수 있는 행동들의 비율이 증가되며,
  - 자기가 아닌 것이라고 느끼는 행동의 비율은 감소되며,
  - 따라서, 그의 행동은 한층 통제할 수 있는 범위 내에서 존재하는 것으로 지각된다.
· 내담자의 행동은 더욱 사회화되었고 성숙된 것으로 타인들이 느낀다.

이 상담 과정은 만약 ~라면 ~이다(if~then~)의 이론이며, 매개 변인은 포함되지 않는다. 조건과 조건 다음에 일어나는 사건들과의 관계가 왜 생기는지에 대해 궁리는 있을지라도, 일어나는 이유는 이론의 일부분이 아니다.

(3) 상담의 기법

비지시적 상담지도법의 주된 기법은 상담관계, 즉 내담자에 대한 상담자의 태도를 말한다. 상담자가 내담자에게 제시하는 상담관계는 지적 관계가 아니다. 상담자는 결코 그가 가진 지식으로 내담자를 도울 수 없다. 내담자에게 그의 성격이나 행동을 설명해 준다든지, 내담자가 취해야 하는 행동을 처방하는 것은 별 가치가 없다. 내담자에게 도움이 되거나 또는 내담자로 하여금 변화하고 성장하게 하기 위해서, 그 자신 속에 있는 능력을 발견하도록 만드는 상담관계란 인지적인 것도 아니고 지적인 것도 아니다.

가장 중요한 것은 상담자와 내담자와의 관계형성이다. 따라서 내담자 중심구

조 속에서 '상담기법'이란 수용, 진실성, 공감적 이해를 보여주고 전달하는 것이며 내담자와 함께 생각하고, 느끼고 탐색하여 내적 준거체제를 발전시켜려는 시도이다.

1 무조건적 긍정적 수용

무조건적 긍정적 수용(unconditional positive acceptance)이란 속으로든 겉으로든 비판적인 언동을 보이자 않는 것을 의미한다. 그러니까 상담자가 조사를 하거나 해석을 하지 않고 또 시인이나 부정하는 태도를 보임이 없이 내담자를 전적으로 신뢰하여 수용하는 것을 말한다. 특히 그에게는 자기이해 및 긍정적인 변화의 잠재력이 있음을 믿는 것이다.

상담자는 긍정적이건 부정적이건간에 내담자를 평가하거나 판단하지는 않는다. 내담자는 어떠한 조건도 필요로 하지 않고 무조건 수용된다. 즉, 상담자는 내담자를 무조건 긍정적으로 존중한다.

2 진실성

진실성(genuineness)은 상담자가 내담자와의 관계에서 나타내는 반응이 순간순간 그가 내적으로 경험하고 느끼는 바와 합치되는 상태를 의미한다. 그러니까 상담자는 상담관계 속에서 내담자에게 단순히 상담자로서의 역할을 수행하는 행동을 취하여 가식하거나 "~체"하지 않고 인간으로서의 자신의 모습을 진솔하게 나타내는 것을 말한다.

그런 의미에서 진실성은 진정성(realness), 진솔성(authenticity)이라고도 불리나 일반적으로는 일치성(congruence)이라는 용어로도 많이 불리는 경향이 있다. 진실성이 있는 상담자는 속으로 생각하고 느끼는 것과 드러나는 언행이 같다. 그는 자신의 마음 속 깊은 곳의 느낌을 각성하고 그것을 받아들이며 또 그것에 맞추어 적절한 언어적, 비언어적 의사소통을 정확하게 구사할 수가 있다. 이와 같은 진실성이 상담관계에서 특히 중요한 이유는 다음의 몇 가지로 설명될 수가 있다.

첫째, 공감 및 무조건적 긍정적 배려와 마찬가지로 진실성은 내담자로 하여금 상담자와 상담과정을 더 쉽게 신뢰할 수 있도록 해 준다. 만약 내담자가 상담자의 진실성을 수용한다면 그에게 상담자가 나타내 보여주는 반응이 가식적인 것이 아니라 개방적이고 정직한 것임을 알게 된다.

둘째, 상담자가 진실성의 반응을 통하여 자기의 약점까지도 기꺼이 가식하지 않고 나타낼 수 있을 때 내담자는 자기의 약점도 굳이 숨기려하지 않게 되고 그래서 자기를 수용할 수 있는 가능성이 그만큼 커지게 된다.

셋째, 내담자가 상담자의 진실성 반응을 경험하게 되면 자기 자신도 보다 진실성 있는 사람이 되고자 노력하게 되는 효과를 보게 된다. 내담자는 자기의 감정과 반응을 숨기거나 가식하는 대신에 좀더 솔직하고 정확하게 나타낼 수 있게 된다.

3 공감적 이해

공감(empathy)이란 상담자가 내담자의 생각, 감정, 경험에 대하여 상담자 자신의 주관적인 입장에서가 아니라 내담자의 입장에서 듣고 반응하는 것이다. 그러니까 공감은 "타인의 입장에 서게 되는 것" 또는 "타인의 눈으로 사물을 바라보는 것"이라고 할 수 있다. 그런데 공감은 상담자가 내담자에게 던져 주는 단순한 하나의 언어반응이 아니라 상담자가 내담자와 "더불어 함께(being with)하는" 과정이라고 할 수 있다.

공감적 이해는 상담자가 내담자의 내면 세계를 정확하게, 그리고 감정 이입적으로 이해하는 것을 뜻한다. 상담자가 자기 자신을 잃지 않고 내담자의 내적 세계를 마치 자신의 내면 세계인 것처럼 느끼게 되는데, 이것이 감정이입이고 또 이 감정이입이 치료에 있어서 본질인 것 같다.

상담자가 이와 같은 이해를 하면 내담자는 자연스럽게, 그리고 깊이 그 자신을 탐색하고 따라서 자신에 대한 이해를 증진시킨다. 이러한 이해는 그 성질상 외적인 진단이나 평가를 포함하지 않는다. 물론, 완전한 이해는 불가능하지만 다행히도 그럴 필요까지는 없다. 이해를 하려는 상담자의 욕구를 내담자가 이해로서 받아주면 치료는 진전을 보게 된다.

공감적 이해를 촉진시키는 몇 가지 중요한 상담기법에는 주목하기, 공감적 이해를 언어로 표현하기, 공감적 이해를 비언어적으로 표현하기, 그리고 공감과정에서 침묵을 사용하기 등이 포함된다. 공감적 이해가 가져다 주는 효과는 다음과 같다.

첫째, 공감은 상담자가 내담자를 잘 이해하고 있다는 사실을 말해 주는 것이기 때문에 이 사실이 바로 내담자의 자기존중감을 증진시킨다. 그리고 공감하려고 애쓰는 상담자의 노력 그 자체가 내담자를 존중한다는 증거로 보여지기 때문에 같은 효과를 낳는다.

둘째, 경우에 따라서 공감을 통하여 내담자의 소외감을 해소시킬 수가 있다. 왜냐하면 아주 개인적인 차원에서 자기를 깊이 이해해 주는 사람 앞에서 소외감을 느낄 수는 없기 때문이다.

셋째, 아마도 내담자는 다른 상황에서, 다른 사람과의 관계에서는 그러한 공감의 경험을 못해 보았을 것이기 때문에 이 새로운 경험을 귀히 여기고, 진실로 자기를 이해해 주려고 노력하는 사람이 자기 앞에 있다는 사실을 깨닫고 흐뭇하게 느끼게 된다.

(4) 장단점

1 공헌점

Rogers를 중심으로 한 비지시적의 상담이론은 내담자의 자아실현 능력을 강조할 뿐만 아니라 상담과 심리치료의 이론과 실제적 절차의 개선에 여러 가지 기여를 하고 있다.

첫째, 비지시적 상담은 고도로 훈련된 전문가들의 독점물이었던 상담과정을 모든 사람들이 이해할 수 있고, 활용할 수 있는 방향으로 발전시키는데 많은 공헌을 하였다. '순수성', '공감적 이해', '무조건적 긍정적 수용'의 기본 조건들은 누구나 이해하기 쉬운 특성으로 인해 효율성이나 타당성이 감소되어진다고 볼 수는 없다. 일반대중이나 전문인 모두에 의해 사용될 수 있기 때문에 매우 '민주적'인 상담체제라는 것이 또한 장점이다.

둘째, 성격변화를 촉진하는 것은 상담에서 이루어지는 관계이며 상담에서 요구되는 상담자와 내담자의 관계의 특징들을 분명하게 밝히도록 한다.

셋째, 상담과정에서 내담자를 중요한 결정을 하는 사람으로 인정하였다.

넷째, 인간행동에서 정서, 감정의 역할을 적절하게 강조하였다.

2 제한점

첫째, 상담자가 상담치료의 기본철학을 철저히 이해하고 생활화할 수 있어야 한다는 점이다. 따라서 어떤 상담치료보다도 상담자의 인격과 소양이 중요시된다. 상담자는 내담자에 대한 단순히 수동적이고 비지시적 태도를 취하는 것이 아니라, 내담자의 이야기를 경청하고 공감하면서 상담자 자신의 개성과 성격을 상담 장면에 솔직하고 자연스럽게 표현할 수 있어야 한다. 그렇지 못할 경우 상담치료상의 어떤 진전도 기대하기 어렵다.

둘째, 비지시적 상담 방법은 내담자의 내면의 세계, 즉 감정의 표현을 강조함으로써 정서적 및 감정적인 요인을 강조하고 있는 반면에 지적 및 인지적 요인들을 무시하는 경향이 있다. 이와 함께 심리검사 등의 객관적인 정보를 사용하여 내담자를 도와주는 면이 부족하다는 비판을 받고 있다.

셋째, 현실 접촉, 의사소통 능력, 지적 기능이 뒤떨어진 내담자에게는 효과적이지 못하다는 것이 일반적인 견해이다. 따라서 상담을 통해 도움을 받을 수 있는 대상이 제한되어 있다.

넷째, 객관적 정보의 사용을 통해서 내담자를 도와주는 면이 너무 부족하다.

참고 문헌

강봉규(1986). **심리학요론**, 서울 : 정훈출판사.

강봉규(1988). **교육심리학**, 서울 : 형설출판사.

강봉규(1997). **발달심리학**, 서울 : 정훈출판사.

강봉규(1999). **통계학**, 서울 : 형설출판사.

강봉규(2002). **심리학의 이해**, 서울 : 동문사.

강봉규(2003). **상담이론과 실제**, 서울 : 교육출판사.

강봉규 외(2005). **교육심리학**, 서울 : 교육출판사.

강봉규(2012). **새로운 심리검사법**. 서울 : 태영출판사.

Adler, A.(1983). *The pratice and theory of individual psychology*, N.J. : Prentice-Hall.

Amborn, S. R.(2009). *Development*(3rd ed.). New York : Holt, Rinehart and Winston.

Anastasi, A.(1998). *Psychology testing*(6th ed.). New York : Macmillan.

Atkinson, R. C. & Shiffrin, R. M.(1998). Human memory : A proposed system and its control process. In K. W. Spence(Ed.), *The psychology of learning and motivation*, (Vol. 4). NY : Academic Press.

Bandura, A.(1997). *Social learning theory*. Englewood Cliffs, New Jersey : Prentice-Hall.:

Binger, J. J.(2009). *Human Development*. New York : Macmillan Publishing.

Brophy, J. E., & Good, T. L.(2011). *Teacher-students relationship : Causes and consequences*. New York : Holt, Rinehart and Winston.

Burks, H. M., & Stefflre, B.(2007). *Theories of counseling*(3rd ed.). New York : Macmillan.

Crain, W. C.(2010). *Theories of Development.* Englewood Cliffs, N.J. : Prentice-Hall.

Cronbach, L. J.(1997). *Educational psychology*(4th ed). New York : Harcourt Brace Jovanovich, Inc.

Ellis, A.(2008). *Humanistic Psychology : The Rational-emotive approach.* New York : Julian Press.

Erikson, E. H.(1988). *Identity : Youth and crisis.* New York : Norton & Co.

Getzels, J. B., & Jackson, P. W.(2002). *Creativity and intelligence* : Exploration with gifted student. New York : Wiley.

Goleman, D.(2005). *Emotional Intelligence.* New York : Banstam Books.

Guilford, J. P.(2009). Traits of creativity, In Anderson, H. H. *Creativity and its cultivation.* New York : Harper & Row.

Guilford, J. P., & Hoepfner, R.(1981). *The Analysis of intelligence.* New York : McGraw-Hill.

Hall, C. S.(2008). *Theories of personality.* N.Y. : John And Wiley & Sons, Inc.

Hopkins, K. d., Stanley, J. E., & Hopkins, B. R.(2004). *Educational and Psychological Measurement and Evaluation.* Engleood Cliffs, N.J. : Prentice-Hall.

Humphreys, L.(2008). *Intelligence : Genetic and environmental Influences.* New York : Grune & Stratton.

Kohlberg, L.(1989). *Stages in the development of moral thought and action.* New York : Holt, Rinehart, & Winston.

Maslow, A. H.(1990). *Motivation and Personality*(2nd ed.). New York : Harper & Row.

Morris, C. G.(2011). *Educational Psychology.* New York : Wiley.

Patterson, C. H., (1996). *Theories of counseling and psychotherapy*(4th ed.). New York : Harper & Row.

Reilly, R. R. Lewins, E. L. Tanner, L.(2003). *Educational psychology.* New York : Macmillan Publishing Co., Inc.

Rogers, C. R.(1962.). *Counseling and psychotherapy.* Boston : Houghton Mifflin.

Royer, J. M., & Allan, R. G.(2008). *Psychology of learning : Educational application.* New York : Wiley.

Seagoe, M. V.(2005). *Terman and the gifted.* Los Altos, CA : William Kaufmann.

Skinner, B. F., (1979). *Contigencies of reinforcement : A theoretical analysis.* New York : Appleton.

Smith, H.(2011). *Educational Psychology.* New York : McGraw-Hill.

Stone, D. R.(2009). *Educational Psychology.* N.Y. : Harper & Row.

Vernon, P. E.(2006). *Intelligence.* New York : Freeman and Company.

Vygotsky, L. S.(1986). *Thought and Langage.* Cambrige, MA : MIT.

Woolfolk, A.(2009). *Educational Psychology*(8th ed). Boston : Allyn & Bacon.

Zuckerman, M.(2011). *Educational Psychology.* Boston : Hougton Mifflin.

저자 소개

강명희

교육학박사(미국 Rochester Univ.)

현, 덕성여자대학교 교수

강봉규

교육학박사(연세대학교)

현, 가톨릭대학교(성의 교정) 명예교수

새로운 교육심리학

초판발행 2013년 3월 10일
3판발행 2015년 3월 20일

저 자 강명희 · 강봉규
발행인 김현태
발행처 태영출판사

주 소 (152-705) 서울 구로구 구로동 104-10 동남오피스텔 201호
전 화 02 · 839-3757, 839-3752
팩 스 02 · 837-3754
등 록 2005년 5월 30일 제12-421호
http://www.taeyeongbook.co.kr
E-mail tys2005@hanmail.net
ISBN 978-89-91777-115-7 93370
정 가 19,000원

NAVER 태영출판사

* 잘못 만들어진 책은 교환해 드립니다.